赤城遺書彙刊

臨海市《台臨歷史文獻要籍叢編》編委會

〔清〕金嗣獻　輯刊

徐三見　點校

四川出版集團
巴蜀書社

《台臨歷史文獻要籍叢編》之三

臨海市《台臨歷史文獻要籍叢編》編委會

點　校：徐三見

点校說明

《赤城遺書彙刊》，民國四年（1915）金嗣獻刻。

金嗣獻（1885－1920），字劍民，號諤軒，又號鶴仙，太平莘山（今台州温嶺琛山）人。嗣獻世代書香門第，自其祖壽祺（字祉受，號芾齋）即"好聚鄉賢遺書"，至嗣獻時有關桑梓文獻已漸積至五百餘種。關於刊刻《赤城遺書彙刊》的緣起，據嗣獻在書前"自序"中說，台州在清代後期，臨海宋世犖曾刻過《台州叢書》，開兩浙彙刻地方叢書之先河，繼而黄巖王棻等刻過《台州叢書續編》，路橋楊晨又刻過《續台州叢書》，他也有意"思步芳塵，以繼盛舉"，兼以深感"世變日亟，國萃將淪，邪說淫辭，鴟張蝟集，等六經如土苴，襲西人之毛皮，若不亟加表章，竊恐百十年後欲蒐汲塚之蟲文，補羽陵之蠹簡，亦不可得也"，"遂商諸伯父伯樞芊生與母舅李虞尊，各襄泉布，先擇印十六種"。伯樞名韶，虞尊名樹封，據此，則《遺書》乃嗣獻與其伯父金韶、母舅李樹封共同出資刊刻。此書開刻於民國三年（1914）春間，告竣於次年仲夏，先後花了一年多時間。

《赤城遺書彙刊》共收書十六種，分別為：

一、宋·陳克《陳子高遺詩》一卷，後附《補遺》與《附錄》；二、宋·陳克《赤城詞》一卷。二者分別為陳克的詩集與詞集。陳克（1081－1137），字子高，號赤城居士，臨海人，工詩詞，其詞稱兩浙第一，受薦歷任江南東路安撫司右迪功郎準備差遣、敕令所刪定官，後隨兵部尚書呂祉收編王德、酈瓊叛軍時被害。三、宋·謝伋《四六談麈》一卷，旨在論述宋代四六文之做法與優劣。謝伋（？–1155），字景思，上蔡（今屬河南）人，隨其父克家於南宋紹興間遷居黃巖之靈石山，歷官至太常少卿。四、宋·謝采伯《密齋筆記》五卷，續記一卷，大體雜論經史文藝，涉及遺聞掌故等。謝采伯（1179–1251），字元若，臨海人，宰相謝深甫長子，理宗皇后謝道清之伯父，登嘉泰二年（1202）進士，官終節度使。五、宋·胡太初《晝簾緒論》一卷，乃論次屬官為政之道。胡太初，字太初，生卒年不詳，臨海人。宋嘉熙二年（1238）進士，官至太府卿。六、宋·方岳《深雪偶談》一卷，是書屬於詩論性質。方岳，字元善，號菊田，寧海（寧海舊屬台州，今属寧波）人。生卒履歷均不得其詳，隱居不仕，"在宋末以詩名鄉里"。七、元·潘音《待清軒遺稿》一卷，所收均為潘氏詩作。潘音（1210–1295），字聲甫，天台人。生纔十歲而宋亡，因終身不仕。八、元·許伯旅《介石稿》一卷，附《附錄》一卷，内中所收皆詩。許伯旅，字廷慎，號介石，元末明初黃巖（今其地屬溫嶺）人，洪武初嘗由選貢授刑科給事中，有詩名。九、明·釋宗泐《全室外集》九卷，《續集》一卷，所收以詩為主，兼及雜文。宗泐（約1318–1391），字季潭，號全室生，本黃巖（今其地屬溫嶺）陳氏子，父母早逝，繈褓過繼臨海周氏，遂為周姓。性好儒書，朱元璋呼之為"泐秀才"。嘗奉命取經西天，晚年任僧錄右善世。十、明·張羽《掬清稿》四卷，後附《附錄》，屬張氏之詩集。張羽（1346–1430），字孝翊，號羽南居士，黃巖人。永樂間嘗與修《永樂大典》，書成後即辭歸，博學善詩。十一、明·黃孔昭《定軒存稿》十六卷，後有《附錄》並《拾遺》，收詩與文。黃孔昭（1428–1491），初名曜，字孔昭，後以字行，改字世顯，太平（今溫嶺）人，居黃巖。天順四年（1460）進士，官至南工部右侍郎。立朝有聲，工於詩文，為明台州五名臣之一。十二、清·林之松《綠天亭詩文集》四卷，民國《台州府志·藝文略》作六卷，其所見為抄本。收詩、詞及文。林之松，雍正四年（1726）歲貢，生卒不詳，字蔥木，號鶴巢，太平（今溫嶺）人。屢考不第，詩文俱有情致。十三、清·林漢佳《葵圃存草》（又作《葵圃詩草》）一卷，所收皆詩。林漢佳，字椒苑，號葵圃，之松子。詩有淵源。十四、清·洪枰《地理枝言》一卷，大體屬堪輿之學，意在“略陳龍穴砂水根源，八卦五行之梗概”。洪枰（1734－1805），字世持，號平木，晚號雪薑，臨海人。乾隆三十五年（1765）舉人，嘗官嘉善訓導。由於此書流傳不廣，故喻長霖民國《台州府志》稱“今未見”。十五、清·金壽祺《小有天園雜著》一卷，內僅收文七篇。金壽祺（1835－1880），字祉受，號芾齋，太平（今溫嶺）人，以資捐同知，繼得晉三品，封榮祿大夫銜。即刊刻《赤城遺書彙刊》者金嗣獻之祖父也。十六、清·陳琛《棣香館詩鈔》（或作《棣香館詩草》）一卷，內所收俱詩。陳琛（？－1900），字秋航，生平布衣，善詩。總體而言，這是一部台州自宋迄清之地方性文獻叢書。

此次校勘，陳克《赤城詞》用《全宋詞》本（中華書局1965年6月版，1988年3月第四次印刷）；謝伋《四六談麈》先校以《四庫》本，繼校以臨海市博物館所藏清抄本（不詳何人所抄，其底本為《學津討原》本，校勘記中即稱“抄本”）；謝采伯《密齋筆記》用《四庫》本；胡太初《晝簾緒論》校以《說郛》（一百卷）本；方岳《深雪偶談》初校以臨海市博物館藏清抄本（何人所抄不詳，但經太平陳樹鈞校過，校勘記中亦簡稱“抄本”），後又校以《說郛》（一百二十卷）本；潘音《待清軒遺稿》用清初顧嗣立所輯之《元詩選》本（中華書局1987年10月出版）；林之松《綠天亭詩文集》取校臨海市博物館所藏清抄本（清光緒間太平裴燦英所抄，封面誤題為《綠天亭詩稿》，校勘記中亦稱“抄本”）；洪枰《地理枝言》所校亦為臨海市博物館所藏清抄本（不署何人所抄，校勘記中亦簡稱“抄本”）；陳克《陳子高遺詩》、許伯旅《介石稿》、張羽《掬清稿》、黃孔昭《定軒存稿》、林漢佳《葵圃存草》、金壽祺《小有天園雜著》、陳琛《棣香館詩鈔》七種因手頭無其他本子可校，故衹能對一些明顯的錯訛之處加以理校。

在校勘過程中，我們發現臨海博物館館藏的林之松《綠天亭詩稿》抄本與刻本（即點校之底本）差異較大，二者的主要差異有：一是底本編輯有序，而抄本諸體雜出，漫無次序；二是底本收錄詩170篇，詞5篇，文18篇，共193篇，而抄本收詩僅74篇，文14篇，共88篇（以上均以篇題計，題下無論三篇兩篇，均以一篇計，下同），數量差距較大。抄本雖然收錄的總數不及底本之半，但抄本有而底本無者詩12篇，文9篇。考慮到林之松和他的詩文影響不是太大，故我們在校勘時並未將其一一補入，為使讀者有一大概瞭解，現將底本所無之詩文篇題抄列於下：

詩：《洪若瞻以哭偶詩見示感而賦此》、《山陰舟中》、《西胡》、《壬午秋試下第歸道經斑竹次迎仙庵》、《課兒》、《有勸予北行者》、《經海上人家》、《海門觀潮徐中尊季試》、《哭陳文調表叔》、《閨怨》、《哭王嫗》、《歲暮即事》

文：《麗女賦》、《視笑齋詩集序》、《陳若水詩集序》、《河成賦》、《答石亭立先生》、《寄蒙山月齋和尚》、《寄徐應侯》、《寄金容庵老師》、《答君苑》

抄者裴燦英原題有一跋置於卷首，現移錄置於卷末。

臨海市博物館所藏洪枰《地理枝言》抄本明顯要比底本完整。對照抄本，底本整體脫去八條，其中所脫之第八條末尾結句“四句若囫圇讀過，漫無分曉，便失作法之精妙”尚保留在底本中。底本的脫誤致使該處語句滅裂，卒不可讀。為完整起見，我們將此八條錄入校勘記中。

此次點校出版，大體上仍保留金氏刊印時的原有面貌，諸如作者、編次、校刊、覆校等名氏，均一一為之列出，字體原則上亦以底本為據，錯訛之處也不作直接改正，俱於校勘記中體現。

限於水準，錯誤定然不免，敬祈同仁不吝指正。

徐三見於東湖之濆

2009 年 10 月

序

［清］金嗣獻

吾台人文之興，當推漢虞翔、晉任旭為先河，然不聞述作，至唐項斯、任蕃始有專集。宋崇甯中，徐氏父子崛起東南，昌明道學，朱紫陽詩所謂“道學傳千古，東甌說二徐”者是也。南渡以後，人文尤盛，偁“小鄒魯”。降及元明，流風未泯。有清一代，視前稍替，然如馮再來、洪南沙、齊息園、戚鶴泉、宋恂山、金誠齋、洪筠軒、洪檞堂、李靜軒、黃壺舟、黃今樵、王子莊諸先賢，經術文章各有表見。歷代著述見於郡邑志及各家書目者，約有三千餘種，乾隆時篡[①]修《四庫全書》，著錄百十四部，余承先人命，徵求先喆遺書，歷十餘載僅得五百部，雖不乏秘笈孤本，而文獻凋零可以概見。嘉慶間臨海宋恂山大令刊《台州叢書》，凡七種，光緒中葉黃巖王子莊舍人、江伯震廣文、王玫伯觀察醵刻十三種為續編，楊定勇給諫近擬刊後集，亦復十餘種。余幸生諸君子後，思步芳塵，以繼盛舉，自慚學力譾陋，因循玩忽，於茲數載，今則世變日亟，國粹將淪，邪說淫辭，鴟張蝟集，等六經如土苴，襲西人之毛皮，若不亟加表章，竊恐百十年後欲蒐汲冢之蟲文，補羽陵之蠹簡，亦不可得也。遂商諸伯父伯樞苹生與母舅李虞尊，各襄泉布，先擇印十六種，並請林君德明、陳君馥山與叔父雨梧仲弢同為校讐，越一年而書成，名曰《赤城遺書彙刊》。惟鄉喆遺著精粹尚多，擬竭緜力，再事續刊，並願同志諸君共為表章，則台學當有昌明之一日，余日望之矣。歲在旃蒙單閼端陽後三日，台南金嗣獻。

校勘記：

①“篹”，為“纂”字之誤。

总目録

宋臨海陳克子高著
太平後學金嗣獻校刊

陳子高遺詩

《兩宋名賢小集》本

目　錄

題陳子高遺詩

王舟瑶

余昔編輯《續台州叢書》，曾列陳子高《東南防守利便》三卷，太平陳君一精曾出貲刻之，今謌軒金君寄示其遺詩一卷，言欲印行。按子高有《天台集》十卷，《外集》四卷，《長短句》三卷，見於《直齋書錄解題》、《文獻通攷》、《宋史·藝文志》，宋志不列長短句。樓攻媿序李庚《詅癡符》云："陳子高，台人也，詩名已久，而所傳不多，公嘗盡得其遺逸者板行於江右，視舊殆過倍蓰，而子高之詩益顯。"是其集本李氏所輯，直齋曾引其跋語，今集佚已久，即李氏之跋亦不見全文矣。然佚事佳句往往散見於吳氏《能改齋漫錄》、許氏《彥周詩話》、胡氏《苕溪漁隱叢話》、黃氏《梁谿漫志》、姚氏《西溪叢話》、劉氏《後村詩話》、翟氏《歸田詩話》諸書。戚鶴泉大令謂《江湖續集》有其詩一帙，皆題畫之作。按《江湖續集》無子高詩，其題畫之詩則見於《聲畫集》，戚氏偶誤記耳。謌軒是卷從《兩宋名賢小集》中錄出，余畧舉其未備為補遺，並錄它書為附錄以畀之。當子高赴呂安老之辟，葉石林曾沮其行，謂安老非馭將之才，子高詩人，非國士。夫子高雖詩人，然酈瓊之變，卒以身殉，義烈凜然，其題《三品石》云："臨春結綺今何在，屹立亭亭終不改。可憐江令負君恩，白頭仍作北朝臣。"其氣節早見於吟咏之間，以視今之文士，朝失國而暮彈冠，禾油麥秀，畧不動心者，其賢不肖為何如耶？子高之詞尤勝於詩，直齋儷為"晏、周流亞"。見於《樂府雅詞》諸書者，輯之尚可成卷，謌軒復有意刊行否乎？乙卯小滿黄巖王舟瑤。

余既題其端以復諤軒，諤軒即從《樂府雅詞》中剌出子高詞卅六首，坿印於後，其表章鄉喆，提倡風雅，可謂不遺餘力矣。後十日又記。

陳子高遺詩

甯王進史圖

上林風暖鶺鴒飛，玉帶花驄侍讌歸。汗簡不知天上事，至尊新納壽王妃。

善財參自在天

善財得法猶兒子，工巧仍參自在天。若悟菩提同戲事，不應縛律更枯禪。

題趙次張所藏賊頭子 二首

揚鞭指點萬貔貅，打取盧龍十四州。煩君為發祿山塚，看我快飲月氏頭。

龍章鳳姿世不乏，束手無奈於此儕！丹青王會何須爾，頸血淋漓送藁街。

畫梅花詞 獻案：《三台詩錄》無“花”字

溪路模糊半山雪，黯淡寒梅一枝月。醉眸無處認冰姿，兩袖香風更愁絕。長恨飄零如楚雲，夢中獨記好精神。忽逢冷豔冰綃上，歎息侯家占好春。誤人吹裂柯亭笛，豈有殘英落綺席。始信壽陽人寫真，不知江南近消息。

跋趙朝議江行初雪圖

我本孤舟蓑笠翁，雪崖煙樹一生中。如今不向江湖去，鬬艦旌旗照水紅。

雪岸圖

大年貌得寒江雪，鳧雁沙頭野彴微。箇裏有詩誰會得，情知不道一簑歸。

江南山色

筆間烟雨漫愁人，不是溪山自在春。一段江南好風景，夕陽花塢淨無塵。

謝曹中甫惠著色山水抹胸

曹郎富天巧，發思綺紈間。規模寶月團，淺淡分眉山。丹青綴錦樹，金碧羅烟鬟。爐峯香自湧，楚客杳難攀。政宜林下風，妙想非人寰。飄蕭河官步，羅抹陵九關。我家老孟光，刻畫非妖嫺。繡鳳褐顛倒，錦鯨棄榛菅。忍將漫汗澤，敗此脩連娟。緘藏寄書篆，曉夢生斕斑。

題趙宜興萬里江山圖

慘澹何人畫，飄搖案《三台詩錄》作“飄飄”萬里心。雲輕春樹暗，日落暮江深。細酌淵明酒，仍彈子賤琴。知公湖海氣，對此益駸駸。

與叔易過石佛看宋大夫畫山水

霜落石林江氣清，隔江猶見暮山横。箇中只欠崔夫子，滿帽秋風信馬行。

大年流水繞孤村圖

少遊一覺揚州夢，自作清歌自寫情。流水寒鴉總堪畫，細看疑有斷腸聲。

唐人畫牡丹圖 二首

重樓傑閣上烟霞，戟帶飄飄護翠華。侍女番休春醉著，不知野鹿犯宫花。

殘紅通白及時開，不費君王羯鼓催。玉笛重拈天一笑，外邊蜂蝶等閒來。

伯時四騎

弱毫寸紙有餘地，如見天閒八尺龍。坐想時危真至此，兩軍旗鼓噪西風。

曹夫人牧羊圖

日長永巷車音細，插竹灑鹽紛妬恃。美人零落涇水寒，雨鬢風鬟一揮涕。柔毛毿毿與人羣，兒女恩怨徒紛紛。洞房那復知許事，但畫遠牧連空雲。槲葉飄蕭晚風勁，羖羅相追寒鴉並。短童何處沙草深，族走羣飛各天性。向來鞍馬曹將軍，文采斑斑今尚存。林下美人更超絕，新圖不作五花文。

觀錢德嘗畫

臨池競賞無心筆，破產新酬沒骨花。老子眼寒俱不識，勞君煎點入香茶。

奉題董瑞明漁父醉鄉燒香圖　十六首

漁　父

處處晴沙著釣綸，浴鳧飛鷺頗相親。誰知夙昔風雲會，只似尋常江海人。

鱠縷絲絲雪色魚，碧筩香細到村沽。江天此樂誰無分，不問官家乞鑑湖。

君王獵罷載熊羆，錫壤分茅合霸齊。邑有魚鹽太多事，翛然何以釣璜溪。

傾吳佔越早經綸，朝市風波猛乞身。不道五湖春浪急，蓬窗還有捧心人。

志利漁隱古仙真，霅水風流見後身。蓑笠何須訪圖畫，貂蟬凜凛在麒麟。

雷澤田漁翊聖明，射蛟南□[①]見昇平。稍分天漢昭回象，更和江湖欸乃聲。

風烟回首釣漁臺，巾褐從容小殿開。自是玉皇香案吏，外邊休奏客星來。

校勘記：

①缺字處，宋孫紹逸《聲畫集》為“幸”字。

醉　鄉

醉鄉天地誰開闢，光景冲融古到今。明月清風一長嘯，杯中時見昔人心。

昔人愛酒復能詩，阮籍陶潛蓋有之。共道尚書兼此興，超然異代忽同時。

斗酒百篇元祐初，當時酒輩已蕭疏。閉門日飲身強健，得見昇平總不如。

子房帷幄贊神謀，晚歲疏封自占留。代邸勛勞今絕口，上恩仍與醉鄉侯。

脱靴神氣迴飄飄，平日千鍾奉帝堯。老子浮沈人不識，酒壚爭席奈漁樵。

老瓦盆中旋潑醅，陶然樂聖且啣杯。只今病飲誰能奈，寶器恩從天上來。

黄金細字勒杯巡，魚水恩私晚更親。但得賜田堪種秫，向來浮議不關身。

燒　香

相如綠綺有新聲，荀令熏爐非故情。曲罷空山滿香霧，飄然還上赤霄行。

琴心非佛亦非仙，座下絃歌萬二千。一瓣香中誰會得，要須靈剎散花天。

題葉碩文畫卷 二首

扁舟欲向山陰去，端為林泉作此行。不獨卷中攜栗里，還于句裏得淵明。

風烟幻出元暉畫，林壑天然碩父詩。只似無心雲出岫，輪囷蕭索更多姿。

題張文潛畫帖 二首

此老從來馬如狗，却笑蹇驢難朝天。聊爾據鞍猶覓句，想知行處似乘船。

官曹文書堆滿床，憒憒度日孤□[①]長。安得如彼二三子，抱琴挾策置我旁。

校勘記：

①缺字處，据《聲畫集》為“晝”。

何伯言畫

何子畫山心極苦，不畫山林畫其趣。不知此絹厚幾許，隱隱深入疑有路。去年持此干貴權，數幅得官仍得錢。平民常產賣有盡，筆端有產無窮年。而今束絹知何數，不為水墨為襦袴。我憐何子老更痴，平民皆飽汝獨饑。

同邑後學項元勳參校

陳子高詩補遺

王舟瑤輯

代王正平從諫掾乞畫恁肩美人扇子 二首

道人已悟孩提事，棄擲泥兒壞紙鳶。聞道近來都識破，丹青便面亦輕捐。

難陀已幻登伽女，童子猶參蘇密多。正士逡巡不應受，可能分供病維摩。(《聲畫集》)

送僧歸天甯萬年禪院

朝天來詣觚稜闕，傍海歸尋瀑布峯。才大不慙師號美，道高翻訝帝恩重。問程行冒江村雨，寄宿吟聽水寺鐘。到日依依賞清景，石橋雲月滿杉松。

舍弟書來索近詩

漢上秋風濁酒杯，白頭羞見菊花開。夫耕婦饁吾將老，弟唱兄酬子不來。霜露終身思建業，雲山何處是天台。百年懷抱今如此，縱有詩成似七哀。(《天台續集》)

瑞　香

佳人在空谷，雙星思銀河。契濶不自①命，盛時豈蹉跎。娟娟匡廬秀，如此粲者何②？幽窗下囲圞，微風自婆娑。寂寥千載初，戢戢蓬艾多。何階計③方便，千金聘綺羅④。赤闌青篋舫，丁甯護根窠。泥沙亦天幸，扳聯入宣和。誰令蘭蕙徒，憔悴守巖阿。（《苕溪漁隱叢話》）

校勘記：

①“自”，誤。《苕溪漁隱叢話》實作“有”。

②此句之後《苕溪漁隱叢話》尚有“香蜜綴紅糝，寶薰罩宮羅”一句。

③“計”，誤。《苕溪漁隱叢話》實作“託”。

④“綺羅”，《苕溪漁隱叢話》作“猗儺（一作‘倚儺’）”。

陽羨春歌

石亭梅花落如積，吐鮫斕斑竹茹赤。祝陵有酒清若空，煮稉蒸魚作寒食。長橋新晴好天氣，兩市兒郎櫂船戲。溪頭鐃鼓狂殺儂，青蓋紅幬偶相值。風光何處最可憐，邵家高樓白日邊。樓下遊人顔色喜，溪南黄帽應羞死。三月未有二月殘，靈龜可信湇水乾。葑草青青促歸去，短簫横笛説明年。（《咸湻毘陵志》）

返魂梅次蘇藉韻

誰道春歸無覓處，眠齋香霧作春昏。君詩似説江南信，試與梅花招斷魂。

老夫粥後惟耽睡，灰暖香濃百念消。不學朱門貴公子，鴨爐煙裹逞風標。

漫道君家四壁空，衣篝沈水晚朦朧。詩情似被花相惱，入我香匳境界中。(《香乘》)

閨 情

壁間衛玠眉目是，膝下枚皋言語真。縱使無情似郎主，那能對此不沾巾。(《金陵詩徵》)

附　録

《南宋書·文苑傳》：陳克，字子高，天台人。呂祉帥建康，辟為參謀，葉夢得以書唁之曰：“呂安老無濟變之才，子高文士，非才士也，此行也危哉！”克有《赤城詞》一卷。

《嘉靖臨海志·忠義傳》：陳克，字子高，奉議貽序之子。博學能詩，薦為刪定官。呂尚書祉帥建康，辟致為屬。後祉參謀議，復從為淮西之行。建炎間酈瓊之變，子高奮勇出戰，兵敗就擒，虜叱令屈膝，子高曰：“吾為宋臣，學忠信之道，甯為珠碎，不為瓦全。”虜怒，積薪焚之。子高駡不絕口，聲如震雷，虜懼，邐拜舉酒，酹曰：“公忠臣也，吾輩無知，誤公命爾。”軍民聞子高死，號慟如喪所親。

《三朝北盟會編》：紹興七年，命呂祉節制淮西軍馬，辟陳克子高為參謀，子高欣然應其辟。葉夢得曰：“呂安老非馭將之才，子高詩人，非國士也。”勸止之，不從。夢得贈以詩曰：“解談孫破虜，那厭羽征西。”克留其家，以單騎從軍。後酈瓊之變，終于不免。

《建康志》：子高博學，專以資為詩。又《東南防守利便》三卷，結銜“右迪功郎江南東路安撫使司准備差遣臣陳克進。”其書云：“先定都邑，以固根本。後定進取，以復境土。”於南北之勢言之詳悉，非不諳軍旅者。酈瓊之變，咎由張浚。雖有國士，亦無如何！子高單騎從軍，見危不避，非義烈乎？

《直齋書錄解題》：《天台集》十卷，《外集》四卷，《長短句》

三卷，李庚子長跋其後云："刪定，余鄉人也。少時侍運判公貽序宦學四方。"曾慥《詩選》敘為金陵人。今考集中首末多在建康，且嘗就試焉。《詩選》又言："不事科舉，以呂安老薦入幕府得官。"按集有《聞榜》二絕，則嘗應舉矣。又有甲戌歲所作詩云"三十四"，則其生當作辛酉。得官入幕，蓋已老矣。詩多情致，詞尤工。又《赤城詞》一卷，調頗高麗，晏、周之流亞也。

《花菴詞選》：陳子高名克，天台人。呂安老帥建康，辟為參議，有《赤城詞》一卷。

《能改齋漫錄》：毛友達可內翰守鎮江，時賀方回以過客留寓。一日，陳克繼至，同會於郡樓。即席，克賦詩，所謂"徘徊臨北固，慷慨俯東流"是也，毛稱賞曰："雖杜子美不是過矣。"翼日賀求去，毛留之，且訝去亟，賀曰："一郡豈容有兩個杜子美？"二公相與大笑。

《苕溪漁隱叢話》：陳子高《九日瑞香盛開》有詩云："宣和殿裏春風早，紅錦薰籠二月時。流落人間真善事，九秋霜露卻相宜。"俚俗因此詩遂號瑞香為錦薰籠。子高別有古詩一篇，意含諷刺，語加微婉，得騷人之體格，其詩云："佳人在空谷，雙星思銀河。契闊不有命，盛時豈蹉跎。娟娟匡廬秀，如此粲者何？香蜜綴紅糝，寶薰罩宮羅。幽窗下團圞，微風自婆娑。寂寥千年初，戢戢蓬艾多。何階託方便，百金聘倚儺。赤欄青篾舫，丁甯護根窠。泥沙亦天幸，扳聯入宣和。誰令蘭蕙徒，憔悴守巖阿。"

《梁谿漫志》：陳子高《觀甯王進史圖》作詩云："汗簡不知天上事，至尊新納壽王妃。"世稱其工。

《西溪叢話》：子高"鳥聲妨客夢，花片攪春聲"句甚雅，杜審言詩"啼鳥驚殘夢，飛花攪獨愁"，下句為工也。子美詩："樹攪離思花冥冥"，其亦有所自矣。樂天《楞伽寺》句"照水姿容雖已老，上山筋力未全衰"，子高易"照水姿容非復我，登樓腰脚不如人”，寫病起情狀宛然。

《歸田詩話》：陳克子高《題三品石》云：“臨春結綺今何在，屹立亭亭終不改。可憐江令負君恩，白頭仍作北朝臣。”《望夫石》云：“望夫處，江悠悠。化為石，不回頭。山頭日日風和雨，行人歸來石應語。”二詩皆超出常格，而意警拔，不與諸作同。

赤城詞

《樂府雅詞》

宋臨海陳克子高著
太平後學金嗣獻輯

目　錄

臨江仙

枕帳依依殘夢，齋房忽忽餘酲[1]。薄衣團扇繞階行。曲闌幽樹，看得綠成陰。　　簷雨為誰凝咽，林花似我飄零。微吟休作斷腸聲。流鶯百囀，解道此時情。

校勘記：

①“酲”當“醒”字之誤。

又

四海十年兵不解，胡塵直到江城。歲華銷盡客心驚。疎髯渾似雪，衰涕欲生冰。　　送老齏鹽何處是，我緣應在吳興。故人相望若為情。別愁深夜雨，孤影小窗燈。

漁家傲

寶瑟塵生郎去後，綠窗閒卻春風手。淺色宮羅新染就，晴時後。裁縫細意花枝鬭。　　象尺熏爐移永晝，粉香浥浥薔薇透。晚鏡[1]看來渾似舊，沉吟久，箇儂爭得知人瘦。

校勘記：

①“鏡”，《全宋詞》作“景”。

攤破浣溪沙

慢梳頭淺畫眉，亂鶯殘夢起多時。不道小庭花露濕，翦酴醾。

簾額好風低燕子，窗油晴日打蜂兒。翠袖粉牋閒弄筆，墨[①]寫新詩。

校勘記：

①《全宋詞》無“墨”字。

浣溪沙

淺畫香膏拂紫綿，牡丹花重翠雲偏，手挼梅子並郎肩。
病起心情終是怯，困來模樣不禁憐，旋移鍼線小窗前。

又

香霧空濛墮彩蟾，傾城催映出重簾，□□銀燭夜厭厭。
何物與儂供醉眼，半黃梅子帶紅鹽，粉融香潤玉纖纖。

又

淡墨花枝掩薄羅，嫩藍裙子窣湘波，水晶新樣碾風荷。
問著似羞還似惡，惱來成笑不成歌，芙蓉帳裏奈君何。

又

短燭熒熒照碧窗，重重簾幙護梨霜，幽歡不怕夜偏長。
羅襪鈿釵紅粉醉，曲屏深幔綠橙香，征鴻離遠斷人腸。

又

小院春來百草青，拂牆桃李已飄零，絕知春意總無憑。

盧女嫁時終薄命，徐娘身老謾多情，洗香吹粉轉娉婷。

又

窗紙幽幽不肯明，寒更忍作斷腸聲，背人殘燭卻多情。

合下心期唯有夢，如今魂夢也無憑，幾行閒淚莫縱橫。

謁金門

花滿院，飛去飛來雙燕。紅雨入簾寒不卷，曉屏山六扇。

翠袖玉笙悽斷，脈脈兩蛾愁淺。消息不知郎近遠，一春長夢見。

又

柳絲碧，柳下人家寒食。鶯語匆匆花寂寂，玉階春蘚溼。

閒憑薰籠無力，心事有誰知得。檀炷繞窗燈背壁，畫簷殘雨滴。

又

深院靜，塵暗曲房淒冷。黃葉滿階風不定，無端吹酒醒。

露溼小園幽徑，悄悄啼姑相應。半被餘薰殘燭影，夜長人獨冷。重押"冷"字韻。

又

春漏促，誰見兩人心曲。罨畫屏風銀蠟燭，淚珠紅蔌蔌。

懊惱歡娛不足，只許夢中相逐。今夜月明何處宿，畫橋春水綠。

又

春草碧，憶著去年寒食。白紅裙香□□，折花閒調客。

好在江南江北，燕子不傳消息。醉眼朦朦羞面赤，斷腸儂記得。

又

羅帳薄，縹緲綺疏飛閣。紅地團花金解絡，香囊垂四角。

盡日春風簾幙，誰見綠屏纖弱。雲壓枕函釵自落，無端春夢惡。

又

愁脈脈，目斷江南江北。煙樹重重芳信隔，小樓山幾尺。

細草孤雲斜日，一向弄晴天色。簾外落花飛不得，東風無氣力。

又

春寂寂，綠暗溪南溪北。溪水沉沉天一色，鳥飛春樹黑。隔斷小樓吹笛，醉裏看朱成碧。愁滿眼前遮不得，可憐雙鬢白。

虞美人

踏青不用青裙女，日夜歌聲苦。風流墨綬強躋攀，喚起潛蛟飛舞、破天慳。　　公庭休更重門掩，細聽催詩點。一尊已詠北窗風。臥看雪兒纖手、剝蓮蓬。張宰祈雨有感

又

小山戢戢盆池淺，芳樹陰陰轉一作“見”。紅闌干上刺薔薇。蝴蝶飛來飛去、兩三枝。　　繡裙斜立腰肢困，翠黛縈新恨。風流蹤跡使人猜，過了鬬雞時節、合歸來。

又

綠陰滿院簾垂地，落絮縈香砌。池光不定藥闌低。閒並一雙鸂、沒人時。　　舊歡黯黯成幽夢，帳捲金泥重。日虹斜處暗塵飛，脈脈小窗孤枕、鏡花移。

菩薩蠻

柳條窣窣閒庭院，錦波繡浪春風轉。紅日上闌干。晚來花更寒。　綠檀金隱起，翠被香煙裏。幽恨有誰知！空梁落燕泥。

又

赤欄橋盡香街直，籠街細柳嬌無力。金碧上青空，花晴簾影紅。　黄衫飛白馬，日日青樓下。醉眼不逢人，午香吹暗塵。

又

池塘淡淡浮鸂鶒，杏花吹盡垂楊碧。天氣度清明，小園新雨晴。　綠窗描繡罷，笑語酴醿下。圍坐賭青梅，困從雙臉來。

又

綠蕪牆遶青苔院，中庭日淡芭蕉卷。蝴蝶上階飛，烘簾自在垂。　玉鈎雙語燕，寶甃楊花轉。幾處錢聲，綠窗春睡輕。

又

柳條到地鶯聲滑，鴛鴦睡穩清溝濶。九曲轉朱闌，花深人對閒。　日長刀尺罷，試履①櫻桃下。髻玉釵風，雲輕線脚紅。

校勘記：

①“履”，《全宋詞》作“屐”。

又

綠陰寂寂櫻桃下，盆池劣照薔薇架。簾影假山前，映階紅葉翻。　芭蕉籠碧砌，猧子中庭睡。香徑沒人來，拂牆花又開。

點絳唇

曲陌春風，誰家姊妹同牆看。映花烘煖，困入茸茸眼。　細馬輕衫，倚醉偷回面。垂楊轉，墜鞭鄣[①]扇。白地肝腸斷。

校勘記：

①“鄣”，《全宋詞》作“揮”。

好事近

尋偏石亭春，黯黯暮山明滅。竹外小溪深處，倚一枝寒月。

淡雲疎雨苦無情，得折便須折。醉帽鳳鬟歸去，有餘香愁绝。

千秋歲

柏舟高躅，晚歲宜遐福。門戶壯，疏湯沐。青袍圍白髮，端錦縹犀軸。仙桂長，交柯卻映蟠桃熟。　縹緲長江曲，入破雲[①]簫逐。香霧滿，飛華屋。玉鈎涼月掛，水[②]麝芙蓉馥。千萬壽，酒中倒臥南山綠。

校勘記：

①“雲”，《全宋詞》缺，校語謂《寶文雅詞》作“笙”。

②“水”，《全宋詞》作“冰”。

鷓鴣天

禁瘮餘寒酒半醒，蒲萄力軟被愁侵。鯉魚不寄江南信，綠盡菖蒲春水深。　疑夢斷，愴離襟，重簾複幙靜愔愔。赤闌干外梨花雨，還是去年寒食心。

又

芳樹陰陰脫晚紅，餘香不斷玉釵風。薄情夫壻花相似，一片西飛一片東。　金翡翠，繡芙蓉，從教纖媚笑牀空。揉藍衫子休無賴，只與離人結短封。

又

小市橋彎更向東，便門長記舊相逢。踏青會散鞦韆下，髩影衣香怯晚風。　悲往事，向孤鴻，斷腸腸斷舊情濃。梨花院落黄茅店，繡被春寒此夜同。

豆葉黄

粉牆丹桂柳絲中，簾箔輕明花影重。午醉醒來一面風，綠忽忽，幾顆櫻桃葉底紅。

又

樹頭初日鵓鳩鳴，野店山橋新雨晴。短褐無泥竹杖輕。水泠泠，梅片飛時春草青。

又

鞦韆人散小庭空，麝冷燈昏愁殺儂。獨有閒階兩袖風。月朧朧，一樹梨花細雨中。

同郡後學李炳慧覆校

靈石山藥寮謝伋著

太平後學金韶校刊

四六談麈

目　録

欽定《四庫全書》提要

《四六談麈》一卷。案，此書為左圭《百川學海》所刊舊本，卷首但題“靈石山藥寮”字，不著撰人。《書錄解題》載為謝伋撰。攷書中時自稱伋，則其說是也。伋字景思，上蔡人。官至太常少卿，參政克家之子，良佐之從孫。所稱“逍遙公”，即良佐也。其論四六，多以命意遣詞分工拙，視王銍《四六話》所見較深。其謂“四六施於制誥、表奏、文檄，本以便宣讀，多以四字六字為句。宣和間多用全文長句為對，習尚之久，至今未能全變。前輩無此格”，又謂“四六之工，在於翦裁，若全句對全句，何以見工”，尤切中南宋之弊。其中所摘名句，雖與他書互見者多，然實自具別裁，不同勦襲，如王銍《四六話》載廖明畧賀安厚卿、張丞相諸啓，凡數聯，伋皆不取，而別取其《為厚卿舉掛功德疏》一篇，知非隨人作計者矣。費袞《梁谿漫志》曰“謝景思《四六談麈》甚新奇，然載陳去非草義陽朱丞相制有語忌，令貼改事，又載謝顯道初不入黨籍，朱震乞依黨籍例命官，事皆誤。朱制乃有旨令綦叔厚貼麻，非令其自貼改，謝顯道崇甯元年實曾入黨籍，景思記當時所見，偶爾差舛，恐誤作史者採取，故為是正之”云云。是疏漏之處，亦所不免，然不以一二微瑕掩也。

序

三代兩漢以前，訓誥、誓命、詔策、書疏無駢麗黏綴，溫潤爾雅，先唐以還，四六始盛，大概取便於宣讀。本朝自歐陽文忠、王舒國敍事之外，作為四六，製作渾成，一洗西崑磔裂煩碎之體，厥後學之者益以眾多。况朝廷以此取士，名為博學鴻詞，而內外兩制用之，四六之藝誠曰大矣。下至往來牋、記、啓、狀，皆有定式，故謂[①]之應用，四方一律，可不習而知。予自少時聽長老持論多矣，憂患而後，悉皆遺忘，山居歷年，飽食終日，因後生之問，可記者輒錄之，以資讜學之一事，如古今五七字話[②]，題為《四六談麈》云。他時有得，當附益諸。紹興十一年五月十三日陽夏謝伋序。

校勘記：

①抄本初抄為“謂”字，後旁改為“設”字。

②抄本初亦作“話”，後旁改為“文”。

四六談麈

四六施於制誥、表奏、文檄，本以便於宣讀。多以四字六字為句，宣和間多用全文長句為對，習尚之久，至今未能全變。前輩無此體也。此起於咸平王相翰苑之作，人多效之。四六之工，在於裁翦，若全句對全句，亦何以見工[①]。

校勘記：

①“若全句對全句，亦何以見工”，《四庫》本作“何必以全句對全句為工”。

四六經語對經語，史語對史語，詩語對詩語，方妥帖。太祖郊祀，陶穀作赦文[①]，不以“籩豆有楚”對“黍稷非馨”，而曰“籩豆陳有楚之儀，黍稷奏維馨之薦”[②]，近世王初寮在翰苑，作《寶籙宮青詞》云：“上天之載無聲，下民之虐匪降。”時人許其裁翦。

校勘記：

①《四庫》本“文”前無“赦”字。

②“籩豆陳有楚之儀，黍稷奏維馨之薦”，《四庫》本作“豆籩陳有楚之儀，黍稷奉維馨之薦”。按：底本“奏”字乃“奉”字之誤。按：“奏”，抄本亦作“奉”。

丁晉公謝表云[①]：“補山中[②]之袞，雖罄一心；調傅說之羹，難諧眾口。”後人改云：“雖曲盡於巧心，終難諧於眾口。”

校勘記：

①“云”，抄本作“曰”。

②“山中”，據《四庫》本及抄本乃“仲山”之誤。

王荆公在金陵，有中使傳宣撫問，拜賜銀合茶藥[①]，令中外各作一表，既具藁，無可公意者，公遂自作，今見《集》中。其詞云：“信使恩言，有華原隰，寶匳珍劑，增賁丘園。”蓋五事見四句中，言約意盡，衆以為不及也。

校勘記：

①“茶藥”，《四庫》本作“藥茶”。

孫巨源作《除太尉制》云：“秦官太尉，漢代上公[①]。”語典而重。

校勘記：

①“上公”，《四庫》本作“三公”。按：當以作“三公”為是。

王岐公在中書最久，生日例有禮物之賜。《集》中《謝表》，其用事多同，而語不蹈襲。唐李衛公作文箴，譬諸日月，雖終古常見，而光景常新。

元章簡公厚之《致政表》[①]云：“正至衣冠，莫綴邇聯之列；歲時牛酒，尚沾甲令之恩。”又《謝越州表》云：“驅車萬里，虚出玉關之門；乘駟一麾，幸至會稽之邸。”《謝子耆甯除職表》云：“疲牛抱犢，同均豐[②]草之甘；倦鳥將雛，不失上林之樂。”皆為人稱誦。其作王荆公相麻，亦世所稱工，然腦詞乃云：“若礪與舟，世莫先於汝作；有衮及繡，人久佇於公歸。”或以為先後失倫。

校勘記：

①“致政表”，《四庫》本作“致仕表”。

②“豐”，抄本作“半”，似誤。

隆祐《復位制》，蔡元長草。其詞云[1]：“雖元符建號，已位於中宮；而永泰上賓，無嫌於並后。”陳了翁作蔡《彈文》云：“北門翰長，乃手草廢[2]詔之人；復后麻詞，又窮[3]寫慈闈之旨。以謂訓出東朝，則先帝當時不得不從；事干[4]泰陵，則陞[5]下今日安敢輕改。”

校勘記：

①“云”，《四庫》本作“曰”。

②“廢”，《四庫》本作“發”，當誤。

③“窮”，抄本作“躬”。

④“干”，《四庫》本、抄本均作“於”。

⑤“陞”，據《四庫》本乃“陛”之誤。

熙甯間鄧潤甫作《邢妃麻》云：“《周南》之詠《卷耳》，無險詖私謁之心；《齊詩》之美《雞鳴》，有警戒相成之道。”後王荆公退居金陵，屢用之。

四六文[1]全在編類古語，唐李義山有金鑰，宋景文有一字至十字之對。司馬文正亦有金桴，王岐公最多。

校勘記：

①《四庫》本、抄本均無“文”字。

唐李義山別為四六集，本朝歐陽公亦別為集，夏英公、元章簡書肆亦有小集。

祭文唐人多用四六，韓退之亦然。

東坡嶺外歸，與人啓云：“七年遠謫，不自意全[1]；萬里生還，適有天幸。”所襯字皆漢人語也。又《黄門謝復官表》：“一毫以上，皆出於帝恩；累歲偷安，有慚於公議。”“秋毫以上，皆帝力也。”用張敖語。

校勘記：

①“不自意全”，《四庫》本与抄本俱作“不意自全”，是。

政和以後宰執，多不答外郡書啓。舊見司馬溫公元祐間《答[1]在外監司郡守賀啓》云：“豈期聖澤，遽陟宰司。覆餗致凶，實民瞻之未允；循牆引避，顧天意之靡回。成命既頒，愧顏無寄；重煩謙德，遠貺徽言。”此藏奉高郭氏，祖母之父時為西川提刑[2]。

校勘記：

①“答”，《四庫》本作“啟”，似誤。

②“此藏奉高郭氏，祖母之父時為西川提刑”一句，《四庫》本無。

陳後山無己《賀梁右轄啓》云：“辭榮遁祿，雖自計之甚都；挈國躋民，如人望之未已。”

劉丞相莘老罷相，自鄆徙青，《謝表》云：“東方大國，莫如鄆青；微臣何人，繼為帥守。”趙清憲正夫自禮部侍郎除中司，《謝表》云：“省部六曹，禮為清選；憲臺三院，丞總大綱。”

廖明略正一為四六甚工，舊見《為安厚卿舉掛功德疏》云：“梁木其摧，歎哲人之逝；天堂若有，須君子而登。生也有涯，沒而不朽。痛兩楹之夢奠，圮萬里之長城。”其《祭文》云：“昊天不惠，奪我元老。唐安得鑑，楚弗觀寶。盛德且然，小智甯保。”先公云：“明略平生之學，熟於高氏小史。”

李成季昭玘嘗為起居舍人，最工四六，漢老之叔也。有《樂靜齋先生集》[1]行於世。

校勘記：

①《樂靜齋先生集》，《四库》本作《靜庵先生集》，按：據《四庫全書》

總目提要，李成季所著書作《樂靜集》。

參政漢老坐其兄會稽失守落職，《謝章》云："包胥不食而哭秦，素心猶在；李陵得當而報漢，後效難期。"

隆祐《哀冊》，徐師川撰，云："作合泰陵，賢而不見答；制政房闥，聖而不可知。"席大光偶目眚，辭其書，遂以命趙叔簡書之。

馬涓[①]巨濟宣和間《謝復承事郎表》云："岧嶤丹闕，如曾清夢之遊；藍縷綠顏[②]，猶是廣庭之賜。"舊制，曾任監察御史以上，皆通表章[③]。

校勘記：

①"涓"，《四庫》本作"涓"，按字書未見"涓"字。

②"顏"，《四庫》本、抄本均作"衣"。按：當以"衣"字為是。

③"舊制，曾任監察御史以上，皆通表章"一句，《四庫》本無。

韓子蒼為舍人，曾公袞以啓賀之，韓答云："舊知四六之工，彌起再三之歎。"曾為浙漕，謝先公啓云："蒸出芝菌，猶能為瑞世之祥；收之桑榆，亦未歎逢時之晚。"

宣和末《罪己詔》：如"天變譴見，而朕不悟；百姓怨懟，而朕不知。"乃用陸宣公語宇文叔通詞也。

顏夷仲黃門《為北界幕代梁才父答王履道謝舍人啓》云："誦佳句新，濫處百僚之上；恨相見晚，果膺當宁之知。"

王初寮作《宣德門成賞功制》云："閣道穹隆，兩觀搴翔於霄漢；闕庭神麗，十扉闔闢於陰陽。"時謂工則工矣，但喚下句不來。

靖康間劉觀中遠作《百官賀徽廟還京表》云："漢殿上皇，本是野田之叟；唐朝肅帝，又非揖遜之君。"何㮚文縝時為中書侍郎，索筆塗之，用此二事，別作一聯云："擁篲卻行，陋未央之過禮；

執鞚前引，笑靈武之曲恭。”文縝以四六知名，其《謝召還表》云：“兩曾參之，是非浮言猶在；一王尊之，賢佞更世乃明。”

高麗牋奏，比年頗工。建炎《乞入覲表》云：“惟有春秋之事，可達意於明庭；願踰朝夕之池，獲升聞於行在。”又《問侯表》[1]云：“金風已趣於西成，方圖平秩；日脚甎違於北所，適御行朝。”

校勘記：

①“問侯表”之“侯”，疑“候”字之誤。按：此條《四庫》本未見。

余相罷節鉞，換觀文，吏房請詞，程伯起舍人當制，問於先公，先公云：“念雖經武之雄，終非隆儒之體。”吳丞相元中宣和間當外制，作《河北曲赦》云：“桑麻千里，皆祖宗涵養之休；忠義百年，亦父老教訓之德。”又作《种師中制》云：“系出終南處士之後，世有山西良將之規。”

王雲子飛，早以文受知於豫章，宣和當外制，曹溶《學海類編》本作“早有文名，之官豫章，元中當外制。”其《謝表》云：“洶鯨波之再涉，偶遂生還；恍芸省之暫遊，旋從外補。”王嘗隨奉使高麗，作書狀官也。又云：“敢期文陛之壹登，所望修門之重入。”

孫重益直院草《黄懋和罷相制》云：“移股肱者固非朕志，作耳目者言皆汝尤。”又《謝吏部侍郎表》云：“名節壞於謗讒，孰聽鼠牙之訟；精神消於憂患，屢驚馬尾之書。”

高平范相《謝罷相表》云：“常欲慎惜名器，俾士夫革奔競之風；不敢妄圖事功，冀宗社獲和平之福。”翟參政公巽與公書取此，云：“庶幾革奔競之風，獲和平之福。”如公所云也。

紹興曲赦福建，本翟公巽為承旨當制，翟入[1]參，綦叔厚直院當制，遂用其文。其曰：“朕臨朝不怡，視古太息”者是也。

校勘記：

①“人”，《四庫》本作“大”，當誤。

綦叔厚草《蜀將制》曰：“已失秦川之險，敢言蜀道之難。”辛炳為中司[①]，遽作彈文曰：“川未失也。”綦自辨其語，上曰：“朕知之矣，卿所言者，我能往，寇亦能往。”

校勘記：

①“中司”，《四庫》本作“司徒”。

陳去非草《故相義陽公起復制》云：“眷予次輔，方宅大憂。”有以“宅”、“憂”為言者，令貼麻，陳改云“方服私艱”，說者又以為語忌。王初寮草《鄭華陽持餘服麻》云：“惟君臣相與之際，當諒乃心；顧忠孝兩全之難，重違所請。”

叔祖逍遙公舊為四六極工[①]，極其精思，嘗作《謝改官啓》云：“志在天下，豈若陳儒[②]子之云乎？身寄人間，得如馬少游而足矣！”有《雜編事類》，號武庫，兵火後亡之。

校勘記：

①《四庫》本無“極工”二字。

②“儒”，《四庫》本与抄本作“孺”，是。

叔祖逍遙公初不入黨籍，朱震子發內相，以初廢錮乞依黨籍例命一子官，仮代作《謝啓》云：“念昔先人，親逢命世；升堂傳道，實有[①]淵源。刻石刊章，偶逃部黨。上元豐太常之第，奉建中宣室之咨。忤彼權臣，斥從常調。”

校勘記：

①“實有”，《四庫》本作“有自”。

程門高弟如逍遙公、楊中立、游定夫，皆工四六，後之學者乃謂談經者不習此，豈其然乎？

林述中適帥福日，見之舉召試舍人時《除節度使麻》云："無怠無荒以來王，朕敢忘於慎德；有嚴有翼而共武，爾[①]無替於懋功。"

校勘記：

①《四庫》本無"爾"字，當脫。

趙承之鼎臣作《謝李元量釜狀元啓》云："嘉禾當御，輒先農父之嘗；神龜效靈，偶出豫且之網。"

政和間，北使《謝柑實表》云："聘禮式陳，祝帝齡於紫闕；宸恩特異，錫仙宴於公郵。方厥包未貢之期，捧茲德惟馨之賜。天香滿袖[①]，染湘水之清寒；雲液盈盤，浥洞庭之餘潤。梓里豈遑於遺母，楓廷切願於獻君。"

校勘記：

①"滿袖"，《四庫》本作"彌袖"。

蔡元長內翰靖康中《謝淮東茶鹽表》云："睠茲摘山之利，蓋出當時之權。明詔惟行，盡復祖宗之舊；微生何幸，願還畎畝之中。"

先公除翰苑，以祖諱辭，有旨銜內權不繫"三"字。先公以不帶"三"字，止同職名，不可赴院供職，又固辭。《除述古制》云："玉帳談兵，已興嗟於見晚；金鑾草制，茲無恨於同時[①]。"張達明澂行[②]。

校勘記：

①"同時"，抄本作"當時"。

②《四庫》本無"張達明澂行"五字。

靖康內降，王氏封國夫人，淵聖中批，可入“朕之乳母”四字，先公奏云：“當於腦詞下稱‘皇帝乳母某氏。’”而草云：“蚤參慈保之嚴，謹于燥溼之視。”

常殿中子然瓌作銘志碑碣極高古，而不工四六，嘗作《謝宮祠表》，詞語云云，京師議之。晁叔用嘗勸其多作古文，少作詩，無為四六也。伋幼時以《蘭亭修禊序》求跋，今載於此，曰：“右謝伋景思手自軸褾，以示常瓌子然。曰：近時石本，如此本者亦絕少。後起晚學敢於蔑古，以臆自用，臨摹無毫毛法，而精石緻板刊刻不疑，流傳散布，見真者既寡，識真者又衰，方誤世矣。此本尚可寶也哉。謝景思童年耆學，師前修，有俊秀氣，未減封胡羯末也。”其文今少傳。

宣和內禪，王循德為承旨，當草赦，事出倉卒。云：“紹二百年之祚運，奠三萬里之幅員。施及眇躬，嗣膺神器。永念纘承之重，懼極淵冰；載惟臨御之艱，憂深朽索。”及內禪，皇太子詔到，天下方曉然。

先公初見上濟州，便欲委以文翰，宋都登極，即有是除，以祖諱辭。後自台召至建業，初入對，上云：“再以翰林學士處。”又固辭。方拜兵書。其後雖執政如賜藩鎮大將詔書、討賊勅書榜，猶以委之。

呂成公《求退表》云：“侵尋甲子六十有三，補報朝廷萬分無一。”乃出於李黃門邦直。

宣和間，掌朝廷牋奏者朝士常十數人，主文盟者集眾長合而成篇，多珍奇對而意不屬，知舊事者往往傚之。

韓似夫樞密《謝故相儀國公賜世濟厚德御書碑額表》，令數客為之。報行者，前一段用伋所為，後一段用胡承公作①。

校勘記：

①自“韓似夫樞密”起至此《四庫》本無。

翟大參以陳通之亂①，自越援杭，其《謝降官表》云：“豈比秦人，坐視越人之瘠；欲安劉氏，固知晁氏之危。”

校勘記：

①“陳通之亂”，《四庫》本作“陳東之事”，當誤。

趙令人李曹本作趙明誠妻號易安，其《祭湖州文》曰：“白日正中，歎龎翁之機捷；堅城自墮，憐杞婦之悲深。”婦人四六之工者。

朱異宣諭七閩，劾江夕拜常循俗異宮，朝廷薄其罪，止令分析，江《謝表》云：“盡擊鮮更日之歡，復擁笏垂魚之樂。”

席參政大光作《嗣安定制》，頌太祖曰：“爾惟元孫，予曰伯父。”其《謝潭帥表》云：“暴揚①之惡，初過於共兜；播告之詞，忽同於方召。”

校勘記：

①“揚”，《四庫》本作“楊”。

方彥蒙①《上時相啓》云：“三已無慍，雖知眾口之鑠金；萬折必東，自信臣心之如水。”下句完善。

校勘記：

①“方彥蒙”，《四庫》本作“方念蒙”。

常子正同作先公《再①致政》詞云：“熟本朝之故事，追聞正始之風；迎代邸而清宮，獨奉渭橋之謁。”屬②對似少偏。

校勘記：

①“再”，《四庫》本作“甫”。

②《四庫》本脱此“屬”字。

政和間以僧為德士，冠服如道士，有一長老升堂云：“石窗奪得裴休笏，用在今朝；曹溪留下祖師衣，已為陳跡。”又一長老《乞入道表》云：“一習蠻夷之風教，遂忘父母之髮膚；幾同去國之人，忽見指天之斗；倘得回心以[①]向道，便當合掌以擎拳。”

校勘記：

①“以”，《四庫》本作“而”。按作“而”者善。

汪退傳初坐陳東、歐陽澈事降官，後復以啓謝廟堂，時相作答啓云：“一男子之上書，人何足道；諸大夫皆[①]曰可殺，公豈容心。”熊太學叔雅詞也。靖康間，京尹陳伯起《謝賜出守牙簡表》云：“看山拄頰，敢為晉士之清狂；上馬設囊，豈有唐賢之風度。”汪彥章詞。按“一男子上書”句“之”下有脱字。

校勘記：

①《四庫》本及抄本均無“皆”字。按：宋謝采伯《密齋筆記》卷三收錄此句，云：“一男子之上書，初亦胡罪；諸大夫皆曰殺，蓋亦無心。”文字稍異。又按：據上，則“一男子之上書”句無脱字，而乃“諸大夫皆曰可殺”句有衍字耳。

康平仲執權在揚州，嘗當宗開封制，以舉似伋云[①]：“想望夷門，未泯葱葱之佳氣；顧瞻淮甸，安能鬱鬱而久居。”

校勘記：

①“嘗當宗開封制，以舉似伋云”，《四庫》本作“時舉對制以示伋云”。

何文縝以曲學罷三[①]事，案《學海類編》本作“正”字。其《謝章》云：“師友淵源，妄追[②]探於千載；文章戶牖，期自立於一家。獨簡聖知，何名曲學。”

校勘記：

①“三”，《四庫》本作“正”。

②“追”，《四庫》本作“遙”。

外大父晁舍人《謝落職表》云：“投鼠忌器，輒冒天子之從臣；翦爪及膚，不識朝廷之大體。”指耿黄門而言。

葉石林少藴知福州，其《賀朝會表》云：“緊昔艱難，孰測聖人之勇；迨茲平定，益知天子之尊。”

陸益中德先解人，宣和中再為執法，閨門[①]孝友，嘗彈蔡條[②]，范丞相建炎間答其《啓》云：“久居言路，抨彈多權貴之臣；屢掌文衡，登拔皆純正之士。”范射策日，陸曾謂其不純正。舒起居清國詞也。

校勘記：

①“閨門”，《四庫》本作“閤門”。

②“蔡條”，誤。據《四庫》本及抄本應作“蔡絛”。

汪彦章《賀呂成公初大拜啓》云：“方羣臣憂杞國之天，靡遑朝夕；乃兩手取虞淵之日，重正乾坤。”

孫伯野傳論麗人騷擾，中批云：“至乃用蘇軾語，全無顧忌。”孫《表》云：“不知言語之合前人，但見裔夷之負中國。”

周子武秘自中司帥越日，仮在崇道外祠[①]，與仮《啓》云：“訪羽人於丹丘，莫繼後塵之雅躅；受釐事於宣室，即期前席之榮觀[②]。”後見李雅州端民，云某之詞也。

校勘記：

①“祠”，《四庫》本作“初”。

②“榮觀”，《四庫》本作“崇觀”，是。按：崇觀者，謂台州之崇道觀，

亦即條內所謂“伋在崇道外祠”之“崇道”也。

伋在建業時，華藏寺一老沙彌法光誦經得度，屬韓子蒼作《化錢疏》，座間索筆，草云：“法光身本仕族，志慕佛乘。依華藏以出家，誦《楞嚴》而得度。敢言四事，尚乏三衣。本來一物也無，政須行乞；他日寸絲不掛，用此酬恩。”

黃叔言子游守台，與伋《狀》云：“倒屣以待諸公，要出我門；解榻而迎使君，未有此客。喜接詞之伊邇，仍問政之可期。”

趙祖穎奇與伋同在太學，中秋趣人作會《啓》云：“庾亮樓頭①，漸覩掛檐之月；揚雄宅畔，幾無醉酒之人。方孤坐以無聊，欲就眠而未可。伏維某人，輕財有朱家之度量，好客繼鄭莊之風流。酒滿樽中，屢極詼諧之飲；錢流地上，曾無鄙吝之心。東閤之宴欲開，南樓之興不淺。雖一石滅燭，在淯千凫②豈敢望焉③；而五斗解酲，如劉伯倫不無覬也。願戒④青州之從事，亟濡東海之波臣。心若搖旌，側聽黃金之諾；言猶在耳，盍追長夜之歡。過此以還，未知所措。”

校勘記：

①“樓頭”，《四庫》本作“樓邊”。

②“淯千凫”之“千”，據《四庫》本及抄本，乃“于”字之誤。

③“焉”，《四庫》本脫。

④“戒”，《四庫》本作“挈”。按：作“挈”者善。

跋

王舟瑤

右謝伋《四六談麈》一卷。伋字景思，上蔡人。參政克家任伯之子，官至太常少卿。紹興初隨父遷居黃巖縣西四十里靈石山，有園曰藥園，僧了宗為之圖，景思自為記，朱子亦有《題謝少卿藥園》詩二首，所謂“謝公種藥地，窈窕青山阿”是也。景思自號藥寮居士，故是書卷首署曰靈石山藥寮。宋王明清《揮麈後錄》載：紹興二年秦會之罷右僕射，褫職告詞云：“聳動四方之聽，朕志為移；建明二策之誤，爾材可見。”謝任伯之文。至乙亥歲秦復相，知御札在任伯子伋景思處，乞行抽取，得旨下台州從伋所索之，又令其媢党曹泳為擇酷吏劉景者擢守天台，專欲勒勘。景思寓居外縣黃巖山間，景視事次日，遣捕吏追逮，景思自分必死。將抵郡城，舟中望見景備郊迎之儀，一見執禮甚恭，至館舍則美帷帳，厚飲食，景思莫測。是晚置酒延伫，笑語極驩，始聞早已得會之訃音矣。案景思著有《藥寮叢稿》二十卷，葉水心為之序。《書錄解題》、《宋史·藝文志》、《文獻通攷》俱著錄，今已不傳，惟此《談麈》一卷，則左氏《百川學海》、曹氏《學海類編》、張氏《學津討原》均有刻本，雖所論僅據當時之體，未能上溯六代三唐，窮其派別源流，於駢儷之文所得尚淺，然於宋代制誥章奏牋牘，亦能畧抉得失，自抒所見，雖不能如後來彭芸楣《宋四六話》之詳贍，以視王性之之書固已過之，蓋亦刱始難而踵成易歟。是書及《深雪偶談》皆余昔年擬刻入《台州叢書續編》而未果者，今金伯樞刺史願次第刊印，余為深喜，因略加是正，而并書景思軼事以畀之。甲寅小暑，黃巖王舟瑤。

宋臨海謝采伯著
太平後學金鵬校刊

密齋筆記

目　錄

欽定《四庫全書總目》

《密齋筆記》五卷，《續記》一卷。子部雜家類。

宋謝采伯撰。采伯字元若，台州臨海人。宰相深甫之子，理宗后謝氏之伯叔行也。中嘉泰二年傅行簡榜進士，歷知廣德軍、湖州、監六部門、大理寺丞、大理寺正，《宋史》無《傳》，其事蹟不甚可攷，官爵名字僅見於陳耆卿《赤城志》中。是編乃其易班東歸時所撰，錄以示其子者。襍論經史文藝，凡五萬餘言。自序以為無牴牾於聖人。其間援據史傳頗足以考鏡得失，雜錄前賢懿言嬍行，亦多寓懲勸，雖持論間有未醕，其援引證據亦未能如《容齋隨筆》、《夢溪筆談》之博洽，而語有本源，瑜多瑕少，要亦說部之善本也。史稱謝后父渠伯早卒，兄奕宗封郡王，姪並節度使，端平初頗干國政。采伯以世家貴介敭厤中外，洊更麾節，政當謝后用事之時，獨能解組逍遙，致使史官佚其姓氏，則蕭然於榮利之外，一無所預可知。王宗旦原序謂士大夫晚節嗜好鮮有不迷其初者，密齋獨以書籍貽謀後人，使知其老不忘學，則采伯潛心著述，殆以一生之精力為之，宜其言多中理矣。原本久佚，僅散見《永樂大典》中，謹採錄編綴，分為《筆記》五卷，《續記》一卷，仍所題之舊目焉。

序

王宗旦

寶祐乙卯，天台謝公鼓院來守臨川，宗旦實為贊貳。一日，以《密齋筆記》授宗旦曰：“此吾先君子晚年之所著也。”宗旦受而讀之，驚喜歎賞，如游寶山，如閱海市，瑰奇詭異之物，雜然前陳，駭目洞心，應接不暇。吁！是豈淺鮮者所能到哉！其殆貫穿百家，馳騖千載者歟？夫士非窮愁莫能著書，一行作吏，此事便廢，常情之通患也。矧耆耋高蹈，燕居引恬，未有肯措意於筆硯者。密齋以宰相子敭歷中外，洊更麾節，晚境勘游，乃能逍遙里第，耽玩墳索，抽毫漬墨，述所得以自見於世，所謂富貴不能淫，年彌高而德彌劭者，密齋有焉。陸賈當功成名遂之餘，乞身歸田，擁車騎，負寶劍，遨遊諸子間，釃酒擊鮮，以自娛樂，追思向來《新語》，殆如夢事。何子平隱居讀《易》，自男婚女嫁之後，斷絕家事，勿使相關，迺肆意於名山大川之觀，曩時韋編不復過眼矣。王逸少蘭亭一序，似能言者，及其守早退之節，又不過企慕子平所為，盡山水之游，求藥石，植桑果，抱子弄孫以卒歲，於著書乎何有？以密齋視三子，富貴年齒，度越遠甚，謂宜屏却簡編，燕酣登眺可也。而密齋之所樂為，有三子之所不克為者。由是言之，士大夫晚節嗜好，有不迷其初者鮮矣。觀密齋自序，謂以此書傳示子孫，使知其老不廢學，噫！此其貽謀微意又可與俗人言哉！越明年，鋟梓郡齋，輒為題其後。鼓院名奕楙，密齋先生次子。寶祐丙辰夏五中澣，通直郎添差通判撫州軍州兼管內勸農營田事王宗旦謹書。

自 序

予好漁獵書傳，時年六十有三，易班東歸，天賜一閒，無以解日，書生結習未除，亦自觕有聞見，豈應以鷃弁泯沒，遂著于篇，以示兒輩。曰或問者，兒輩所質問也。經史本朝，文藝雜說，幾五萬餘言，固未足追媲作者，要之無牴牾於聖人，不猶愈于稗官小說、傳奇志怪之流乎？庶後之子孫知予老不廢學云爾。淯祐元年辛丑長至謝采伯元若引。

卷　一

《易緯稽覽圖》云：伏羲氏至無懷氏五萬七千八百八十三年，神農氏五百四十年，黄帝一千五百二十年，少昊四百年，顓頊五百年，帝嚳三百五十年，堯一百年，舜五十年，禹四百三十年，殷六百四十四年，按原本誤作“四百九十六年”。周八百七十三年，按原本誤作“六十七年”。秦五十年，已上六萬三千一百八十六年。惟伏羲畫八卦，傳於後世，餘幾六萬餘年，畧無文字可攷，何耶？抑有而不傳也？班固曰：唐虞以前，雖有遺文，其語不經，故言黄帝、顓頊之事，未可明也。又《乾鑿度》乃蒼頡注《三墳》、《五典》、《八索》、《九邱》，與《素問》等書，皆書也，非有而不傳者歟？又曰：春秋二百四十二年，戰國二百二十五年，秦四十年，生漢高祖；三國五十六年，晉一百六十年，宋六十年，齊二十四年，梁八十七年，按原本誤作“五十六年”。陳三十三年，隋三十七年，生唐太宗；五代共五十餘年，生藝祖。三大英主，撥亂反正，拯民塗炭。漢尚高厚，唐立法度，國祚悠久。本朝用儒，立國以仁，卜世卜年，永永無極。

漢興，諸臣雖非粹然一出於正，然皆能以功名自奮，垂芳汗青者，正以其一時言議合於事情，而本於理義也。沛公意欲留居秦宫中，樊噲諫曰：“此奢麗之物，皆秦之所以亡。”沛公不聽。張良又諫曰：“宜縞素為資。”二臣之諫，周公之《無逸》也。韓信言項王為“匹夫之勇，婦人之仁”，又言項羽“實失天下之心”，又言“約法三章，秦民無不欲得大王王秦者”。韓信能占民心為趨向，是三代之得天下以仁也。項羽殺義帝，三老董公遮說漢王曰："仁不以勇，義不以力，宜率三軍，素服以告諸侯而伐之，此三王之舉也。"董公之言，春秋討賊之誼也。太公家令說太公曰："天無二日，土無二王，皇帝雖子，人主也，太公雖父，人臣也，奈何令人主拜人臣。"後上朝，太公擁篲迎門卻行，是明於君臣之分也。人皆曰漢初諸臣多麤暴凶詐之徒，借以集事，思之，皆明於綱常，合於禮義，此理亙萬古未嘗一日泯滅也。

高祖好酒及色，范增又云"貪財好色"。高祖興，王史臣安敢加毀，緣是難遮掩，未免直筆。今觀其一入秦宮，見帷帳狗馬重寶婦女以千數，便欲留居，賴二臣之諫，回軍霸上。一入彭城，可謂重地，便收其貨寶美人，日置酒高會，是時無諫者，遂一敗塗地。及得天下，又溺於戚姬，幾欲廢太子，微四皓則又是一場狼狽。外物易移，內欲易動，幸迫於利害而止。我朝藝祖，真聖主也。

真宗嘗謂王旦曰："每除拜宰相親王，不御崇德殿，不視朝。"其意以命宰相親王示不敢專也。

崇甯五年勑節文：小鈔，知通監造，書押、印造樣號、年限、條禁，並依川錢法。軍人官員請給不用外，買賣倉場庫務出納，依見錢行用，三年為界。大觀二年第一科，其樣與今會子畧同，上段印："准偽造鈔已成流三千里，已行用者處斬。"至庚寅九月，更不用。中段印畫泉山，下段平寫一貫文省，守倅姓押字。此會子兆端也。紹興十二年，戶部張澄欲行會子，給事中胡霈然沮之而止。紹興三十二年，竟行之。今九十餘年，其弊極矣。而大觀小鈔，民以為便者，造之有限，而換之有信也。

高宗語東宮："須是讀書，便知古今治亂，便不受人瞞。朕初即位，羣臣多勸法仁宗，仁宗固是忠厚，末年紀綱幾乎不振，所幸得韓琦，遂無事。本朝自有太祖，何故不取以為法。"

聘后黃金二萬斤，新莽用三萬斤，《晉志》云："漢用二萬斤，晉亦用二萬斤。”往往金至後世愈少。宋用銀五萬兩，金五千兩，南渡後又減至銀二萬兩，金二千兩。

南齊正月上辛祠昊天，次辛祭后土，十一月元日祈穀於上帝。注云：“謂以上辛郊祭天地。”《郊特牲》云：“郊之用辛也周之始，郊日以至。”注云：“陽氣新，用事，而用辛日。”此說非也，用辛日者，凡為人君者當齋戒自新也。

神宗朝冬至當十一月晦，有言“晦不可郊。”而無人知此故事，惟宋敏求云：“太祖乾德初，郊，亦是十一月晦日。”遂用當月十六日甲子郊。國朝《會要》不載此事，乃宋次道家收得朝報，神宗大嘉之。龔養正所撰，載之甚詳。慶元丙辰宏詞出乾德初郊《慶成頌》，試者非特不知晦日本末，有一卷乃云：“祖宗並侑。”又云：“歸胙慈極。”不知乾德時既未有家廟，杜太后已上僊，亦未嘗有慈極。

近年郊祀，只用黃琮蒼璧，却不見用四圭，有人問禮官云：“四圭兩圭，已於景靈宮用了，黃琮蒼璧，乃是禮見天地?”

宰執予授京秩，始於呂蒙正。《時政記》：“進御始於李昉，班直八年。敘補軍校始於高瓊。”《起居注》：“進御始於梁周翰，帶職致仕始於王文正公旦，糊名考校始於周起建議。”

宣和時彗星竟天，徽宗震怒，謂趙挺之曰：“蔡京所為皆如卿言。”京免相，挺之復為右僕射。始京在崇甯初首興邊事，用兵連年不息。一日，徽宗諭輔臣曰：“朝廷不可與邊庭生隙，釁端一開，日尋干戈，生民肝腦塗地，豈人君愛民之意!”挺之退語同列曰：“主上志在愛民息兵，吾輩義當將順時。”執政皆京黨，但唯唯而已。

“以准、各皆、其及、即若”，王元澤以此八字該括法律。

天聖四年，州軍並不得官置醋坊，近陳提舉振孫博通古今，俯體祖宗卹民之意，舉行萬戶，停廢醋庫，邦人至今德之。

《東京記》:"舊八作司，太平興國二年分東西二司。"乃泥作、赤白作、桐油作、石作、磚作、瓦作、竹作、井作，以上名八作。後兼備攻城之事，乃二十一作。天聖元年，置官屬。今八作司獨傳伎巧之物，若致遠務、裁造院、茶湯磨院、針線院、布庫鑄場務、煎膠務、擊鞠院、雲韶班院、印經院、燒朱所、新衣庫、菜庫，纖悉畢備。及前宰執侍從大第環拱，蓋以百數。錢塘駐蹕，庶事草創，追想全盛，太息久之。

都麴院賣於酒戶，南京西京皆然。東京在城每歲四十七萬四千六百四十五貫，南京在城賣麴三萬六百九十貫二百一十七文，五十里外務場別有數。台州在城及諸邑縣諸路橋港頭，酒額每歲八萬一千二百九十八貫。《泊宅編》云:"院之井滓穢，不堪汲用，惟以造麴特善，他井皆不如。"開寶二年，詔麴價高可於十分中減放二分。六年減價每斤止收一百文足陌。太平興國六年，詔在京賣麴每斤元定二百文，自今每斤減五十文。淯化五年，有司言:"諸道州府置榷酤，募民掌其事，内四百七十處，歲額無幾，願一切罷之，但賣麴收直。"詔從其請。景德元年罷江淮兩浙荆湖制置榷酤。

澶淵之役，射殺其貴將達賫，遂潰。曹利用與其飛龍使韓杞見行在，議盟。真宗謂輔臣曰:"初欲令石普、楊延邀其歸路，而以精兵踵其後，腹背擊之，然兵連禍結，何時而已，故徇其請，以休息天下之民。若彼自渝盟，以順伐逆，殆未晚也。"當人主英斷，事力全盛，人材輻凑，則以戰而不戰，果享百餘年和好之利，兵端果可輕開耶?

范蜀公《正書》云:"舜之五刑者，流也，官也，教也，贖也，賊也。"流宥五刑者，舜制五刑，流以宥三苗之墨、劓、刖、宫、大辟也，《書》曰:"苗民弗用，靈制以刑。"惟作五虐之刑曰法者此也。堯所以哀矜庶獄之不辜，遏絕之使無世在下也，舜其仍用之乎？仍用之，則是踵苗之五虐，而遂有十刑，安得云"明於五刑，以弼五教。”堯嘗清問下民，廢去此法矣。至禹時德既下衰，方用此肉刑。楊子云：“夏后肉辟三千，不膠者卓然矣。”然禹亦未必用，只是用之以為贖刑。《呂刑》所謂“訓夏贖刑”也。直至秦時方用，如黥太子傅之類是也。至漢文帝又不用。至宋文帝因劫賊有赦，方於劫賊面上刺一“劫賊”字。至五代後周刺配之法盛矣。大率流始於堯舜，墨始於苗，贖始於禹。先皇考《與范寺薄[1]說羅大著點囚輪對劄子》，乞減配法，乃是近日配人之多。張方平亦有劄子，羅乃繳帖在前，上付來棘寺諸公議論，將鹽茶犯法之人刪改太輕，戶部沮而不行。

校勘記：

①據《四庫》本，“薄”乃“簿”字之訛。

《金匱》曰：“武王伐紂，雪丈餘。”漢宣帝本始元年，匈奴擊烏孫，欲還，會天大雪，一日丈餘，民畜凍死數萬，綴馬數萬匹。唐李愬因天大雪，疾馳百二十里，到蔡，破其門，平蔡。吐蕃諾邏兵入太斗，會天大雪，吐蕃皸凍，趨西道以歸，王君㚟率秦州都督張景順約乘冰縱兵，盡俘以旋。白元光合回紇兵於靈臺，雪霁嚴晦，吐蕃閉營撤備，乃縱擊之，斬首五萬級，生擒萬人，收所俘唐戶五千。嘉熙丁酉十二月，大雪中大敗金人，捷旗報積屍如山，豈非雪霜肅殺之氣，有以助之歟？

張匯《節要》云：“二太子斡喇布之妻余輦公主，乃遼主天祚之女，尼瑪哈之妻蕭氏乃遼主天祚元妃，各因間勸賊南寇，陰報朝廷助兵救嗣獻按：“救”字疑“攻”字之誤[1]遼之隙。又秦檜《上斡喇布尼瑪哈書》曰：“竊觀大金今日計議之臣，多前日大遼亡國之臣，畫籌定計，非忠於大金也。假威大金以報其怨耳。大遼妃主陰報於內，大遼之臣若伊都、郭藥師輩贊謀於外，乃吾國厄會所致。”

校勘記：

①“救”，《四庫》本作“攻”，嗣獻所疑是也。

余嘗觀《靖康傳信錄》以及《孤臣泣血錄》諸書，臣子有不忍言者。後達勒達圍閉燕京，金主珣遣人議和，達勒達欲得公主一名，從公主美女男子各百人，及護駕將軍十人，細軍一千人，御馬三千匹，綾羅繡衣服金銀珠寶三千載，珣皆從之。又以色默圍燕之久，再索犒軍金帛，珣復從之。其事與靖康畧無少異，此貪婪大果報也。尼瑪哈侵河東，斡喇布引大兵自涿州入安肅，陷開封府，至順州，凡一百八十餘州，八百七十五縣，蹂踐殘滅，何可勝紀。而自貞祐元年十一月至二年正月，殘破河東、河北、山東、山西，後案“後”字疑“復”字之誤。一十七府九十餘州，鎮、縣二十餘處，數千里間，殺戮皆盡，城郭邱墟，金帛子女，牛羊馬畜，皆席捲而去，屋宇悉皆燒毀，此殺戮大果報也。小既有小果報，大豈無大果報耶！《南遷錄》以為：“不及百年，臣子大書於冊。”以為古今一大快，亦以志後日一場大果報必不輕矣①。

校勘記：

①此條《四庫》本無。

鄭介夫俠聞子姪用王氏學講《考槃》之義曰：“弗諼者弗忘君之惡，弗過者弗過君之朝，弗告者弗告君以善。”公歎曰：“是何言歟？一不用而忿戾若此，何以為碩人？何以為考槃？”遂訓之曰：“弗諼者弗忘君也，弗過者弗以君為過也，弗告者弗以告他人也。”介夫上《監門圖》，已感動上意，見於施行，及流落挫折之餘，一話一言未嘗不在君父，君臣之倫盡矣。橫渠張子厚著《西銘》，有曰：“不施勞而底豫，舜其功也。無所逃而待烹，申生其恭也。”是皆聖賢能處人倫之變、父子之倫明矣。劉庭式娶瞽女，後倅密州，喪之逾年，而哀不衰。東坡問曰："哀生於愛，愛生於色，今君愛何從生？哀何從出乎？"庭式曰："吾知喪吾妻而已。吾若緣色而生愛，緣愛而生哀，色哀愛弛，吾哀亦忘，則凡揚袂倚市目挑而心招者，皆吾妻也？"夫婦之倫得矣。司業趙彥昭《兄弟訓》引姜肱、李充、陳業、徐苗、許荆、李鴻、二孔、兩趙、陰慶、卜式、桑虞、蔡邕以為勸，反覆千餘言，兄弟之倫著矣。二程之門，諸友若游酢、謝良佐、吕大臨、楊時，東坡之門若黄庭堅、秦觀、張耒、晁補之，儒學文藝俱有切磋琢磨之益，交朋之風不其盛歟？此我朝之治所以遠過漢唐也。

《江州冢記》其畧曰："開寶乙亥歲，問罪於李煜曰：'朕司億兆，許卿不殺，而弗信乎？'煜弗之悟，繇是流矢蝟集其宫，擒煜於纛下。江州蟻聚，詬駡王師，先鋒曹翰竟屠其城，横屍三萬七千餘。明年丁丑，皇帝嗣位，太平興國之二載，太子仲允、臣周敬述銜命察俗，又獲遺骸一萬七千，窆於廣陽門外。"本朝以仁立國，未嘗妄殺，獨曹翰一軍，輕試其鋒。曹彬有賢嗣而翰無後，天道昭然矣。

《湘山録》載昝居潤、董思誨、黨進三人，皆不識字。本傳但書其戰功，多不責以文學，史法當然。如晦野史，所以備言之。國初人物，洪毅沈鷙為有餘，浮華緣飾為不足，便立得功業，與中葉人物不同。

張子紹[①]在經筵，太上語以"朕用人盡付之公道"，紹[②]奏云："陛下之公道，只得古人一半。"太上問其故，曰："孟子曰：'左右皆曰賢，未可也；諸大夫皆曰賢，未可也；國人皆曰賢，然後察之，見賢焉。然後用之，必須又斷之，斯可也。"案當作"必須問之國人，又斷之於己，斯可也。"今有脱誤。太上又云："臺諫不可承人主風旨。"

校勘記：

①② "紹"，《四庫》本作"韶"。

杜黃裳為河中尹，盧坦為尉，召坦曰："某家子與惡人游，破產，盍察之。"坦曰："凡居官廉，雖大臣無厚蓄，其能積財者，必剝下以致之。如子孫善守，是天富不道之家，不若恣其不道以歸於人。"黃裳驚其言，自是禮遇加厚。張于湖、何侍郎異、余提刑澄，並大書刻之石。黃裳除吏不甚別流品，通饋謝，無潔白名，又納高崇文錢四萬五千緡，卒後御史劾奏，子載辭服，坦乃得持其短，不然一尉之微，安敢抗對如此。《李翺集·坦傳》亦載其事。

本朝惟文潞公建雙節，終亦辭了，貼麻不行。韓忠武建鎮南、安[①]、甯國三節，出於異數。

校勘記：

①據《四庫》本，"安"前有"武"字。按：《宋史·韓世忠傳》載韓"改鎮南、武安、甯國節度使"。

紹興九年朝陵，乃范如圭之請。高宗云："非卿不聞此言。"其《夫田》一書，真有志事功之士，惜不見用，於《國史·秦檜傳》云："校書郎范如圭上檜書，責以曲學倍師，忘讎辱國之罪，且曰：'公不喪心病狂，奈何一旦為此，若不早改此圖，必且遺臭萬世。'未幾如圭奉祠。"《中興小厤》遺其書，范乃元祐故家也。

景祐四年，安平縣主言夫吳守正父元隨范喜居漣水軍，欲聽喜添錢開酤海州沭陽縣周穰村酒務，詔開封府召喜及寫狀人本宮管當人勘罪施行。又張乖崖《判百姓乞增擡酒課利狀》云："將五分折變於官錢，是一倍增擡於酒利，加水減料，使百姓有言，置我何地。"是時朝廷州郡皆不許人剗奪，令但給與高價，蓋不復為後人慮也。

常州通判沈長卿《上叅政李光啓》曰："搢紳守和親，本出婁敬之下策；空言難信結，就慮吐蕃之劫盟。"《夷攷》："贊普兵敗，獻馬金，求婚。景龍二年還其婚，帝以雍王守禮女為金城公主妻之。開元二年，其相上書宰相請盟，上令姚崇報書，載辭未及定，而十萬之師已寇臨洮，入蘭、渭、永泰，請和，詔宰相杜鴻漸等同盟，而僕固懷恩不得志，導其將犯邊，眾二十萬，已逼奉天，懷恩死，遂無謀主，復遣使來聘，詔宰相與吐蕃使者盟。俄寇靈州。”蓋不止劫渾瑊平涼盟，變起倉卒而已。終唐之世，凡九和而十四戰。皇甫惟明曰：“皆其邊將好功之人為之。”固有是說，亦其主不守信義所致。尚主者二，自偁甥舅之國，而數為邊患，人主撫有四海，以婉冶之姿遠適異地，垢辱甚矣。君臣莫之恥也。五代以來，倖免此患。長卿可謂正論。權奸文致其罪，株連正人，嘻！其甚矣。

王欽若欲為相，王文正公旦累抑之，云：“祖宗朝不曾用南人當國。”故欽若以“立賢無方”之說動真廟之聽，真廟以問文正，文正云：“‘立賢無方’，必須賢而後可。”熙甯以後更改祖宗法度，而羣小又主紹述之說，以“三年無改於父之道”合為一談，稔成靖康之禍，孔孟之言豈誤天下後世耶？王文正公云“必須賢而後可”，王欽若果賢者耶？“無改於父之道”，謂合乎道者無改，不合乎道者，改之可也。朱文公注曰：“方猶類也，惟賢則立之於位，不問其類也。”

李迪挫丁謂姦邪之鋒於正熾之時，王曾乘丁謂之失而能暴其彌天之罪。進君子，退小人，此秉鈞衡者第一義。王文正旦遂無如之何，文正得君如此，不能以身為去就，去王欽若、丁謂，況他相哉！馮拯為之營救，惠姦莫甚焉。

仁宗朝，王安石知制誥，賞花釣魚，內侍各以金楪盛釣餌置几上，安石食之盡。明日帝謂輔臣曰：“王安石，詐人也。”老蘇云：“王安石乃盧杞、王衍合為一人，天下將被其禍。”後安石叅政，御史中丞呂誨叔云：“安石外示樸野，中藏巧詐，驕蹇慢上，陰賊害物，大奸得路，羣陰彙進，則賢者漸去，亂由是生，誤天下蒼生者必斯人矣。”安石嘗奏言：“中書處分劄子，皆稱聖旨，不中理者十有八九，宜只令中書自出牒。”帝愕然。唐介曰：“如安石所陳，則是政不自天子出。”李師中始仕，州縣邸報包拯三事，師中曰：“包公何能為，今鄞縣王安石眼多白，甚似王處仲，他日亂天下必此人也。”陳了翁每謂：“天下事變故無常，唯稽考往事，則有以知其故而應變。王氏之學，乃欲廢絕史學，而咀嚼虛無之言，其事與晉無異，必亂天下。”彈蔡京文曰：“絕滅史學，一似王衍；重南輕北，分裂有萌。”逮今三十餘年，而所言無不驗者。人固未易知，亦豈有終有不可知者。安石，聖君知其詐，羣賢知其奸，或惑于已用，或爭于已行，非無其人，而治亂所由分，定數有不可逃爾。

新刊《荆公字說》二十四卷，前無序引，後無題跋，獨雷抗為之注，天下公論昭然明矣。余乃平心定氣而言曰：“此許慎《說文解字》也，雷抗即徐鍇之傳釋也，但以之解六經，導後學，則穿鑿之釁起，豈大儒所為也。”

王安石廢了銅禁，不知在何時，張樂全奏議云：“自王安石為政，始罷銅禁，姦民日銷錢為器，邊關海舶不復譏錢之出入，故中國錢耗而西南北三邊皆山積。請詰問安石，舉累朝之令典，所以體國便民者，一旦削而除之，其意安在？”

王安石以六經文姦，似王莽；蔡京以黨籍錮正人，似東漢中常侍；秦檜興大獄、陷忠良似李林甫。本朝累聖相承，仁厚恭儉，過漢之文、景，此三小人傷政害國，言路榛棘，外敵侵陵，可為痛哭。

通州使君徐先生云：“當時闢新法者甚眾，然都攻他不破。惜乎諸公思慮不及此。成周之法，大處是井田、封建，荆公大底不曾行得，却如何要把細碎處來行，失了大綱目，理會末節，只就他裏面點檢，其說當自息。”

秦檜修禮樂文飾太平，止專用一宦者邵諤主之，呼為邵局，今渾儀樂器中猶鑄邵姓名。禮樂之器間有不合經典處，是欠名儒討論。

京師失守，自耿南仲主和；靖康播遷，自何㮚主和；維揚失守，自汪伯彥、黃潛善主和；金人之變，自秦檜主和。議者乃曰："外雖和，內不忘戰。"此又其向來權臣誤國之言也。"一溺於和，將士解體，尚能戰乎？"此胡澹庵之論。若然，則景德、慶歷之和致一百七十餘年承平之效，非歟？寇萊公、富鄭公輩果誤國者歟？余曰："和在我則為禦侮，在人則為納侮。"紹興八年，金遣烏浚噶謀來議和，豪長達賚主之，上雖會按"會"字疑。計與之和，實疑其詐。王倫奏"北有悔割地意"，繼誅達賚。十年，烏珠集兵祁州，分四道入侵，檜言於上曰："臣昨見金國達賚有講和割地之議，故贊陛下取疆。既而烏珠戕其叔達賚，和議已變，故贊陛下定弔伐之計。"金之初和也，諸將皆有異議，及其果叛盟，益以和為非。檜有再和之議，獨患諸將難制，於是范同獻策召三大將，既而至，遂皆拜樞筦，而罷其兵。三十一年，金人復敗盟侵淮，此紹興和議始末。至隆興甲申和議定，而開禧丙寅復自渝盟矣。

《中興小歷》云："黿年論右僕射秦檜云：'主和則沮止國家恢復遠圖，且植黨日眾，專國自恣，漸不可長。'檜即上章辭位，旋奉祠。"其子衡守嚴州日，錄其父彈秦檜文，投平津，止及其彈秦檜婦翁王次山、姻婭王昂及楊愿兄梓弟□[①]，不言其主和，何也？必是別有一疏，不主和議，其子失記錄，而彈王仲案"仲"疑"楊"字之誤等事，《小厤》又失於記錄爾。

校勘記：

①缺字處，《從書集成初編》本作"等"。

密齋筆記卷一終　同郡後學林湯陳郁仝校

卷　二

武帝欲立昭帝，以子幼恐效呂氏，殺鉤弋夫人，云："汝以子，不得活矣。"太宗感李湻風之言，欲盡殺後宮，湻風曰："不可，恐生少案"少"疑"壯"字之誤。者，陛下子孫無遺類。"遂髠為尼，聚之盛業寺。二君割情绝爱，思患預防，可謂剛明果斷之言。然漢以元后稔王莽之變，唐以高宗延則天之禍，孰謂人事果能勝天？聖人第言修德以弭天變，未聞殺人以杜後患。

漢武帝祠神君，最貴曰太乙，非可得見，聞其言與人音等，時去時來，居室帷中，所言世俗之所知，無殊絕者，而天子心獨喜，即今之鳴童也。

後漢止三宗九帝皆幼冲，一百八十年政歸母后，幸竇、鄧之賢，内外扶持，無大變故。士大夫知禮義，尚名節，未嘗屈身阿坿后族、乞憐中常侍以求進者，有李固、李膺、范滂、陳蕃、郭泰諸名儒為之倡，故至於曹操之世尚不敢染漢鼎。蕭何說漢王曰："臣願大王王關中，養其民以致賢人，收用巴蜀，還定三秦，天下可圖也。"鄧禹說光武曰："於今之計，莫如延攬英雄，務說民心，立高祖之業，救萬民之命，以公而慮，天下不足定也。"蕭何、鄧禹開口議論，便是混一規模，諸葛亮草廬語曰："操已擁百萬之眾，挾天子而令諸侯，此誠不可與爭鋒。孫權有江東已歷三世，國險而民附，賢能為之用，此可與為援，而不可圖也。"開口議論吳、魏，便自下手不得，畢竟跨有荆、益，只是偏霸規模，無復混一氣象。

漢唐之禍，激於君子，成於小人。成於小人固勢所必至，激於君子實念慮有所不及。《春秋》之法，責備賢者，可恨也夫。陳蕃年八十餘，老成慮事非不詳，而誅曹節不克，遂成黨錮之禍，漢因以亡。李訓通經明《易》，立志非不正，而誅仇士良不克，遂成甘露之禍，唐自此亦亡。人皆知亡漢唐者由宦官，吾以為亡漢唐者蕃與訓也。蕃、訓之謀不萌，宦者雖用事，干紊朝綱，然變決不如是之亟，禍決不如是之酷，國決未至於遽亡，則為禍者蕃與訓也。然則宦者終不可去歟？曰：芟夷以漸，區處有術，害去而人不知，功成而禍不作，謀必謹於其始，事必稽其所終，則得矣。夫子曰："人而不仁，疾之已甚，亂也。"聖人豈不疾惡，而戒其已甚者，慮後患餘禍之未艾也。夫子嘗誅少正卯矣，而未聞其為亂者，聖人之功用與君子固不同也。

程泰之《考古編》言"太宗虬髯可掛弓"，杜詩謂"中有美少年，虬髯十八九。秦王時在坐，真氣驚戶牖"，是虬髯乃太宗。《太平廣記》所載乃李靖遇虬髯客，云"後十餘年，數千里外有異事，是吾得志之秋"。貞觀中靖位至僕射，東南蠻夷報有異賊以千艘、精甲十萬人，入扶餘國，殺其主自立，國內已定，虬髯有成功矣。或曰衛公兵法半是虬髯所傳，乃知又別是一虬髯，豈英氣所鍾適同耶？

隋大業中，置進士科。武后永昌元年，始試進士於洛城殿，殿試自此始。久視二年，設武舉。皆作法於亂世，非哲王之令典，而自唐以來沿襲不廢，士以為榮，初不知煬帝、武后為何如主也！

武后已為后，高宗令上官儀草詔，欲廢之，楊貴妃亦兩為明皇遣出外宅，二君亦不為不知其非，而不能決於必行，所謂惡惡而不能去，善善而不能用，邦由以亡。

《幸蜀記》云：馬嵬之變，陳玄禮以兵諫，可謂急矣。明皇云："妃子朕自處置。"遂馳入驛門內，立旁小巷不忍歸，聖情昏默，久而不進。韋見素男京兆府司錄鍔進曰："臣欲吐萬死之言，陳社稷之計，願陛下留意少聽。臣聞螫手斷腕者非不痛，嬰病餌藥者非不苦，夫痛之與苦，非人所欲，而莫能不為者，蓋全乎大體也。今宗社震駭，朝野驚惶，陛下去御座，涉草莽，可謂螫手[①]嬰疾矣，豈可懼解腕苦口之難乎？臣觀眾意怒妃子，事宜成敗之間，在晷刻矣。臣嘗讀荀說《漢紀》有曰：'以計勝色者昌，以色勝計者亡。'今日之事，伏惟陛下割恩斷忍以甯邦國。"因就地叩頭，流血被面，上親以手策起之。鍔初請幸蜀，云"臣年三十，未嘗遠遊"，時鍔以宰相子，年纔三十，激烈慷慨如此。天寶全盛時，東閣郎君乃有人物耶？

校勘記：

①"螫手"，據《四庫》本乃"螫手"之誤。按：此前已有"螫手斷腕"云云可證。

男，陽也。陽則明，明則理無不通。陽主舒主噓，舒且噓則財有所施。陽主生，生則物無往而不愛。男子者，皆陽之象也。女，陰也。陰則晦，晦則理有所蔽。陰主慘主吸，慘且吸則財有所靳。陰主殺，殺則物無往而能愛。婦人者，皆陰之象也。前漢《外戚傳》迺在《匈奴傳》後，夫妃后儷乎至尊，合聯比帝紀，乃置之《匈奴傳》後，班固以為平日後宮之費不下一敵國，而呂太后、趙飛燕等內戕皇嗣，外擅兵權，漢之存亡在掌握，甚於匈奴。雖謂之女戎可也，置之於《匈奴傳》後亦可也。其負宗社，誤國家，附之於《帝紀》之後不可也。其敘傳曰："桀之放也，用妹喜；殷之滅也，嬖妲己；幽王之禽也，淫褒姒。"是三代之亡也，由於內不由於外也。明皇失國，由一楊妃，亦三代之覆轍。是百萬之師，不若一女子足以亡人之國也。餘史《外戚》未嘗在《匈奴傳》後，此《班史》所以為諸史冠也。唐莊宗時，皇太后、皇后交通藩鎮，太后曰誥令，皇后曰教命，教命蓋始於此。后欲殺郭崇韜，莊宗不從，因自作教命與繼岌，竟殺之。后即劉叟，蓋其父也。

莊宗為郭門高所弑，五坊人聚樂器而焚之。歐陽公云：“君以此始，必以此終。莊宗好伶而弑於門高，焚以樂器，可不戒哉！”余曰：“非也。其禍蓋起於劉后之擅殺郭崇韜也。”始劉后聽宦者讒言，遣繼岌殺郭崇韜。皇弟存義，崇韜之壻，讒者言：“存義且反，為婦翁報仇。”乃囚而殺之。又讒朱友謙不自安必反，於是及其將五六人皆族滅之。門高姓郭，拜崇韜為叔父，而存義又以門高為養子，時馬直軍王溫宿衛禁中，夜謀亂被誅，莊宗戲門高曰：“汝黨存義、崇韜，負我，又教王溫反復，欲何為乎？”門高恐，退而激軍士為變，從樓上射莊宗，傷重，踣于絳霄殿下。其禍起于劉后之擅殺崇韜，特成於門高耳。門高優伶，傳名從謙。

姚萇掘符堅屍，鞭撻無數，裸剝衣裳，薦之以棘，坎土而埋之。姚萇又夢符堅將鬼兵入營，萇懼，走入宮，宮人迎萇刺鬼，誤中萇陰，出血石餘。萇遂患陰瘇，醫刺出血如夢，竟狂言而死。姚萇已鞭堅屍，尚能見夢耶？

慕容廆引朱左車、胡母翼、孔纂為賓友，劉讚儒學該通，引為東庠祭酒，世子皝率國冑束修受業焉。廆覽政之暇，親臨聽之。廆嘗著《家令》數千言，年六十五，在位四十九年。皝第三子也，聽言賞諫，雅好文籍，勤於講授，學徒千餘人，又著《典教》十五篇，以教冑子。至子儁嗣位，復立小學於顯賢里，以教冑子。儁酒酣賦詩，談及經史。垂，皝第五子也，再復燕國，年七十一。寶，皝之孫，亦崇儒學，工談論，善屬文，引中書令常忠、尚書陽鏐等於東堂，問伊周事，談讌賦詩，文物藹然。十六國惟慕容有家法，國祚受命亦稍延。姚襄溫故知新，講論道藝，萇令留臺諸鎮各置學官，又臨終謂子興曰：“汝撫骨肉以仁，接大臣以禮，待物以信，遇黔首以恩。”興亦講論經籍，不以兵難廢業。又與鳩摩羅什及僧畧等諸事校《薪經》八百餘卷，州郡化之，事佛者十室而九。若劉淵、聰、粲、曜、石勒、虎、閔、符生、赫連勃勃等，其凶徒逆儔，淫酷屠戮，無復人理，禍亦不旋踵矣。

襄國大雨雹，石勒問徐光，對曰：“去年禁寒食，介推帝鄉之神，怨憾動上帝。”勒下書曰：“寒食，并州之舊風，子推，歷代攸尊，請復寒食。”更為植嘉樹，立祠堂，黄門郎韋謏駁曰：“自子推以前，雹者復何所致，此自陰陽乖錯，且子推賢者，曷為暴害如此？求之冥趣，必不然矣。”《左傳》、《史記》、《新序》、《汝南先賢傳》、《鄴中記》、《後漢·周舉傳》皆言之，舉為并州刺史，作弔書，置子推廟，言：“盛冬去火，殘損民命，非賢者之意。”寒食乃是冬仲，非今之清明，石勒問徐光事，《容齋》不載。

石虎獲劉曜女，年十二，有殊色，嬖之。生子世，十歲立為皇太子，劉氏為皇后。虎死，遵弑世，火災月餘，後為慕容恪所擒，趙亡。符堅滅燕，慕容冲姊為清河公主，年十四，有殊色，堅納之，寵冠後庭。冲年十二，亦有龍陽之姿，又幸之，姊弟專寵，宫人莫進，果符“一雌復一雄，雙飛入紫宫”之謠。壽春之敗，冲叛，自立為皇帝，據長安。堅死秦亡。石虎擒曜，符堅滅燕，皆有席捲天下之勢，而卒皆因所滅之國一小女子，其國亦亡，異哉！

楚鄭褎，紿新人以掩鼻，而楚王劓其鼻。魏王與龍陽君共船而釣，龍陽君得十餘魚而涕下，王問之，曰：“美人多矣，亦猶臣前所得魚也，臣亦將棄矣。”王布令曰：“四境之内，有敢言美人者，族。”婦人智術高出男子之右，雖自古而然，亦成周時八百餘年之後，侯國子弟昏懦愚闇，容易為婦人所紿。

三世之將，道家所忌。昔有是言，《六韜》為後世談兵之祖，而太公封於齊，與周匹休，至田氏之篡，其傳亦以久，太公之謀一出于正爾。

陳勝、吴廣起隴，便會使錢，知秦將賈人子，即啖以利。陳平護軍，金多得善處，又令捐金四萬斤，間疏楚君臣干戈中，也只揮金。

漢高祖已曾入韓信壁奪其軍，自垓下戰勝，還定陶，又馳入韓信壁，奪其軍。文帝自代來，夜拜宋昌為衛將軍，領南北軍。張武為郎中令，行殿中還，坐前殿下，亦綽有父風。是時習聞兵機將畧，大率可喜。

赤壁之戰，孫權曰："非劉豫州莫可當操者。"是時孫權運籌於內，劉備、諸葛亮、周瑜、關羽等合謀并智，方拒得曹操，敗之于赤壁，亦未為奇，政緣曹操雖知兵，而未免獨任，要是吳事力差弱所以資人，劉豫州新敗所以依人。若吳、蜀勢盛之後，却無緣合。

赤壁之戰，關羽精兵一萬，周瑜督一萬，程普督一萬，劉豫州、諸葛亮率兵不下一萬。

或詢諸葛亮孔明以三章之約，則曰："濟時以寬。"蓋其學自申、韓中來。

哥舒翰始亦善用兵，後困於酒色之娱，迫於君命，慟哭而出潼關，喪師二十萬，僅存八千。其子曜有志復父仇，亦精於用兵。諸孫皆以儒學奮，峘茂才高第，有節概，崿、嵫、屺皆明經擢第，亦中葉尚儒術致然。李、郭之後，文風盛而賢將少，唐室微矣。

軍中不言婦女，婦人在軍中，兵氣恐不揚，孫策、周瑜拔皖城，納二喬，皆國色，是以師婚也。英鋭豪俊之氣固足辦事，畢竟有所溺則智昏，智昏則防慮疏。策為許貢客箭傷頰，創甚，年二十六卒。瑜為流矢中右脅，年三十六卒。

呂蒙疾發，孫權迎置內殿，治護萬方，募有能愈疾者賜千金。病中瘳，為下赦令。後更增焉，權自臨視，命道士于星辰之下為請命。使其復生，當如何其報也？

房玄齡居秦王府，出入十年，收人物，致幕府，居宰相積十五年，議論書疏規諫不一，與杜如晦共筦朝政，本傳亦無甚事，而當世語良相必曰房、杜。以今觀之，王珪不及魏徵，如晦不及玄齡，然持衆美效之于君，則一也，所以為宰相之職。

魏徵為諫議大夫，展盡底蘊，凡二百奏，無不切當帝心。本傳所載十餘事，凡三上疏。王珪為諫議大夫，止諫納廬江王媛姬、太常少卿祖孝孫教女樂二事。想推誠納善，每存規益，史臣所以並稱名臣也。

孫樵文自序云：“唐廣明元年，狂寇犯闕，駕避岐陽，省方蜀國品藻，朝論旌其才行，詔曰：‘行在三絕：李潼有曾、閔之行，孫樵有揚、馬之文，司空圖有巢、由之風。’”余歎曰：“播遷果何時耶？從行無救時之略，乃以三絕自詫，朝論若此，豈止清談廢事，李、郭之後不復有真將！兵權不移於岐汴而國亡矣。”

《廉吏傳》極多上壽，公孫宏八十，第五倫八十餘，李恂九十六，吳祐九十八，張奐七十八，是儀三國人八十一，孫謙《南史》九十二，蕭效唐八十，裴寬七十五，李尚隱七十五，薛珏七十四，歸崇敬八十八，盧鈞八十五。餘不紀，卒葬無攷。

古儒生經學極多上壽者：如伏生治《尚書》，轅固治《詩》，武帝以賢良召伏恭，建武四年帝臨雍，拜為司空，皆年九十；任安受孟氏《易》，年七十九；申公受《詩》浮邱伯、樓望，永平為侍中，皆年八十；李尤順帝時遷安樂相，年八十三；晉宋纖弟子受業三千人，鮑靚明河圖洛書，年百餘歲；文立、譙周泰始初皆年八十；陶宏景讀書萬餘卷，何琦耽玩典籍，皆年八十三；葛洪以儒學知名，自號抱樸子，年八十一；顏含有操行，年九十三；辛勉年八十；隋公孫景茂好學，開皇初為道、淄兩州刺史，有德政，唐曹憲通《文選》之學，皆年百餘歲；歐陽詢年八十五；張嗣宗以經授秦王，年八十三；蕭德言晚節學愈苦，年九十七；魏收擅史學，年七十七。若七十者，亦多有之，茲不著。

屈突通七十二，尉遲恭七十四，李勣八十六，李靖七十九，郭子儀八十五，張萬福九十，烏承玼九十六，吳呂岱九十六，諸將功業雖不同，然皆克享上壽，想無濫殺所致。

武后興大獄，嚴善思為詳審使，平活八百餘家，原千餘姓；按囚司刑寺，罷疑不實者百人。子向乾、元中為鳳翔尹，三世皆年八十五。

邱和附蕭銑為交州總管，年八十六。子行恭斬冦賊，與兄師利迎謁秦王，累從戰伐，功多，年八十。亂世父子以壽終，亦有材智足以自全也。

諸儒西漢自孔光、張禹、劉歆、揚雄號為儒者，或依阿取容，或諂事新室，遂至言符命者以千數。朱文公作《通鑑綱目》，標揚雄曰“莽大夫揚雄”，自是千古定論。

荀彧勸太祖曰：“奉主上以從民望，大順也。秉至公以報雄傑，大畧也。”彧持論甚正，董昭等欲加九錫，彧以太祖本興義兵，正朝甯國，不宜如此，太祖由是心不能平，彧以憂死。是時劉備以帝室之胄，英雄表表，人望所歸，彧能勸太祖推恩以應人望，廢昏立明，恪秉臣節，退處藩服，真上策也。董昭九錫，遂為後日開端，相繼貽禍。

董卓死于呂布，符生死于堅，安祿山死于李豬兒，史思明死于朝義，魚朝恩死于周皓，朱全忠死于友珪，非人誅之，天誅之也。按上“之”下當有“乃”字。

殷羨子浩北伐無功，桓溫奏廢為庶人。後溫將以為尚書令，浩答溫書，慮有謬誤，開閉數十，竟達空函，大忤溫意，由是遂絕。豈羨投人書於水，致浩有是報耶?

西方鄴所為不法，判官譚善達數諫，鄴怒，遣人告善達受金，下獄。善達數剛，辭益不遜，死於獄。鄴病，見善達為祟，卒。人之生死，一氣之聚散也，血氣雖已散，冤恨之氣不散也。

五代武夫用世，將謂那時天烏地黑，劫嘯時節，不復有報應，却又自分曉。

密齋筆記卷二終　郡後學林湯陳郁仝校

卷三

太公曰："富之而觀其無犯，貴之而觀其無驕，付之而觀其無轉，使之而觀其無隱，危之而觀其無恐，事之而觀其無窮。"太公又曰："一曰問之以言，以觀其辭；二曰窮之以辭，以觀其變；三曰與之以間諜，以觀其誠；四曰明白顯問，以觀其德；五曰使之以財，以觀其廉；六曰試之以色，以觀其正；七曰告之以難，以觀其勇；八曰醉之以酒，以觀其態。八徵備，則不肖別矣。"《周書》云："成王訪周公以民事，周公陳六事以觀察之。作官人曰：富貴者觀其禮施，貧賤者觀其德守，嬖寵者觀其不驕奢，隱約者觀其不懾懼，少者觀其恭敬好學而能悌，壯者觀其潔廉務行而勝私，老者觀其意慮慎強、其所不足而不踰。父子之間觀其孝慈，兄弟之間觀其和友，君臣之間觀其忠惠，鄉黨之間觀其誠信。省其居處，觀其義方；省其喪哀，觀其貞良；省其出入，觀其交友；省其交友，觀其任廉。設之謀以觀其智，示之難以觀其勇，煩之事以觀其治，臨之利以觀其不貪，濫之樂以觀其不荒，喜之以觀其輕，怒之以觀其重，醉之酒以觀其恭，縱之色以觀其常，遠之以觀其不狎，邇之以觀其不倦。復徵其言以觀其精曲，省其行以觀其備。"《莊子·列禦寇篇》引孔子曰："凡人心險於山川，難於知天，故君子遠使之而觀其忠，近使之而觀其敬，煩使之而觀其能，卒然問焉而觀其智，急與之期而觀其信，委之以財而觀其仁，告之以危而觀其節，醉之以酒而觀其則，雜之以處而觀其色，九徵至，不肖之人得矣。"此太公、周公、孔子觀人之法，最為詳密。蒙莊澹然若無意於世者，亦誦斯言，乃知蒙莊一書不皆寓言也。《莊子》曰："聖人不死，大盜不止。為之斗斛以量之，則并與斗斛而竊之。為之權衡以稱之，則并與權衡而竊之。為之符璽以信之，則并與符璽而竊之。為之仁義以矯之，則并與仁義而竊之。"鄧析子《原道》語皆本此。

諸孫當聯"在"字為名，余取"在"字自長孫在學外，止有在德、在鎔、在甄、在冶甚佳。閱《王佩解篇》，"在"字甚多，儘可命名，因錄識之：王者所佩在德，德利在民，民在順上，合為在因時，謀成在周長，有功在力多，昌大在自克，不因在豫慎，除害在能斷，得民在知過，用兵在知時，勝大患在合人心，化行在知和，施舍在平心，不幸在不聞其過，福在受諫，基在愛民，固在親賢，禍福在所密，利害在所近，存亡在所用，離合在出命，尊在慎威，安在恭己。

老子曰："禍兮福所倚，福兮禍所伏。"《鶡冠子》與賈誼《鵩賦》同，作賦者必蹈襲。而柳河東云"《鶡冠子》用《鵩賦》"，未知孰是。韓退之却取其文。

郄儉、梁鵠各受豐爵不次之除，鵠得法於師宜官，皆號善書者也。魏晉以來，楷書日盛，皆鴻都門學之餘習，正書遂為後世不刊之法，與李斯之篆、程邈之隸同科。

梁武教諸王書，令殷鐵石於大王書中撮一千字不重者，每字一片，紙襍碎無敘，召周興嗣謂曰："卿有才思，為我韻之。"興嗣編次之，一夕而成，鬢髮皆白。

《西都賦》云："清涼宣溫，乃四室名。""宣"義當作暄暖之暄，故《集韻》中以"宣"字見二十"元"字韻，下注云："天子室名也。高炳如說'宣室'如字讀，乃武王伐紂而歸于此室。"

梁昭明序《陶集》云："白璧微瑕，惟在《閒情》一賦。"至傳方發明，其意以為曾祖晉世宰輔，恥復屈身後代，自宋高祖王業漸隆，不復肯仕，故寄跡於酒。《閒情賦》末章云："坦萬慮以存誠，憩遙情于八遐。”可謂發乎情性，止乎禮義，復何議焉。予每誦其“總角聞道，白首無成，先師遺訓，予豈墜之”等語，頗有洙泗氣象。

范雲為齊竟陵王府主簿，王守會稽，登秦望山。雲以為山上秦始皇石刻文三句一韻，人多作二句，讀之便不叶韻。雲嘗讀《史記》，誦之如流。《中興頌》亦三句一韻，同。

齊名之人與警策詩句，其實有優劣，天生奇材，天然奇句，皆無對。如鍾、王、羲、獻、歐、虞、李、杜、韓、柳、顏、柳，優劣自顯然。故梁武帝、蕭子雲評書皆云：“子敬不如逸少，逸少不及元常。”杜詩、韓筆、顏書規摹大，氣韻高古，餘則失於華巧有餘，如“池塘生春草，園柳變鳴禽”，“紅藥當階翻，蒼苔依砌上”，“天際識歸舟，雲中辨煙樹”之類，則下句便不及。“竹送清溪月，苔移玉座春”之類，上一句便不及，當以是推之。

蘇潁濱言：“春秋時先王之澤未遠，士君子重義理，持節操，其處死生之際，卓然凜然，非後世之士所及，蓋三代之遺民也。”當時達者語三代遺事甚多，今舍此無以考證。呂東萊推廣此意，考究左氏著書源流，本於此。又曰：“《初學記》言：前代人物醕疵自不逃正論，但本朝儒先文獻相接，未易以愛憎口舌輕議，呵祖罵佛，豈名教事，要是文人相輕，自古而然爾。”

《子華子》：“今世之人，其平居把握，埘耳呫呫，相為然約而自保，曾膠漆之不如也。及勢利之一接，未有毫髮之差，蹴然而變乎色，又從而隨之兵，甚矣！心術之善移也。”韓文用其意。今夫平居里巷相慕悅，至一旦臨小利害，僅如毛髮，反目若不相識，落陷穽不一引手救，反擠之，又下石焉者，皆是也。

張說燕公文，屬思精壯，長於碑誌，詩得江山助，釋學亦詣理超絕。本朝蘇、黃，出入釋老，唐人諸集，蓋鮮兼之。燕公躬臨行陳，制敵克勝，本朝諸文又鮮兼之矣。

《龜策傳》云："神能見夢於元王，而不能自出於漁者之籠。身能十言盡當，而不能通使於河，還報於江。賢能令人戰勝攻取，不能自解於刀鋒，免剝刺之患。聖能先知亟見，而不能令衛平無言。"《莊子》稱仲尼曰語意同。蘇文云："公之精神，能開衡山之雲，而不能回憲宗之惑。能馴鱷魚之暴，而不能弭皇甫鎛、李逢吉之謗。能信于南海之民，廟食百世，而不能使其身一日安於朝廷之上。"句法同。

"杯盤狼藉"出《滑稽傳》。"正襟危坐"，出《日者傳》。"舉網得魚"，出《龜策傳》，只改"龜"字。

予與客論文曰："今人文不及古人藻繪處。"客問曰："如何是藻繪處?"余曰："古人文純是骨，而後藻生焉。今人文尚無骨，安敢望其藻繪處?"客又問曰："如何是骨?"答曰："立意是也。字古不如語古，語古不如意古。"史月湖自言其作文法傳於雲橘州。

果齋先生云："作詩寫字，都要有骨，則其進未易量。"

郄昂《岐邠涇甯八坊馬記》，為李祐作，云："開元初二十四萬匹，至十九年四十四萬匹。"與張燕公為王毛仲作《隴右監碑》畧同，然燕公記其政有八，而郄昂止述馬名，燕公文尤奇麗。以隴右石刻並觀，優劣可見。

或曰：西漢之末，王褒文類俳，今觀鄒枚文已近此體，大率古賦之流。如荀子諸賦，豈非先秦古書，但自王褒以後至晉唐，文多類俳，皆源流古賦，亦如今時有一項古文，又有一項四六。

《神女賦》云："願假須臾，神女稱遽。闇然而冥，不知其處。"若韓文云："行李稱遽。"坡賦云："開戶視之，不見其處。"是四句之內，兩鉅公皆用其字，韓隱坡顯，優劣自分。

《食貨志》云："珠玉金銀，飢不可食，寒不可衣。"後漢劉陶鑄大錢，議亦然。《喜雨亭記》即是用此語，但結尾活潑潑地，把捉不得，為不可及。時東坡年二十三。

醉鄉王績，字無功，《祭禹文》云："潦水降而寒潭清，山光沈而白雲晚。"王勃云："潦水靜而寒潭清，烟光凝而暮山紫。"《歸田錄》載《德州長壽寺舍利碑》云："浮雲共嶺松長蓋，明月與巖桂分叢。"亦與"落霞與孤鶩齊飛，秋水共長天一色"同。

權德輿文，史臣贊云"雅正贍縟"，余以富貴人為文詞，自然溫潤，歐陽公其儔也。

劉韻[1]云："孔子沒而微言絕，七十子終而大義乖。"《風俗通義》應劭序云："仲尼沒而微言闕，七十喪而大義乖。"唐明皇《孝經序》同。

校勘記：

①"劉韻"，據《四庫》本實"劉歆"之訛。

杜子美《說早》上嚴武[1]，尤為偉論。孟郊《上盧使君養生書》，李義山《李賀小傳》、《白樂天墓碑》、《劉義傳》，文體奇逸，不應止取其詩。

校勘記：

①《說早》，據《四庫》本應作《說旱》。按《全唐文》篇題亦作《說旱》。

應劭曰："昔客為齊王畫者，王問畫孰最難，孰最易，曰'犬馬最難，鬼魅最易。'犬馬旦暮在人目前，不類不可，類之故難。鬼魅無形者不見，不見故易。"東坡《淨因院畫記》"常形"、"常理"用此意。

節孝先生曰："文字要多作，多作方思熟。余無日不為文，無時不吟哦。"歐陽公謂："為文有三多，看多，做多，商量多。"蘇文定公云："前輩文但看做多。"

劉禹錫自傳敘文事云："其官職出于叔文，又復坐累。"不以為諱。

杜牧之自撰志銘言："注《孫子》，推五星，說相法，文學之士多能如此。"甥裴延翰為集序，文似李翱。唐之文風大振於貞元、元和之時，韓、柳倡其端，劉、白繼其軌，當時學者涵泳，攬其英華，洗濯磨淬，輝光日新。苟有作者，皆足以拔於流俗，自成一家之語，延翰是已。牛僧孺鎮維揚，牧之為書記，召為侍御史，孺以小篋邏卒報狀示之，感泣大慙，後為公墓誌，極偁其美，報所知也。牧之名聞一時，累中科目，意氣揚揚，入一寺，有僧靜坐者，見之不顧，旁人為言："此先輩，近日甚有名譽。"僧亦不答，牧之茫然自失。以是知外名利者之高如此，彼方以趨名利者為可鄙，宜其視之邈如也。

子翁[①]弱冠苦羸病，因過汴河上，遇道人，云："他日聲名滿天下。"又謂公曰："曾讀左氏否？左氏諸大戰反覆熟讀，有快意處便是得藥。"公如其言，誦之旬日間，氣體頓壯。讀檄愈頭風，誦詩已痁疾，亦自古有之。

校勘記：

①"子翁"，疑"了翁"之誤，謂陳了翁。

朱文公為南豐作《年譜》云："自孟、韓子以來，作者之盛，未有至於斯，何世之知公淺也！"至《語錄》云："坡、谷只是飲酒、賦詩、快活。後學未喻其去取之由，會當有解其意者。"

李賀云："天若有情天亦老。"少游詞："天還知道天也瘦。"朱文公以為褻瀆天帝乃是過，用長吉語。

李方叔《贈汝州太守》詩云："安得吾皇四百州，皆如此邦二千石！"

王梅溪《西施舌》詩云："吳王無處可招魂，惟有西施舌尚存。曾共君王醉長夜，至今猶得奉芳樽。"有戒殺之意。偶與寮友言之，答云：“便可入《清源續詩話》。”

熊克進《九朝要畧》，轉一官，李龜朋以詩賀之云：“翰苑前資漢碩儒，苦心何翅十年餘。修成當代將來法，讀盡生平未見書。黃帊奏篇登御府，紫綸加秩下宸除。近臣已是聞天語，鸑鷟催歸定不虛。”

李士美拜相，雙親無恙，《生日》詩云：“府前拍拍鶴翎開，府裏紛紛賀客來。尚書左丞生是日，溫詔欲挽陽春回。下堂拜賜上堂去，堂上雙親相顧語。願身親見兒長年，萬歲千秋佐明主。”生封父敷文閣待制。

楊元素、張子野、陳令舉至吳興，東坡目為三面胡琴。又州妓有姓周、邵者，呼為二南。子野賦《六客詞》，後子野、令舉、孝叔皆已物故，惟東坡、元素公在爾。元素詩寄東坡云：“仙舟游漾霅溪風，三奏琵琶一艦紅。聞望喜傳新政異，夢魂猶憶舊歡同。二南籍裏知誰在，六客堂中已半空。細問人間為宰相，爭如願住水晶宮。”

陳公輔詩：“白髮鬅鬙未得閒，有時攬鏡笑開顏。逢人載酒甯辭醉，寓意題詩不用刪。幸有鑑湖堪寄傲，直慚書殿尚通班。豁除簿領塵埃了，却上蓬萊看好山。”《州宅》詩：“萬疊湖山烟水濱，朱門畫戟閒松筠。登臨不踏紅塵路，燕寢長居紫府春。晝靜欲驂風外駕，夜寒疑是月中身。我慚白首方懷紱，猶得蓬萊作主人。”又《蓬萊閣醉歸》：“蓬萊閣上醉歸時，猶索芳樽步步隨。啼鳥似來留翠佩，旁人笑為整花枝。腰間半嚲黃金印，頭上斜欹白接䍦。拍手向他賓從道，使君未老莫扶持。”

《菊譜》，范石湖畧，胡少瀹詳。遼相李儼作《黃菊賦》獻其主耶律宏基，宏基作詩題其後以賜之，云：“昨日得卿黃菊賦，碎剪金英填作句。袖中猶覺有餘香，冷落西風吹不去。”少瀹作“御製”，誤。

張都監琳好作詞，時芍藥盛放，余戲令賦之。云：“持節助調羹。”同寮皆笑其誤用梅事。余曰：“韓詩云：‘五鼎調芍藥。’”張亦舉王維詩“芍藥調金鼎”、《子虛賦》曰“芍藥之和具而後御之”、《南都賦》曰“歸雁鳴鵽，香稻鮮魚”，以為芍藥。師古曰：“芍藥其根主和五藏，又解毒，故和之於蘭桂五味，以助諸氣也。”

劉方叔作《致語》云：“東坡道人筆下無一點塵氣，小范老子胸中有十萬兵機。”

“騎驢三十載，久旅食于京華；廣廈千萬間，願大庇于寒士。倘容尸祿，免令自楚而之滕；庶便奉親，何異以柳而易播。”《乞改辟》。

楊囦《四六餘話》：“國初處州赴解試止六人，取三人。士子《謝解啓》云：‘類矍圃之觀人，去者半，留者半；如孔門之取友，益者三，損者三。’”

秦檜子及第，當時暗號有“賦無天地，詩有龍蛇”，後汪彥章《賀啓》有“氣塞兩儀”及“東閣郎君”之句以譏之。

“一男子之上書，初亦胡罪；諸大夫皆曰殺，蓋亦無心。”時斬陳東，《上時宰啓》。

江朝宗《與李宰啓》：“月明花外之封，犬厖不吠；風煖桑間之瑞，雉乳自馴。”

周洪道作守，《謝監司啓》：“居閒從仕，一生長恨于苦心；多病非才，二事恐煩于并案。”東坡詩云：“多病更非才，二事可并案。”

范文正初冒姓朱氏，後歸本宗，《啓》：“志在逃秦入境，遂稱夫張祿；名非霸越乘舟，偶效夫陶朱。”用范睢、范蠡之當家本事。

孝宗即位之九年，再上太上尊號，宣鄭聞與周必大草詔，云：“未央上號，符漢皇之九年；興慶推尊，邁唐宗之再請。”太上冊夏后時，洪內翰草詔云：“太姒之事太任，長秋之奉長樂。”

劉錡《贈官制》：“岑彭亡而公孫平，諸葛死而仲達走。自古皆有死，嗟汝志之未伸；與賊不俱生，尚孤忠之可亮。”

“高城纔百餘里，此去何難哉？寒食止數日間，少住為佳耳。”“决獄幾何，錢穀出入幾何，請問其略；會計而已，牛羊茁壯而已，願效其能。”

王季海《代蕭特起答泉守》：“魯析聞邾，雖限封疆之遠；楚波及晉，宜修幣帛之恭。”

“王陽為孝子，王尊為忠臣，仰一時之高節；伊尹格皇天，伊陟格上帝，掩異姓之殊勛。”

“織文鳥章，白旆央央，山甫之北伐；衮衣繡裳，赤舄几几，周公之東歸。”

陳阜卿為教官，《答職事啓》：“青衫試吏，患在好為人師；絳帳横經，未必賢於弟子。”《賀陳殿院啓》：“坐祟薄俗，共仰伯夷之風；立辨冤民，屢浹真卿之雨。”

劉正甫《行韓郡王贈官詞》：“念一代所宗，無如老臣者；使九原可作，豈畏匈奴哉！”又《行南班詞》：“葛藟之在河滸，能芘其本根；杕杜之生道周，蓋按“蓋”字疑“益”。傷于寡特。蓋王室之強大，必公族之盛蕃。”又《進太上皇曆日表》云：“雖宸心之運，問朝野而不知；而聖政之垂，繫日月而可考。”

蕭振侍郎，秦檜當國日自四川謫他州，未幾秦死，再知四川，《誥詞》云：“刻印銷印如轉圜，朕常虛己；失馬得馬若反掌，卿勿容心。”趙莊叔行。

江朝宗《上留守湯相》：“關中復留蕭相國，人傑已能用之；江右自有管夷吾，國事不足憂矣。”“吾甯身蹈東海，獨仲連不欲帝秦；至今名重泰山，微相如何以強趙。”醒菴行胡邦衡詞。

蔣世脩“脫身簿尉中，繫馬庭階下”，以其便做教官故也。又作紹興蔣相致語：“曲水流觴，將舉暮春之禊；西園傾蓋，好追清夜之游。甫遂及瓜，敢云張京兆之五日；誓圖結草，忍忘蘇刺史之二天。”《賀湯丞相因進宗室譜圖并實録轉官》：“武之穆，文之昭，爛若馬圖之制；皇之墳，帝之典，迄於麟趾之年。謂老馬之智專，尚能識路；若野禽之視眩，難使聞韶。闖門褒博，袖珠玉以見投；隱几侏儒，裙衣裳而倒著。”

四六本只是便宜讀，要使如散文而有屬對乃善。歐、蘇只是一篇古文，至汪龍溪而少變。鄭侍郎望之云：“四六使重，不如使輕；使實，不如使虛。”樟溪老人李龜年乃其姪壻，上巳致語云：“三月三日，水邊豈無麗人；一詠一觴，蘭亭自有故事。崇山峻嶺，脩竹茂林；羣賢畢集，按“集”原作“至”。良辰美景。賞心樂事，四者難并。”

“女子近之則不遜，豈容鑽穴以相窺；老夫耄矣無能為，是謂雖鄰而不覿。”廉宣仲嘲一老士大夫與娼鄰壁。

往時作四六者多用古人語及廣引故事以衒博學，而不思述事不暢。近時文章變體如蘇氏父子，以四六述敘委曲，精盡不減古人。自學者變格為文，迨今三十年，始得斯人，不惟遲久而後獲，實恐此後未有能繼者爾。自古異人間出，前後參差不相待，余老矣，乃及見之，豈不為幸哉！

慶元丙辰，余丞相拜左相，權直院傅舍人伯壽草麻，首聯云：“天乙之興，中䨓實為左相。”中䨓，乃仲虺也，閤門舍人讀麻，既讀破句，又不識“䨓”字①，當日察院入文字，罷讀麻舍人，得旨：“今後宣麻人與學士同鎖宿，點句與之，以便宣讀。”

校勘記：

①丛书集成本作“䨓”。

吕惠卿遭責，《謝表》云：“蟲臂鼠肝，悉冥心於造化。”東坡謂“福建子亦會做文字”。“蟲臂鼠肝”，蓋譏二蘇，見東坡《論列子由行詞》。

遂甯糖冰，正字劉望之《賦》以為傘子山異僧所授，其法醡蔗成漿，以甕缶，列閒屋中，閱冬而後發之，成矣。其畧曰："逮白露之既凝，室人告予其亦霜。獵珊瑚于海底，綴珠琲于枯篁。吸三危之秋氣，陋萬蕊之蜂房。碎玲瓏于齒牙，韻亢爽于壺觴。"《米帖》云："治咽喉諸疾，廣南盛有。"不知始於何時。

李泰發《題嵊縣黃山庵》云："十載清游得重尋，風門小立契初心。上盤直與雲天近，下瞰不知巖壑深。浥露黃花平襯地，着霜紅葉巧依林。他年願結香燈社，竹杖芒鞋數共臨。"先皇考題云："遼東鶴去幾千年，堂上留題有謫仙。十月山行風露冷，黃花紅葉兩依然。"右二詩得于剡川相士。黃山庵即其家墳，先皇考為尉時曾游。

余主諸暨簿，大雄寺行香，見一小石刻中詩云："琉璃葉下剪梧桐，綠子青枝掃地空。俗眼如何有青白，好風安得問雌雄。物隨塵境工榮顇，人觸心兵戰異同。只可輕帆理歸興，暮雲消散大江東。"下題"奕載"，不知何人。時極暑，晝夜鼓風橐，老僕少獲更番不輟，余問"好風安得問雌雄"，而不記第三聯，因閱舊篋得之，錄以備忘。

密齋筆記卷三終　同郡後學林湯金衡仝校

卷 四

《周禮》："雞人主旦呼。"漢宮中不畜雞，衛士專傳雞鳴，應劭曰："《楚歌》，今《雞鳴歌》也。"東坡云："今土人謂之山歌。"

《家語》："以黍雪桃。"先公云："中都貴人家多以蒸餅幷米糕雪桃。"予乃知以黍雪桃之義。蓋桃經水既酸，故用此。

《晉志》云："地不足東南，天不足西北，八紘之外，名為八極，八極之廣東西二億三萬三千三百里，南北二億三萬一千三百里。自地至天，半八極之數。至下亦如之。"昔黃帝令豎亥步自東極至於西極，五億十萬九千八百步，不知如何稽攷，莫是用經界局步弓打量？

《古今注》："匏，瓠也。詩曰：'酌之用匏。'《周禮》：'陶匏祀天。'"又云："朝踐用兩壺尊，故周有瓠壺，形長一尺二寸六分，徑一寸，兩鼻有提梁，取便於用。"余嘗見一瓠壺，形製甚古，豈果周器也？東坡曰："舉匏尊以相屬。"

《古今注》云："太公以元鉞斬妲己，故婦人以為戒。"曹操納袁熙妻為文帝婦，孔融與操書曰："武王伐紂，以妲己賜周公。"操以融學士，謂書傳所紀，後見問之，對曰："以今度之，想當然耳。"融雖戲操，不為無意。

師之於門人則名之，於朋友則字之，稱於師雖朋友亦名之。子曰："吾與回言。"又曰："參乎，吾道一以貫之。"又曰："若由也，不得其死。"然是師之名門人也。夫子於鄭兄事子產，於齊兄事晏嬰，曰：“子謂子產。”又曰：“晏平仲善與人交。”子夏曰：“言游過矣。”子張曰：“子夏云何？”曾子曰：“堂堂乎張也。”是朋友字而不名也。子貢曰：“賜也，何敢望回。”又曰：“師與商也，孰賢？”子游曰：“有澹臺滅明者。”是稱於師雖朋友亦名之也。《論語》書法之嚴，即《春秋》書法也。

孔子謂晏子能折衝樽俎，即孫子所謂上兵伐謀，其次交兵，其下攻城。世言善用兵者暗合孫吳，亦暗合孔子，其言一。曰：“道亦不離乎道也，卻穀為詩書之帥，豈嗜殺者耶？”文中子曰：“折衝樽俎，不必臨邊。”亦孔子意也。

衛世子蒯聵篡，輒而立，子路死之。孔子哭，進使者而問故，使者曰：“醢之矣。”遂命覆醢。乃知漢高祖誅彭越，醢其肉以賜諸侯，乃自春秋時已然。

《滕公佳城碑》云：“三千年見白日。”逆數上三千年，乃是少昊時節，那時湣古，不封不樹，安得已如此，此可疑。

《管子·弟子職》曰：“凡置飲食鳥獸魚鼈，必先菜羹。”注云：“先菜後肉，食之次也。”弟子之奉師，以菜為頭味。此《論語》所以疏食與菜羹瓜並言。

城門失火，殃及池魚，古語有之，一見《風俗通》，一見《百家書》，曰：“宋城門失火，汲取池中水以沃之，魚悉露見，因就取之。”及《廣韻》注云：“司門者姓池名仲魚，因救城門火，焦爛而卒。”二說未知孰是。東魏杜弼移檄梁朝，討納侯景，曰：“景必據淮南稱帝，但恐城門失火，災及池魚。”嘉熙庚子，城中大火，余呼百餘人捄護，靖越門一帶拽拔三處屋，支犒六百千，及布施三寺，池魚之災甚矣。

《家語》後序：“孔子九代孫名最，字子產，後漢高祖以為左司馬將軍，佐韓信破楚於垓下，以功封蓼侯，年五十三而卒，謚夷侯。”孔子軍旅之事未之學也，九世孫最乃以武功顯。

汪端明應辰請閩人倅阜民食牛百葉，閩人曰：“是何不典之物。”汪曰：“《周禮》注：脾析即牛百葉。”

秦《詛楚文》，一告巫咸大神，今在鳳翔府學；一告亞駞神，在洛陽劉忱家。其文皆聲楚王熊相之惡，著諸石章，以盟大神之威神。治平間蔡挺又獲朝那湫底所刻，方匋跋已詳，即惠王二十六年後并天下，二世而亡。佛經云：“呪咀諸毒藥，所欲害身者，還着於本人。”東坡云：“呪咀諸毒藥，兩家各無事。”

祈雨，三代用巫覡，後世用僧道。唐僧不空、羅公遠、一行、無畏祈雨，法各不同，范石湖《吳船錄》記蜀中祈雨尤不同。增堰壅水入支江，三四宿水即徧，謂之攝水，水皆如期而應。嘉州雷洞初禱香幣不應，則投死彘，及婦人敝履之類，以振觸之，雷風隨發。息壤遇旱，則郡守設祭掘之，掘至石樓之簷則雨作矣。辛幼安云親驗信然。

開元中，魏徵寢堂火災三日，詔百官赴弔，古禮亦自有人行者。

孔元用云：“葛王孫原王景即位之明年，賜錢十萬緡，盡撤去。曲阜孔林宅廟鼎新重蓋，極為壯麗，自據中原後一人世襲，止文林郎。”今加為中憲大夫，六歲即差官教導。

淵明家貧，瓶無儲粟，告五子則曰：“汝等雖不同生，當思四海皆兄弟之義，況同父之人。”韓元長身處卿佐，八十而終，兄弟同居，至於沒齒。范子春七世同財，家人無怨色。不知淵明有何產業，慮五子爭分，想是怕他窮廝吵。或云亦薄有田園，但將蕪耳，坐客大笑。

李杜齊名者有三：東漢李固、杜喬，李膺、杜密，唐李白、杜子美也。若小杜亦有三：漢杜周子延年亦習法律，故曰小杜；唐杜審權與悰俱顯，故審權曰小杜公；杜牧之對老杜言亦曰小杜。前輩亦拈出，今書以示子。

柳仲塗之與范景、楊大年之與劉筠齊名，固未至於遼絕。而溫仲舒之視寇準，丁謂之與孫何，君子小人之分，若薰蕕之不可共器，而當時齊名曰溫寇，曰丁孫，殆是取其一時文名耳。

端拱二年，曾會由鄉貢首擢進士第二人，廷試日未昃，卷上奏御，時蜀人陳堯叟亦有俊譽，上覽二人文相埒，敏亦如之，莫適高下。釋褐，並授光祿寺丞直史館，名雖甲乙而實與等夷。會以親老原①補郡，遷殿中丞知宣州，進士起家之榮，古今鮮儷。子文靖公亮，孫樞密禮寬，參政從龍，亦其後也。

校勘記：

①“原”，據四庫本乃“願”字之誤。

人知樂全之薦東坡，不知三蘇之始進自雷簡夫之薦。文學如東坡，而蒲中行為臺官論列，謂不學無術，嘗販私鹽，卒以其言貶。

東坡知貢舉，李方叔被黜，其家老乳母大哭，曰：“遇蘇內翰知舉，不及第，尚奚望！”閉門而逝。後東坡舉白浮歐陽叔弼等曰：“君為主司而失李方叔，玆可罰也。”時張文潛在坐，舉白浮東坡曰：“先生昔為知舉而遺之，其罰維均。”舉坐大笑。想老乳母亦吐氣泉下。

陳密學襄《薦賢》一疏，三十三人，自涑水至鄭俠，皆知名當世，獨五人不甚顯，如虞太熙、劉載、薛昌朝、吳賁、吳恕俟考。太熙等尺牘，兒奕修所藏有之，必皆知名。

唐文若，子西先生之子。喪父後，年十二不學，一日與羣兒蹴踘於市，院子見之而泣云：“小官人今不讀書，後將如何？”文若感悟，歸謀於母，曰：“院子為吾言如此，今欲讀書，將自讀耶？將從學耶？”母遣從師，遂篤志向學。弱冠登科，後仕至中書舍人。

《盧元傳》初無甚可紀，史臣稱其“功緦之戚，服稱其容”。本朝呂與叔誌一婦人墓云：“每遇功緦之戚，輒茹素一月。”皆可以風厲薄俗。

崔元暉嬖妾，其子縱以母事之。妾剛酷，雖縱顯官，而數笞詬，縱率妻子候顏色承養不懈。史為書之。

程尚書瑀解《論語》“弋不射宿”，言孔子“不欲陰中人”之意，至周公謂魯公四句，則曰“可為流涕。”洪慶善作序有云：“感發於孔子之一射，流涕於周公之四言。”魏按行作漕，為開板，初書出，秦檜亦自不知，忽有人譖謂：“是譏諷。”魏隨追官籍其家，程、洪皆得罪。

王逢原《蝗》詩，其畧曰：“始知在人不在天，譬如蚤蝨在裳衣。魚枯生蟲肉腐蠹，理有當爾夫何疑。”又長篇云：“至和改元之一年，有蝗不知自何來。一蝗百兒月再孕，漸恐高厚塞九垓。”死時年纔二十三，早慧而夭。逢原見器於荊公，公以夫人女弟妻之。

姜愚嘗師康節，好施。雪中念王陶，自荷一臿，剗雪地行二十里訪之，陶母子凍坐，日高無炊烟。愚解所衣錦裘，質錢買酒肉薪炭，附火飲食，又捐數百千為之娶。及陶尹洛，愚老而喪明，自衛州往謁之，意陶必念舊哀己，陶對之邈然，但遺以樽酒而已。愚大失望，歸病死。余謂愚有救人之心，不當萌責報之心。陶嘗劾韓魏公不押常朝班，神宗薄其為人，呂公著言其反覆不可近，要自不逃清議。姜愚雖一時失望，而不失美名。康節四十餘未娶，亦姜為之娶王允修妹。

程仁霸攝錄事，有盜蘆菔者，實竊，而所持刃誤中主人，尉幸賞以劫聞，獄掾受賕，掠成之。盜稱冤，移獄，公直其事而尉掾爭不已，竟殺盜。及月餘，尉掾皆暴卒。後三十餘年，公晝見盜拜庭下，曰：“公壽盡，我為公荷擔而往，暫對即生人天，子孫壽昌，朱紫滿門。”軾幼聞此言。已而外祖父壽九十，舅氏始貴，顯壽八十五，曾孫皆仕有聲，同時為監司者三人。按以上東坡語也。《四朝國史·程之邵傳》云：“曾祖仁霸，治獄有陰德，仕至顯謨閣待制。

子唐，仕至寶文閣學士。”是時東坡知其為監司，未知其為宣和間登從列。

蒲宗孟，閬州新井人。嘗日盥潔，有小洗面、大洗面，小濯足、大濯足，小澡浴、大澡浴，用八九人，一浴至湯三斛，他奉養率稱是。蜀人生時一浴，死後一浴，宗孟乃浴洗好潔如此。想不洗底直是不洗，洗底直是洗。《師友談》記載蘇叔黨云：“浴是間日，人以為勞，公殊不憚。”

《劉氏家傳》云：“劉為東海望族，鄉人歌曰：‘海中東海富劉家，朐山一族更奢華。牽牛廝兒着錦襖，牽車婢子帶金花。’”有名之華者，兩請文解。紹興辛巳，魏公領兵收復海州，之華與父儼謀，罄家財輸軍，借補將仕郎，兩上書，陳六事，皆恢復大計，孝宗韙之，特賜進士出身，再倅吳門而歿。葬蔡嶺庵，有詩刻石。

許同知為宰時，以詞投稼軒，蒙賞音，即同出訪梅，夜歸，過一人家，禮席華盛。客尚未集，兩人就坐，索飲，主人奉之甚謹，許曰：“貴人入宅。”稼軒曰：“决無好事。諺云：‘破家縣令，滅門刺史。’”其家乃邑胥之魁，未幾果及禍。

蘇紳嘗疏“王德用宅枕乾岡，貌類藝祖”，出知隨州，孔道輔亦劾奏之。德用疏言：“宅枕乾岡，陛下所賜；貌類藝祖，父母所生。”又唐都城東西岡六，民間以為乾數，而裴度第在平樂里，直第五岡，人以其第據岡原，譖之。

廬江太守梁龕，明日當除婦服，今日請客奏伎，丞相、長史周顗等三十餘人同會。劉隗奏曰：“嫡妻長子，皆杖居廬，龕暮宴朝祥，慢服之愆，宜肅喪紀之禮，請免龕官，削侯爵。顗等知龕有喪，吉會非禮，宜各奪俸一月，以肅其餘。”從之。

施宜生北走降金，試《日射三十六熊賦》，擢高科，入翰林。庚辰年來本朝奉使，舊與張燾子公同舍，因問張子公云：“記得崇化堂前步月時否？”子公答以“翰林想未忘本朝耶？”

建鄴謂之鄴，相州亦謂之鄴下。如魏文帝自鄴徙都洛陽，乃相州也。

唐都長安，始分山南諸道，乃是終南山之南。祝壽謂之南山，亦指終南山。東接驪山、太華，西連太白至於隴山，北至長安城八十里，南楚塞。西有石室、靈芝，南有玉堂、陽官。崔咸游終南山，乘月吟嘯，至感慨淚下。

沈公雅度帥閩，蜀人師先生古上譙樓，視三山，遶州治而下，盤薄於前，沈顧而歎曰："壯哉!"師曰："有富貴，無豪傑。"

泉南氣候，臘後元夕前亦薄寒，月餘將近驚蟄，便是單衣初試，盧橘、紫茄、紅葵，已如五月間。去家鄉二千五百餘里，寒燠便爾不同。

淮襄別無險阨，是真渙散易滅之地。

蜀郡西門可六七里有杜工部草堂，潭以百花名，初未有花，乃唐冀國夫人在父母家時，有異僧墮渠中，夫人為浣衣，而百花浮水上，工部嘗賦"浣衣流水"之句。夫人歸西川節度崔甯為小婦，節度入秦，夫人能散財破賊人楊子琳，邦人德之，即所居祠夫人。後草堂與祠並稱。端平丙申遭亂，郡城焚蕩，此等遺跡，聞自無恙。

張定叟尚書云："青城每郊用十五萬緡縛幕屋，事已撤之，皆諸璫得之。嘗奏：'乞從本府出錢蓋屋，庶免逐郊費用。'"或惜其議不行。余嘗記先皇考言："城外自來不曾蓋殿宇，宣和間方蓋了殿宇，遂為尼瑪哈駐兵之所。"

杜康善造酒，江陰軍人，今杜橋即其廬，事具本縣圖經。吐突承璀，閩人也，甯宗時諸道歲進閩兒號私白，閩嶺最多。朱茶馬儉丙午入對，云："掘地得一銅弩機，塗金，上面皆有分寸。"次日製一小弩以進，乃知書中所謂"往省括於度至則釋別"作一句。"往"，放也。放箭則必省於度之分寸，以為射之遠近，此三代弩制度。

石勒得一鼎，容四斗，中有大錢三十文。

皇考權金部時點左藏庫，梨園子弟玉帶十有二條，並關羽印，印上有環。

凡物之真者，即有一僞者，久之知有僞而不復知有真矣。高麗席側有卷舒，價貴未易得，四明便造假高麗席。真水晶瑩澈可愛，上饒便造假水晶，色青。按此段《大典》本裂為二則，今改正之。

《嶺外代答》云："崑崙曾期國海島有鵬，飛蔽日，遇駱駝吞之。鵬翅管可截為水桶。"《諸蕃志》云："勿拔國大魚長十丈，經按"經"一作"𩑋"。高二丈。木蘭皮國麥粒長三寸，瓜圍六尺，榴重五斤，桃重二斤，香圓重二十餘斤，萵苣菜一莖重十餘斤。沙華公國蓮長尺餘，桃核長二尺。"北方人物果蓏長大，便自與江南不同，外國可想而知。莊生亦據齊諧志怪之說爾，雖云寓言，亦有所本。

對衣，謂上衣下裳一對也。裼襲，裼謂裼開，襲謂重合也。

郝象賢父處俊，天后素銜之，故因事誅象賢，臨刑極罵，乃死。自是刑人必以木圓窒口，今用木桃，始於此。

銀朱方用得二百餘年，古畫皆以朱色，別畫之久近，可以辨此。

梅類腦，香清。茉莉類海南脫落沈，香甘。杏花類篤，香湓。荷花類蠻沈，香烈。素馨類麝，香媚。諸花香天韻俱勝絕，諸香品卻有優劣，同此一英華之氣，散在草木禽獸者，豈亦各從其類耶！

予董四明舶務，見高麗國賜都綱張迪等批人參二斤，"參"字用草頭，《韻畧》無此字，有"葠"字，云藥草，亦通作"參"。《玉篇》"葠"字下有草頭"蔘"，注同上。今方書悉用"參"字，高麗用"蔘"字。

裝潢匠，裝乃裝背，潢則今所謂糨紙者。唐人進奏文字多用潢紙寫，故韓退之《集》中有"用生紙寫"之語，諺有云"裝潢子"，亦不為無據。

烏始生，母哺之六十日，稍長，子反哺，如母哺之數，一名烏公。

密齋筆記卷四終　同郡後學林湯金衡仝校

卷五

水火，天地之妙用也，陰陽之變化也。故水火命見六秀，作用必大。東南方命而時日在西北者，性必揫斂謹畏，亦主壽；西北方命而時日在東南者，性必疏快，必發達。至於謹畏、壽考，決是不過。五行貴有歸宿，歸宿得好即貴而壽。

中道無往而不寓，故五行有天德，貴人皆是抑揚，欲得其中如正丁二申。正，寅月也，寅火太過，而以丁為德。二卯月也，卯木太盛，而以申為德。甲、戊、庚，牛、羊。甲、戊、庚皆金木土之陽干也，其氣太過，遂欲其藏於丑未之位。今舉其畧，餘可類推。即沈潛剛克、高明柔克之義，若無氣之火，遇亥酉即為息絕，愈無氣。如丙寅、戊戌、辛酉、戊子，張參政命；丙申、戊戌、辛酉、戊子，乃謝察推命。一第便不祿，但以意消息，其盛衰得中即為貴命。過猶不及，災福生焉。

郭璞授《青囊中經》九卷於郭公，門人趙載竊觀，未及讀，為火所焚，今世所傳者決是贋本。《陰陽元經》乃趙撰，不特弔宮作方，乃三命之祖，今人以“三命生旺”之說起於唐李虛中，非也。《龜筴傳》有“高人祿命以說人心”之說，又在漢初，其來久矣。景純年四十九，不免南岡之戮；管輅年四十八，不見女嫁兒娶。二人材明先見如蓍龜，皆不登中壽。

地理之說與命相通，宗廟比三命，天星比五星，砂形比相法。宗廟、天星、砂形三者，並合而無差，則萬不失一。

言子午針者，詆丙午之非。用丙午針者，排子午之失。針法乃五行之樞機，禍福之繩墨，既無定論，何以取準？余編十餘家之說，引援詳悉，不可盡舉。惟一家云：“曾游歷格古州縣鎮幾百處，皆用子午正針。”以是知子午針正法也。中針，後人遷就之說也，此是有定位形象之物，必以子午卯酉奠四方，故子午卯酉不易其金木水火之性。

《麻衣易》，乃近時戴主簿作。

道藏至雜，多房中方術，余嘗燃香閱之，乃雀卵壯陽等方。張君房所編《雲笈七籤》三百餘卷，却無此等方術。棲霞宮道藏靈感，香火翕習，桑都正云：“藏經不全，止有《雲笈七籤》一部。”余答云：“《七籤》卻自會靈，不必全也。”

《抱朴子》云：“道士趙炳以氣禁人，人不能起。禁虎，虎伏地就縛。以盆盛水，魚龍立見。一尺釘入柱，氣吹釘躍出。療疾以東流水為酌，桑皮為脯，但行禁咒，所療皆除。師事徐登，人為立祠。至於永康，俗呼曰趙侯。祠至今蚊蚋不能入。”《抱朴子》與《後漢書》所紀者如此，不知後千餘載，台民祠事如父母，福庇千里，靈響如一日。

《師友談記》云：“徐禧自御史中丞以母喪還洪府，有媼以《三世祿命書》言人吉凶，禧俾占之，媼曰：‘當兵死。’徐怒，媼以書示之：畫一僵屍，身首異處。徐欲坐以妖言付有司，眾解得免。後禧將數萬人守永樂，夏兵圍之數重，軍大渴，開地飲濠，城破，被害。”正符媼說。

唐太宗幾為竇建德游兵所擒，又幾為單雄信槍所及，僅以身免，百戰冒矢石間，可謂危事不死。後餌那羅爾娑婆寐藥，乃死。名醫不知所為。杜伏威與陳稜戰，稜軍射中其額，伏威曰：“不殺汝矢不拔。”遂馳入稜陣，大呼衝擊，獲所射將，使拔箭斬之，又殺數十人。後好神仙，長年術餌雲母，被毒暴卒。李抱貞，名將，亦以服餌誤死。乃知藥誤殺人甚於鋒鏑。

曰精力，曰精神，曰精氣，曰精血，曰精明，曰精爽，曰精到，曰精詳，曰精妙，皆以精為主，衛生者當謹之。苦海愛河，狂瀾弗返，其涸也可立而待。《素問》曰："法於陰陽，和於術數。"又曰："凡陰陽之道，陽密乃固。"註曰："陰陽交會之要者，正在於陰氣之不泄耳。"

端平元年九月，余奉京祠，方抵舍，發熱不止，面浮目腫，不能食。一醫者曰："非服附不效。"左右駭笑，醫曰："行年六十三，不服附耶？"余曰："此柴胡證也。"亟取人參和柴胡煎熱，俟呼醫者茅君仲一到，亦曰："當服柴胡。"余出煎熱者示之。三日疾退，目尚多澀，食已則困，不喜啖魚肉。時有饋梨者，乃取一顆啖之，覺意快，再啖一顆，醒然。晚食後亦如之，凡啖梨百五十餘顆，熱證悉平。《本草》載趙鶚事，陳衍《本草》載張果《醫說·十方便方》煮梨湯，皆云去熱，不可以為果子藥忽之。諸香藥皆達氣，藿香達表，乳麝木香走經絡，沈香趨下。皆香氣芳烈，能使諸藥快營，衛一切滯氣。

或曰："蜂腊無美味，人以為珍果。"余曰："飲食固取美味，然亦有取其治療者。"《本草·土蜂子》云："去風毒，久服令人悅白，功用甚多。"或云："蜂蠆有毒。"余曰："蜈蚣蛇蝎皆愈風良劑，何獨於蜂疑之？"

宣和間築順州，得枸杞宿根，形如獒伏，獻厚陵。

高疎寮四世祖閌，初為太學直學，蜀人雷姓者嘗受《易》於高，每同出入。至一銀鋪，因與其家厚善，鋪家感其意，問曰："尊官豈無所須？"雷曰："無他，欲與按"與"疑"得"字之譌。公鍛銀鼎，當以白金百笏為謝。"鋪家駭不敢受，強委之。既畢，鋪家曰："鼎已相贈，敢問何用？"雷曰："此鼎日乾水銀五十兩。"又嘗至一小藥鋪家，往還甚熟，因告以欲得鋪前藥招如何，婦人曰："尊官畫一新者見贈，便取舊底去。"雷贈以金，將舊畫去，畫一新者遺之。皆莫知其故，雷曰："但看吾人他日享用此不盡。"隆冬張其畫於密室，終日溫然，乃《六丁鑽火圖》神筆也。按此條《大典》裂作二條，今改正。

米元章不喜韓馬。有周百範者，以龍眠二馬換大防樓公百《集》，大防曰："古有以妾換馬者，以書換馬自攻媿始。"正似王晉卿欲取東坡海石，錢穆父、王仲至謂不可許，坡請易以韓幹二散馬，晉卿難之。穆父欲兼取，蔣穎叔欲焚畫碎石，世上雅事何時無之，論議紛紛，不及書馬兩從，不作難也。然晉卿以韓馬照夜白易米芾家顏書，朱巨川告劉涇，又以硯山一石易韓馬。夫晉卿重於易海石，而不靳博顏書，顏書貴矣。元章復以易硯石，又常以韓馬褋它物易劉涇《貞觀御史內史官奴帖》，數捐韓馬以貿易，好嗜自有異耶！米氏《畫史》記馬佳本不定為韓，止云唐人妙手，且譏世俗見馬即命為曹、韓筆，宜其不甚愛重也。

聖人不知後世有佛教，今看說底話已為佛教設，"如明明德"足了，又添個"新民"，似又足了，又添個"止於至善"，聖人教人之意，其遠如此。佛教只說一句"明心見性"便了。果齋先生云。

《楞嚴經》云："烏從來黑，鵠從來白，人生本竪，畜生本橫，白非洗成，黑非染造，從八萬劫無復改移。"

郗皇后妬忌性酷，及終後化為蟒，帝為懺罪。今之《梁皇懺》是也。

符丕時徐義為慕容永所獲，械埋其足，義誦《觀音經》至夜中，土開械脫，於重禁之中，若有人導之者，遂奔楊佺期，以為洛陽令。

李主好佛，太祖遣僧為間，號小沙彌，導以奢侈，著乾紅袈裟。李主云："佛亦莫不如此？"小沙彌云："陛下不讀《華嚴經》，不知佛富貴。"此誑敵語也，庸僧不知出處，拈出作話頭。

韓建治華州，患僧雜犯者眾，欲貸不可，盡治恐傷善類，乃擇有道行者為僧正，訓治之，而非其人，反為所憚，久乃悟。判牒云：“本置僧正，欲要僧正。僧既不正，何用僧正？使僧自正！”傳者雖笑，以為適中理。

撫州一祠宇，守亟命撤拆，梁木壓殞凡六七人。池州梁昭明祠累錢為幡，守紿語邦人，欲集幡錢，為神請封典，銅陵丞攝郡幕，委董其事，拆幡錢近及五萬，丞忽顛仆，嘔血不救。二守皆遭臺評。嘉定間目擊，隱其名氏。

劉道真《錢塘記》：“明聖湖在縣南，父老相傳湖中有金牛，古嘗有見其映寶靈泉，照耀流精，神化莫測，遂以明聖為名。孤山釋智圓字無外，自號中庸子，有命湖光文擬韓之作者，《臨安圖經》不詳其事。”《錢塘記》一書今亦不復存。湧金門、湧金池、金牛寺命名皆以此。

杭僧思聰，東坡為作《字說》，政和間挾琴登中貴之門，遂為御前使臣。蘇叔黨以詩止之，曰：“試誦北山移，為我招琴聰。”

淨慈寺畫壁女像眼遭剔去，或曰：“撲錢者以塗錢面，則撲者不滿。”又曰：“倡家取雜粉中，則色媚。”又曰：“點茶以蠱客。”若然則護伽藍神安在？安吉州祠山行宮女像如人長，眼亦並無全者，小人不識罪福如此，官司亦合有禁。

仲殊長老崇甯中上堂辭眾，是夕閉方丈自縊死。鄒忠介公詩云：“送行天莫測，難作瀆中經。”殊少為儒，雅工樂府，游蕩不已，妻投毒羹中，幾死，啖密而解，故嗜密，東坡為作《老人食蜜歌》。

待制賈易留心釋氏，嘗與楊侍講傑同修西方淨土，一夕公夢傑曰：“我已得西方淨土，子亦當往。”公異之，未幾聞傑訃，攷其亡日，與夢之夕同。後公以壽終之夕，復夢如初。

或曰：“齋之用乳，是僧家欲啖以肥蔬腸。”余曰：“佛，西方聖人，其俗氈裘為衣，乳酪為漿，乳非禁食，故魯督《釋迦文佛記》云‘有一牧牛女，名難陀波羅，時淨居天王言太子在樹下，汝下案“下”一作“可”。往供養。’時于千葉蓮花上取乳糜奉上太子。”又《列子》云：“巨蒐氏之國，具牛馬之湩以洗王足。”又記京師一老醫人云：“市中成桶檐賣牛乳，以泡飲食之，則膚革充潤。”東南人已駭聞佛氏食乳，不足多怪。

張乖崖遇設廚，封羊皮百口，具毛角，召行人估價賣，納錢送僧院，令與羊子轉經。李參政光嘗有《薦羊疏》，文云：“諸處餽羊，既不忍殺，十有三頭，畜養滋久，遂無脫期。今轉變到淨財五十貫足，躬就報恩禪寺齋供，佛僧看轉經文，仍設水陸，薦拔羣羊超生人天者。”先輩重物命如此。余亦效尤，為之懺悔。

采伯皇考未第時謁靈康廟，夢神贈金魚一枰，空中呼為碧落侍郎。尉剡時夢樗浦廟神延見七層塔上，金牌書“相”字，下有謝某名，乃知鼎貴已前定，豈容人力。按“皇考”原本誤作“王考”，考采伯乃深甫之子，今改正。

嘉熙己亥，吳興人云來春米價必踴，年時竹簍捕蝦，率以所得占米價。去冬一簍二十餘，故米斛二十千。今歲四十餘，春初一斛必四十千。亦龜卜、鳥卜、羊卜之類。吾俗有“蛤肥麥熟蝦荒”之說。

商子《墾令》言：“草必墾矣”，凡二十句，大意欲上下之勤農，戒酣嬉之敗農，使辟淫游食之民畢農，則草必墾矣。余僕早晚聲諾時，各令攜草而至，遂不令而自墾。

寶慶丁亥，余寓報慈，改葬亡室。初秋夢歸自東嘉，四顧蕩然，絕無居室。時夕陽未收，獨步平沙，金星燦屑，前山奇秀層出，旁植桑竹，因賦長篇，覺來畧成誦，尚囁嚅口吻間，迨曉止記憶兩句，因筆僧窗云：“歸來鄰里悉不記，未免驚呼問桑竹。”紹定庚寅由泉舶除新安，劍浦盜發，余自三山道東嘉而歸，己丑大浸，江岸僅存桑竹。

嘉熙己亥冬，奕修迎侍寓吳興郡治，夢自舊居見城中紅光燭天，如萬炬烜赫，峆幘浮屠兩尖，瞭然在目。庚子中秋前一日大火，余亟率二十僕人入城，救護亡姪寺丞靈櫬，因畧望于共樂堂，與己丑之水悉符夢景，無毫髮差。水現夢於前三年，火現夢於前一年，吁，亦異矣！

密齋筆記卷五終　同郡後學林湯金衡仝校

密齋續筆記

高祖不修文學而創大業，蓋承秦之敝，寬仁愛人，有帝王之度。光武南陽賢宗室，受《尚書》於廬江許子成，紹復大業之後，數引公卿郎將講論經理，夜分乃罷。所用諸將，如鄧禹受業長安芮文明，篤行湻備，事母至孝；冦恂素好學，經明行修，名重朝廷；馮異好讀書，通《左氏傳》，又上書謝曰"臣本諸生"云云，"乃知'性與天道'不可得而聞也。"詔答云："孟之反，不伐奔而殿，亦何異哉！"賈復少好學，習《尚書》，後與鄧禹並戢甲兵，崇儒學；耿弇學《老子》于安丘先生，少好學，習父業；祭遵少好經書，取士皆為儒術，對酒設樂，必雅歌投壺，雖在軍旅，不忘俎豆；耿純學于長安朱祐，尚儒學；景丹少學長安劉隆。學于長安十人，皆儒將，風聲氣習，于屠沽負販固自天壤，然其關係甚遠，治體醕疵之所由分。明章再傳，儒學彬彬，羣賢傳中，名節凜然，餘朝代所不及，豈非詩書之餘澤耶！

隋末大亂，而儒學盛於貞觀。陸德明論譔甚多，曹憲《文選》之學授魏模，公孫羅、李善、顏師古註《漢書》，孔穎達《五經正義》，孔至氏族之學，張嗣宗經學授秦王，蕭德言裒次經史百氏、帝王所以興衰者上之，僧許淹、馬嘉運棄墨從儒，並名唐初學者，學有根底。至於元和間，文士輩出，華盛實衰矣。

馮道取西京鄭覃所刊石經，雕為印板，流布天下，後進賴之。武君開我宋文明之治，癡頑老子，廣經學之門，此老篤行，有古人風，值武君無禮無義，互相吞啖，篡奪日尋，使不得死臣節為恨。

王祥，琅邪人，呂虔檄為徐州別駕，《破賊人歌》曰："海沂之康，實賴王祥。"仕至太尉，年八十五。弟覽，孝友恭恪，名亞于祥，以大中大夫歸老，呂虔以三公刀與祥，祥與覽，曰："汝後必興。"司徒導即其孫也。悅、恬、洽、劭、薈、珣、珉、謐、舒、晏之、崑之、植之、允之、晞之、肇之、廙、彬、彪之、頤之、胡之、茂之、敬、弘、籍之、彭之、越之、臨之、稜、羲之、凝之、徽之、楨之、操之、獻之、靜之、敦、戎、衍、澄，皆琅邪裔也。祥之孝固難，覽之悌為尤難。孝悌之至，通于神明，是以自天佑之，子孫眾多也。

龍山之宴，孟嘉恥為征西客，故假落帽以蓋其慚。淵明出宅邊菊叢中，值王弘送酒至，即便就酌，醉歸。陶乃孟甥也。九日美談，舅甥都占斷，後人無以復加，亦一段奇事。

元載以貪被誅，籍其家，胡椒八百石。楊綰亦清簡儉素，代其平章事，郭子儀減聲樂，黎幹省騶從，崔寬撤第舍，盛德感人，習俗一變，而四月拜命，七月乙巳薨。司馬光元祐元年閏二月拜左僕射，公首更詔書，開言路，分別邪正，進退甚者十餘人，旋罷保甲、保馬、市易、助役、青苗、鹽鐵、茶法，復常平糴糶法，身狥社稷，躬勤庶務，而是年九月丙辰薨。二公天不假年，相業未究，古今惜之。君子有福，小人無福，此治世也。君子無福，小人有福，事可知矣。

荀彧本傳云："留壽春，以憂薨。"《魏氏春秋》曰："飲藥而卒。"《通鑑》取《魏氏春秋》所言，司馬溫公論曰："文勝質則史。凡為史者，記人之言，必有以文之。然則比魏武于高光楚漢者，皆史氏之文也。豈彧所言耶？用是貶彧，非其罪矣。"某曰："彧附曹氏，終始昭然。杜牧之已結正欵，無可逃者，百世之下，所信者史，而以為非彧口所言，吾意其臨薨所焚毀陳事書，皆奇策密謀者，無非傾漢滅劉氏之邪謀，不可以示海內、傳後世者也，豈可謂皆史氏之文也？"愚者一得之慮，不敢自遜于先哲。

李密起拱州，據洛口倉、回洛倉、黎陽倉，足食足兵，似得計矣，而柴孝和勸取關中，密不從，以致于敗。李淵取太原，欲回軍，世民力諫取關中，哭於帳外，夜追前軍回，竟入關中。關中若柴紹等皆以兵來迎，大勢遂定。薛舉亦欲入關，已無及。漢業開基，亦是關中。關中，中原一大形勢之地。范致虛以三十萬勤王，關中失守，遂分南北，可恨也。

士未逢時，失身于人，固為不幸。士而逢時，能以功名自見，亦未為不幸也。魏徵始為道士，為武陽郡丞元寶藏客，又為李密典書史，又為竇建德起居舍人，隱太子洗馬；王珪為建成中允；後太宗並召為諫議大夫。李大亮為龎玉兵曹，又為李密所擒；岑文本為蕭銑客；溫彥博初為羅藝行軍司馬；高士廉為丘和客。後皆為唐名臣。

《黃帝》曰："夫子數言熱中消中，不可服高梁[①]、芳草、石藥。石藥發瘨，芳草發狂。"註云："多飲數溲曰熱中，多食數溲曰消中，多喜曰瘨，多怒曰狂。"高梁之疾也，膏，粱米也；石藥，英乳也；芳草，濃美也。富貴之人常服之，難禁也。肥令人內熱，甘令人中滿，石藥氣烈，非緩心和氣人不可以服。是黃帝時已有高梁。又古字通用，世人鄙世祿為膏梁，不知所出，余村居咬菜根，決無此二證。

校勘記：

①"高梁"，四庫本作"高粱"。按："梁"、"粱"通。下同，不一一校。

天地生蔬，因時濟人。人之啖蔬，莫感天地之恩，曰菜飯，曰蔬食，有不滿之色者，一本無"者"字。名曰褻天。

鶯粟紅白二種，痔下者隨色用之即愈。辛稼軒患此，已殆甚，一異僧以陳鶯粟煎全料人參敗毒散，吞下感通丸十餘粒，即愈。

同郡林湯金衡仝校

原跋

謝奕楙

右《密齋筆記》，別經史本朝文藝雜書，釐為五卷，《續記》一卷。先公易班東歸，晚年著此，比鋟梓家塾，而字小不便，老眼舛誤，未暇攷訂。奕楙挈來臨汝，欲刻置郡齋，迺是正魚魯，其間至有脫簡者，亦復增補使備，始得為善本。一夕夢先公若有喜色，謂奕楙曰："汝日所為，吾從旁覘之，行又往婺女矣。"蓋大卿兄守婺故也。嗚呼！先公沒六年而精爽烔然，託諸夢以詔諸孤，一舉措頃，在其左右，顧不肖何以偁塞，惟戰戰兢兢，是戒是懼而已。既刊此書，屬兩倅題卷末，輒復記此。時寶祐丙辰孟秋中澣，男奉議郎權知撫州軍州兼管內勸農營田事節制軍馬奕楙百拜書。

原跋

成公策

昔歐陽公著《歸田錄》，范蜀公作《東齋記》，事皆在辭，蟬捨冕後，蓋前輩於文章翰墨若饑食渴飲，未嘗一日廢，非有老壯之分、仕止之間也。密齋先生年六十有三，即弭節杜門，淡然無營，惟耽玩書史，遠紹旁搜，今觀《筆記》一書，如武庫乍開，戈矛劍戟犀利森列，使人毛髮竦，非胷次千古，筆力萬鈞，疇克爾歟！其視歐、范二公，風流蘊藉，相似也。臨川使君一日出示家集，且病舊版漫漶，字有脱誤，將屬太史王公是正之，別鋟之梓。方動念間，忽夢密齋如生平，是知公於斯文，雖神游八極，未能忘情。嗚呼！其精豈不敬畏哉！漢韋賢父子以明經位宰相，時人為之語曰："遺子黃金滿籯，不如教子一經。"今密齋獨以文印傳子孫，而使君又克成先志，是亦韋氏一經之教。由此觀之，君家之福未艾也。寶祐丙辰季夏朔日，通直郎通判撫州軍州兼管內勸農營田事成公策識。

跋

金嗣獻

右《密齋筆記》五卷，《續記》一卷，宋鄉先達謝采伯所撰也。采伯字元若，宰相深甫長子，理宗謝后之伯父，《嘉定赤城志》偁其登嘉泰癸亥進士，歷知廣德軍、湖州、監六門、大理寺丞、大理寺正。然余攷郭石齋《筆記》，則言其曾歷保康軍承宣使，提舉神祐觀，除節度使，贈魏國公，謚文靖。又程敏政《文獻志》則言其紹定間知徽州，徽與衢、嚴接壤，盜發常山，謝公調兵遏之，禱雨輒應，虎豹遁跡。《江南通志》列諸《名宦傳》，是元若並以政績聞，固不僅以箸述傳也。《筆記》六卷，乃端平改元其易班東歸時所作，初刊於淯祐元年，至寶祐四年其子奕懋重鋟於撫州。久無傳本，是本系乾隆時纂修《四庫全書》從《永樂大典》錄出者，然吾台亦不多見，僅刻于胡氏《琳琅秘室叢書》中。余伯父莘生先生懼其久或不傳，特為印行，余因攷其佚事而坿識於後。歲在旃蒙單閼夏六月中浣太平後學金嗣獻。

用天台齊孝懋聚珍板印

宋臨海胡太初著
太平後學金嗣獻校刊

晝簾緒論

目　錄

欽定《四庫全書》提要

《晝簾緒論》一卷，宋胡太初撰。太初天台人，端平乙未其外舅陶某出宰香溪，太初因論次縣令居官之道，凡十五篇，以貽之。後十七年為淯祐壬子，太初出守處州。越明年，復得是稿於其戚陶雲翔，遂鋟諸版以授屬縣。其目首曰《盡己》，次曰《臨民》，曰《事上》，曰《寮寀》，曰《御吏》，曰《聽訟》，曰《治獄》，曰《催科》，曰《理財》，曰《差役》，曰《賑恤》，曰《行刑》，曰《期限》，曰《勢利》，而終之以《遠嫌》。條目詳盡，區畫分明，蓋亦州縣提綱之類也。書中臚列事宜，雖多涉宋代條格，與後來職制不盡相合，然其大旨以潔己清心、愛民勤政為急務，言之似乎平近，而反覆推闡，實無不切中事情。《世說新語》載傅氏有《理縣譜》，其書不傳，牧民者能得是編之意而變通之，則此一卷書亦足以補其闕矣。

序

析圭分爵，從政涖民等爾，而於治邑獨憚焉。鑊湯以喻其煎熬，僨債以狀其不得已之意，嘻！邑非果不可為也。或者材與學未之副也。外舅通直天材，家學見稱於時，試邑香溪，游刃無全牛矣。將有行也，規規問政，若無所能者，豈非以眾所憚不敢易規歟？謙訪再三，辭不獲命，迺退而冥搜疇昔鯉庭所親見、所習聞者，條為十有五篇，目曰《晝簾緒論》，以代郊餞之什。夫為政本不可以言語文字傳也，而所能謂者，又特政之糠粃，烏用是呶呶哉。昔傅琰父子為令，並著能名，乃有所謂《理縣譜》，然則言語文字容可傳也。神物啓秘，《縣譜》復出，是編幸投之苦海云。胡太初述。

盡己篇第一

涖官之要，曰廉與勤，不特縣令應爾也。然縣有一州之體，而視民最親，故廉勤一毫或虧，其害於政也甚烈。且人孰不知廉吾分內事也，物交勢迫，浸不自由，素貧賤者有妻子啼號之撓，素富貴者有口體豢養之需，喜聲譽則飾廚傳以娛賓，務結託則厚苞苴以通好。又其甚者，婚男嫁女，囊帛匱金，皆此焉是資，雖欲廉得乎？貪黷亡恥之人，固不暇恤，稍有畏清議者，亦不過曰吾上不竊取於公帑，下不妄取於民財足矣。收買飲食，素有官價，吾行之奚愧；供需賓客，例敷吏貼，吾循之奚怍。不知以官價買民物，民貧其何以堪？而責吏供需，他日吏以曲法受賂敗，令責之得無愧辭乎？故其要莫若崇儉。苟能儉，則買物不必仗官價以求多也，燕賓不必科吏財以取樂也，苞苴不必講，廚傳不必豐也。涖官之日，無異處家之時，而用官之財，不啻如用己之財斯可矣，又孰不知勤吾職分之當然也。聰明有限，事機無窮，竭一人之精神，以扼眾人之姦詭，已非易事，況有愚暗昏庸者，一切聽可否於吏手；苟且取具者，率多黜智能於不用，甚則銜杯嗜酒，吹竹彈絲，圖享宦遊之樂，遂至獄訟經年而不決，是非易位而不知，詞訴愈多，事機愈夥，卒不免於司敗之見詰。縱有銳意自強者，幾何哉！自其醻應日繁，心力日耗，方虞稅駕息肩之無其所，何幸吏牘已備，俛首涉筆，終亦歸於苟道而已。故其要莫若清心，心既清則雞鳴聽政，所謂一日之事在寅也。家務盡屏，所謂公爾忘私也。勿以酒色自困，勿以荒樂自戕也。今日有某事當決，某牒當報，財賦某色當辦，禁繫某人當釋，時時察之，汲汲行之，毋謂姑俟來日，則事無不理，而此心亦寧矣。吁！此廉勤之大畧也。他猶有可言也。心不可不平，平心則物情無往不燭。怒不可或遷，遷怒則吏民將受其枉。其令必簡，其政必和。非時營繕，所合力懲。或託辭科輸，所當痛革。子弟門客，勿令與外人吏輩交接，或恐有往來結託之嫌，則禍起蕭牆，若何拯療？吏民婦女，勿令其出入織紝貿易，或恐有交通關節之謗，則事干閨閫，未易施行。勿帶醫術，或有干請，難以相從。勿置親隨，處之内外，皆所不便。在己者既已曲盡，則何施不可，何事不公，何盤根錯節之足慮哉！故愚以“盡己”冠之篇首云。

臨民篇第二

令為民父母，以慈愛為車，以明斷為軏，而行之以公恕，斯得之矣。今之為令者，知有財賦耳，知有簿書期會耳，獄訟一事，已不皇悉盡其心，撫字云乎哉，教化云乎哉。昔陽城自署曰："催科政拙，撫字心勞，考下下。"陽城已矣，誰肯甘心下考，而竭其撫字之誠者，不知九重以赤子授之令，固望其字吾民也，而可辜所寄乎？故令視事之初，其先務有四：曰崇學校。夫士者民之望也，鄉校者議政之地也，詣學奠謁之餘，便當延見衿佩，假之以辭色，將之以禮意，詢風俗之利病，諮政事之得失，廪餼必豐，課試必謹，其端厚俊秀者獎異之，其詞訟蔓及者覆護之，其陵辱衣冠者懲治之，則士悅而知慕矣；曰奬孝弟。人情敬其父兄，則子弟悅，故當首延父老，以寓敬愛之意，然後博詢鄉曲，其有孝友著聞，行義卓異者，必屈己求見，必置酒登延，護其門閭，寬其力役，使邑人靡然知傚，或有兄弟訟財，親族互訴者，必曲加諷諭，以啓其愧恥之心，以弭其乖爭之習，聽其和允，勿事研窮，則民俗歸厚矣；曰勸農桑。令以勸農繫銜，朝廷以勸農著令，非不勤至，今也不然，歲二月望為文數行，率同寮出近郊，集父老讀之，飲食鮮少，甚至折錢，事畢，即自攜酒肴妓女，宴賞竟夕，實意安在哉？故到官之始，不必姑俟來春，便當以農桑衣食之本諄諄然諭之，而所以妨害病擾之者，必懲必戒，則民斯咸安其業矣；曰畧勢分。令為近民之官，而今也民視令不啻如天之遠，如神明之可畏，銜苦無由，得入令尹之門，幸而獲至其前，則吏卒禁訶，笞朴交錯，畏懦者已神銷氣沮矣，故欲通下情，莫若大啓門庭，屏去吏卒，躬自呼之几席之前，康色詰問，以盡其所欲言，其壅敝不得達者則設鑼縣門之外，俾自扣擊，如是則民情無有不獲自盡者矣。行斯四者，他如賑恤之不可不時，追逮之不可或濫，毋事橫斂，毋事酷刑，非甚不便於民不必好為更革，非甚宜益於民不必輕為興舉，其餘節目皆當次第而擴充之。雖然，愛民之要尤先於使民遠罪。夫民之麗刑，豈皆頑而好犯哉！愚蒙無知，故抵冒而不自覺，令宜以其條律之大者榜之牆壁，明白戒曉，曰某事犯某法得某罪，使之自為趨避，其或有犯，到官哀矜而體察之，照法所行，與殺一等，亦忠厚之德也。若悉欲盡法施行，則必流於酷矣。昔卓茂為密令，諭其民曰："我以禮教汝，汝必無怨惡，以律治汝，汝何所措其手足乎?"吁！此仁人之言也，凡為令者宜寫一通寘之座右。

事上篇第三

令領一邑，太守察之，諸監司察之，所以防汙虐、戒贓敗也。公正自飭，廉謹自將，固令所當持循，職事攸關，尤合加察轉。漕司惟財賦耳，縣道賦入，自有定數，率是輸之，郡家本自無甚干涉，其他戶婚詞訴，吾惟決之以公，奚懼焉。常平茶鹽司，惟廪役與鹽課爾，不產鹽、不繫衡處，於鹽無預，若齊民之差役，公吏之敘役，與夫常平義倉之斂散，吾無偏私，無侵移，又奚懼焉。惟提點刑獄司，則視諸司為獨重，何則？刑獄民命所係，苟有過誤，厥咎匪輕，殺傷多委同官驗視，安知其無或疎鹵乎？罪囚淹禁歲月，安保其無疾病乎？結解惟憑供欵，又安信其果無翻異乎？有一於兹，便罹憲網，惟在我者，無往不謹不審，而又得部使者察其忠實，寬其鞭驅，庶乎可以免厥咎也。其次本府則視憲司為尤重，何則？州縣一家也，令之視守猶子弟之於父兄也，情苟不通，事無可集，若財賦，若訟獄，若日生事務，無一不與相關。而縣之最被害者，莫若不時專人，每專人一來，陵蔑名分，擒捽吏貼，大者數百千，小者數十餘，千方得其去。又其次，二稅專差吏拘催，酒稅專差吏監督，日食之供需，公事之懇告，令無不聽命惟謹，甚而擅興威福，轄養娼妓，需覓器用，裒取錢物，無所不有。令謁郡之始，便當明稟史君，某職事不敢不勉，而縣家苟有不逮，亦加體恤之仁，仍乞給紫袋二道，絡繹往來，彼此咸原注："御名"①書之，庶幾事情無有不達，而文移之督促可省也。如經兩月事不辦集，然後甘受專人之擾，慢令之罰，若賦稅虧日額，酒稅虧月額者，率十之四五，卻乞遣吏監督，不然告寬轡勒，容謁其長，夫州家亦欲集事爾，差專人，差公吏，豈其得已！令若恃其相容，遂至弛怠，公事不集，財賦不登，亦奚咎夫郡之督促哉！雖然，奉法循理，盡瘁效職，監司郡守之難，事猶可也，惟是臺幙郡僚，或捧檄經從，或移書請託，賓餞稍有不至，奉承稍有不虔，賢明仁厚之人，固能推誠相亮，否則情好易暌，間隙易啓，始於職事相關之際，捃摭橫生，甚而使長會聚之時，譏讒肆入，蓋有陰中其毒，而獲戾者多矣。故令之待臺幕郡僚者，甯過於勤，毋失之怠。甯過於恭，毋失之簡。甯過於委曲，毋失之率意。而徑行此，亦可以杜無妄之災矣。

校勘記：

①此所謂“御名”，當為“慎”字，乃避宋孝宗趙昚諱。按：“昚”乃“慎”之古字。

寮寀篇第四

縣之有寮寀，兄弟等也。兄弟有鬩牆之釁，則家用不和，何以幹蠱而禦侮哉？縣僚本無慢長官之心，而每有與令不相能者，非他也，令挾長以臨僚寀，僚寀復睚眦不相下，勢必至於睽且不和。縣無州郡黜陟之權，合轍而馳，同舟而濟，令苟怡怡相與，孰不竭力以佐令乎？然相得每難，而相失每易。公事分委佐廳，俾之書判，或意見偶異，或請託所牽未能與令意合，令輒自行改判，或牒請再擬，則其情易以相失；孰若平心量酌其是否，過廳面議，使之欣然竄易而無怨心乎？佐廳吏人有過，令遽呼上杖之于庭，縣吏或有咆哮，佐官亦復行鞭撻，遂致彼此猜忌，因成釁隙，則其情易以相失；孰若致委曲於其本官，令其自行决遣，使之赧然愧服，而無怨心乎？丞簿而下，俸入極微，會不足以養廉，而令輒拖壓累月，令雖不明支己俸，卻或於官錢移易貸用，其何以得同僚之心，故同僚俸給須當按月支送，或一時匱乏，則明以相告，令亦不當先支己俸及有移貸之私，收支簿歷，使之通知可也。如是則又孰不怡然相體，能與縣家同休戚乎？令始至之日，必延見僚寀，歷述弊端，悃愊無華，肝膽相照，職事關係，彼此明言，毋懷忍以含怒，廳吏間諜，彼此斥絕，毋嗜聽以相猜，心同一人，事同一體，則政和而民受其福矣，豈惟民之幸，亦令之幸也。雖然，同官皆忠良之士，固自悉無可慮；彼有沈鷙很戾者，或挾才以相陵，或侵權以相撓，或陰摘長官之短，或樂受讒者之言，則將奈何哉？令豈無假故疾病，勢必委佐官暫攝，而攝者輒變亂其統紀，縣道庫眼，亦有屬佐廳司掌，及有財賦，合屬佐廳催督者，而佐官輒視為己物，不與縣通融，則又將奈何哉？吁！此當以誠感，不當以勢爭。以誠感則禮意必周，懇白必豫，使之自有所不敢為。以勢爭則禮意日睽，釁隙日甚，或相訐，或互申，弊有所不可勝救者，此令所當深戒而早圖者也。

御吏篇第五

人皆曰御吏不可不嚴，受賕必懲無赦，不知縣之有吏，非臺郡家比。臺郡之吏有名額，有廩給，名額視年勞而遞升，廩給視名額而差等，故人人皆有愛惜己身之意，顧戀室家之心。乃若縣吏則不然，其求也無名額之限，其役也無廩給之貲，一人奉公，百指待哺，此猶可也；縣官日用則欲其買辦燈燭柴薪之屬，縣官生辰則欲其置備星香圖綵之類，士夫經從假、寓館舍則輪次排辦，臺郡文移，專人追逮，則裒金遣發，其他貪黷之令，誅求科罰，何可勝紀？嘻！彼財何自來哉？稍有資產者又孰肯為吏哉？非饑寒亡業之徒，則駔狡弄法之輩，非私下盜領官物，則背理欺取民財爾。愚嘗妄思：《周官》胥徒府史之制，有名職廩稍之供，是以吏皆廉平，俗亦醇厚，今時殊事異，縣道財賦，煎熬捄過不暇給，而暇辦吏俸哉？此說殆類談何。為今之計者，亦不過曰廉以率之耳。其身正，不令而行。常堂供需、生辰獻壽等一切罷去，我既不科求於吏，吏縱未知悛改，在我責之可無愧辭，然後弄權者必懲，犯法者必斥。至有稍能任事之人，令或倚以為用，彼輒妄自誇說，謂事無大小，是非曲直，率由於我，汝乞我金若干，我令汝事必勝，已而果然，甚至駕說於本官，以為巧取之地，吏之溪壑未飽，而令之惡聲已彰矣。間有縣令精強者，一切不肯任吏，吏則廣說道理，曲為游揚，使爾不容不從其言，此術又不行，則必於令啓處之間，自與儕伍私相評議，使其陰入於令之耳，令不之察，謂其無心之言，從而信之，而不知已墮其計中矣。吏之姦詭萬狀，最不可不深防密察，故欲吏之不受賂，斷無可行之策，但使事事清明，人無觀望，知吏之不必屬，賄之不可行已，為政之善矣。乃若俗自醇厚，吏自廉平，非如前所謂循《周官》之制，不可也。波流日靡，孰挽而東，徒增太息云爾。

聽訟篇第六

孔子曰：“聽訟，吾猶人也。必也，使無訟乎？”人情澆靡，機事横生，已難使之無訟，惟盡吾情以聽之而已。縣道引詞，類分三八，始至之日，多者數百，少亦以百數，令憚其煩，遂有展在後期併引者，不知省訟固自有道，若憚煩拖後，積壓愈多，雖竭其精神，難理矣。或謂不拘日子，有狀即受，可免積壓，然縣家事多，若日日引詞，則訴牒紛委，必將自困，不若間日一次引詞。卻將鄉分廣狹分搭，遇一則引某鄉狀，遇三則引某鄉狀，遇五遇七遇九各引某鄉狀，不得攙越，庶幾事簡易了，且彼有一時忿激，便欲投詞，需日稍久，怒解事定，必有和勸而不復來者，此其當行者一也。分鄉定日，此止可為常事設，若鬭毆殺傷、水火盜賊不測等事，亦俾待次，不亦晚乎？卻如前之說，置鑼於縣門之外，不以早晚，咸得自擊，鑼鳴令即引問，與之施行，若有事情急迫，合救應者便與救應，合追捕者便與追捕，合驗視者便與驗視，卻不可因循失事，此其當行者二也。詞訟到官，類是增撰事理，妄以重罪誣人，如被毆必曰殺傷，索財必曰劫奪，入其家必誣以作竊，侵墳界必誣以發墓，此類真實固有，而假此以覬有司之必與追治者亦多，要當明立榜文，嚴反坐之法，須令狀尾明書“如虛甘伏反坐”六字，異時究竟，果涉虛偽，斷當以其罪罪之，則人知畏而不敢飾詞矣，此其當行者三也。詞訟在官，不與結絕，所以愈見多事，每見一次受牒，新訟無幾，而舉詞者往往居十之七八，徒費有司之閲視，徒勞人户之陳請，不若先行告示，凡有詞在官，如易於剖析，即與施行，但有追會不齊，究實未到，合聽有司區處，不應疊疊陳詞，今以兩月為期，如兩月之外不覩有司結絕，方許舉詞，不然並不收理，此其當行者四也。縣道每有奸狡頑嚚之人，專以教唆詞訟、把持公事為業，先當榜文曉諭，使之盡革前非，若有犯到官，定行勘杖刺環，押出縣界，必懲無赦，凡遇引問兩爭，應答之辭與狀異，此必有教唆把持之人也，須研窮根勘，重寘于罰，此其當行者五也。凡與一人競訴，詞內必牽引其父子兄弟七五人，甚至無涉之家，偶有宿憾，亦輒指其婦女為證，意謂未辨是非，且得追呼，一擾費耗其錢物，陵辱其婦女，此風最不可長。令須察其事勢輕重，止將緊要人點追一兩名，若婦女未可遽行追呼，且須下鄉審責供狀，待其緊急，方可引追，此其當行者六也。不應為有罪，不許因事告事，法令昭然，而今之為令者，喜聞人家之隱微，於是告訐之風滋長，甚至收人白劄子見之施行，於是愈無忌憚，妄行指摘，而民無甯居之日矣。此亦合預行榜諭，告訐者未問虛實先坐，不應為罪，若狀詞本訴之外，因而告首其家隱微者，亦勿聽理，併先坐罪，此其當行者七也。引到詞人，供責必須當聽監視，能書者自書，不能者止令書役當職官隨即押過，其事理輕不待證會者，自可隨手決遣。若涉追證費勘，會亦只憑此初供，最不可押下案，致令胥曹得以恐脅誑誘，而使之變易真情，此其當行者八也。大凡蔽訟，一是必有一非，勝者悅而負者必不樂矣，愚民懵無知識，一時為人鼓誘，自謂有理，故來訴，若令自據法理斷遣，而不加曉諭，豈能服負者之心哉？故莫若呼理曲者來前，明加開說，使之自知虧理，宛轉求和，或求和不從，彼受曲亦無辭矣，此其當行者九也。令每遇決一事，案牘紛委，憚於徧閱，率令吏摘撮供具，謂之事目，不知吏受人屬，其理長者不為具出，而理短者反為聲說，以此斷決多誤，不若令自逐一披覽案卷，切不要案吏具單，蓋勝者固有理，而負者亦未嘗無道理可說，特不若勝者之多耳，令合先述其是而折其非，則負者雖欲翻訴不可得矣，此其當行者十也。此姑論其大畧，若夫隨機應變，遇事酌裁，神而明之，使民宜之，則在明有司。

治獄篇第七

刑獄，重事也。犴狴，惡地也。人一入其中，大者死，小者流，又小者亦杖，寧有白出之理。脫或差誤，胥吏奚恤其咎，必屬之令，縱可逃陽罰，亦必損陰德，詎可不加謹哉！一曰禁繫必審，二曰鞫視必親，三曰牆壁必完，四曰饑寒必究，五曰疾病必察，六曰疑似必辨，七曰出入必防。令每有私忿，怒輒置人于圄，兩爭追會未圓，亦且押下，佐廳亦時遣至者，謂之寄收，長官多事，漫不暇省，遂至因循淹延。不知一人坐獄，闔戶抱憂，飽暖失時，疾病傳染，殆有甚可慮之事。而又有合共處不合共處者，蓋兩爭若使異牢，則有賂者可使獄吏傳狀，稿通信息，而無賂者必被其害。孰若使之共處，可以互相察視乎？健訟之徒，樂入囹圄，因得以唆教獄辭，變亂情節，孰若別處一牢，而使之不得與餘囚相近乎？羸老之人，必察其有無疾病，或致沈重，徒見費力，婦人女子，必察其有無娠孕，脫有墮墜，無以定明，此所以繫禁之不可不察也。在法，鞫勘必長官親臨，今也令多憚煩，率令吏自行審問，但視成款僉署，便為一定，甚至有獄囚不得一見知縣之面者，不知吏如逼求賄賂，視多寡為曲直，非法拷打，何罪不招，令合戒約推款，不得自行訊鞫，公事無大小，必令躬自喚上，詰問再三，頑狡不伏，盡情然後量施笞榜。《周官》有五聽之法，亦以獄情難測，不可專事箠楚也。古法一更三點，長官親自定牢，今也聽政無暇，則委佐官，飲酒相妨，則委典押，不知脫有逃逸，咎將誰執？況吏輩受賂，則雖重囚，亦與釋放安寢，無賂則雖散禁，亦必加之縲紲，最不可不躬自檢察。昔熊子復宰曁陽，日間不時趨獄點視，夜則置一鈴，其索直達寢所，夜半掣鈴，獄卒應諾，否則必罰，由是並無不測之慮，最為可法。此所以鞫視之不可不親也。今在在州縣，獄多有頹牆敗壁，不甚完固者，固當亟加整葺，然罪囚姦態萬狀，尤宜深防，每有獄吏受重囚賂，放其自便，日間囚以飲水為名，將水潠壁，浸漬泥濕，夜深則鑽壁踰牆，倏然而遁，吏卒睡熟，無由知覺，洎覺則追之已無及矣，此最利害。令當審量罪囚輕重，重者勿使處近壁之匣，牆之上必加以茨，壁之內必夾以板，每五日一次，躬自巡行相視，有不完處隨加脩補，戒飭吏卒，每夜不可止留一人值更，須要每更輪流兩三人，明燭巡視諸牢，次早令出廳，先詣獄點名，然後僉押文字，日以為常，牆壁之當完者如此。獄囚合給糧食，自當於經費支破，有因縣道匱乏而責諸吏者，不知官給尚欲減尅，而可使吏供輸乎？寧節他費，此不可節也。人當日給米二升，鹽菜錢十文，朝巳晚申，立定程式，獄子聲諾報覆，令躬點視，然後傳入其家，自送飯者即傳與，仍點檢夾帶毒藥、刀仗、銅鐵、器皿、文字之屬。春夏天氣蒸鬱，須與疎其窗櫺，蠲其穢汚，使不致卑濕奧渫，致興疫癘，如稍向寒，便當糊飾戶牖，支給緜炭，使各得溫暖和適，可免疾患飢寒之當究者如此。不幸獄囚有以疾病告者，將奈何哉？曰：此不可不察也。有實病而吏不以告者，有未嘗病而吏誣以告者，蓋吏視囚猶犬豕不甚經意，初有小病，不加審詰，必待困重，方以聞官，甚至死而後告者。若有貲之囚，吏則令其詐病，巧為敷說，以覬責出漸為脫免之地，此令所當深察，責在推司，日具有無疾病申令，令於點視之際，又自躬加審察，如以病告者，且與召醫治療，日申增減，其甚困頓不可支者，然後責令親屬保識前去，若必待病重方始聞官者，推吏必寘于罰，不然，萬一死者接踵，憲司歲計人多，令能免咎乎？又不幸獄情有疑似而難明者，將奈何哉？曰：此不可不辨也。世固有畏懼監繫，覬欲早出而妄自誣伏者矣；又有吏務速了，強加拷訊，逼令招認者矣；亦有長官自持己見，妄行臆度，吏輩承順旨意，不容不以為然者矣。不知監繫最不可泛及，拷訊最不可妄加，而臆度之見最不可恃以為是也。史傳所載，耳目所知，以疑似受枉而死而流而伏辜者，何可勝數！諺曰："捉賊須捉贓，捉姦須捉雙。"此雖俚言，極為有道。故凡罪囚供欵，必須事事著實，方可憑信。不然，萬一逼人於罪，使無辜者受枉罰，令得無校於心乎？乃若獄門出入之禁，其責專在當日，推司監牢，嚴行拘督，應當日而拋離不到者有罰，吏卒非系在獄而輒入者有罰，令自點察之外，許人告訐。罪人水火茶飯各須有人監臨，事畢即入原處，不得放令閒散。逐牢內門無故不得輒開，若家屬傳送茶食，不得私令與囚相見，吏卒亦不得因而與之傳遞信息，漏泄獄情，此皆所當深致其防者也。夫縣獄與州郡不同，州郡專設一官，故防閑曲盡，縣令期會促迫，財賦煎熬，於獄事每不暇詳謹，罪之小者，縣得自行決遣，罪之大者，雖必申州，而州家亦惟視縣欵之憑據，則縣獄豈不甚重，而令之任責豈容不曲盡其心哉！故愚反覆諄復，不嫌於贅。

催科篇第八

今之作縣者，莫不以催科為先務，而其弊有不可勝言者，最是鄉胥走弄，簿籍漫漶，不惟驅督不登，縣受郡之責，抑亦逼抑過甚，民受官之害。邇者廷紳奏請以十戶為一甲，一甲之中擇管額多者為首，承帖拘催，自浙而江，往往行之已徧，今不當別為規約，止是就此察其弊，而圖其官民兩不相病者為善耳。愚嘗思之，去官之病者，為說有三；去民之病者，為說亦有三。其一曰：民戶合管產業籍之於縣，縣道合抱稅額籍之於州，州視額督趣，縣視產起催，此常式也。然多有坍廢，有逃絕，郡雖迫之縣，縣實無可催者，官之與吏，徒被督責，不若先與刷具事故數目，實計若干，申州乞差官究實，與蠲其額，容俟他時興復，仍舊起催，仍申省部照會，或太守難之，令能於合催財賦盡數趣辨[①]，使郡用不致匱乏，當亦自能聽從也。其二曰：起催稅物，例是勒逐鄉鄉胥供具，合管數目，以憑給引，不知鄉胥與富強之家素相表裏，有稅未即具上，或不盡具，至有每年不增輸官者，卻止將善良下戶先具催數，或多科尺寸，逼令輸納。此只合選稍公實吏人具出等則，先次起催上三等，而後徐及四等以下戶，令又自將前兩年產稅簿點看，如吏人當具而不具，與夫當催而不催者，皆有罰，所以不用新造簿而必用舊簿者，防鄉胥為欺也。若諉曰升降不等，過割不時，畢竟田主雖易，而田則未嘗易，自可挨究官物之所在，如是則無陷失之患。其三曰：每日催到官錢，至夜方有定數，已難入庫，多是寄留廟頭或公吏處，遂侵貸移易，或有止以虛數影過者，其法合置兩大櫃具，與權行收鎖，來早或躬親或委官點數入庫，不可因循，又須擇家計稍溫、行止稍明、有親戚保識人充庫子，每旬休與之點視，及將收支簿歷驅磨，其庫壁須用板夾持十分堅固。待其欺瞞侵盜之後，雖斷刺估籍，與抑夫勒眾人填納，亦無及矣。此去官之病當爾。其一曰甲帖之設，本以優役戶，今乃以困官戶，蓋起催本是戶長之責，今官戶不應役者亦承帖催科矣。姑置勿論，但差甲首之時，弊倖尤多，有屬者税額雖多，乃與分為三數引，而常為甲下戶矣。無屬者税額雖少，乃與最少下戶同引，而常為甲首矣。不特先期輸納，而甲下十標，欲其分給，人戶有居於縣市者，有居於外都者，安能一一識認其家，最為被擾，莫若各隨都分等則，分差一等戶與一等共甲，仍不許將合給數目分作別引，其納足乞改付下次者，案吏不得邀阻，違許執覆將吏科斷。其二曰：民戶之受害者，莫甚於已納重追，皆由案吏不相關照，鄉胥不與銷豁，夫先期樂輸，本是畏法，而點追苛擾與未納同，又且呈鈔繳引分外費用，人誰肯先輸乎？此合責之典吏，每日將已納戶名逐項銷豁，若泛常引，標成見印給者，須要典押用保明印子，若不時點追，令自判押者，兼要鄉胥保明，即非重追，如虛甘罪，異時或有以重追訴者，必加罪於保明之人。其三曰：妄攤之弊尤不可不禁。夫官戶輸納，多憑幹人，鄉戶則憑攬子，二税起催之初，系攬、幹各於逐處領錢入己，輒將移易盜用，逮官催督嚴緊，卻妄稱已出，與某人合，系某人抱納，將來追會明白之後，固自不可逃隱，但圖一時，且得抵捱數限，逐旋措辦，而被攤被追者果何辜哉？下戶之頑狡姦猾者，計亦出是，要須每遇追到供攤者，先責狀附案，如虛，甘受欺隱官司之罰，然後方與追理，事果虛妄，斷在必懲。此去民之病當爾。夫有田則有賦，頑猾抵官者誠所當治，而善良樂輸者要當與之覆護，其大要則合於移割加之意焉，蓋產去税存，不可不察，民有以出產業報者，便當關會受業之家，割税歸戶，然後卻與除退，庶幾無泛追，無濫罰，無推攤抵捱之弊，此則正本澄原之地也。

校勘記：

①“辨”，乃“辦”字之誤。按：稽《說郛》本正作“辦”。

理財篇第九

縣自常賦之外，一孔不可妄取諸民，雖有理財之策，奚其施，亦惟於酒稅加之意而已。酒稅解郡，月有常額，措辨[1]不及，亦懷惴惴之憂，况望其餘裕，可助縣用哉？雖然，經理有方，亦未嘗不沛然也。今之言酒者，不過曰官課之所以不行者，私酤害之爾。貼榜張旗，旉遶巷陌，鳴鑼拽隊，遍走街坊，脫有斗升敗獲，到官便輒枷訊，禁繫累月，蕩其生理，妨其營趁，率至饑餓病困之域。猶之可也，人有私隙者，便輒誣以鬻酤，密來首陳，意在擾害，官司不問虛實，輒差弓手轎番，數十為羣，持杖突入，遍搜房屋，繞打牆圍，無異於劫盜，不知人之所以冒法私飲者，皆官醞不堪入口。我苟留情酒政，六物必良。其在庫也，謹滲漏隱瞞之弊；其在店也，防夾和尅退之欺。酒司之外，專差典押吏人；酒司酒匠皆量支犒賞，否則有罰。官各一人，任責措置，如發賣流通，利息增衍，則典押、吏人、酒司、酒匠皆量支犒賞，否則有罰。官醞既多且旨，誰肯私飲，以自速辜，故雖榷禁不嚴，驅之亦不從矣。今之言稅者，不過曰官額之所以不登者，商賈瞞隱爾。於是嚴搜邏之策，遣差攔頭、弓手等輩於界首攔截，動至三數十里之外，誅求客旅，溪壑亡厭，得厚賂則私與放行，徑不令其到務商稅。不伏予以賂者，則被擒到官，倍稅之外，費用如故。猶之可也，其所差攔頭、弓手，又復將帶游手惡少遍走鄉村，以捉稅為名，打覫人家雞犬，搶奪行旅籠仗，固有望風畏遁，轉相告報，取他道而去者矣。不知督促之嚴，征斂之重，是乃驅之使不敢至，不若多出手榜，四散貼示，明諭重征之弊自此革絕，照則例合行收斂一貫文者，今且權收八百或九百，其攔典合干人等費用，一切痛革，商稅一畢，便給由子，證應出縣，更不許攔典稽滯乞覓。若商旅不經縣務投稅，輒行私路遁走，為本縣所獲，定將物貨倍稅之外，更與勘斷，令眾候替，斷不輕貸。蓋取之雖少，而來者則多，課利自然盈衍，孰不願出於其途哉。此外則有牛驗息、醋息，與夫茶、麥、牙契、免丁房賃，自可隨宜拘榷。近來諸色別欲增衍，多有出賣官紙者，吏人行遣人戶投詞，非官紙不用，此本非法令所許，若縣道藉此支用，已非一日，難於頓罷，姑與循舊，但不可創例作俑耳。今之士大夫，又有專務科罰者，公吏有過，則令罰直，若干人戶論訴，理曲合與斷罰，乃以脩造為名，各罰錢入官若干，不知此錢果歸何地耶？甚而羅織罪名，恣行抄估，信受妄狀，沒人產業，皆令所當深懲而痛革者也。若夫坊場、經、總、役錢等，多屬佐廳，故不復云云。

校勘記：

①“辨”，乃“辦”字之誤。按：稽《說郛》本正作“辦”。

差役篇第十

有身斯有役，而民之畏役甚於畏死，蓋百年治生，壞於一年之充役，而其患之大者，在於催科，始則用財屬託，期於脱免，中則逃亡死絕，被抑填賠，終則箠楚禁錮，連年莫脱，其勢不至於傾家蕩產、鬻賣妻子不止也。吁！置產以養身，而反因產以害身，亦可悲已。今既行紹興甲首之法，可免税長催頭之責，則應役者不過輯保伍、應期會而已，民亦不至甚憚，而巧計以求免也。况自嘉定間朝廷主張義役，自處、婺舉行，馴至諸郡邑，莫不響應，行之既久，官民咸以為便。昔有持庾節者，乃獨深惡義役，其説專謂利上戶而不利下戶，便富民而不便貧民，蓋視產出財，固以為均適，而平日產力鮮少、未嘗充役者，乃因義役，例被斂金，及有管掌不得其人，或致侵漁盜用，又不免再行科率，故深以為民病。不知義役本美事，但止令合充役人裒金聚廩，而不及未嘗充役者，兼令出財戶輪年掌管，萬一虧折，亦有責償之地，便為盡善，何必深惡之耶？今所在州縣多是義役，若猶未也，亦為勸勉為之，萬一事勢或有難行，止從官司每歲差役，則其要當先委佐官驅磨產力簿及許人陳首詭挾，俟簿書物力一定，然後照各鄉則例、物力及額若，方令充役，最小者充一年或半年，倍與倍差者，各隨多寡增年限，循環充當，周而復始，如是則亦無物力高而歇役近、與物力低而歇役久者爭執之患。若有元係不應充役白脚，而近來增置田產，歸併詭挾物力，亦當及役，則且差白脚，仍為圖揭之坐右，以便閲視某都人某日當滿，每將滿，數月前先行擬差下次人役，告示知委，如差不當，仰即來陳理，不許臨役方行推託。蓋近來官司，多是役滿方差下次人，被差之人不問當否，且行推託，圖得遷延，待就役時，已被其推過若干日月矣。而烽火盜賊等事，無人任責，最為利害。今之鄉司差役率是受賂，甲訴不當，則轉而差乙，乙訴不當，則轉而差丙，此風尤不可長。使前之所差非，則鄉胥豈得無罪？前之所差是，則今日豈應復改，而至於再至於三耶？若當職官自能參酌簿籍，從公定差，當無是非舛错之患。差定合具圖，子由申會，倉司從會，以杜其妄訴之漸，則所差既當，而民斯樂於就役矣。

賑恤篇第十一

歲獲大有，家用平康，不惟民之幸，實令之幸。一罹災歉，何事不生，若流離，若剽奪，若死者相枕藉，啼饑連阡陌，豈非令之責哉！故不幸而疫癘倏興，則當遣吏抄劄家數人口，命醫給藥，支錢付米，其全家在寢者，官為庸倩，丐徒看直，每日兩次點察，其因病不救者，官為辦給函木，仍支錢與之津送，或不幸而盜賊竊發，則當下都申嚴保伍，每五家為一甲，五小甲為一大甲，保長統之，有警則鳴梆集眾，協力剿捕，捕到則官支犒賞，激厲其餘，若乞兵防拓，若出榜撫諭，皆當隨宜行之。其有水火挺災、人民離散者，當稟白州郡，借貸錢米，人各以若干米給之，若干錢貸之，使之整理室廬，興復生業，不贍則咨目徧白，不被害上戶，量物力借貸，併與貸給齊民，許其一月之後日償若干，官卻以其所償者償之，上戶償之州家。此策不虧官而便民，最為盡善。若但知賑給，則恐如曾南豐所謂“相率日待二升之廩於上，勢不暇乎他為”，吾恐官之所給無已時，而民之不復業如故也。其有旱澇傷稼，民食用艱者，當勸諭上戶各自貸給其農佃，直至秋成，計貸過若干，官為給文墨，仰作三年償本主，其逃遁逋負者，官為追督懲治，蓋田主資貸佃戶，此理當然，不為科擾，且亦免費。官司區處，官之所當處者，只市戶耳，卻以官錢貸米舖戶，令其往外郡邑販米出糶，但要有米可糴，卻不可限其價直，米纔輻輳，價自廉平，雖無待開廣惠倉可也。若先君宰金谿，兩年值歉，只行此策，民用無饑，不可不知也。然此皆為災歉設也，非令所願聞也。平居無事，令所以恤民者，惟蠲放僦金耳，雨暘祈禱，大暑極寒，固所當行，甚而知縣無以邀民之譽，或到官，或生辰，或轉秩循資，或差除薦舉，率放免若干日，至有一歲放及大半者，不知僦金既已折閱，誰肯以屋予人，稍至塌壞傾摧，不復整葺，而民愈無屋可居矣，是蓋不知貧富相資之義者也。令果能以恤民為心也，則政必簡，刑必清，毋濫追，毋久繫，不以科敷傷民力，不以土役防[1]民時，果何事而不可行吾恤之之心哉！

校勘記：

①“防”誤，當為“妨”字。按：稽《說郛》本正作“妨”。

用刑篇第十二

縣無甚重之刑，小則訊，大則決，又大則止於杖一百而已。吏民無甚愆過，便輒以杖一百加之，不知罪或大於此，又將何術以處之哉？而況行杖者或觀望聲勢，或接受賄賂，行遣之時，殆同兒戲，此非所以使人畏，乃所以使人玩也。愚謂杖一百之刑，最不可數施，訊決亦止可十數下，若大杖止七五下，或十下，須令如法決遣，下下嚴峻，然後人自畏服，初不在乎數目之多，徒為行杖者賣弄耳。若杖一百，卻留為極典，非大過犯、大愆誤不施，須令人人畏懼而不敢犯，此則省刑之大畧也。每姦盜辟囚獲到之初，首行腿訊，多至二三百下，此其不可者一也。蓋被獲到官，沿途執縛拷打，或饑餓困頓，已非一日，若又即從而訊決，多有斃于杖下者，孰若徑押下獄，明正典刑耶？豪強之家，論訴鄰里，官司不問是非，便與行遣，此其不可者二也。蓋杖決雖微，王法攸寓，不可妄加，無罪豈應副人情之具，若狥其私情，張其聲勢，將來武斷鄉曲，稔惡積愆，欲救之無及矣。盜賊累犯，合與刺環，今有初犯及盜不滿疋者，一為勢利所怵，便與斷刺，不知鞭撻之慘，肌膚猶有可完之時，一經刺環，瘢痕永無可去之理，所犯出於一時不得已，而被罪至於終身不雪，此所當戒者三也。兇惡害民，合與永鏁，今有偶觸長官之怒及勢家所惡者，便與幽之囹圄，縶之尉寨，不知罪不至死，一身之困躓難逃，身既被囚，數口之饑寒孰給，所謂破家縣令，皆是之類，此所當戒者四也。乃若用刑之節，如入夜有禁，遇日當禁，皆當時時警省，老幼不及，疾孕不加，皆當事事審察，令甲備著，毋待多云。然又有三說：一我醉，二彼醉，三羸瘠。蓋我醉而行刑，則旁觀必以使酒疑我，萬一果有過當，雖悔奚追。彼醉而加刑，則酩酊之中何所畏懼，萬一挾酒凌犯，取辱貽羞。羸瘠而受刑，則必其人飲食之闕違，氣力之困憊，笞箠之下尤有不可者。今又有人求加於杖一百之外，自知徒流以上不可用，乃輒槌折手足，尤為殘忍。某事某罪，國有彝章，法外戕人，豈字民之官所當為者，戒之哉！戒之哉！

期限篇第十三

凡事非信不集，況一邑之事，至為總總，一令之威，無甚赫赫，乃使期限不信，號令不肅，其何以行之哉？故要莫先於立限之堅。然立限有別，應限有程，泛常追會，止給到限，許其三次申展，三展未圓，厥罰訊若干，然後換給定到，許其二次申展，二展又未了，厥罰决若干，仍換給不展引，此則誠不可復展矣。若更稽違，則當勘杖若干，枷監追集，如有督捕緊切之事，則當徑出定到之引，或不展引，拘榷如前，然或恐縣道有十分緊急事務，非可以頃刻稽違，斷欲必集者，則當給加牌，不展引，此牌引違則有大罰，如勘錮，如傳都，皆當先示戒警，又須以不數用為尊，一歲之中才三數次給發，非有大故，不發亦可，凡限當展不展，敢於故意藏匿者，厥罰則視限之重輕，立限之別如此。都有廣狹，地有遠近，當量其力，使之可以趁赴，其去縣五十里以上，及地分稍廣，隔涉溪嶺者，每限以七日或十日為約，下此者則以五日為約，此合先考遠近廣狹之數，預立規式，置簿明署，某都限例十日或七日，某都限例五日，逮給限之時，須令值日，廳吏就案頭隨即抄記，以俟令之自行稽察，應限之程又如此。夫上之役下，固欲集事，下之應役，亦欲事集，以免過爾。而今之里正，以期會不報被笞索者纍纍也，其弊在於上之給引泛濫而無統，甚至一次當限，累數十引，追逮百餘輩，其里正之代役者，自知應赴不及，必遭笞決，於是併與其可以辦集者一切稽違，卻遍求被追者之賂，其意以為十違二三，與十七八被杖等爾，何苦不求賂哉！由是事愈難集，此蓋役者非宜，自難責其下之必應也。要當先令限司立定規式，每都一限，給引不得過十件，如事多，十引之外，餘引與給後限，若里正違引一件與免笞，兩件量加笞決，三件、四件各決若干，甚至十違八九，則勘杖錮身，不容輕貸。呈比之初，令限司先自具出某都申展若干件，照約束合，若何行遣，其追人見到者，謂之著到，別作一沓，其止是申展者，謂之蹺申，又別作一沓，然後令視牘判行，庶乎上不煩而下不慢，此亦拘限之大綱也。

勢利篇第十四

今之從政者，類以抑強扶弱為能，其說曰：貴者勢燄熏灼，而喑嗚叱吒，可使賤者奪氣；富者田連阡陌，而指麾拱揖，可使貧者吞聲。吾能中立不移，剷貴沮富，故凡以勢利至者，不問是否，例與摧抑。嘻！彼有畏首畏尾，惴惴焉勢利之臨，曲法狥情，奉承惟謹，求以自全、自媚之計者，是誠不足齒矣。然使一切以抑強扶弱為說，亦豈中道哉？夫挾貴以凌人，固有之矣，亦豈無不驕者乎？挾富以傲物，固有之矣，亦豈無好禮者乎？使其例以矯世絕俗為心，而不問其事之曲直是非，則此風既長，佃者得以抗主，強奴悍婢得以慢其弱子寡妻，以至姦猾之徒飾為藍縷，而市井小輩凌辱衣冠，末流將奈何哉？故吾惟平心以遇物，則其政平矣。孟子曰："為政不難，不得罪於巨室。"巨室者一鄉之望也，齊民之所依者也，其間有道義重士，文獻故家，過從往來，儘可以問政請益，殖財潤屋，積粟盈囷，緩急凶荒，亦欲其捐有濟無，巨室本未嘗得罪於我，而我乃遽以抑強扶弱之說，先入乎其心，因得罪於巨室，不知巨室果何負於邑大夫哉！其有陵轢善良，慢欺寡弱，或武斷於鄉曲，或羅織於平民，事若到官，所當照法剖决，然使小人無知，蔑有名分，因事以咆哮，乘醉以憑陵，詎容不與之懲戒乎？其有聲勢凌人，慘酷御下，或吞併他人財產，或強佔他人婦女，被害有訴，所合盡法施行，然使頑狡行竊，誣賴主家，租債不伏了還，界至輒行侵易，詎容不與之理直乎？戶門有故，封狀過廳，當量酌可否判行，若兜攬關節，為他人致委曲，此合明示嫌疑，即行廩白，雖痛絕力卻，其奚辭？追陪節序，饋遺往來，當審度辭受酬答，若因有懇禱，遂以賄賂相及，此合明示嫌疑，力與巽避，將之以委曲之意，其奚怨？夫律己未至，處事不公，一妄庸人，亦得有辭於我，以誠敬相與，以禮意相遇，彼雖挾勢與利，其敢以撓吾之政哉？故愚謂勢利之交，固不當委曲以相承，亦不必矯亢以自異，平居交際，笑語相歡，非意相干，可以理遣，在我自有定論。若惴惴然懼其持我，疑其浼我，思所以為防閒抑遏之道，亦非為政之善者也。

遠嫌篇第十五

《禮》曰："决嫌疑，明是非。"夫我本無他也，而使人得以疑似之迹議我妄，一男子蓋已不便於此，况出而為政，將正己以正人乎？故我未嘗私且怠也，而人或以是而疑我，是必有不公不勤之迹，有以召人之疑。我未嘗貪且濫也，而人或以是而疑我，是必有不廉不正之跡，有以召人之疑。一事可疑，將無事而不疑之矣。一日可疑，將無日而不疑之矣。蒙是疑也，我知之尚不可辦，况人未必肯以是告我，而人之疑我，已自籍籍，積而傳之道路，達之臺府，厥害豈淺鮮哉？故君子於嫌疑是非之間，最當早正其微，而力遠其跡也。且賓朋遊謁所不可辭，自令延之書院或别室，於是邑人相與語曰："某往來甚密，某欵話甚久，情好必甚相得，利病可以悉言。"凡有訴在官，詞理甚虧之人，往往輻輳其門，而請託之路開矣。甚者賣廳角，打筆套，甲乞我金若干，當為轉達百里，乙有請亦若是，飛蓋馳轂，趨謁縣齋，語語移時，倏然而退，則告甲與乙曰："已為致委曲矣。"實未嘗齒及也。他日令决某事，必有一勝，則如約取金，曰："將以納琴堂。"令何辜而受此名哉？愚謂納謁之時，例止當於公廳相見，吏民共覩，自難致疑，但使禮貌有加，彼自不以我為慢也。且節序宴會所不可廢，自聚集娼妓，出入宅堂；其間子弟館客，相見既密，戲謔甯無，賢者固不為是。然瓜田李下，甯免相疑，一語乖邪，便輒傳播，萬口喧藉，動生風波，而非褻之謗興矣。甚者多買姬妾①，卻令妓女之精於樂藝者教習歌舞，出入無間，笑語無時，豈惟管絃之聲轉徹於街坊，抑且淫辟之語浸入於闔閫，情好稠密，事體叵量，縱能潔身自愛，其他尤有難於防閒檢柅者，令亦何利而為此舉哉？愚謂燕會之時，非得台旨，妓女不許輒入宅堂；若旬休公暇，欲與寮寀士友會聚，只為文字清飲，彼當不以我為簡也。剖决公事，自有公理正法，吾亦何心其間，但自知縣懈怠，多令吏人納案，俟暇隙看閱，或呼吏人入與評議，或令吏人擬撰判稿，於是或者得以疑其受成吏手矣。要當於公廳之側，幕帟一室，遇暇則據胡牀，披案牘，不必使吏至前也。收到官錢，自有庫銀封閉，吾亦何私其間，但自知縣過慮，或恐帑吏侵貸，盜賊鑽窺，乃令分管別庫，或俾寄留宅堂，於是或者得以疑其萌意漁獵矣。要當謹固壁落，精擇司帑，切不可率意移徙，徒涉難明之迹。其他疑似招謗，固亦多端，難以筆舌盡述。但令每處一事，必須昭晰明白，如水清之無滓，如止水之無波，則彼雖欲點汙吹颺，殆有不可得者。若曰我此心平正，無愧俯仰足矣，奚必規規然遠嫌辨迹，求以示人哉，殆恐將來或有悔尤，必自嫌之不遠。跡之不辨，始雖噬臍無及矣。

校勘記：

①“妄”，乃“妾”之誤。按：稽《說郛》本正作“妾”。

黃巖後學王舟瑤覆校

跋

張海鵬

《晝簾緒論》一書，宋處州守胡太初撰，凡十五篇，皆專為縣令言居官之法。大要以清、慎、勤三者為本，而一一皆究其流弊。其所論事勢，雖今昔不同，而情弊無不可以例推者。酒稅非今之令，而燒鍋有禁，牛驗茶麥牙契之類，猶拘摧義役，非今之法，而偶有簽派，甲訴不當轉及乙，乙訴不當轉及丙，往往借一事而逐層朘削，吏緣為奸，坍廢逃亡，刷具事故數目，實計申州郡，乞蠲其額，此憲司所必不能行者。而甲首承催，幹攬抱納，妄攤被追之弊，偏僻小邑所常有，縣之吏無恆產自給，一身奉公，百口待哺，令雖率之以廉，而奸猾猶難防察，況欲其給臺郡，文移供需，排辨專差諸費，其財奚自而來？臺幕郡僚或捧檄經從，或移書請託，賓餞不周，承奉不虔，則職事相關之際，稍有不慎，因而獲咎，此尤深悉為令之難，古今無異情者。至盡己必廉勤，臨民必公恕，訟獄明慎，而期限必信，勢利之來，以禮意相接，嫌疑之遠，以誠身為本，無不深切事情，開陳為政之要。閱是編者，洵足為學古入官之助，燭其情，得其理，雖為令言，而實非專為令言也。嘉慶甲子九月下浣虞山張海鵬識。

跋

王舟瑶

右胡氏太初《畫簾緒論》一卷。太初臨海人，宋嘉熙二年周坦榜進士，官至太府卿，見謝氏《赤城新志》，然《兩浙金石志》載紹興府進士題名第三碑，嘉熙二年周坦榜有胡太初，注云："余潛子，三年中詞學科第三人。"《寶慶會稽續志》同。似太初乃越人，非台人。案《嘉定赤城志》，嘉定四年趙建大榜有胡余潛，注云："臨海人，字叔昭。"而紹興府進士題名第二碑趙建大榜無其人，南宋《館閣續錄》及袁清容《先君師友淵源錄》皆以太初為天台人，篔窗與太初之父同時，太初之與清容祖同時，而兩家紀載皆如是，則太初為台人無疑。或言臨海，或言天台者，蓋天台乃一郡之統偁，其實則臨海也。而紹興府進士題名碑載入者，或太初曾從台徙越邪？其父余潛，《赤城志》不言歷何官，據《緒論·振恤篇》則嘗宰金谿，舊省府外志未為太初立傳，其事蹟無可攷。今案袁氏《先君師友淵源錄》偁其"以清苦自檢治，其父為越公門下士。"案：越公，桷曾祖韶也。《南宋館閣續錄》："胡太初，字太初，天台人。習書，戊戌進士，紹定十一年正月以國子博士兼景獻府教授，除秘書郎。十二年正月知全府。"又《福建通志·名宦傳》偁其"寶祐間以朝散大夫知汀州，修郡學，重建明倫致極堂、御書稽古閣，肇行鄉飲酒禮，增儲均濟倉錢米以廣賑糴，廂紮寨舖兵並增給全分衣糧，時閱射，自給賞犒，修城浚池，屢平連城、甯化劇寇"。是太初政績殊可觀。諸論所言，能實見諸行，非徒託之空文也。余昔年纂修郡志，曾據諸書為補傳，今太平金君謣軒重刊《緒論》，以鈔本郵示，惟是書曾刻入《百川學海》、《學津討源》、《百名家書》中，今謣軒從《學津》本迻錄，間有脫誤，余據陸清獻《莅政摘要》本畧為是正，至陸本節改處亦不悉從，惜架上偶無《學海》本、《百名家》本，未及細讎耳。書中所言事例，雖與今不同，然論潔己清心、愛民勤政，凡有關治本者，實古今無二致。今世變日亟，吏治日窳，居民上者唯知以剝民射利為事，而一二號偁開通者則撮拾外域政治之毛皮，以為塗飾，哀哀吾民，實受隱痛，莫可告語，安能有如是書者，一作清夜之鐘，而發其深省也。甲寅小暑黄巖王舟瑶。

用天台齊孝懋聚珍板印

宋天台方岳元善著
太平後學金韶校刊

深雪偶談

宋書冊編

目　錄

深雪偶談

西山公云：“近世評詩者舟瑤案：《海學類編》本作“皆”字，非。曰：‘淵明之辭甚高，而其旨出於老莊。康節之辭若卑，其旨則原於六經。’以予觀之，淵明之學正自經術中來，故形於詩，自不可掩榮木之奄案：“奄”字衍，《說郛》本、《類編》本均同。憂、逝川之歎也，貧士之詠、簞瓢之乐也，《飲酒》末章有曰：‘羲農去我久，舉世少復真。汲汲魯中叟，彌縫使之湻。’淵明之智足以及此，豈玄虛之士所能望耶?”其說誠是矣。余謂淵明、康節二公之作，辭近指遠，至如淵明，能言之士莫不愛而慕之，況西山公乎？然榮木、貧士，方之逝川、簞瓢，幾於案：《說郛》本“於”下有“可以”二字，《類編》本無，今從之。牽合之論，真知淵明，不必視此。若夫食薇飲水之言，啣木填海之喻，睠睠王室，實有乃祖長沙公之心，惜其力不得為而止。此則西山發微之論，非獨義熙以後不著年號，為恥事二姓之驗而已。淵明詩有謂其“詞彩精拔”，斯言得之。而後山顧謂其切於事情，而失之不文。後山體裁既變，音節已殊，將自外於淵明者非耶？然於康節又何以評之？

淵明《飲酒》詩云：“客養千金軀，臨化消其寶。”以寶喻軀，軀化案《說郛》本作“失”。則寶亡矣。坡公云：“人言靖節不知道，吾不信也。”范石湖《田園雜詩》驗物切近，但句律太憑力氣，於唐人之藩尚窘步焉，然絕句中有“可憐世上金和寶，借爾閒看七十年”，唐人所無，可謂砭流俗之膏肓矣。以軀為寶，殆與斯言對壘，人謂石湖未知道，余亦不之信也。

賈閬仙燕人，產寒苦地，故立心亦然，誠不欲以才力氣勢掩奪情性，特於事物理態毫忽體認，深者寂入仙源，峻者迥出靈獄①，“古今人口”數聯，固於劫灰案《類編》本作“劫天”。之上泠然獨存矣。至以其全集經歲踰紀，沈咀細繹，案《類編》本無“沈”、“細”二字。如芊葱佳氣，瘦隱秀脈，案《類編》本作“嘯詠”。徐露其妙，令人首肯，無一可以厭斁，三折肱為良醫，豈不信然。同時喻鳧、顧非熊，繼此張喬、張蠙、李頻、劉得仁，凡唐晚諸子，皆於紙上北面，隨其所得淺深，皆足以終其身而名後世。獨李洞佛名閬僊，所謂“瓣香之師”，執而不宏，捧心過甚，空圓蕭散之氣，不復少有，豈非不善學柳案“柳”字據“類編”本補。下惠者案《類編》本無“者”字。耶？司空表聖，後輩也，本用其機，反以閬僊非附寒澁，無所置才。坡公不細考，亦然其言，獨非叛道者歟？不然，則隸者不力，其文擠而實，予則歸敬閬僊也亦至矣。

校勘記：

①“獄”，《說郛》本、抄本作“嶽”，是。

四言自韋孟、司馬遷、相如、班固、束皙、陶潛、韓愈、柳宗元、梅堯臣、歐陽脩、王安石、蘇軾，工拙畧見。嘗怪五言而上，世人往往極其才之所至，而四言雖文辭巨伯，輒不能工，水心有是言矣。後村、劉潛夫亦以四言尤難，《三百五篇》在前之故。韋氏云：“誰謂華高，企其齊而。誰謂德難，厲其庶而。”使經聖筆，亦不能刪。余思四言如律以《三百五篇》，則韋氏為工，世殊體異，後之銘詩莫非四言也。安石以上諸公，未暇深論，如蘇公所撰范蜀公誌銘云：“君實之用，出而時施。如彼水火，甯除渴飢。公雖不用，亦相其行。如彼山川，出雲相望。”余每展卷，輒為擊節。在儋耳作《觀碁》詩，記廬山白鶴觀，觀中人皆闔戶晝睡，獨聞碁聲，云：“五老峯前，白鶴遺址。長松蔭庭，風日清美。我時獨遊，不聞一士。誰歟碁者，戶外屨二。不聞人聲，唯聞落子。”其寂寞冷落之味，可以想見。坡公四言於古近體中句語，無適而不高妙也。案《類編》本誤合下為一條。

杜牧之《赤壁》詩：“折戟沈沙鐵未消，細案本集作“自”，《類編》本同本集。將磨洗認前朝。東風不借案本集作“與”，《類編》本與本集同。周郎便，銅雀春深鎖二喬。”許彥周不諭此老以滑稽弄翰，案《說郛》本作“玩弄”。每每反用其鋒，輒雌黄之，謂孫氏霸業繫此一戰，宗廟丘墟，皆置不問，乃獨含情妖案《說郛》本作“妓”，今從《類編》本。女，豈非與癡人言，不應及於夢也。劉禹錫《題蜀主廟》云：“淒涼蜀故妓，歌舞魏宮前。”亦是此意，惟增悽感，卻不主於滑稽耳。本朝諸公喜為論議，往往不深諭唐人主於性情，便雋永有味，然後為勝，牧之處唐人中，本是好為論議，大槩出奇立異，如《四皓案本集作“老”。廟》：“南軍不袒左邊袖，四皓安劉是滅劉。”如《烏江亭》：“勝敗兵家未可期，案本集作“事不期”。包羞忍恥是男兒。江東子弟多才俊，捲土重來未可知。”要知“東風”、“借”、“便”與“春深”數箇字，含蓄深窈，則與後二詩邈絕矣。皮日休《館娃懷古》：“綺閣飄香下太湖，亂兵侵曉上姑蘇。越王大有堪羞處，只把西施賺得吳。”亦是好以議論為詩者。余最愛竇庠《新入諫院喜內子至》一絕：“一旦悲懽見孟光，十年辛苦伴滄浪。不知筆硯緣封事，猶問傭書日幾行。”使彥周評此，則以竇氏內為不解事婦人矣，所謂癡人前說夢也。牧之五言云：“欲識為詩苦，秋霜若在心。”雖格力不齊，各自成家，然無有不自苦思而得也。

山谷《中秋》詩云：“寒藤老木被光景，深山大澤皆龍蛇。”蓋本左氏“深山大澤，實生龍蛇”，案《類編》本下有“之語”二字。用事誠有據，景趣似差乏爾，然未失為佳。坡公《月夜與客飲酒杏花下》詩：“杏花飛簾散餘春，明月入戶尋幽人。褰衣步月踏花影，炯如流水涵青蘋。”“流水”、“青蘋”之喻，景趣盡矣，前人未嘗道也，獨杏花影下、洞簫聲中著此句辱爾。及《志林》所記：“徐州時冬夜解衣欲睡，月色入戶，欣然起行，念無與樂者，遂至承天寺尋張懷民，亦未寢，相與步於中庭。庭下如積水空明，水中蘋藻交横，蓋竹柏影也。何夜無月，何處無竹柏，但少閒人如吾兩人爾。”使施前句於斯時，豈非稱歟？淯祐初僧友自南嘗從天竺歸隱溪之南岡，余冬夕踏落案《類編》本無“落”字。葉訪之，小尨迎吠，時佛燈猶在，啓關煮茗，既而侶行溪間，篙小舟自拜龍巖順流東下，誦坡、谷詩，徘徊久之，舍舟登岸，借僧裘禦寒而返。緌指二十霜矣，嘗感舊有詩：“昔年訪月寒溪頭，霜高酒劣稜生裘。溪僧輟寢從吾幽，共移不繫漁人舟。斷崖老木粉金虬，又如蘋藻涵清流。鶴骨浸煩風露憂，妙語滿地無人收。”蓋指二公詩。與自南師既亡，余亦就老，悵[①]前遊之不能踐也。

校勘記：

①“悵”，抄本作“恨”。按：《說郛》本仍作“悵”。

梅花單題難工，尚矣。至以“梅花”二字置之五七言中，隨其景趣足而成律，尤為難工，不爾，不謂之得句。唐人凡數百家，本朝江西社中不翅數十公，亦孰不痞寐斯花，附為不朽，卒之無所容力，傳不傳可以槩見矣。近世杜小山子野“尋常一夜窗前月，纔有梅花便不同”，殊爽人意，律之唐人，似非本色。天樂趙公“放了吏人無一事，坐看山鳥喫梅花”，端是秀語，然不過絕詩，非有琢對之艱也。秋壑賈公《送朝客》頸聯云：“梅花見處多留句，諫草藏來定得名。”圓妥優游，方之天樂《冬夜》頷聯“禽飜竹葉霜初下，人立梅花月正高”，雖靜獨有境，或者以其短氣棄之。案此二字據《類編》本補。其他卷什，一無可摘。“自從和靖先生死，見說梅花不要詩。”斯語雖鄙，要未得為虐論。

鄭都官《海棠》詩：“穠麗最宜新著雨，妖嬈全在欲開時。”歐公謂其格卑，鄭詩如“睡輕可忍風敲竹，飲散那逢月在花”，格卑甚矣。《復齋漫錄》云：“近世陳去非嘗用鄭意云：‘海棠默默要詩催，日暮紫緜無數開。欲識此花奇絕處，明朝有雨試重來。”余謂去非格力猶去鄭詩未遠，豈如吳融“雪綻霞鋪錦水頭，占春顏色最風流。若教更近天街種，馬上應逢醉五侯。”唐人雖從事苦吟，題賦此花，要須放些風情，不近寒乞。坡公詩：“東風嫋嫋泛崇光，香霧空濛月轉廊。只恐夜深花睡去，故燒銀燭照紅妝。”不為事使，居然可愛。

“渭城朝雨裛輕塵，客舍青青柳色新。勸君更盡一盃酒，西出陽關無故人。”此摩詰《送元二使安西》詩也，世傳《陽關圖》亦摩詰手，遂稱二妙。惜别時要須道路臨歧繾綣，畫態亦然。“相看臨野水，獨自上孤舟。長因送人處，憶得别家時。”外此曾未多見。徐道暉“不來相送處，恐有獨歸時”，脫胎語爾。余往歲嘗從貴游觀畫，卷首題云：“長江風送客，空館雨留人。”因慨古今詩意無窮，語出唐人必矣。

建中靖國中，坡公自儋北歸，卜居陽羨。陽羨士大夫猶畏而不敢與游，獨士人邵民瞻從學於坡，坡公亦喜其人，時時相與杖策過長橋、訪山水為樂。邵為坡買一宅，為緡五百，坡傾囊僅能償之。卜吉入居，既得日矣，夜與邵步月，偶至村落，聞婦人哭聲極哀，坡徙倚聽之，曰：“異哉！何其悲也？豈有大難割之愛，觸於其心歟？吾將問之。”遂與邵推扉而入，則一老嫗，見坡泣自若，坡公問嫗何為哀傷至是，嫗曰：“吾有一居，相傳百年，保守不動，以至於此。吾子不肖，舉以售人，吾今日遷徙來此。百年舊居，一旦訣别，此吾所以泣也。”坡亦為之愴然。問其故居所在，則坡以五百緡所得者也，因再三慰撫，謂曰：“嫗之故居[①]，乃吾所售也，不必深悲，當以是居還嫗。”即命取屋券對嫗焚之。呼其子，命翌日迎母還舊居，不索其直。坡自是遂還毗陵，不復買宅，借顧塘橋孫氏居暫住焉。是歲七月，坡竟歿於借居。余兒在孫，年方二九，強記知文，人謂吾家異時千里駒也，不幸為十四姪婦陳氏貪利余產，在兒血氣未定，墮其危機，既而恚恨愧悔，輒輕其生，丙寅三月十三日也。余垂老失依，且思在兒姿貌氣度，真有大難割之愛，案《類編》本作“情”。哭泣送日，天為苦陰，而族里聞若不聞，未知炎涼休戚之上[②]，王氏棻曰：“上”當作“狀”。微案《說郛》本作“人”。有一公論存歟否耶？孤猿憶子，抱樹酸號，塗旅之人，聞三聲而下淚，余雖負譴神人，豈料其無告之至於斯歟！豈以為[③]案“為”字誤衍。余為善哭徒有類於唐衢者歟！感坡公事，重為之涕咽，因書以自責，且告世之仁人君子，共知前輩行事蓋如此云。

校勘記：

①“故居”，抄本作“所居”。按：《說郛》本仍作“故居”。

②“上”，抄本作“狀”。按：《說郛》本作“二人”。

③抄本無此“為”字。按：《說郛》本有此“為”字。

林廬暇日，花蝶怡情，宜有見於篇章者，往往精脫始能逼真，而閒澹之氣易至偏失，要在不相謀而兩得也。詠蝶如唐僧可朋“乍當暖景飛仍慢，欲就芳叢舞更高”，僧懷古“霧開離草迥，風逆到花遲”，俱未若“陌上斜飛去，花間倒翅回”尤精。余曩憩吳山，偶吳僧舉似四韻，歲久忘其首句：“……一叢浮動戲蘭芽。裁成碧玉搔頭樣，畫作黃金便面花。閒過樓臺飛盡日，又因風雨宿誰家。兒童愛把襜褕撲，驚起雙雙貼綵霞。”惜俱忘為誰氏所作。閱《和靖集》亦有之：“細眉雙聳敵秋毫，荏苒芳園日幾遭。清露宿花應[①]自得，暖風和絮欲爭高。情人殁久魂猶在，傲吏齊來夢亦勞。閒掩遺編苦堪恨，不並香草入《離騷》。”精緻不減唐人，閒澹有之，獨恐非晚年作耳。

校勘記：

①“應”，抄本作“因”。按：《說郛》本亦“應”字。

詩無不本於性情，自詩之體隨代變更，由是性情或隱或見，若存若亡，深者過之，淺者不及也。昔坡公云：“蘇、李之天成，曹、劉之自得，陶、謝之超然，固已至矣。李、杜以英偉絕世之姿，淩跨百代，古之詩人盡廢。然魏晉以來，高風絕塵亦少衰矣。”坡公本不以詩專門，使非上下漢、魏、晉、唐，出入蘇、李、曹、劉、陶、謝、李、杜，潛窺沈翫，實領懸悟，能自信其折衷如是之的乎？醫和之目，無復遁疢，理固然也。如天成，如自得，如超然，則夫詩之閫奥處，坡公所評亦宜窺翫領悟，毋忽焉可也。坡公獨以柳子厚、韋應物發纖穠於簡古，寄至味於淡泊，蓋韋、柳皆以靖節翁為指歸，而卒之齊足並驅也。坡公海表和陶諸篇，可以見其所趣無不及焉。雖然，漢、魏、晉曷嘗舍去性情，別出意見，而習為高遠之言哉？當其代殊體變，性與情之隱見，存亡淺深，雖其①一時之名能詩者，亦不能自必其所至之然也。唐風既昌，一聯一句，滿聽清圓，流液雋永，首肯變踔，性情信在是矣。然詞藻勝則糟粕，律度嚴則拘窘，能不脂韋於二蔽之間而脫穎奇焉，則天成、自得、超然何得無之！至於作止雍容，聲容惋穆，視溫柔敦厚之教，庶幾無論漢、魏，顧晉以後②諸人，自靖節翁之外似未論也。

校勘記：

①抄本無“其”字。按：《説郛》本有“其”字。

②“後”，《説郛》本、抄本俱作“下”。

太常博士瓦全先生王公，名澡，字身甫，有《落梅》小詞：“疏明瘦直，不受東皇識。晉與伴春終未肯，千紅底，怎著得夜色，何處笛，曉風無奈力，若在壽陽宮院，一點點，有人惜。”劉公潛夫愛之，已附此詞於《後村集·詩話》中，予亦僭附之拙藁。雖然，先生文行表表，一詞固何足為先生軒輊也，予少即登門，以先公同生丙戌，且相友善之故，遂辱撰先公墓銘，誌中有“文不逮岳，而岳強以銘”之語，當知前輩獎掖後進有如此也。案身甫初名津，字子知，吾台甯海人。紹熙元年進士第，箸有《瓦全居士詩詞》二卷，見《直齋書錄解題》。

“一盤消夜江南果，喫栗案《類編》亦作“果”。看書只清坐。罪過梅花料理我。一年心事，半生牢落，按《說郛》“落”誤作“若”，《三台詞錄》改作“辛苦”，今從《類編》本。盡向今宵過。此身本是山中臥，案《說郛》作“箇”。纔出山來便帶差。案《類編》作“差錯”。手種青松應是大。縛茅深處，抱琴歸去，又是明年話。”案《類編》作“課”。此薛泳沂叔《客中守歲》詞也。沂叔久客江湖，瀕老懷歸，遂賦此詞。晚於溪上小築，扁“水竹居”，迄就窆焉。其所為詩如《新堤小泛》：“柳斷橋方出，煙深寺欲浮。”《早秋歸興》：“歸心如病葉，一片落江城。”《鎮江逢尹》：“惟曉欲說，事都忘，相看心自知。”皆去唐人思致不遠。案：沂叔甯海人，從趙天樂游，為詩得唐人姚、賈法，見《舒閬風集》。

應次蘧，字正子。案《類編》本作“正予”，下並同。嗜酒疏曠，案《說郛》作“跛傾”，今從《類編》本。嘗自賞其梅，詞云：“雪意嬌春，臘前妝點春風面。粉痕冰片，一笑重相見。倚竹倨松，誰道羅浮遠。寒更轉，楚騷為伴，韻遶香篝暖。”語意細潤，似不類其為人。別去二十餘年，一見傾倒，予戲案《類編》本作“笑”。謂正子：“君他文未必盡傳，異時容以梅関賁案《類編》作“挽”。予刊蘽否乎?”正子起謝，且喜，以語之他友，後不知蹤跡何在，殆亡久矣。予雖戲言，顧不謂之然諾，況何可藏項斯善也。

吾鄉許左之、右之二公兄弟，落筆皆不凡。左之公一夕寓飲妓坊，醉欲狎之。妓密有所慊在矣，公捷筆賦詞而起云：“誰知花有主，誤入花深處。且放案《說郛》本誤作“放直”，今從《類編》本。下酒盃，乾便歸去。”又代他妓小詞：“憶你當初惜我，不去傷我，如今留你不住。”去客聽此，戀戀踰時，妓迄後謝。如“月在柳梢頭，人約黃昏後”一詞，正歐陽居士所作，要之前輩多案《類編》本作“乃”。一時弄翰，要不容以浮薄議左之公也。因思唐多才妓，有贈新第士人絕句：“從此不知蘭麝貴，夜來新惹桂枝香。”殊有風味，使從假倩，當不傳載矣。二許公紹興間同歲籍學，前二詞蓋休澣案《類編》本作“沐”。日漫游酒邊作也。案：右之名邦弼，甯海人，乾道五年特科進士，吉水縣丞。見《赤城志》。

跋

王舟瑶

右《深雪偶談》一卷，宋甯海方岳元善箸。陶南村《說郛》卷二十采錄十六條，曹秋岳《學海類編》誤並一條，凡十五條，而《四庫存目提要》以為十四條，偶失檢也。元善在宋末以詩名鄉里，箸有《筣田集》，臨海吳荆溪子良為之序。其《集》久佚，序亦不傳，惟《舒閬風集》中有《哭筣田詩老》五言律二首，云："尋源自永嘉，清響黜浮葩。一字不犯古，五言真到家。"又云："本是攻文者，其如癖在詩。人皆尊島佛，我從效宗師。"注云："君詩序自謂'由翁卷、徐照而漸趨唐人'。翁、徐皆永嘉人。"又閬風序劉士元詩云："往時荆溪公主斯文齊盟，作《筣田方元善詩序》，誦者琅琅一舌。"又云："初薛沂叔泳從趙天樂游，得唐人姚、賈法，晚歸甯海，為人鋪說，聞者心目鮮醒，而筣田閉戶覓句，惟取其清聲切響，至於氣初之精，才外之思，元善蓋自得之，而非有所授也。"是筣田之詩，從翁、徐而趨姚、賈，別有自得之境，惜其《集》不傳。厲氏《宋詩紀事》僅載二首，戚氏《三台詩錄》仍之。《偶談》雖非全帙，然即此十餘條合之閬風所言，亦可畧得其淵源派別之所在矣。余昔年嘗鈔《說郛》所載，校以曹刻本，擬刻入《台州叢書續編》中，因貲竭中止，匆匆十餘年，因循未果。今金伯樞刺史藏有鈔本，欲為付印，寄示商榷，余就舊校本為校一過，並書所見歸之。甲寅小暑黃巖王舟瑶。

元天台潘音聲甫著
太平後學金嗣獻校刊

待清軒遺稿

目 錄

潘高士小傳

顧嗣立

音字聲甫，天台人。生十歲，聞崖山之變，昏迷不食者累日。長而絕意進取，衣服禮節皆仍宋時之舊，掇野蔬以自給。或勸之曰："夷、齊尚矣，陶靖節心雖為晉，未嘗不食粟，今何自苦乃爾?"於是躬耕世田十餘畝，非其力不食也。築室南洲山中，扁其軒曰"待清"，或勸之著述，曰："六經、《語》、《孟》，先儒所言備矣，吾何以注脚為?"居閒感憤，或形之咏歌，以洩其悲思慷慨之志，讀書有得，往往筆之壁牖間。至正三年，詔徵天下遺逸，廉訪使檄贊之行，固辭。□[①]歎曰："泉石膏肓，非其時，莫可寮也。"乙未歲卒，年八十有六。時明太祖已渡江，取[②]太平路矣。兵火後卷帙散亡。嘉靖間七世孫日升搜葺[③]其遺稿及《讀書錄》并刻之。

校勘記：

①《元詩選》（中華書局1987年10月版，下同）缺字處為"嘗"字。

②《元詩選》"取"前有"已"字。

③"葺"，應作"輯"。

選自《元詩選》

有所思

中心有所思，蹙損雙蛾眉。美人竟長往，使我歎離居。寂寞就孤枕，強眠誰得知。夜深清露重，飛夢欲何之。覺來日遲遲，分照上羅幃。妝臺理雲鬢，種種盡成絲。

遠　遊

聖人久不作，大道將已矣。吾生既無之，惟有幸夕死。殷勤謝良友，遠涉西江水。方從草廬公，共究鵝湖旨。紛紛朱陸議，竊幸窺端倪。奈何執德偏，一聘翻然起。《春秋》嚴內外，乾坤定冠履。西蜀已空亭，箕山仍洗耳。迢迢返巖阿，惟當隨鹿豕。

待清軒

殷本高辛裔，六七起聖君。受王一剝喪，高賢盡隱淪。坐待天下清，用沽席上珍。況茲黃袍破，我生當其辰。衣冠歸□□，海國陷黃塵。甯有人間世，能逃率土濱。結茅菩提頂，渾忘虎豹鄰。寤寐祗思晉，幽沈迴避秦。何時啓昌運，□□產聖人。願言同二老，荷杖還歸仁。

山中寄友人

我來臥白雲，潭影清華髮。經歲無稻粱，侵晨采薇蕨。峯頭天籟鳴，隴上樵歌發。還擬醉濁醪，與君弄山月。

反北山嘲

達人知進退，曲士豈同謀。盡使藏身去，誰當為國憂。烟霞成痼癖，聲價藉巢由。虎嘯雄心在，胡為鶴唳愁。

友人夜宿

雲山多樂事，叢桂共君攀。別去十年久，歸來兩鬢斑。倚窗邀素月，把酒慰離顏。醉後松堂臥，濤聲落枕間。

南洲丁氏草堂

仙客栖真處，衡門枕曲流。地偏三島接，天迥萬山浮。匣劍星霜久，函書洞壑幽。忘機對鷗鳥，華髮老滄洲。

悼楊侍郎

屈指漢遺老，如君復幾何？鳳池冠劍近，鈴閣典章多。國已成禾黍，人還隱薜蘿。那堪川上水，東逝乏迴波。

山居阻雨

霏霏風雨暗郊原，有客含凄獨掩門。山鬼嘯雲移峭壁，毒龍將海浸孤邨。愁來自灑青楓淚，戰罷誰招絕漠魂。繭足空齋嗣獻按：《三台詩錄》作“山”。無一語，不因岑寂怨黃昏。

東溪水漲

積雨經時苦自長，東溪迴首意淒涼。連山巨浪飛春雪，數點驚鷗下夕陽。神女含情愁洛浦，美人揮淚灑瀟湘。欲尋舟楫無由渡，咫尺天涯共渺茫。

登樓秋望

木落霜清雁影浮，偶來長嘯獨登樓。笳鳴薄暮寒鴉集，劍倚遙空紫電流。萬里胡塵連大漠，一樽漢月醉高秋。深閨少婦思征戍，何處聞砧不動愁。

真覺寺訪蔡上人

為尋支遁扣禪關，趺坐觀空出宇寰。淨土無塵勞白拂，天花如雨落青山。龍皈寶座香雲滿，鴿繞經臺佛日閒。誰謂陶潛偏嗜酒，從今蓮社未應還。

龐德公

高士遺蹤尚可尋，襄陽城外閟幽林。久知軒冕浮榮薄，已卜耕鋤樂趣深。麟閣不圖邱壑相，鹿門應遂白雲心。千秋事與人俱往，滿目松楸帶夕陰。

讀岳武穆傳

萬里浮雲入望陰，千山落日正沈沈。當朝自餒中興志，出塞徒勞上將心。臣子終天仇未復，姦邪設險計殊深。惟餘一篋精忠傳，揮淚頻看不自禁。

悼文丞相

回首中原已陸沈，捐軀朔漠氣蕭森。恐吹餘燼成炎漢，未許黄冠返故林。社稷忽生千古色，綱常無忝百年心。總拚清骨縈荒草，不復胡沙掩素襟。

聞鵑

子規聲切月輪斜，起望諸陵憶漢家。婦女尋芳渾不解，鬢雲爭插杜鵑花。

跋

金嗣獻

余訪求天台潘高士音遺書，僅得《讀書錄存遺》一帙，而《四庫全書存目》所載《待清軒遺稿》二卷迄不可得。今春編印《赤城遺書》，爰檢顧氏《元詩選初集》，内有高士詩一十六首，雖吉光片羽，而忠孝之情流溢言外，亦足見其詩格之高矣。高士當宋之亡，年僅十歲，未常立其朝，食其祿，而竟絕意進取，衣服禮節皆仍宋舊，不應徵聘，以視世之視君父如路人，棄綱常若芻狗者，相去何可道里計也！今讀其詩，想見其人，故亟為印行，以風世焉。乙卯夏五月太平後學金嗣獻識。

太平李鳳鏘覆校

明黄巖今隸太平許伯旅著
邑後學金嗣獻輯

介石稿

介石編

目　錄

《許介石詩集》序

林　右

杜子曰："文章千古事，得失寸心知。"夫文，心之所出也。心無所得，又烏知得失之所在。得失不知，而曰能知乎文，吾不信也。古之聖賢，千言萬語，皆寫心之所得，故其大通天地，小入毫末，妙入鬼神，人得一竅之微，為終身之用不窮。至荀卿、賈誼、董仲舒、杜子美、韓退之、歐陽永叔諸公，揆諸聖賢，雖時或有倍，而其函茫不測，變流不滯，亦非自外而至，故其言猶為世尊雄。何也？言發於心，心之所得，雖未必如聖賢，而其發也，亦非率爾而妄言者矣，此天下後世亦莫得而廢之也。若揚雄、王通之才不足以及此，識不足以知此，始以鑽刻為功，取聖賢之言，章模句範，傳於天下，其曰《太元經》[①]者以配《易》，其曰《元經》[②]者以配《春秋》，其曰《中說》者以配《論語》，其意謂聖人天下之所宗也，冀天下之人相謂曰："彼乃與聖人配，則其高可知矣。"是假聖人以惑天下，僥倖於一傳。嗚呼！是猶聚土以狀人，其形面手足，人也，其神氣則無矣。抱童子遠而視之，猶曰人也，近而視之，亦知其非矣。雄、通之言，是欺童之遠也。將傳於天下，可乎哉？吾是以知有得而言，其言也雖少，猶為世貴；無得而言，雖致多至累千萬[③]，亦徒勞爾。故孟子曰："君子深造之以道，欲其自得之。自得之，則居之安。居之安，則資之深。資之深，則取之左右逢其原矣。"尚何模範為事哉！以模範為事者，皆無得者也。世之能知此，其惟我友許君廷慎乎？廷慎少業科試，會有成，曰：

“茲不足以發明成業。”遂取六經及他聖賢之文讀之，數年，不覺胷中浩浩，理融意析，淵澄藏積，吐吞呼吸，力不可得而制也，事不可得而泄也，於是觸時遇物，肆而成章，至於縱横上下，顛倒攲正，翕散之際，莫不如其意之所為。世之吟風弄月為至，煦煦草木情思為工者，皆不暇顧也。故其詩名隆隆振遠邇，此豈得於口耳之淺哉！要其心之所得，又不自知其至矣。嗚呼！吾少時與廷慎同學，廷慎長予一歲，日與廷慎戲為笑樂，焉知其至此？而余也愚日倍，譬如盛盆盎待秋雨之一溉而不可，其視廷慎，甯不恔然於中心乎？吾知能無及矣，故書此於篇端，為異日歲月之考云。（見《赤城後集》）

校勘記：

①②《太元經》、《元經》之“元”，實乃“玄”字，以避清康熙帝玄燁諱改。

③《赤城後集》“萬”字後有“言”字。

後序

林　右

廷慎在鳳陽時，嘗讀杜詩，忽然悟曰："古人之高，乃在是矣。"遂歛其平日所作，向火焚之。自是歷半年不作一詩，惟晝夜誦想，幾至忘食寢，人或以事問之，皆不知所以答，騃騃似偶人。一日呼童子研墨甚急，大書所作《感興》諸詩，極其閎壯。時江西劉先生子憲以詩自負，見之歎曰："是子且來逼人矣。"余因取觀之，誠非近代人語言也。問其得何法而然，廷慎曰："法可言也，意不可言也。上士用法，得法之意。中士守法，得法之似。似吾詩幾用法矣，如是而起，如是而終，如是而為開闔，如是而為抑揚頓挫，如是而為輕重高下，意之所至，詞必與俱，固未嘗囿乎法，亦未嘗廢乎法也。古之藝人，如庖丁輩，千變萬化，皆隨其心手所出，無他焉，亦惟善用其法耳。"由是而觀天下之術，未有不能用法而神者也。余雖知其言之美，而不能用其言者矣。會別歸，廷慎詩日有名，及去年相見秦淮上，探敝囊中，得錢二百，酤市中酒相飲寓舍，廷慎執酒誦夢予詩，其首數語曰："少時結交友，悵悵長憶君。何期夜來夢，復接平生親。握手步芸閣，示我高世文。渾雄脫凡近，要妙幾通真。"予歎曰："吾豈文士也邪?"廷慎曰："子非文士，豈有經濟才如古豪傑者乎?"予曰："吾雖非豪傑，亦不願為文士也。"廷慎笑曰："吾別林生久，不意其狂態復發。"已而又曰："子雖狂，大丈夫立志當如是也。拘拘文字之末，抑可悲夫?"時夜已二鼓，各擁衾而臥。明日散去，俱迫于所職，雖時時會，竟不能如此時之歘接矣。未期月，廷慎得疾死。將死，曰：“吾以稿累子。”予謹藏諸篋中，未嘗敢易出也。出則必大哭失聲，思少時與廷慎同在邑庠，廷慎頴悟絕行輩，獨奇余可交，交抵其死時十有四年，中別去者惟二年爾。然有以書相問也，語相通也，豈如今竟不可復見乎？是以思其居處，思其笑語，猶足以起人哀慕，況其手澤之所存者乎？嗚呼！廷慎已矣。間雖怳忽見於夢寐，覺視四枕，惟月露凄然而已，豈不可哀也夫！豈不可感也夫！（見《三台文獻》）

擬古 三首

松柏在喬嶽，歲晏恆蒼蒼。何意繁華子，植之岐路旁？生理既不遂，牛羊復來傷。飄風旦夕起，忽焉同梧桑。靈烏日暮歸，延頸悲且翔。摧殘不足惜，誰充君棟梁！

項王入關後，猛氣凌當時。馳騁志未極，酷嗜生馬騎。一朝勢力盡，楚聲聞四圍。淒涼帳中飲，尚復歌名騅。及逕大澤中，茫然迷所之。老馬知弗用，失路當尤誰？

野婦得美璞，持歸拄寒機。孚尹不終掩，中夜猶光輝。舉家起驚訝，傳觀以娛嬉。童兒一失手，卒為瓦礫歸。破碎竟無救，卞生空爾悲。傳言富家子，至寶思慎持。

自武林至姑蘇雜言 三首

朝辭武林城，夕弄吳江水。大風引輕帆，一日三百里。浩渺駕洪濤，飄飖類仙舉。黃鵠如可乘，吾尋羨門子。

捨舟飲吳市，逍遥望村墟。湖水浸城綠，人家半樓居。帆檣隘津滸，利奪爭馳驅。多材適為累，有酒君當沽。

喧喧谷中鳥，每被樊籠拘。鳴聲縱有得，羽翮安可舒。不見崑邱鳳，乘雲在天衢。千秋始一下，放意何自如。

夢知己林左民

少時結交友，悵悵長憶君。何期夜來夢，復接平生親。握手步芸閣，示我高世文。渾雄脫凡近，要妙幾道真①。音諧韶濩作，氣鼓川嶽振。讀之載驚惕，浩懷相與陳。劉琨昔未遇，夜待雞鳴晨。

長卿一薦達，吐賦凌長雲。得失我何知，抱器聊自珍。浮雲未足玩，直言宜有聞。古之垂名者，豈必皆要津。感此意方切，既覺心徒焚。別望不可及，悲歌仰秋旻。

校勘記：

①“道真”当为“通真”之誤。參見卷首林右“後序”。

飲酒有述

窮愁忽中來，氣咽不得語。曷以祛我懷，傾罍有清醑。小酌神已舒，酣來眇天宇。大化何茫茫，何者為爾汝。萬世蠻觸爭，蚍蜉識陰雨。誰當因吾言，往謁華胥氏！

齋居晚興

弱齡寡俗好，素懷高士風。遠遊訪知己，四海將誰同？唯昔不自量，千金授屠龍。言深技益薄，念之恆內忡。先賢有遺訓，君子當固窮。

題　畫

斂迹臥空谷，居然謝囂喧。閒庭落葉滿，始覺風露繁。夕照墮木末，秋陰入雲根。心清趣自得，何必棲桃源。

憶　親

有親不違養，歎息時屢違。白首困衣食，生男亦何為？仰悲日月流，俯愧烏鳥私。沈憂竟何益，泣下誰能揮！

鬭雞圖

廣武惜未侯，寤寐存大計。雞鳴豈惡聲，宗社堪流涕。起舞謂祖生，艱難思共濟。清嘯鎮并州，坐壓胡虜勢。逭逭譙薊墟，大業嗟弗繼。凜冽秋風詞，名與天壤弊。

採蓮曲

種蓮深井中，蓮開不見風。低頭摘蓮子，下有千尺水。蓮花不能言，妾心私自憐。君看若邪道，人人歌採蓮。(以上見《赤城詩集》)

雨窗 嗣獻按:《韻語外編》作“夜”。憶所親

獨坐倦遙夕，廢書時按《韻語外編》作“將”。永歎。淒其風雨交，恍若聞驚湍。遞響冷疏竹，積陰餘畫欄。撫景感易集，況茲懷所歡。

遊水簾洞

乘輿出濠曲，因投羽人廬。佳遊愜往願，況與諸賢俱。小憩修竹間，徘徊振衣裾。冷風颯然來，青天雲霧舒。巖花何散集，水木清有餘。深苔爛白石，古洞留丹書。臨流劃一嘯，忽湧琴高魚。洄潭匯西北，倒插高城隅。俯瞰杳莫測，幽雲知有無。焚香禮玄元，縹渺思仙都。稍悟清淨理，彌令喧妄袪。我非蘭亭人，頗懷觴詠娛。為樂恨不同，茲晨但長吁。往者桃李園，今成蒿棘墟。自非遺

世士，孰復逃玄虛。黃塵隘九土，睞目將焉如。唯應駕雙鶴，去去凌蓬壺。

贈漁溪生

昔我慕仙隱，東行訪神州。中途無所得，偶此濠上遊。及見漁溪生，談虛乃蒙周。逢人恥說劍，滅跡披羊裘。蕩搖木蘭楫，出沒桃花洲。高情緬雲海，與世茫無求。有時釣白龍，放之千丈湫。因探養真祕，永悟鴟夷浮。閒邀紫霞客，共醉南酒樓。大笑拍我肩，謂是洪崖儔。名編玉府籍，下土胡滯留。俯視迷妄人，哀哀隨濁流。蜉蝣竟朝莫，豈念吾生休。君歌洞簫曲，我和滄浪謳。煩襟一以豁，都忘塵慮憂。冥行每顛蹶，達生無怨尤。古之得道者，遇物同虛舟。弱水淺易涉，三山青可抔。當為駕赤鯉，共爾歸浮邱。

自中都行次太柳有懷同志

淹留久京國，暫歸情所欣。如何復慘慼，念我心中人。落日投遠村，寒雞鳴四鄰。山川復曛黑，誰與當問津。

悠然閣為盤所賦

屏跡臥空谷，蕭然謝喧豗。晨興坐飛閣，若見南山來。雙鳥何翩翩，孤雲共徘徊。勝景自茲得，塵心日悠哉。有客方外歸，時來展幽懷。觴咏或終日，了無形迹猜。地迥機已息，語忘中自諧。願言蔣生徑，卒歲從君開。（以上見《三台文獻》）

端午成均燕集次韻

文墨紛糾纆，余行欲何適？兹辰幸休暇，接此賓燕席。維時楚雨霽，日晶川上碧。洗心聽微言，塵襟灑焉滌。昔賢有明訓，君子學猶植。豈曰合抱材，反為薪斧析。飲酣望湘水，惻焉思正則。處世雖太潔，為忠詎瘝職。我生後千年，未能知損益。麗澤冀終聞，無慙紀成績。

中秋夜與諸客宴集分韻得間字

時去未足惜，來者猶循環。白雁爾何知，又與秋風還。清宵偶數子，小酌庭樹間。白水皎東上，流光滿人寰。揮觴對佳節，調笑輕邱山。斗酒何必多，所貴心慮閒。世故浩茫茫，人生良亦艱。嫦娥縱有藥，曾不留妙顏。今日且為樂，明月非所關。

奉和葵軒金先生喜雨之作

學省新雨霽，歡聲起同館。我還憩松下，窗中夜雲滿。炎歊一洗濯，野性遂蕭散。置酒宴親知，况得陳愚欵。道懷君心貞，易著幽人坦。磬折謝斯言，從兹策駑懶。(以上見《語外編》)①

校勘記：

①《語外編》，系《韻語外編》之脱略，参见《介石稿》卷末金嗣獻“跋”。

市南清隱

潔身時所忌，混俗非所安。人生處一世，念茲良獨難。我屋雉城下，開軒俯南闕。雖將闤闠雜，湛無榮辱干。清晨據榻坐，撫節歌《考槃》。客至樽屢沽，興來琴一彈。所貴塵慮息，敢辭世人喧。相彼夸毗子，營營逐塵寰。側足聲利途，雞鳴風雨寒。但取一餉樂，孰窮憂患端。文豹恥畱皮，神龍乃泥盤。君看大隱者，誰在終南山。(《徐氏譜》)

題沈復古植芳堂

玄聖制醫術，功與天壤俱。達人識其然，昧者徒拘拘。沈君文墨氏，乃是俞扁徒。鴻寶秘淮南，騰聲在天都。嘗讀《養生論》，頗窮種樹書。開徑十畝餘，眾芳羅前除。日出輒抱甕，興來時荷鉏。封植不爽節，生意紛已敷。驗此草木性，悟彼造化樞。茫茫六合內，有生同一初。仁哉軒岐心，晢欲躋康衢。奈何韓葛輩，但復為身圖。乘化遺白雲，夭札竟接涂。我乏經濟具，念子空歎吁。不知醫國士，舉世尚有無？楚雨躋南嶠，春光蕩行車。神方我欲究，明當造君廬。

讀所作

掩關鐙火清，謖謖心魂齊。此時好讀書，夜寒天雨微。靜觀一編已，相思心遲遲。悵然繙笥帙，讀我舊時辭。聞見契闊久，新舊逅在茲。受文真邁絕，後生足提攜。奇峯開天表，爽爽對鬚眉。胡為天我兀，饑寒細將持。試官非予責，恨無良友知。

送别葉桐初東歸 二首

送君將東歸，握手不可知。我病逾七年，面黃精以馳。饑驅走千里，從人覓銖錙。茲游終病困，侘傺失中期。君溫德如玉，我劣不可羈。載牲就交歡，終焉寡所諧。君詩清以約，我如擊筑籬。嗚咽自不得，誰能理其思！戎馬滿天地，抗志別雲泥。山中有生平，非繫陰符詞。

傷魂惟離別，珍重在吾輩。問君此東歸，朝夕竟何似？顯隱道不同，盈虛及茲際。莫但長短歌，相關七尺事。長想古陶唐，生民皆挺異。上巢下營窟，當豈無經濟！

古　意

士不遇於世，蕭然此一身。真吾良自貴，虛聲詎足珍。茅茨白日古，哀哉羨時人。

杜門以乞閑，此情難具論。古之大聖人，見毀於叔孫。學高知己絕，爾何驚眾人。（以上見黃輯本）

題黃文獻公撰盤峯先生墓銘後

盤峯先生有道者，弱冠英聲振朝野。舒卷心遊海上雲，高風遠激千秋下。宋道降至咸湻時，王綱一墜難扶持。北騎長驅踐華夏，鳳兮鳳兮嗟已而。似道當權肆鷹犬，誤國之軀豈勝臠！陰精晝吐白日昏，坐使忠良扼其腕。從來文相雖見收，國事已去紆策籌。翠輦南遷竟不返，離離禾黍悲宗周。盤峯山人舊朝士，鬢髮飄蕭欲何俟？食蕨甘從夷叔遊，草《玄》羞殺揚雄死。時時舒嘯林谷間，拔劍尚欲屠樓蘭。英雄周武無尺土，新亭有淚空潺湲。惜哉先生不可識，兄弟齊名況難得！百年文獻遞凋殘，往事徒傳墓前刻。節士當時謝侍郎，飲恨餓死旃裘鄉。兩賢英聲到今在，忠義皦皦垂三光。丈夫蠖屈思養晦，榮華撥向浮雲外。偷生不與仁義俱，身後清名竟安在？吁嗟出處古則然，撫卷益歎斯人賢。何得東行訪遺老，悲歌一弔桐山前！

題彭將軍積善堂

彭將軍，仁且武，赤手提兵事明主。壯年已投黄石書，晚歲更聞《周易》語。憶昔河山事戰爭，姦雄惡少紛縱横。將軍奮臂應時起，擊楫誓埽中原清。南署羌蠻北戎虜，王師所到並時雨。手援赤子出泥塗，白日高懸照寰宇。太平四海無一虞，旂常紀績垂宏圖。宿衛名蕃倚良將，煌煌節鉞雄萬夫。華堂結搆金城側，淮水東迴楚山碧。隔花好鳥唤青春，滿戶晴雲拂霜戟。吾聞種德久更隆，方寸要與神明通。為山千仞蓄風雨，積水萬丈騰蛟龍。世間禍福隨所至，肆惡憑陵豈天意！白起虛降百萬師，王公自植三槐樹。彭侯彭侯熊虎姿，心藏惻隱人莫知。青雲發迹方自此，貂蟬奕葉來未遲。我作歌詩示千載，世澤因之比滄海。君不見，海水年深尚可枯，善人之報無時無！

題餘姚張氏翠竹軒

四明之西天姥東，青山崛起摩高穹。若翁種竹住其下，已覺地與桃源通。手招仙人碧雲裏，石室陰陰落花紫。秋風夜半天上來，洶若滄溟六鼇起。憶昨紅塵暗江海，金谷平泉一時改。冰枯雪死斤斧餘，不意此君今尚在。拂石彈琴坐碧溪，懸崖颯沓吹雲霓。蟄龍春翻后土裂，皓鶴夜舞青天低。百年行役悲陟岵，軒中故物誰為主？葛陂變化元有神，白髮淮南夢烟雨。我家有竹千萬竿，老屋蕭瑟常風寒。浪迹天涯未歸去，作詩媿此青琅玕。

為魚溪生題畫扇①

我昔雲臥丹邱下，舉頭日見江南山。草堂春深落花靜，釣竿長在東溟間。別來歲月驚逝水，見畫翻思舊遊似。太谷千年樹木蒼，寒潭六月蛟龍起。世間道路多崎嶇，對此便欲棲蓬壺。徐市樓船去不返，仙人大藥今有無。王郎爾亦江南住，相逢每說滄洲趣。故林迴首勞我思，長嘯乾坤水雲暮。

校勘記：

①篇题之“魚溪生”，与此前之《贈漁溪生》为同一人，按：当以作“漁”为是。

為胥友文題畫

沈君作畫隨意成，賓客滿堂皆歎驚。蒼崖壁立陰霧起，白頭轉覺天機精。是何林谷深且邃，行人欲到愁無路。清秋猿響墮中天，落日悲風在高樹。雙峯卻望蓬闕開，碧流噴壑松聲迴。海上羣仙候清淺，那知不馭飛雲來。西江胥郎持短幅，長揖謂余歌一曲。詩成並寄沈先生，煩寫山中讀書屋。

雲谷子歌

淮南隱者雲谷子，結屋昔住勾曲山。自遇真仙得靈訣，神遊已在溟渤間。道成欲去觀八極，潛蹤暫爾逃虚寂。人間枯海幾揚塵，方外靈山且深息。時來采藥遍諸峯，攜壺逝入府城中。偷生獨羨非我志，願與濁世蘇疲癃。功施圓滿不自德，歲晏遠歸憩松柏。神光一夕自中開，道氣長存非外得。三茅華雨飛碧岑，赤城霞氣雲臺深。落日憑虚發孤嘯，空谷但聞鸞鵠音。高風若此誰可致，一見令人起遐思。瀛洲戲別三百年，手種蟠桃幾千樹。茫茫浩劫嬰網羅，沈淪不返當奈何？緱嶺笙簫待余久，掛冠早晚依雲蘿。

短歌行贈王自適先生

王君繪事何絕倫，妙處不減曹將軍。平生閲士千百輩，掉頭恥貌尋常人。自謂傳真若臨鏡，鏡中形態隨所定。靈臺迥絕塵外機，筆法方窺畫中聖。世人覩貌不覩神，英雄往往迷失真。漢宮金多醜女好，蛾眉忍使埋胡塵！吁嗟此事君所惜，我亦念茲心戚戚。江湖迴首方倦遊，煩寫閒身伴松石。

題林周民山礬圖

山礬入畫古所少，我昔見之倪瓚家。問君何處得此本，水屋十月來春花。東風著樹香滿雪，長鬚滴露金粟結。一枝獨立霜霰餘，已覺江梅是同列。惜哉此物知者稀，深林大谷多所遺。牧豎樵童爾何苦，翦伐每同荆棘歸！林君本是鼇頭客，高臥雲間人莫識。酒酣揮袖卷新圖，一笑西山眼中碧。

王右軍扇面

右軍風神絕瀟灑，一筆能增萬金價。冶城登覽恨不同，遺像千年見圖畫。青裙老嫗何方來，扇紈偶寫春雲開。蛟龍騰波鬼宵哭，神妙卻使旁人猜。嗟哉俗眼何足怪，棐几書成尚遭罵。君不見山陰道士名不稱，至今猶傳《黄庭經》。

醉時歌贈林酣雲養民

飲酒有真樂，我昔初未知。十載羈愁困吴楚，酒中之趣方得之。歸來忽遇雲居子，卻怪前身謫仙是。高堂日引三百杯，一笑相忘醉鄉裏。散髮歌呼望白雲，舉觴遙酹雲中君。世間得失榮枯擾擾了不顧，但覺六合之内别有他乾坤。吁嗟末俗惡高潔，晦迹含光乃明哲。當時陶阮諸公是以識其然，往往沈冥物外逃麴蘖。豈不聞侯家昔日喧歌鼓，侯家亭榭今榛莽！夜臺長往即冥冥，釃酒何曾入抔土？君當為我買酒船，我亦為君招列仙。載從天王晏瑤水，一醒一醉三千年。

題林蘗所家藏子昂枯木竹石圖

魏公之畫今罕得，君家此圖纔數尺。酒闌客散試一觀，坐覺蒼烟動虚壁。春雷劈樹江雨黑，奔濤涛籟鳴相激。乘槎仙去佩聲寒，夜深卻抱支機石。想當意到揮灑時，衆史見之應辟易。精靈慘淡出肺肝，殘墨淒涼覩案"覩"一作"無"。顏色。買舟昔日過吴興，載酒曾上鷗波亭。當時池館意蕭瑟，但見水竹含空青。百年興廢未易明，草堂昨夜風雨驚。山靈怪我且歸去，醉臥白石聽秋聲。

題趙撝謙六書

六書變滅同雲霞，後有作者誰專家？考亭先師昔志此，老弗及為猶歎嗟。君生遠在考亭後，執策無從道何授。力窺篆隸著明言，百世重是清門案“門”一作“明”，又《黄巖集》作“風”。冑。陰陽垂象日月懸，宮徵迭奏聲相宣。神融理得非偶爾，旁暢曲通因自然。荒貸斷簡科斗蠹，猛雷破石天書露。昔人辨鑒極微茫，非君孰得知其故？文章與世相推移，道在勿憂知者稀。休風一散久當復，我已識子案：“子”《黄巖集》作“予”，誤。窮幾微。時時灑翰寫胸臆，巧匠旁觀慘無色。短梭挂壁風雨來，古劍騰波百靈泣。往代揚雄空好奇，閉屋草《玄》頭盡絲。至理無聞世無補，更千萬語今何為？趙君趙君當自惜，持此自可垂金石。聖賢墜學久寥寥，上帝毋令六丁得。

題林盤所學民家藏溫日觀葡萄

張顛草書天下雄，醉筆往往驚羣公。溫師作畫亦若是，我知畫與書法通。葡萄何來自西極，枝蔓連雲引千尺。世間畫者誰最高，溫師自有葡萄癖。當時豪貴爭邀迎，掉頭輒走呼不應。酒酣耳熱清興發，揮灑始覺通神靈。東家雪練西家帛，布地待師師不惜。芒鞋踏墨雲海翻，滿把驪珠輕一擲。百年畫意誰見之，破幅蕭條今尚遺。心垢都除入清淨，不爾妙悟何能為。憶我擕書客淮右，大官都送葡萄酒。寒香壓露春甕深，風味江南未曾有。林君對此心切切，謂余亦種葡萄苗。何當釀酒三千斛，愁來一飲三百瓢。（以上見《赤城詩集》）

為王同知題畫山水後

客居風雨動旬月，木葉滿庭悲早秋。京兆王侯忽過我，示以圖畫之滄洲。神魚舞浪江雨黑，亂山千里來咫尺。跨虎仙人去不還，芝草年深沒山跡。微茫細路皷夕陰，古樹側倒藤蘿深。洞裏丹光有時發，雲根草屋何年尋。塵世流光易凋襲，撫事俄驚百憂集。長雲滿望風露高，斷岸無人落潮急。王侯王侯才罕儔，青霄縱步方遠遊。三輔時清政如水，笑談往往思丹邱。丹邱遠與蓬萊接，野人欲去愁跋涉。請君為我勞畫師，更置五湖舟一葉。（《三台文獻》）

畫　馬

曹韓畫馬久絕筆，近代狀者多駑駘。毫端不得千古意，孰識世有真龍媒。圖中此馬何所似，人言昔產余吾水。一閧高價傾千金，更覺雄心少千里。雙瞳爍電筋權奇，索不可縶何言笞。變化應隨霹靂去，死生或與英雄期。涓人買骨吁可怪，漢武勞師動橫潰。豈知神物在人間，驪黃迥出天機外。我生愛馬癖莫醫，眼見畫圖神欲飛。滎河真種當可致，西拔弱水扶桑歸。（《明詩綜》）

九月晦日感懷

長嘯拂吳鉤，南圖惜壯遊。乾坤同逆旅，風雨忽窮秋。牢落莊周劍，飄飖范蠡舟。行藏吾敢必，天意信悠悠。（《赤城詩集》）

懷式古生　二首

伏枕仍羈旅，登高只故臺。角聲城上急，山色雨中來。生事存弧矢，悲歌仗酒杯。楚江東入海，舟棹幾時迴。（《三台文獻》）

巖邑幽棲地，泉溪十里村。夕陽山在屋，秋水月當門。隘按“隘”《列朝詩集》作“委”。巷無車轍，傳按“傳”《列朝詩集》作“貧”。家有瓦盆。百年塵外意，寥闊共誰論。（《赤城詩集》）

夜雨宿澄江

風雨客行難，愁心瀉急湍。草堂中夜溼，江路幾時乾。歷國悲尼父，遊山憶謝安。滄洲如得去，吾豈戀儒官。(《赤城詩集》)

送彭典膳致仕歸陽城

冉冉花都落，冥冥雁亦稀。青春今日盡，白髮故人歸。邱壑堪投迹，雲霄且息機。壯遊吾亦倦，目斷故山薇。

雲谷子還金陵題畫送別

置酒登壕上，因君動越吟。別離元有數，時序獨傷心。江晚青天合，山寒白露深。不知雲谷裏，何日許相尋?

松山道中貽林左民

簪組非吾好，邱園乃素心。孰知西郭路，重為故人尋。水落江逾壯，天寒日易沉。飄零慚夕鳥，栖息每同林。

題扇面小景為王微仲賦

日脚下林坰，秋光入戶庭。斷雲歸絕壁，飛鳥墜空青。松籟風中得，漁歌石上聽。扁舟如可問，吾亦泛滄溟。(以上見《三台文獻》)

荷塘為葉預軒賦

金塘溢河氣，水屋凌風開。冷然碧筩飲，笑彼流霞杯。賀監今已遠，謫仙當復來。留連鏡湖曲，悵望心勞哉。

期王修德不至

城西挂纖月，夜色回春逕。出門候所思，花露沾衣淨。悠悠醉餘意，寂寂靜中聽。燈暗清漏初，煩愁亂孤興。（以上見黄輯本）

九日偕大雅登獨山次韻

絕頂高寒九日臨，皇都形勝此追尋。水來桐柏秋濤壯，山拱鍾離王氣深。周召彌綸元有術，綺園肥遯亦何心。短章歌罷重懷古，獨立蒼茫思不禁。

病起遣興

力疾看書起復歎，壯懷牢落此憑欄。百年世故棊千變，萬古風雲劍一彈。花落江南春事晚，雨來淮北樹聲寒。故山書札多時斷，目盡青冥望羽翰。

歲莫有懷在京諸友

歲寒誰製女蘿衣，回首天涯生事微。帶劍不辭屠狗辱，讀書空媿斲輪譏。丹邱雲樹三江隔，白下鱗鴻十月稀。聞說五湖春色起，棹船卻欲話南歸。

奉西野王先生

遠遊無復賦《離騷》，歲暮猶思范叔袍。歸去釣竿秋水隔，坐來庭樹月華高。魚龍矯矯矜鱗甲，鴻雁冥冥惜羽毛。廻首寒江易蕭瑟，放歌時覺寸心勞。

春懷潘松溪先生

壯日劬書盡五車，攀龍曾上太清家。老歸栗里惟躭酒，官滿河陽尚有花。歲晚驊騮知道路，天寒鴻雁啄汀沙。英賢出處關機運，亦欲東溟理釣槎。

懷王修德

沙塞蕭條接遠關，壯遊懷古亦開顔。金臺又沒千年草，駿馬誰空十二閑。每為文光瞻北極，亦知爽氣在西山。清泉舊宅吾能到，親老桑榆望子還。（以上見《赤城詩集》）

五月五日次韻呈何書道

熱雲將雨柳冥冥，草屋蒼厓白晝扃。江上仙舟誰共渡，病餘尊酒笑偏醒。年光逝水人何在，世事浮雲眼壓經。荷蓧若還依野老，廻車猶恐訝山靈。（《三台文獻》）

夜沽

今宵設策破愁城，急遣青趺調酒兵。已有豚魚孚國信，不煩鵝鴨亂軍聲。矮和榼好供流戍，力士鐺能共死生。赤手當空揮太白，坐看磊磈一時平。（《黃氏輯本》）

漫興 三首

絕頂護青霞，寒流帶白沙。披榛得客路，隔竹見人家。
雨罷江聲歇，風高樹影殘。釣船歸別浦，僧磬出深山。
歇馬投江館，移樽坐石臺。天晴丹嶂出，沙靜白鷗來。

（以上見《三台文獻》）

簡林時雅

野闊風沙捲，江空浪翻屋。欲渡恨無梁，徘徊結心曲。（《黃氏輯本》）

對雪

出門風雪晚凄迷，徒步艱難實怕泥。花外蹇驢能借我，犯寒先擬訪松溪。

奉和金應奉東籬雜詠 二首

修竹滿庭冰雪生，每因虛籟發天聲。江心拄杖誰探得，湖上君山我欲行。

籜露微微沁夕香，未秋先得翠雲涼。東山月色休遮斷，更借清陰萬尺長。

題黄鳥圖

江樹飛花一刹過，蒼蒼秋色下坡陁。林鶯可是傷春早，不待西風總案“總”《黄巖集》作“遂”。不歌。（以上見《赤城詩集》）

過龍江聞雁

逴逴奔走厭風埃，五載思家僅一廻。卻怪隨陽雙白雁，又將秋色過江來。

題紈扇

紈扇新成雪色光，坐看明月墮滄浪。也知溽暑人間近，預借西風一夕涼。（以上見《三台文獻》）

邑後學王舟瑶金潤棠仝參校

附 錄

《赤城新志》：許伯旅，字廷慎，黄巖人。洪武初為刑科給事中，以詩名，時稱為“許小杜”。林公輔嘗觀其《感興》諸詩，問其得何法而然，廷慎曰：“法可言也，法之意不可言也。上士用法，得法之意，中士守法，得法之似，吾詩幾用法矣。”識者以為不妄。

方正學《遜志齋集·答許廷慎書》：往在京師，士人從濠上來，多能誦足下歌詩，固已窺見胸中之一二。去歲在臨海，遇林左民、張廷璧二子，聞足下言行滋詳。二子自負為奇才，至說足下，輒弛然自媿，以為莫及也。然後益信所窺之不妄。近在王修德家，得所錄文章數篇及手書，深欲讀之，會僕家難作，未果寓目，輒引去。重入京師，道途所行千餘里，恆往來於懷。及到此，獲《歲寒事記》於友人家，覽數行而大驚喜：命意持論，卓然不苟，非流俗所敢望也。何足下取於天之厚至是耶？下畧。

《赤城詩集》許繼《贈許廷慎》詩：“四海皆兄弟，結交豈無人。泛然雲萍合，不若同姓親。之子儒家秀，學富心甚湻。聞名已十載，一見知情真。因之念本始，歎息不可陳。深源久已昧，遠流泝無因。相逢桃源晚，言赴淮甸春。感慨杯酒間，壯氣横空雲。後會知何處，悠悠車馬塵。”

《明詩綜》徐子元云：“廷慎若天台、雁宕，雄踞東南，‘小杜’之名，豈容多讓。”

《靜志居詩話》：天台林公輔嘗述作詩之法矣，其辭曰：“法可言也，法之意不可言也。上士用法得法之意，中士用法得法之似，吾詩幾用法矣，如是而起，如是而終，如是而為開闔，如是而為抑揚頓挫，如是而為輕重高下，意之所至，辭必與俱，固未嘗囿乎法，亦未嘗廢乎法也。古之藝人若庖丁輩，隨其心手所出，無他焉，亦用其法爾。由是而觀天下之術，未有不用法而能神者也。”又論宋元二代之詩云：“人皆謂宋之文高於元，元之詩高於宋，殊不知宋之詩亦高於元也。論詞語工麗，音節瀏亮，宋或不及於元，至於說古今，道事理，輕重明白，豈元諸公能及宋哉！”其言具有深旨，宜當時有“小杜”之目。惜其《集》不傳，惟餘《赤城續志》案當作《赤城詩集》。所載寥寥數篇而已。

《嘉慶太平縣誌》書目：《介石稿》，明許給事伯旅著。林公輔序偁《感興》諸什非近代人語，其詩善用法而能得法之意，揚抑高下，意所至而詞與俱。方希直亦謂其命意持論卓然不苟。

跋

金嗣獻

右《介石稿》一卷，邑先正許廷慎先生所撰也。先生名伯旅，洪武初由選貢授刑科給事中，其詩盛為方遜志、林公輔所偁。林嘗序其《詩集》，又有後序，蓋前序當許生存時所作，後序則作於殁後也。其《集》據《赤城新志》云有鈔本，然《明史·藝文志》及諸家書目皆未著錄，惟《千頃堂書目》一見，然亦不言其卷數，則佚久矣。余因檢《赤城詩集》、《三台文獻》、《韻語外編》、《明詩綜》等書，悉心攟拾，得詩六十一首，編為一卷。又取《赤城新志》、《明詩綜》、《靜志居詩話》所記及方遜志、許士修酬贈之作為附錄，雖所得寥寥，而吉光片羽，彌足寶貴。昔徐子元言廷慎"如天台、雁宕，雄踞東南，不愧小杜之偁"，今觀《集》中諸作，沈鬱忼壯，寄託不凡，徐氏之言信而有徵矣。甲寅春分後三日，邑後學金嗣獻謹識。

往歲余輯許廷慎先生詩，得六十一首，已編入《赤城遺書彙刊》中，今林爵銘上舍又示黄壺舟先生輯本，校讀一過，凡黄本多于拙輯十首，拙輯中亦有二首為黄氏所遺者，爰重為釐訂，以益于後。雖然滄海遺珠，知尚不免，蒐殘補缺，固有望於來者。乙卯小暑嗣獻又記。

用天台齊孝戇聚珍板印

明天台釋宗泐季潭著
邑後學李樹封校刊

全室外集

目　録

卷二　樂府

卷三　五言古詩

佚名卷首語[①]

《全室外集》十卷，明永樂刊，四庫館底本，天台釋宗泐季潭。

宗泐，字季潭，臨海人。洪武初舉高行，沙門居首，命住天界寺。尋往西域求經，還授左善世[②]。先是太祖幸天界，泐方住持，賞其識儒書，知禮義，命畜髭髮。髮長數寸，欲授以官，固辭。太祖親作《免官說》。時宋學士濂好佛，太祖目為宋和尚；泐好儒，太祖呼以泐秀才。嘗奉詔製贊佛樂章，蒙嘉歎，賜和平日所作詩。晚歸老鳳陽之槎峯。勑曰："'寂寞觀明月，逍遙對白雲。'汝其往哉。"後智聰坐胡惟庸黨，詞連泐，及來復謂泐西域取經，惟庸合說土番為外應，有司奏當大辟，詔免死。其受知者深矣。此《集》第一卷皆欽和御製及應製之作，首題"補刊"二字，蓋必有所諱而補編，以冠其端；二卷為樂府，贊佛樂章皆在焉；三卷五古；四卷七古；五卷五律；六卷七律；七卷七絕；八卷六言、五絕；九卷疏；十卷續集。前有徐一夔序云："季潭學博才瓌，詩不淪於枯寂。在江湖、在山林、在殊方異域，眾體具美。"朱右序云："泐公識地高邁，調趣清古，風度悠揚。昂然若霜晨老鶴，聲聞九皋；澹乎若清廟朱絃，曲終三歎。"王達善序云："潭公詩章渾涵汪洋，千彙萬狀，而以一理為主。"卷端蓋翰林院印，且多塗乙之筆，當為館中底本也。

校勘記：

①此篇原不題序，也沒有朱右的名字，似乎為民國刊出時校刊人李樹封之書前語。

②"左善世"誤，據《明實錄》洪武十五年四月辛巳條，應作右善世。

四庫全書總目

《全室外集》九卷，《續集》一卷，安徽巡撫采進本。明僧宗泐撰。宗泐字季潭，臨海人。洪武初舉高行沙門，命住天界寺。尋往西域求遺經，還授左善世①。太祖欲授以官，固辭。太祖為撰《免官說》。其後胡惟庸謀逆，詞連宗泐，特原之。是編題曰《外集》，蓋釋氏以佛經為內學，故以詩文為外，猶宋釋道璨《柳塘外集》例也。首二卷為應製詩及樂府、供佛、讚佛諸曲；三卷至八卷為古近體詩；九卷為疏及題跋；《續集》詩文合編，而詩文之間闕四頁，其原數遂不可考。今所存者凡詩三十六首，題跋十五篇。《千頃堂書目》作《全室外集》十卷，蓋合此一卷言之耳。宗泐雖託跡緇流，而篤好儒術，故其詩風骨高騫，可抗行於作者之間。徐一夔作是《集》序稱其"如霜晨老鶴，聲聞九皋，清廟朱絃，曲終三歎"，彷彿近之。皎然、齊己固未易言，要不在契嵩、惠洪下，與句曲外史張羽均元明之際方外之秀出者也。《千頃堂書目》載宗泐尚有《西遊集》一卷，蓋奉使求經時，道路往還所作，見聞既異，其記載必有可觀。今未見其本，存佚殆不可知矣。徐楨卿《翦勝野聞》謂宗泐"奉使西域，未至其地，塗遇神僧幻化而歸"者，蓋未知宗泐有此《集》，故造是齊東之語，與所謂宗泐蓄髮還俗同一謬妄也。

校勘記：

①"左善世"誤，據《明實錄》洪武十五年四月辛巳條，應作右善世。

序（一）

朱　右

往予客金陵，今中竺季潭禪師案：《白雲稿》“師”下有“泐公”二字。從龍翔廣智業，與余同里閈，情誼驩合，且以遠大相期待，日切劘於文事，游從薦紳宿德間，往復問問為甚盛也。師嘗厭世之為文辭者識性不高則見地膚陋，體裁無度則鋪敍失倫，且曰：“學固弗如是已也。”乃杜門坐一室，取古人載籍，矻矻讀之，至忘寢食，將求其制作之體，與所以立言之要，其志可謂大矣。既而師上徑山，掌記室，元叟端公會下，復歸龍翔。予亦還留吳中，教學廣業，比載晤金陵，而師之學已充然有得，沛然不可禦矣。自是遭時多故，予避地姚、虞間，師出主宣之水西寺，風塵修阻，欲見無由，俛仰二十餘年已。茲獲遇西湖之上，握手道舊，因出其平日所著《全室藁》，若古詩、樂府、歌行、唐律，凡若干卷。讀之終夕按“終夕”《白雲稿》作“累日”。不厭，惟見其高古溫厚，風度悠揚，燁然若翔空之孤鳳，覽德來儀，欲快睹而不可得也；昂然若霜晨之老鶴，聲聞九皋，欲近之而不可即也；追乎黃流之玉瓚，縝栗而有章也；澹乎清廟之朱絃，一唱三歎而有遺音也。是非其識之高，工之精，而趣之妙，能若是乎？置諸古人，未易甄別，詎不可以行後也哉？尤足以副予夙昔之望矣。抑予嘗觀晉唐以來高僧，以詩名者固不少也，若支遁之冲淡，惠休之高明，貫休、齊己之清麗，靈澈、皎然之潔峻，道標、無本之超絕，惠勤、道潛之滋腴，雖造詣不同，要適於情性，寓意深遠，至於今傳誦不衰。季潭師識地高邁，調趣清古，導揚規詠，有風人託物之思，得《三百篇》遺意，傳之將來，豈居澈、休輩下，尚當有知音者矣。前翰林編修友生朱右序。

序（二）[1]

徐一夔

昔者文物之盛，士有高世之志，託迹桑門者既有得於其宗，而亦以操觚染翰為事，以與海內作者齊驅並駕，使其教益大以顯，有若天台季潭泐公者焉。初，公負聰明特達之資，既釋士服，翶翔大方，擇所依歸之地，時廣智禪師訢公學貫儒墨，肆筆於文事[2]，卓然成一家言，施之著作之庭而無媿。天曆、至順間，光膺帝眷，說法金陵官寺，緇素向往，得其片言隻字，以為秘寶，馳騁出入，以應其請，如羣飲于河，各滿所欲，聲譽赫然。泐公既自得師，當是之時，金陵亦東南都會，內而臺閣名流，外而山林遺老，至其地者莫不折節而與廣智交，泐公參請之餘，又得博其聞見，凡六籍之所存，百氏之所粹，名家巨集之所[3]錄，日務記覽，涵揉渟[4]蓄，而後吐出其胸中之奇，譬之築九仞之臺，其基既厚，何患其不崇且大也。故公學甚辯博，才甚環偉，識甚超邁，而皆發於聲詩。其詩不淪於空寂，推敘功德則發揚蹈厲，可以薦郊廟；褒贊節義，則感慨激烈，可以厲風俗；至於緣情指事，在江湖則其言蕭散悠遠，適行住坐臥之情；在山林則其言幽敻簡澹，得風泉雲月之趣；在殊方異域則其言慨而不激，直而不肆，而極山川之險易，風俗之媺惡。其詩衆體畢具，一句一字，滌去凡情俗韻，一趣乎雅，有一唱三歎之意焉。故其大篇短章之出，四方萬里爭相傳誦，震耀耳目，皆曰："泐公猶廣智也。"余與公同里閈，及壯而游，又託方外之好。公軀幹魁碩，音吐洪暢，其與人交也，意度豁如，望之者知為法門偉器。初，出世李白題詩之寺，值天下亂，入山益深，入林益密，以養其高。會大明混一，肇隆像教之事，今京師第一禪林，即廣智說法之地，桑門上首，非有宿德重望⑤為上所知者，不以授之。公以廣智大弟子繼席⑥據猊座，揮麈之日，四衆雲會，莫不榮之，而公處之不以為泰。佛有遺書在西域中印土，有旨命公往取。既銜命而西，出沒無人之境，往返數萬里，五年而還，艱難險阻備嘗之矣，而公處之不以為戚。定力所至，出乎世相之表，夫豈庸流之所能窺哉？若其見諸語言文字，則又特其寓者耳。公之從子永祚，得公詩法之傳，既彙粹其所為古樂府、歌行、五七言近體，為若干卷，公别號全室，因總題曰《全室集》。以《集》示余，意欲得余言以引其首者。嗚呼！廣智之《集》，虞文靖公序之，謂“如洞庭之野，衆樂並作，鏗轟軒昂，蛟龍起躍，物怪屏走，沉冥發興，至於名教節義，則感激奮厲，老於文學者不能過。”天下以為知言。有如余之昏鄙庸陋，得而觀之，如以賤目而窺羣玉之府，但駭其光采之燦爛，而莫能枚指其名也，烏足以言之哉？余不敢咈其從子之意，因以區區之見，彷彿其槩，若論其至，則必有能言之士如虞公者為之言也。同郡徐一夔序。

校勘記：

①《四庫》本題作《全室外集原序》。

②“文事”，《四庫》本同，《三台文獻錄》作“文字”。

③《三台文獻錄》無“所”字，當脫。

④“渟”，《四庫》本同，《三台文獻錄》作“停”。

⑤“重望”，《三台文獻錄》作“素望”。

⑥“席”，《四庫》本同，《三台文獻錄》作“廣”。

序（三）

王　達

釋皎然曰："詩有六迷七德，以虛大為高古，以緩慢為淡泞，以詭差為奇，以錯用意為獨善，以爛熟為隱約，以氣劣弱為容易，此六迷也。識理、高古、典麗、風流、精神、質幹、體裁，此七德也。"余以為論詩若皎然者，可謂知詩矣。夫六迷者，世之恆病。七德者，罕見其人。余嘗歎息詩雖為道之末藝，然有道者之詩，則七德無不備也。季潭泐公，博大之德，圓融淵偉之道，陶鑄龍象，出而為天下叢林師。間作詩章，渾涵汪洋，千彙萬狀，而一以理為主，抑所謂七德者歟？太祖皇帝恆稱為福慧僧，且和其詩百四十五首，美其兼通儒學，而神不妄馳。夫以太祖皇帝之明聖，猶眷寵贊誦若此，草茅之士其敢致訾於其間哉！今將鋟梓，其徒永祚如昇求余序之。嗚呼！成康歿而頌聲寢，王澤竭而詩不作，非不作也，作而不出乎性情，失中和之道也。詩能出乎性情，則中和自萃，而無六迷之病矣。此《集》也，皆根乎性情，而七德具備，詩之所用雖同於皎然，得君闡教，則非皎然之所及也。憶余少時頗嗜辭章，公一見之，大加獎譽，謂如"風行水面，自然成文"，余之感公非一日矣。今讀公詩，敢不贅一言以報公哉！雖然，其徒鋟梓流行者義也，余之序公《集》者禮也，若公之圓融淵偉之道，如春行大地而無滯迹，則豈能以文詞而名狀之哉！永樂元年龍集癸未仲冬初吉，翰林侍讀學士王達序。

卷　一

欽和御制暑月民勞律詩

田夫豈暇納微涼，赤日流金數畝秧。自是吾皇能體物，極知黎庶有飢腸。萬家共仰秋成富，百世先培國本強。白首方袍無用客，獨於林下和宸章。

御制思親懷古律詩 二首

玄堂冬日尚玄衣，獨有思親外萬幾。虞帝泣天當雪鬢，漢皇歸沛度河磯。中都勝地疏遊幸，大孝終身靡間違。天下蒼生欽聖化，老臣寧不念庭闈。

海內承平有底愁，皇陵松柏老園丘。滁山南去關門壯，淮水西來郭外流。轉眼光陰三十載，興王事業百千秋。中都父老頭如雪，長望龍輿此地遊。

欽和御制大將征迴朔漠空虛 二首

萬姓謳歌朔漠清，都緣聖主有經營。北邊自古存甌脫，瀚海於今屬大明。鴻雁三秋隨入塞，風雲萬里擁歸旌。漢家曾奏無人曲，未若天朝此一征。

百萬旌旗蔽野陰，聯翩戈甲耀南金。一朝白草無秋牧，千里黑松空舊林。追敵不知飛騎遠，下營俄見湧泉深。將軍功業過前代，刻石天山第幾岑。

欽和御制江東橋詩

玉作闌干石作梁，銀河清夜共輝光。經營自出天工妙，鎪琢仍歸匠者良。大駕親臨觀氣象，羣臣載拜獻詞章。誰知千古不磨跡，地久天長轉更彰。

石梁高架奠長江，要路通津總帝鄉。一代規模天廣大，萬年功業日昭彰。吾皇製作親曾賜，臣下賡歌孰敢當！聖子神孫承大統，願言鴻祚永延昌。

欽和御制山居詩賜靈谷寺住持

松風蘿月滿禪房，物外高情孰可當？鳥為銜花渾不恐，兔因暖足自相忘。峯巒重繞何深邃，樓閣新開更煒煌。勅賜良田供萬衲，不須日糴太倉糧。

城外重岡一逕微，中開寶刹獨巍巍。松根燕坐雲生石，廡下經行月到扉。問答箭鋒能破的，嚬呻師子不藏威。幾多不解知端的，水潦鶴云諸佛機。

紺宮勝概自天工，大士中居鏡作容。松頂月來多伴鶴，巖前雲起忽從龍。奎文勝似珠千斛，寵賜過於粟萬鐘。僧遠不知天仗到，時人錯道有高風。

刹幢高出眾峯巔，禪者家風靜處便。世上塵埃千市合，谷中花木四時鮮。幽深共仰慈光溥，愚懦咸資化力全。為報學流心是佛，著鞭當在祖生先。

山林麋鹿性相便，稱意何須負郭田。挂樹獼猴常近席，散花仙侶不離筵。半窗梅月清宵夢，一榻松風白晝禪。慧約草堂渾忘却，獨於相府住多年。

鐵錫初將壁上懸，聖恩容我此安禪。曉看草木霑多露，夜睡星河近九天。石與道心無動日，樹同僧臘不知年。請看八德池中水，一洗勞生累劫愆。

誰識千峯頂上幽，羚羊挂角沒蹤由。談玄自折松為拂，遇困聊將石枕頭。寒谷花開多向日，空巖葉落始知秋。莫言與世相疏甚，此是山居道者流。

偶向溪頭坐石磯，水禽沙鳥自相依。敢言有道忘人境，祇欲無心契祖機。莎草似茵迎日軟，荻芽如玉到春肥。嵒扉半掩歸來後，步屧脩廊月色微。

新到山居興趣多，松門盡日客稀過。經行偶見巖花落，睡起忽聞山鳥歌。捷徑固非今世有，移文爭奈昔人何！老來已得安心法，一念纔生即是魔。

開善堂前長綠蘿，欲探遺跡興蹉跎。一千年事猶堪舉，十二時辰尚可歌。送供天人曾雜沓，分身街市自婆娑。今朝寶塔移東嶺，更覺山林氣概多。

通玄有路好追遊，須踏毘盧頂上頭。薦福古公言莫莫，桐城投子道油油。溟濤終見鵾鵬化，枳棘徒聞鳥雀啾。一墮聲塵忘歸客，寒巖虛坐幾春秋。

欽和御賜詩

奉詔歸來第一禪，禮官引拜玉階前。恩光更覺今朝重，聖量都忘舊日愆。鳳閣鐘聲催曉旭，龍池柳色弄晴煙。有懷報效慙無地，智水頻澆道種田。

欽和御賜詩廿字

宮殿霄雲近，山林雨露深。九重明主意，一寸老臣心。

欽和御賜淮遊行

初作淮南賓，空山隔蹄輪。煙霞淡為侶，水石清相親。結茅有餘地，風雪忘苦辛。或來野人服，亦有居士巾。饋糧稍相繼，倏忽踰三春。雨露滋萬彙，巖壑容此身。常欲息諸見，以之空六塵。種蓮一池小，引泉清澗濱。丹書俄遠召，殊恩異兩人。再瞻鴛鷺序，永辭麋鹿鄰。不願東歸越，不願西入秦。但願居轂下，終身荷皇仁。大哉乾坤內，何物非陶鈞。

欽和御賜詩

天街春曉踏微霜，觀闕嵯峩首屢昂。品彙總承陽氣早，賡歌敢頌聖躬康。御溝綠轉千條柳，齋室煙浮百和香。有道年年登黍稷，歲星不獨在金穰。

欽和御賜復住持善世新寺詩

松下閒居幾度秋，燈前顧影獨無儔。遣情不似圓通輩，談病何如積翠流。每愧向來多寵賜，豈圖今日更推優。此恩此意誠難報，惟演真乘讚化猷。

奉制賀靈谷寺住持滄天淵 三首

聖朝新建鍾山寺，此日禪翁奉詔居。雲漢載瞻仙闕近，山林大啓法筵初。世緣隨順心無著，靜地熏修趣有餘。萬籟不生鐘鼓寂，一堂松月夜窗虛。

五年闕下預朝班，新奉綸音又住山。覺苑喜逢今日盛，道林行見古風還。豈惟行業高流輩，更有才名重世間。五色奎文曾賜與，朝回擎出九重關。

入門撾皷便陞堂，龍象筵中聽舉揚。最上宗乘開後學，無邊壽量祝吾皇。人心都與天心合，法運將隨國運昌。從此山林增氣槩，松頭白鶴也低昂。

應制詠鍾山老僧雪中早朝

鍾山禪客早朝天，毳衲披來雪半肩。好似解空無住着，厖眉皓首玉階前。

應制賦無事出山

白雲巖壑自幽閒，偶被天風引出山。本是無心亦無事，曉來只欲近龍顔。

應制賦甘露詩十二韻

天地清甯日，時和歲又豐。側聞甘露下，近自禁城東。淅瀝浮松上，晶熒絢日中。圓明珠的皪，透映玉玲瓏。喜訝霜初結，驚看雪未融。奇祥慶雲類，嘉應醴泉同。競采千官合，高擎眾騎叢。獻當青瑣闥，覆以碧紗籠。勝味醍醐劣，清光沆瀣空。薦登先祖考，分賜及王公。載筆歸青史，歌詩付樂工。敢隨鴛鷺序，稱頌未央宮。

邑後學林湯陳樹鈞仝覆校

卷二　樂府

長安道

長安大道八達分，道旁甲第連青雲。夜月長明七貴宅，春風偏在五侯門。貴侯勢焰不可炙，烈火射天天為赤。家僮盡衛明光宮，侍史皆除二千石。一朝盛衰忽顛倒，夜月春風亦相哄。鳳笙龍管坐不來，又向東家作新調。東家車馬日已多，向來賓從無經過。貴賤交情總如此，翟公何事歎雀羅。

戰城南

進兵龍城南，轉戰天山道。烽煙漲平漠，殺氣霾荒徼。將軍重爵位，天子尚征討。不辭鬬死多，但恨生男少。

空城雀

啾啾空城雀，戀戀空城曲。朝傍空城飛，莫向空城宿。草窠乳子成，垺土翻身浴。不隨鳳凰遊，不畏鷹鸇逐。野田豈無黍，太倉豈無粟。食粟遭網羅，食黍傷箭鏃。丁甯黃口雛，飲水懷止足。歲晚雖苦飢，全軀保微族。

風入松

高堂初宵山月明，長松飅飅奏清聲。清聲希微坐獨聽，援琴細意寫得成。調弦轉軫聲方起，忽覺松風生繞指。更深鬼哭巖前雲，夜半龍吟澤中水。一彈一奏聲緩促，有似松風時斷續。含商流徵清復哀，能使幽人聽不足。聽不足，琴忽罷，此時寂寂松無風，明月滿天涼露下。

桂之樹行

桂之樹，桂生一何偏？兩株分立於庭前，西株憔悴東株妍。桂之樹，桂生一何蠹？西株方來采其榮，東株又復無人顧。桂兮桂兮非汝憐，縱觀萬事無不然。武安堂上席方暖，魏其門前秋草芊。莫道榮枯長異勢，從來反覆無根蒂。高歌感激君不聽，請君試看庭前桂。

俠客行

平生重然諾，意氣橫素秋。拔劍悲風吼，上馬行報仇。報仇向何處，堂堂九衢路。突上秦王庭，直入韓相府。回身視劍鍔，血漬霜華薄。敢持一片心，為君摧五岳。五岳即可摧，此心終不灰。恥沒兒女手，完質歸泉臺。

西極天馬歌

天馬來，自西極。流汗溝朱蹄踏石，眴目逕度流沙磧。天子見之心始降，九州欲省民痍瘡。宛王何人敢私有，貳師城堅亦難守。等閒騎向瑤池前，周家八駿爭垂首。天閑飽秣玉山禾，苜蓿春來亦漸多。感君意氣為君死，一日從君行萬里。

盛唐樅陽歌

漢家天子天馬良，羽林十萬何煌煌。山川望秩禮孔彰，誰言此竟成淫荒。舳艫千里長江水，江平浪穩頑蛟死。摐金伐鼓海上過，驚散蓬萊幾仙子。朱衣急走傳詔書，乘輿所至除田租。載拜願君千萬壽，歲歲望君一巡狩。

交門歌

不其山頭月將午，交門沉沉夜擊鼓。博山火爇凝絳煙，霓旌導騎來容與。玉顏綽約含春花，向坐分明君自覩。君心有欲神不違，側耳傾心聽好語。雲收雨散意不傳，起望星河獨延佇。明朝更入芝房齋，神其相之復來下。茂陵新樹起哀風，五柞宮中淚如雨。

江南曲

泛舟出晴溪，溪廻抱山轉。欲采芙蓉花，亭亭秋水遠。心非檣上帆，隨風豈舒卷。但得紅芳遲，何辭歲年晚。

隴頭水

隴樹蒼蒼隴坂長，征人隴上迴[①]望鄉。停車立馬不能去，況復隴水驚斷腸。誰言此水源無極，盡是征人流淚積。拔劍斫斷令不流，莫教惹動征人愁。水聲不斷愁忽起，淚下還滴東流水。封書和淚付東流，為我殷勤達鄉里。

校勘記：

①"迴"，《四庫》本同，《三台文獻錄》作"廻"，是。

春江曲

春江沉沉春水滿，柳條拂水蒲芽短。鴛鴦睡美不畏人，日色遲遲素沙暖。

平陵東

赤運中微光不競，奸雄竊比周公聖。滿朝盡是蒙漢恩，忍為新家頌符命。當時憤激惟義公，挺身一呼生雄風。時哉不偶命也窮，至今人怨平陵東。

猛虎行

雷霆為威電為目，行處腥風動林木。利牙如劍生食人，婦女獨在家中哭。城東少年名射獵，聞此揚鞭去還捷。却將羅網四散張，擬欲當前氣先懾。周郎膽氣何獨豪，等閒射殺仍斬蛟。

上之回

塹崇山，堙鉅谷，發軔甘泉狩維北。屬車連連複道平，離宮況有三十六。蕭關無堠塞無烽，單于稱臣月氏服。上之回，朝萬國。

巫山高

巫山高，望不極，十二危峯倚天碧。陽臺神女徒盈盈，豔質妖容果誰識。襄王荒怪不足徵，宋玉微辭豈堪惜。至今雲雨自朝昏，山鬼哀猿叫蒼壁。

短歌行

白日去茫茫，清川流浩浩。有生能幾何，少壯忽復老。王母蟠桃花，萎紅不成好。扶桑半摧枯，枝葉隨瀛島。仙人王子喬，兩鬢如秋草。况聞安期生，形容亦枯槁。漢武與秦皇，一生空自擾。短歌詠至言，庶以安懷抱。

苦寒行

祝融峯南三尺雪，黄河到底頑冰結。洛陽賈客船柂膠，長安公卿馬蹄裂。人言富貴即可避，貧賤從來不相棄。昨夜樹頭風簌簌，東家孤子號天哭。

挽　歌

陰風起枯楊，寒日照衰草。丹旐辭中堂，輀車即周道。親戚及鄰里，送者皆素縞。一歸長夜臺，萬古不得曉。憶昔盛容儀，被服懷美佼。今采朽腐餘，復為螻蟻擾。富貴與榮華，滅迹空中鳥。彭殤久已淪，不知誰壽夭！

古塞下曲

侯吏過輪臺，傳言敵可摧。嫖姚揚旆出，驍騎治兵來。瀚海驚波湧，陰山積雪開。前軍正酣戰，日暮氣雄哉。

三臺詞 二首

年去年來易老，華開花落相催。便是封侯萬戶，何如儘意三臺。

采藥樓船久去，傳書青鳥不來。海水何時清淺，蟠桃幾樹花開。

銅雀臺

西陵樹色暮蒼蒼，明月相將入御床。寂寂帳前歌舞歇，幾多含涕憶君王。

楊柳枝詞

赤闌橋外有東風，舞態委蛇學不工。公子等閒來繫馬，梢頭斜插酒旗紅。

萬樹千株汴水隈，春風青眼為誰開。錦帆曾拂中間過，只到楊州竟不廻。

百花洲畔覆青坡，第六橋頭蘸碧波。鳳管龍笙春寂寂，綠陰終日伴漁歌。

祖龍歌行

祖龍迺好長生者，沉璧徒來華山下。目斷樓船海氣昏，鮑車亂臭沙丘野。驪山下錮三泉開，泉頭宮殿仍崔嵬。當時輸作方亹亹，函谷無關小龍死。百尺降旗軹道傍，十二金人淚如水。

長安少年行

日晚新豐醉酒廻，玉鞭敲鐙萬人開。綠槐馳道橫穿過，不管金吾導騎來。

鬬雞贏得海東青，臂向東街覓弟兄。白馬翩翩相逐去，灞陵原上曉雲平。

腰下青蛇鞘裏鳴，一身長為報讐輕。今朝莫共空街語，京兆新聞廣漢名。

從軍行

明月照孤營，蕭條數聲角。開門天宇高，仰見妖星落。撫髀一慷慨，龍泉立鳴躍。

少壯方矜武，兇渠遠避威。力全金鏑迅，氣勇鐵鎗飛。疋馬搜山去，生擒探卒歸。

拾骨當炊薪，淘屍作泉窟。平野不見人，寒雲雁飛沒。悄悄橫吹悲，梅花為誰發。

草枯馬不肥，風烈衣盡破。建牙帳外立，枕鞍雪中臥。倉皇火伴驚，校尉點兵過。

微霜下高城，哀笳破新弄。孰使耳邊來，驚我還鄉夢。家貧子尚孩，寒衣復誰送。

天雨雪

天雨雪，出門何所之？渡河正遇風浪惡，回船少住溪水湄。舉頭見飛鳥，斂翮欲下無樹枝！

武溪深

滔滔武溪，載廣載深，我今欲濟兮畏此毒淫。武溪滔滔，飛鳶跕跕，我不先濟兮士不敢涉。既濟既涉，我師孔武。蠢爾有蠻，服我王度。

楚妃歎

宮城禁兵夜簇簇，君王不返宮中宿。戎車彭彭雲夢林，獵火煌煌漢皋曲。章華臺前江水流，君心如水無日休。虎狼勍敵却不憂，草間狐兔為深讐。

寄遠曲

美人別時春尚早，清池坐見芙蓉老。湘江水滿鷓鴣飛，夢中歷歷相逢道。黄金可變石可移，此心皎皎終不欺。

登高丘而望遠海

登高邱，望東溟。溟水方蕩激，中有怒吼鯨。聳脊類峯嶽，鼓浪如雷霆。噓涎噴沫雲霧冥，揚鬐掉尾三山傾。腹吞巨舟者百十，蝦蟹不足飢腸撐。奈何驕悍當海横，官漕賈舶不敢行。鮫人織綃機杼停，神仙跼蹐居蓬瀛。天吳既辟易，龍伯亦震驚。徒為蟲族長，空有水神名。制御一顛倒，含羞請尋盟。吁嗟彼鯨何爾獰，恃其險惡雄勢成。若失此海水，何以藏其形？使居陸阜間，轉眼遭剥烹。海濱壯士瞋目瞪，拔劍欲往心懸旌。曷不訴之於上帝，天威下殛無遺生。立見海水清且平，海光不動青瑶璚。

王子喬

王子喬，好神仙。吹笙駕白鶴，遨遊上青天。青天一去三千年，七月七日緱山顛。下士慕之空爾憐，甯知有氣凝丹田。

獨漉篇

獨漉復獨漉，水深泥更濁。水深終見底，泥濁不見石。翩翩者鳧鳥，引子遊水湄。我豈無矰繳，悵然為爾悲。南山有喬木，北山有梓樹。此物本無情，俯仰如有度。羅幃空堂上，塵暗蛛絲繞。倚門久踟躕，慷慨不可道。床頭龍鱗劍，中夜躍鞘頻。父讐不及報，空愧七尺身。斑斑深山虎，白日下林麓。豈敢避生獰，人能食其肉。

三閣詞

複道麗明霞，阿房未當奢。半空傳咲語，長夜後庭華。

檻車出城去，望閣暫回頭。昔道千年樂，今成萬古愁。

墓上華

墓上華，開滿枝。行人看花行委遲，行人有恨花不知。不生名園使人愛，却生墓上令人哀。誰家此墓臨古道，寒食無人來祭掃。莫是東君惜無主，遣此閒花伴幽兆。聊持一杯酒，酹爾泉下客。今日此花開正好，但恐明日花狼籍！人生似花能幾時，古人今人皆可悲。

道傍屋

道傍誰家有古屋，主人不在行人宿。門戶蕭條四壁空，野草依然映階綠。春燕歸來細相認，繞屋促飛疑不定。徒令獨客久咨嗟，無復高堂樂繁盛。一從兵火照坤維，十家九家無孑遺。願留此屋行人宿，莫問主人歸不歸。

南雁詞

胡雁向南飛，八月湘江道。水清菰米香，兩岸被紅蓼。栖息已自安，飲啄良易飽。不憂羅網危，方矜羽毛好。故鄉窮漠陲，歸夢空杳杳。蕭條古塞春，雪深沙浩浩。

烏啼曲並序

天台王文起以故官例遷汴梁，念其親老不得朝夕養，思慕彌篤。其寓邸旁有古槐樹，俄羣烏集啼其上，久而弗去。及文起以舍壞遷其居，烏亦隨之。其孝感有如此者。予聞而異之，遂作烏啼曲一首。

客舍門前古槐樹，羣烏啞啞啼不去。烏啼解知人意苦，遷客思親朝復暮。五年生死無消息，一聞烏啼淚沾臆。汴水東流白日飛，老親在南兒在北。南地靈鵲北地烏，烏啼報有平安書。

善世曲 迎佛

體虛凝兮真常，妙應化兮無方。啓崇筵兮日吉辰良，禮孔修兮眇躬齋莊。目眷眷兮遙望，感必通兮在誠叶祥。紫磨軀兮白玉毫光，架雲車兮旌幡侍傍。晻閶浮兮斯格，仰盛容兮洋洋。

昭信曲 獻香幣

維此妙香，五分普熏。筐篚斯實，有玄有纁。物微禮具，敬奉慈尊。庶祈鑒只，展我殷勤。

近慈曲 初獻供

泥連先饋，純陁後供。進茲肴膳，間奏鼓鐘。皿器斯潔，黍稷惟豐。無遠弗届，至誠迺通。

法喜曲 亞獻供

仁風廣被，春日載熙。天人共仰，顯幽靡遺。豈惟華竺，覃及島夷。因齋以頌，於禮攸宜。

禪悅曲 三獻供

禮誠在敬，三獻靡加。釋尊燕喜，樂奏無譁。明徵瑞應，昭著光華。冥幽溥濟，蒙被禎嘉。

徧應曲 徹豆

饎馨既歆，籩豆尚列。始終匪懈，肅雍以徹。禮文有序，樂舞有節。洋洋在上，無意弗達。

妙濟曲 送佛

赫其臨兮優遊，俄復去兮難留。八部從兮如毛音謀，儼先後兮靈輈。凝睇兮夷猶，冀慈雲兮遐周。

善成曲 望燎

瞻燎于西，祥焰騰空。惟饌與帛，遄達靈宮。仰兹於玄，祀禮有終。企而眷之，大地真風。

獻 幣

禮有至重，無踰法施。浩乎鉅海，孰知其際。欲致微衷，敬奉兹幣。以報以祈，式嚴祀事。

獻　茶

有茁者茗，于彼先春。泉甘且潔，薦此芳新。味相本空，識含根塵。不腆其物，所獻惟寅。

讚佛上

下兜率兮悲智融，跡垂化兮誕王宮。金園幽兮寶樹重，浴聖體兮香泉濛。角眾伎兮伊誰同，世所習兮殫精通。覩四相兮心冲冲，夜逾城兮登雪峯。一麻食兮苦行工，羣魔却兮波旬降。廓妙悟兮星瞳瞳，託脩證兮成厥功。應世間兮月行空，燭羣幽兮開眾蒙。海之鉅兮罔不容，道無上兮稱大雄。

讚佛中

成覺道兮坐寶蓮，金容赫兮螺髻旋。威德聖兮福慧全，三身具兮萬行圓。演一音兮龍象筵，應羣機兮施化權。由褉花兮至鹿園，大小乘兮假蹄筌。彼諸子兮悔應愆，運大車兮等無偏。屬王臣兮法流傳，末拈花兮妙無言。三百會兮五十年，度弟子兮陳如先。量虛空兮知其邊，讚功德兮何由宣。

讚佛下

猗正體兮住靈山，順世間兮處泥洹。雙林白兮浩漫漫，天人憂兮發長歎。香樓成兮架寶棺，火光煜兮設利繁。應軀謝兮聲教存，崇遺範兮集法言。化周流兮亙五天，後千祀兮來真丹。道無為兮妙莫論，顯幽利兮神明完。資世治兮輔化源，善以勸兮惡以悛。佩聖謨兮矢弗諼，願永劫兮垂無垠。

歌福應

大哉覺皇乘，悲願以度人。視羣生如赤子，運廣大之慈仁。降福垂祐，若時之春。有萌必達，其生蓁蓁。今日何日，漸漑膏澤，愉樂且恂。尚克均于眾庶，匪獨萃于一身。

卷三　五言古詩

寶訓堂

聖君體皇極，建國封親王。全蜀形勝地，西南控戎羌。劍閣天下壯，象馬稱瞿唐。保障千萬祀，崇德乃安康。昭鑒有嚴訓，寶之靡或忘。服御既有節，出入亦有常。上承宗廟重，下垂胤祚長。開門看天宇，白日行穹蒼。中宵卷簾坐，仰視北斗光。羹牆契王意，一飯在斯堂。

喜清遠兄至以齊己詩長憶舊山日與君同聚沙十字為韻

一別動二紀，累念山海長。何期風雪裏，來此溪上航。乍見如不識，大喜忽欲狂。燈花解人意，今夕爛生光。

因亂阻殊邦，及見消往憶。始愛道貌清，復驚鬢毛白。論新無少驩，話舊有深惻。坐久忽忘言，芳梅照寒席。

前年淛僧來，稍稍聞去就。持斧住越山，移幢入吳岫。高居既鄰支，朗詠亦依晝。應世自無心，麻衣澹如舊。

今年遠書至，念我戀茲山。如魚在池沼，江海忘往還。不才負高誼，此生多厚顏。惟思拂衣好，老去一身閒。

昔事龍河師，法筵全盛日。童年與君居，眾訝早入室。廻首白日飛，浩劫彈指疾。平生竟何為，志願良未畢。

良友平生親，風塵散何許。草莽或零落，雲霄亦騫舉。天地日淒涼，折芳欲誰與。所嗟芙蓉花，白露下秋浦。

昔下廬山雲，停橈宛水濆。咫尺不我見，千里長思君。却寄千金劍，寒光動星文。至今在篋笥，騰氣時絪緼。

少年同居日，聞君拂絲桐。高齋月照席，兩耳生松風。當時青雲士，奇文詠空同。往事春花歇，江水今自東。

人生空中雲，東西散復聚。古來賢達輩，何曾定出處。乘流任所之，遇險從自阻。今日偶重逢，相看復何語。

同遊賞溪曲，清興浩無涯。澄潭弄新淥，芳蹊踏晴沙。緣崖采秋菊，搴林摘春茶。留連此中意，當期歲月賒。

懷以仁講師入覲圖

旭日千萬峯，白雲三四朵。一咲山容開，獨自松下坐。瀑流天上來，飛花面前墮。此時中觀成，無物亦無我。

霅上題青山書舍圖為周伯陽作

春日遊苕霅，復茲對畫圖。青山白雲際，綠樹幽人廬。眾芳生磵曲，新泉落巖趺。不見黄叔度，東風忽愁予。

雜詩　十一首

少小薄世榮，雲泉寄幽賞。冉冉三十年，誤身隨塵網。流形大化內，萬古同羈鞅。得中久已安，遺外非所強。但望還山雲，時時結遐想。娑娑雙桂樹，芳枝春正長。

自我來涇川，星歲已再周。託茲山水勝，謂可成遲留。奈何外物牽，撫事心悠悠。久知世道惡，奚事仍夷猶。璚林有奇鶴，未嘗識羅罦。翩然覓靈鳳，接翅昆侖丘。

羣邪可干正，眾枉能矯直。蕭條孤生篁，隱忍在叢棘。白璧竟何愆，青蠅自懷慝。公論苟不存，孰辨夷與跖。

伯陽西度關，仲尼東浮海。道大無所容，一身置何在。蘭蕙秋風前，芳香竟誰采。天道自茫茫，知命不復悔。栖栖止百年，赫赫向千載。

呂梁險可逾，大行危可陟。如何方寸間，中自多荆棘。尊前生白刃，舟中起敵國。一感睚眦瞋，報之甚仇隙。咄嗟難與居，俯仰隘八極。思欲凌風翔，恨無凌風翼。

猛虎出深山，往往多渴飢。居然肆彼惡，隳突當九逵。機檻素弗設，赤手安可羈。衝飆激脩坂，白日翳陰霾。吾思陽羨子，延佇心淒其。

夜久無與適，塊然坐空堂。白鳥一何多，營營來我傍。靜言聊假寐，遂以龍單裳。噆膚猶可忍，聒耳諒難當。晨星耀東廡，明月度西廂。念爾能幾何，滅跡於朝陽。

福禍無定在，倚伏誰先知。於事既難料，在理亦罔推。西伯稱大聖，羑里却見縻。況居千載下，風教日已衰。願君畧形累，所存心不欺。

魯連天下士，片言能解紛。千金博一笑，永絕平原君。高蹈東海上，卷舒若浮雲。清風散八表，繼者今誰聞！

四月維孟夏，六陽云已盈。靡草夕凋瘁，螻蟈晨悲鳴。運序迭張王，萬彙紛枯榮。斯理信昭灼，君子宜守貞。

清晨曲肱臥，夢昇華頂岑。殊庭就巖構，左右修竹林。仙人五六輩，列坐調玉琴。莞然顧我笑，子獨何苦心。石梁有縣水，濯此塵中襟。

冰雪窠

道人冰雪窩，巖栖稱岑寂。洞門白日陰，三徑青苔色。片雲簷外生，落葉階前積。更深芋火紅，晝靜茶煙碧。淡泊中自怡，安居無不適。彼美西方人，時時勞念憶。

送裕上人歸天台

我家赤城東，不識華頂嶠。遠道送君歸，昨夜夢中到。崖泓有泉瓢，竹室留茶竈。珍重山中人，拂衣願同調。

梅　詠

天寒清磵阿，貞姿照冰雪。幽賞衆莫同，孤芳為誰發。東園桃李春，簫鼓夕猶咽。君子天一涯，微香坐消歇。

送銛上人省親

青山澹斜暉，驚風在高樹。行客起遐思，雙親髮垂素。雲飛滄海遙，雁下寒空暮。老來惟夢歸，隨君故鄉路。

題五龍山房圖

剡中東南奇，若人緇侶勝。一住忽十年，禪房得深靜。高扉敞重崖，修橋入危磴。林端識名香，水際聞清磬。微茫度雲壑，掩映披華逕。長松支遁吟，磐石曇猷定。別來幾夢思，遊塵生麈柄。晨窗對新圖，蕭條發孤詠。

春雨吟

驅車涉泥坂，首路流大河。河水際天白，飄風激層波。神龍不安處，作横鯨與鼉。強暴相啖噬，纖鱗其如何。感此安吾適，旋駕西山阿。碩人不敢擬，考槃有遺歌。

溪南有奇山，不見二十日。今朝雲忽去，天高數峯出。東風晚生寒，細雨又復密。坐觀微霧昇，化作白練羃。側想巖居人，林臥頭不櫛。崖滑徑且暗，何由采芝术。

桓茂倫詩并序

予所居水西寺右有山曰湖山，晉宣城内史贈太常桓簡公彝之廟在焉。頃余嘗讀《晉史》，愛其人致死王事，志節可尚，遂造其祠，作詩弔之。

晉氏中遷播，期運仍邅屯。奸雄覬周鼎，聯翩起峻敦。伊人抱中和，勁節凌秋旻。骫髒救國難，捐軀遂成仁。方其少孤日，識鑑夙有聞。高追郭許迹，迥邁周庾塵。迨夫職常侍，密謀佐戎軒。皇綱藉輔翼，男爵示公勤。簡才鎮宣郡，王室得屏藩。抗表非所任，廼獲依先墳。未幾豺虎横，長驅逼帝閽。糾衆前赴敵，誓欲如鷹鸇。一聞王師潰，流涕下沾巾。僞和安忍垢，壯氣雄九軍。朱生既効力，俞子亦懷恩。時哉久失利，力屈涇川濆。玄兆誠不謬，果爾符景純。世和倡高義，收骴歸下泉。岊岊太常贈，煒煒光前文。時有卞都督，方駕揚清芬。後來富瓜瓞，挾貴負崇勛。夫何忝令德，逆節生君門。昔余探古史，掩卷思其人。茲焉董山寺，華祠照西鄰。是邦足遺愛，炳煥圖像存。蘋蘩累登薦，簫鼓無冬春。私衷若神契，酌水酹忠魂。雲屏不襍沓，徒御來駿奔。微生久息影，於世无戚欣。因君激五內，慷慨著斯言。

病中作

此疾從何生，形容遽憔悴。默默求其端，體弱易為致。始受寒熱攻，恍然若沉醉。兀坐強自持，側臥終不寐。朝聞樹間蟬，意覺秋風至。夜窗月逾明，悲蛩攪情思。嘗窺衛生術，吐納運六氣。呼童具杵臼，稍復親藥餌。今辰眼忽明，展書識文字。起繞中庭行，兩足如重膇。况逢亢陽災，高旻尚炎熾。秔稻化為茅，糲食恐不備。一身固多患，又復念時事。不到無生域，空為有形累。

雷氏逸清堂

逸人在山澤，境靜心自清。樹堂不必廣，取適三四楹。几席何所有，圖書浩縱橫。尊罍時復具，客至輒與傾。東風散庭樹，眾鳥相和鳴。高歌有至樂，所樂非世情。食薇臥首陽，空留苦節名。舊衣起草廬，勛業竟何成。士師與乘田，行義不在榮。嗟嗟雷夫子，吾知得其生。

酈黄獨

雨歇林氣涼，草沒澗西路。荷鉏入深幽，石邊欣一遇。長歌對白雲，清風滿山樹。向來垂涕人，遙遙千載慕。

採　芹

深渚芹生密，淺渚芹生稀。采稀不濡足，采密畏沾衣。淩晨擕筐去，及午行歌歸。道逢李將軍，馳獸春乘肥。

霜下菊

英英當窗菊，獨於霜下妍。誰知婉娩姿，中自抱貞堅。衆卉值陽和，競媚東風前。當時豈不好，於今乃凄然。昔人曾謂此，能為制頹年。吾生甯復爾，但用寫幽悁。

西澗獨行憶相空

今旦風日好，獨尋西澗行。叢梅未盡折，幽蘭已復生。樹頭暖光泛，石罅新泉鳴。遇境意自適，思與良友并。

冬夜憶清遠道初二兄

夜深霜氣寒，窗月皎如燭。鳴鴻尚遐征，孤鶴亦驚宿。念我平生親，悵焉動心曲。四明是何處，苕溪如在目。異方詎能通，遠道何由縮。十年無一字，信是如金玉。白髮漸欺人，晤言安可卜。

寓　興

水草冬不死，豈為寒所侵。巖松風力勁，歲暮青滿林。念彼苦節士，艱難持素心。雖存太古操，惜哉無知音。守中固有道，庶為君子欽。

無旨兄將歸番易龍臺寺遂用宋洪內翰遊兹寺韻賦古詩一首以贈

十年兩情展，一旦千里違。念此俱皓首，晤言甯有時。楚天眇無際，孤雲杳難期。故山樟樹老，秋風亦剛薇。舊房兵後在，勝侶存者稀。諸孫新入道，迎歸候傳衣。

蘭窗詩為載原忠賦

蘭生在深谷，獨負幽貞姿。一蒙君子賞，遂與巖壑辭。移植南窗下，靡靡生華滋。綠葉承曉露，微香散清飈。美人結新愛，似遇深相知。取適會良友，怡情吐芳詞。自登柏臺選，經歲忽若遺。常恐霜霰侵，復畏蔓草欺。擷英欲為佩，青年阻良期。異鄉不可見，天長有餘思。

酬張來儀見寄

東閣日無事，能枉野人書。坐想西巖菊，寒花媚秋餘。闐闐車馬道，赫赫王侯居。寂寞楊子雲，遊心在玄虛。

監齋詩贈毛起宗

禱晴嚴祀典，名山啓靈壇。奏章通玉帝，環珮集仙官。祥光紛下燭，誠心馳上干。瑤空景方霽，金漏夕未闌。眾職或少怠，飛文遂清彈。居然執法吏，凜若秋霜寒。沉沉虎豹戶，肅肅獬豸冠。始知天人際，監齊[1]良獨難。

校勘記：

①“監齊”《四庫》本作“監齋”。按：此之诗题己作“監齋”，则作“監齋”者是。

風雪歸莊圖

山路獨歸翁，手攜一壺酒。千林雪正深，扁舟在溪口。茅茨闞石根，垂蘿穿戶牖。江城看圖人，幾回興歎久。

辛亥新歲程處士見過常孰別墅臨別賦詩

獻歲春未廻，風雨連十日。荒村少朋驩，窮巷絕人迹。程君泛扁舟，茅齋破幽寂。遠來見真情，款言忘永夕。顧惟艱難際，出處各有役。世紛日相纏，誰能念疇昔。因君尚道誼，臨別增太息。獨棹去茫茫，空瞻海虞碧。

莫過賞溪

日莫眾鳥歸，孤雲亦還山。市人爭渡息，小舟沙際閒。我屋西峯下，半出青林間。鐘聲動深念，無為尚塵寰。

雜　詩

落葉委通衢，紛然無人掃。但覩新行迹，不見舊時道。古木倚道旁，亂藤絡其杪。歲暮雖青青，終非本容好。世人懷往途，悟此苦不早。振衣無後期，來從漢陰老。

夏夜與錢子貞坐西齋以欲覺聞晨鐘令人發深省之句為韻各賦詩以敘會別之意

一見江海奇，夙聞鐘鼎傲。山靈訝雄談，木客爭清嘯。悠悠鹿門期，落落東海蹈。咲問經世人，大夢誰先覺。

明月不可招，流光入堂中。白雲不可約，掛我屋上松。茲會固難得，後會甯易逢。明朝在東郭，隔水但聞鐘。

無能甘寂寞，息影在山深。采薇東谷口，汲泉西澗潯。朝隨白雲往，夕伴清猿吟。它時倘相憶，遺我天外音。

曲池難容舠，狹路不可騁。萬事付一嘿，閉關深自省。魚行不動波，鳥飛無遺影。何處未忘情，月白空山靜。

題山水圖

辭山始兼旬，見山心輒喜。披圖忽悄然，舊遊宛相似。微茫敬亭雲，迢遞賞溪水。猿啼樹蒼蒼，鷗泛波靡靡。岊阿桂叢生，茅屋無人理。何為滯江城，眯眼黄塵起。

奉和劉彥基待相空至

實公同門英，論交二十載。賦詩多新語，亦足邁前代。偶與仙翁言，久別思一會。溪山入春明，花鳥亦相待。孤雲本無期，行蹤定何在。日暮倚東風，疎鐘起天外。

答夏景瞻

昔居賞溪曲，怵迫靡所侵。衲衣挂石壁，燕坐長松陰。子來慰幽寂，語合相知深。孤雲十年別，明月千里心。而我亦何事，投迹此禪林。向來結茅地，回首空青岑。甯知江海遠，遇子復在今。百挫志矯矯，猶能發狂吟。清辭入古調，一皷薰風琴。吁嗟衆響作，過耳無留音。

柯生畊讀軒

耕田村外歸，抱書窗下讀。讀書期業成，畊田待秋熟。一飯充朝饑，所願良亦足。聖賢日相親，志不在干祿。白水涵春陂，青燈照茅屋。寵辱吾不知，門前羽山綠。

贈畦樂翁

開輔藝嘉蔬，芳畦繞茅屋。春雨昨夜來，滿眼浮新綠。短鋤日已攜，不課兒與僕。但知此中趣，餘外非所欲。陶令頗從容，董生何局促。浩歌對青山，孤雲暮歸麓。

裴季和著存堂

白日山下沒，長江天際流。思親無時已，寸心良悠悠。高堂親所憩，虛榻經幾秋。桑梓必恭敬，況此今尚留。憶昔具慶日，艱難進庶羞。吁嗟受君祿，庭樹風颼颼。

分題八功德水送人歸金華

鍾山祇樹園，中涵一池碧。貯滿忽若虚，測深杳無極。遙通太液波，近映寶珠色。八德類淨區，奇蓮毓靈質。屢同金華彦，煩襟時一滌。垂筒汲清甘，煮茗松月夕。今朝惜分袂，對此翻不懌。歸弄雙溪流，應思池上客。

朝陽軒

開軒面東旭，晴光絢蒲座。霜顱眼倍明，壞衲如雲破。乞來五色帛，針線堪自課。窗户洞虚白，心田無雜涴。爐香裊餘煙，梵唱松風和。天寒補未完，短日檐前過。

畊樂軒

畊田良苦辛，所樂果何事。百年安吾生，食力非役志。衡門無軒車，榆柳蔭閒地。遙遙草廬人，回首空長喟。

分題道林寶塔送貫道先生歸湖南

鍾山禁城東，浮圖出林麓。層級凌紫煙，虚檐交翠木。異人昔垂化，千載有遺躅。夕梵鏗清鐘，晨筵散華燭。一諸湖南英，憑高曠遊目。江山環帝京，形勝天下獨。安知復逍遥，悵焉此遐矚。寒日下西南，輕帆駕孤鵠。

題三咲圖

過橋本無心，三咲亦偶爾。當時肯垂名，好事傳畫史。巍巍匡廬峯，湜湜虎溪水。援筆寫清高，幽興殊未已。

分題龍宫寶石送陳庭學之官成都

成都山水區，龍宫遺寶石。苔蘚滋古紋，波濤含潤色。驪珠化海榴，神變安可測。想當聽經時，雲寒夜堂寂。蜀中天下險，兵戈屢充斥。城郭雖已非，此石尚如昔。京華歲將闌，萬里送行客。時清衞府閒，搜奇撫陳迹。平生獨往願，蹉跎頭半白。悵望西南天，空慙遠飛翼。成都唐高僧智浩常誦《法花經》，所居近龍祠，龍女時來聽經，一夕遺一明珠，不受，珠化為石，似石榴，以水洗之，有四字，曰“龍宫寶石”，至今存焉。

出峽圖

瞿塘水如馬，五月不可下。兩舟何處來，披圖一驚詫。前行稍趍平，勢若閒暇者。後來方履險，眾篙不停把。岛廻古木披，峽東哀湍瀉。嗟爾駕舟人，安危在操舍。

松石室

青青山上松，鑿鑿山下石。移來近禪居，窗戶生秀色。室中老比丘，怡然坐終日。轉境不在遺，觀心了無得。疎雨灑嶄巖，微風動蕭瑟。所適不自知，何有喧與寂。

日影法師得旨還山王生作泉石閒齋圖予題詩其上以為贈行

奉召還故山，江船復東下。獨帆如飛鴻，秋日照平野。王侯贈新圖，山水儼幽雅。石崖天際高，茅屋長松下。清香散佛龕，妙觀了空假。白雲席上生，碧溜階前瀉。神清境自閒，所適無取舍。佳趣政在茲，健筆老能寫。乃知遺世情，獨有還山者。安得添我身，閒齋共瀟灑。

張侍郎栖鳳山房詩

番禺饒名山，鳳臺獨奇峭。丹崖耀白日，連林際飛鳥。葛嶺勢相向，羅浮狀如抱。昔年鳳來棲，高梧成翠葆。山房結構新，門徑烟花繞。幽人不出戶，典墳肆探討。捲簾蘭氣清，倚檻泉聲小。騎羊五仙侶，時時來論道。一從乘傳車，十年迹如埽。出處成兩途，榮華異枯槁。披圖思茫然，夢中歸路杳。炎海靜無波，秋巖桂花老。

萱堂詩

堂後萱花明，堂中白髮清。堂下弟與兄，上堂稱壽觥。白髮常在眼，萱花願長榮。人生有至樂，此堂日日陞。

雨花臺送客

梁朝雨花臺，近在城南陌。不見講經人，空林澹秋色。登高俯大江，目送千里客。白鳥下滄波，孤帆遠山碧。

題竹石圖

竹石吾所愛，眼中無此清。如在異鄉客，忽逢親弟兄。奇質含古潤，虛心抱幽貞。渾忘是圖畫，疑有風雲生。

焦山寺鑑師臨江軒

一峯如鉅石，屹立江水中。寶剎蔚崇構，勢與山爭雄。若人於此住，超然塵外蹤。開軒當水面，下瞰馮夷宮。魚龍近几席，波濤蕩襟胸。有時天宇淨，倒影清若空。燕坐觀衆有，起滅殊無窮。一念寂不動，嗒焉心境融。焦先邈千載，遺丹射林紅。浩歌倚蘭夕，明月生海東。

送大彰徐博士還錢塘以客路青山外五字為韻賦詩 五首

白髮出都城，青山引歸策。涼風江上秋，驚濤海門夕。老驥厭長途，倦鳥思斂翮。芙蓉白露零，惆悵遠行客。

出郭醒客心，馳車復東路。得官遂清貧，還家慰遲莫。諸生日討論，詩書自成趣。閒尋南塢僧，長吟倚巖樹。

少壯若傲世，閒居謝榮名。徵書劇羽檄，白首試大廷。人材樂教育，泮水清風生。應憐舊山桂，歲暮有餘青。

流水出山外，固不如在山。孤雲度天際，眇眇何時還。伊余巖下客，于今乃塵寰。逢君一長嘯，人生有誰閒。

累懷湖寺逢，何時江城會。況當秋夜涼，明月坐相對。來日非今日，握手復一慨。相別無遠行，出門即天外。

汧陽雪中

朝寒擁衾坐，隔屋聞書聲。起埽車上雪，千山雪霧冥。春泥没深轍，前路不可行。雖無督迫令，惻惻如有程。邑中賢令佐，尤篤鄉里情。暖屋延咲語，照眼雙璧清。慰此逆旅懷，忘卻留滯幷。行客何所願，長歌望天晴。

孤凰引雛行題何氏母子貞孝卷

丹山有孤凰，獨引羣鳳兒。朝嚶待哺急，風雨護巢危。鳳兒日長大，感念凰母慈。母亦弗忍舍，願兒長相隨。晨曦出暘谷，文采方葳蕤。和鳴當盛世，九土春熙熙。上林有竹實，亦有梧桐枝。嗟爾母與兒，銜圖一來儀。

題　畫

青山半天高，白雲如海濤。溪流轉谷口，茅廬闞林坳。山人何處去，月明猿夜號。

寄題雲門松風閣

何處聽松風，金雞山下閣。夜涼月照窗，冷然滿幽壑。如臥江上樓，夢覺海濤作。疑行洞庭野，兩耳鈞天樂。溪翁悶性空，妙觸了無著。野馬從鼓漂，太虛自寥廓。緬懷師友情，撫卷翻不樂。人亡閣亦非，題詩付冥漠。

松下居偶作

我此松下居，即事良可悅。閉戶留白雲，開軒放明月。松響風忽來，泉流雨初歇。時有西齋人，相親嘿無說。

送僧遊廬山

廬山天下奇，良遊遂平素。江帆渺何之，連峯散晴霧。雲端五老人，粲然風骨露。青衣或來迎，木客時相遇。夜坐松底石，天燈知幾處。忽聞巖際鐘，忘却東林路。

送瑄上人

揚舲下大江，江寒欲飛雪。高帆天際遙，獨雁雲邊沒。烟波渺何之，倏忽成楚越。遂令白首人，年華感消歇。

不羈行贈吳客

倜儻不偶世，落魄江海游。雖來京國久，不謁公與侯。仙人五城高，彩雲十二樓。天街看明月，一身風露秋。翩然下揚子，棹歌發吳謳。太湖三萬頃，鳧雁中沉浮。且作拍浪兒，赤脚坐船頭。笑指闔閭墓，千古成荒邱。

樂　樵

明時忘世士，所樂在樵蘇。自無鐘鼎念，此心常晏如。清晨礪斧出，孤雲引行裾。薄暮負薪人，明月照庭除。新篘已在甕，鄰叟行可呼。大瓢喜滿眼，醉後歌嗚嗚。青天若覆盂，白日無根株。不見北邙道，貴賤同邱墟。

夜坐雜言次韻

老來百念忘，外緣何用屏。乘月坐更深，和雲臥峯頂。青燈靜照壁，白髮垂到領。尚懷分芋人，寒巖甘息影。

羣生不同趣，所本非異原。有耳醉曼曲，誰能聽玄言。粲粲白月珠，可照長夜昏。不逢希世客，吾衰尚可論。

明月出東嶺，照我窗牖間。羣動夜方息，白雲亦孤還。緬思支道林，沃州曾買山。遠公竟不出，逸駕安可攀。

坐致不請友，翩然遠來集。幻境非久留，白日西馳急。此宵曾幾何，晨露下階濕。紅顏不可駐，瑤草無人拾。

再用韻 二首

孤燈坐二更，茶具獨未屏。春寒逼清明，細帽猶在頂。大音本無聞，含笑秖自領。月上猿亦來，窗前弄林影。

羣情尚怵迫，烈火方燎原。縱能齊得喪，不如無一言。有耳但如聵，有眼從自昏。至道念縣曠，瑣瑣安足論。

隱畊為陳叅政作

孔明南陽廬，伊尹有莘野。遭時展經綸，豈是長隱者。陳君蒲田居，耒耜常自把。致力良已勤，所入未為寡。矧今副方伯，承宣及秦夏。厚祿代躬耕，峩冠稱儒雅。生逢堯舜君，恥在稷契下。他日請歸田，此志方可寫。

偶地居

偶地即吾廬，絕勝樹下宿。不在千萬間，安居心自足。古人三十年，辛勤乃有屋。我無一日勞，何必較遲速。燕坐白日閒，青山常在目。明月到床前，更深代明燭。先有寒山詩，興來時一讀。十日不出門，滿階春草綠。

北萱堂

萱草可忘憂，樹之北堂後。此堂何為設，白頭有慈母。暑月萱始花，涼風吹戶牖。母顏和且悅，上堂奉尊酒。歲歲見萱花，年年獻親壽。兒孫滿眼前，甘旨亦具有。昔當艱虞時，東首屢搔首。幸今際承平，日不離左右。我聞《南陔》篇，古人相戴守。願入北堂詩，絃歌同永久。

雲巢雪洞

雲巢萬物表，雪洞鴻濛先。結構自無始，安居可長年。雪色共清素，雲氣同周旋。六窗既虛寂，神宇何廓然。白鶴繞巢外，長鳴月當天。仙人從空來，散花滿璚筵。有時乘飆輪，浩蕩游八埏。俯視滄溟水，倏忽成桑田。下士夢未覺，如醉方酣眠。茫茫百年內，甯知此中玄。

蘿壁山房為趣上人作

石壁挂青蘿，禪房在其下。松枝裁作扉，茅覆不用瓦。若人百念忘，襟懷自瀟灑。行看塢雲生，坐聽巖泉瀉。怡然朝復曛，在己無取捨。於中亦不存，何有空與假。一從入山來，見山不見野。寒拾千載人，誰是同流者。

題　畫

城居不見山，披圖得佳趣。茆茨隱石根，槎橋入溪路。欹崖勢若飛，半嶺開晴霧。將非夢境中，或是曾游處。如登華頂峯，稍識蔓菁渡。振衣甯後期，松華滿春樹。

樵隱為江子瑜作

日出上山去，日入負薪歸。明月照茅屋，涼風吹薜衣。濁醪在瓦缶，太白兀自持。嚶嚶春鳥鳴，載歌伐木詩。不羨買臣貴，不學犢牧悲。軒車自高駕，野雉從朝飛。平生一邱壑，此志良弗違。田竇門易軌，不知誰是非。

夜宿陝州

烈風振林木，中夜聞號呼。重衾冷於水，照壁青燈孤。念此苦寒月，單車走長途。明當度關去，歲晏將何如。

望崑崙

積雪覆層巔，冬夏常一色。羣峯讓獨雄，神君所棲宅。傳聞嶰谷篁，造律諧金石。草木尚不生，竹產疑非的。漢使窮河源，要領殊未得。遂令西戎子，千古笑中國。老客此經過，望之長太息。立馬北風寒，廻首孤雲白。

贈安古心還山中

子來能幾日，遽有還山想。長笑輕別離，一策晨獨往。舊房清澗阿，夜雨新泉響。門前嘉樹林，陰陰夏條長。即此人事絕，遂爾長偃仰。得句林花開，彈琴山月上。蕭散世念疎，澹泊道心朗。白駒空谷中，誰能復羈鞅。何彼勢利人，勞生在天壤。

待月軒

開軒坐深更，待月出東嶺。須臾海上來，四壁光炯炯。託茲聊自娛，觀心庶遺境。獨羨寒山人，無物堪比並。

邑後學林湯陳樹鈞仝覆校

卷四　七言古詩

魯王登泰山奉令旨作

宮漏聲沉天欲曉，嚴車整隊東郊道。泰嶽巍然境內山，暇日登臨散襟抱。初聞鼓吹入深谷，倏見旌旗出林杪。捫蘿不憚路崎嶇，直欲高躋極飛鳥。峻拔中霄日觀峯，閶門白馬明雙瞳。下視滄溟一杯水，六鰲背負三神宮。東封古來天子事，石壁千尋刻文字。吾王秖欲窮冥搜，颯颯泠風引飛騎。上界羣仙朝玉京，空中夜半天雞鳴。陰崖鑿開混沌竅，石髓飲來毛骨清。樂不可極下山去，羽蓋霓幢擁歸路。奥域靈區非世間，廻首蒼茫隔煙霧。

蜀王江漢朝宗圖

江之水，出岷山；漢之水，出嶓冢。萬古波濤坤軸動，荆州東上匯流長。江漢朝宗名益重，大哉金陵天子都。萬方臣子爭奔趨，有如百川到溟渤。混茫無際涵空虛，賢王受命封蜀土，忠孝為藩奉君父。大歲遙挹北辰高，堡障西南天一柱。江之永，漢之廣，靡蕪綠草年年長，誰知派自天潢分，天潢近在青冥上。

潭府四暢亭

讀古書，彈古琴，一亭風月開清襟。臨池洗硯寫新句，玉壺旨酒時一斟。如此四暢，載登載臨。美哉脩身治國，上順君父。足以大暢，吾王之心。梁園詠雪，多士如林。河間禮樂，和樂且耽。既不泥乎聲色，亦不縱乎田禽。此亭燕坐自朝夕，亭前花木春陰陰。衡山高，湘水深，天長地久揚德音。

送思上人還雪上

玄冬雨雪方載陰，閉門黃葉和雲深。重岡複嶺鳥不度，豈有遠客來相尋。憐君兩屐無新齒，足跡花途五百里。捫蘿高陟麻姑壇。斧冰亂涉琴高水。為我巖居十日留，夜窗說盡東西州。平生故人得消息，既有新喜仍新愁。我方無以慰幽獨，子來何遲去何速。山川悠悠錫影孤，海闊天高一黃鵠。謝君相知未深厚，索我詩詞我何有。自嗟百挫英氣摧，敢以文字誇人口。君當盛年宜自強，美玉雕琢為珪璋。明朝別後毋相忘，水晶宮裏涇川傍。

東皋老人歌

東皋老人七十餘，眼明能讀細字書。年來不肯城郭住，無事只愛東皋居。東皋所居良不俗，松竹桑榆翠圍屋。前畦後圃花相映，滿眼兒孫美如玉。老人心中樂閒曠，時時倚杖東皋上。烏紗側裏酒半酣，目送飛雲度青嶂。吾知老人舉世遠，東皋幽處無是非。吁嗟怵迫何所為，世間富貴多危機。

雪舟圖為王公擇作

小船載雪月明裏，一色溪山夜如水。巖前哀狖噤無聲，沙上眠鷗驚不起。引觴擎楫歌調清，到門興盡非無情。丹青豈必圖千載，王氏風流今尚在。

敬亭雲歌送吳子歸宣城

敬亭山中生白雲，有時化作五色文。從龍下山為雨去，欲與世上袪塵氛。由來舒卷不可測，遙天炯炯無遺迹。甘雨未洽塵未消，直使時人空歎息。歸來偃蹇敬亭上，點綴青山千萬狀。曾巔高擁白玉屏，半嶺閒張素絲障。雲兮雲兮爾才未盡施，只恐復被蒼龍知。乾坤上下相追隨，青山欲戀無還期。

菖蒲歌

蒲生山澤間，水石長為徒。超然塵土外，秀色清而腴。印公愛之如寂公，當軒盆植數十叢。雖無仙人鸞鳳狀，好事剪拂還相同。葉如蚪鬚直不卷，根穿石罅連蒼蘚。昔聞張生十二節，蘇子九花今宛宛。眼中清氣端可掬，此處焉知有塵俗。去年贈我小石盆，几上團團青一簇。知君定出聊自怡，此心豈為物所移。色空都忘心境寂，寥寥獨坐軒中時。

水西圖詩

水西絕境江左無，何君好事寫作圖。良工意匠善盤礴，三峯湧出青芙蕖。古木如龍半天聳，白雲翩翩欲飛動。桓彝廟前莎草長，遺民磯下溪流洶。浮圖隱隱林端起，知是山腰上方寺。高閣五月秋霜寒，山僧坐閱人間世。竹邊幽徑花叢叢，濯纓亭古連東峯。賞溪渡口風浪歇，棹舟之子來相從。我居山中二十載，披圖一見心目駭。昔來年少今白頭，山色青青長不改。何君何君爾好奇，澗阿與爾誅茅茨。卷簾微雨對東郭，高詠謫仙雲錦詞。

姑蘇臺歌

姑蘇臺上麋鹿游，吴江水映西山秋。館娃宫樹迴不見，落日荷花今古愁。何來豪客增樓櫋，醉擁吴姬夜歌舞。齊雲易逐浮雲空，鬼火三更照寒雨。

憶昔行贈朱伯賢還會稽

憶昔相逢白門道，君方壯年我差少。同鄉異域心最親，月夕風晨寫懷抱。南臺御史能薦才，薦才先取文章好。當時結交多俊髦，羨君獨得聲名早。江城一别三十秋，我出匡徒君宦游。甲兵滿地音信斷，越雲楚水情悠悠。今春錢塘忽相見，君未全衰我猶健。探得囊中著述書，松齋曉日開新卷。君承明詔入史局，我亦奏對延和殿。秋深俱放還舊山，兼有賜金並錫燕。君家雲巢鑑湖曲，鯖魚膾肥粳稻熟。脱巾露頂松石間，如鹿如麋不羈束。我歌此曲空復情，烈風蕩海鴻冥冥。世間富貴自可輕，且學清狂如賀生。

阻風行

黄蘆獵獵江浩浩，洪濤簸天昏復曉。一日行舟兩日留，上水風多下風少。未出門時思遠道，在路還思在家好。坐看鴻雁去遙遙，却笑人生不如鳥。

松雲歌

境公開軒幽澗湄，青松白雲相對宜。朝看白雲松上起，暮看白雲松下歸。松雲無情豈相戀，幾度天風吹不散。忽如眠鶴喬松巔，又似游龍挂松半。月明仙侶下瑤臺，翠葆素車空外來。冰髯玉貌照山澤，停驂弭節相徘徊。有時林間暫分隔，松自青青雲自白。若人定起閒怡情，倚檻無言山寂寂。

墨竹行

平生不識雲心子，墨妙通神有如此。眼中何處修竹林，湘水邊頭煙雨裏。長林蔽虧天為眼，鷓鴣啼斷江沉沉。六月南風晝不熱，人家住在叢篁深。九疑山帶蒼梧野，翩翩帝子雲中下。鳳鸞飛舞虯龍驤，羽葆鬖髾翠堪把。我昔曾行賞溪曲，兩岸波光漾寒綠。萬玉森森一徑遙，溪口清陰到山麓。今朝看圖政自憐，畫圖身世俱茫然。雲心骨化丹陽土，吁嗟墨妙何人傳！

題張孟兼太常白石山房圖

浦江先生張太常，白石山下開山房。讀書養親不下堂，青山自高溪自長。一從攀龍上天闕，山中十年春草歇。夜飛清夢到山房，堂上雙親已華髮。孫卿頗擅丹青好，為寫新圖慰懷抱。秋雲半掩草齋寒，白鶴不歸松樹老。我見新圖憶舊山，石梁垂瀑蘿陰閒。金華赤城咫尺間，何日拂衣從此還。

墨竹歌

房山高僕愛寫竹，一埽生綃數十幅。風影翩翩此兩枝，湘君遺珮湘江曲。兵戈十年翻地軸，零落殘紈如斷玉。晴軒試挂驚老目，素壁清飆拂寒綠。

魏公文章妙天下，世稱善書兼善畫。松雪高齋秋氣清，照眼琅玕入模寫。一竿秀出何瀟灑，美人獨立疎而野。九疑雲老楚江寒，翠蓋臨風為誰把。

短歌寄魏仲遠

夏蓋湖吞上虞浦，魏君家在湖邊住。岸花汀草幾春秋，白鳥滄波自朝暮。知君愛客仍好奇，畫船載酒如渼陂。櫂歌中流日將夕，壁月湧出青琉璃。嗟哉隱居端有道，世上無如閒處好。王充遺跡尚可尋，賀老風流良不少。去年聽詔來京國，識君臉紅頭半白。別懷空與水東流，海燕江鴻斷消息。今朝聞有東州船，尺書欲寄心茫然。福源精舍地最偏，安得與君湖上相周旋!

溪山圖歌

王侯作畫世無敵，下筆直與造化爭。神力生綃一幅寫，溪山萬疊煙雲開。霽色連峯不斷松杉青，石崖噴瀑飛寒冰。山中逸客茅作亭，桃源路入花冥冥。何處溪山有如此，吳山脚插吳溪水。放船半出蘆塘灣，收綸撥棹誰家子。乃知王侯妙入神，縱意所到皆天真。右丞糢糊輞川雪，北苑爛漫江南春。劉卿平生學岐伯，長向吳山采名藥。天子呼來在玉京，橘樹間園舊時宅。我識劉卿恨不早，治我沉痾如電埽。王侯著意作此圖，為我殷勤致懷抱。劉卿重畫輕黃金，世人那得知其心。江上秋風吹客襟，高歌一曲溪山吟。

寄題彩煙山房

天姥峯南彩煙裏，梁氏山房屹高峙。幽人讀書居其中，萬壑千巖在窗几。一從讀書不計春，姓名豈肯聞時人。去年應聘來京國，今年奉符歸養親。梁氏新昌稱巨族，絡谷籠岡架重屋。弟兄如林自師友，飽飫詩書作粱肉。我聞山房最瀟灑，澗水松風入陶寫。願學當年支道林，買山終老沃州下。

崆峒外史歌

空同外史青都客，吸景餐霞煉精魄。誤落塵世八千年，回首仙山雲霧隔。自言曾師廣成子，為掌外庭稱外史。記得軒轅問道時，拜跪堂前月如水。大布寬衫著雙屐，千里遨遊如咫尺。曳杖狂歌吳市門，賣藥獨走金陵陌。金陵陌上相識多，水樓月榭隨經過。有時醉臥冶城館，有時靜坐鍾山阿。我識冰顏今十載，夜與燒燈論物外。五更鼻息如雷鳴，忘却天地和身世。外史去來無定期，出門便不知所止。松齋閴寂三日雪，待子一笑同掀眉。

賦一曲亭送趙本初待制致仕歸越

鑑湖一曲亭猶在，風物千年長不改。賀公去後趙公來，山水無情若相待。當時季真得賜歸，黃冠未必全忘機。爭似今朝玉堂老，還鄉仍著宮錦衣。鑑湖水闊呑平野，酒船直到亭階下。荷花曉日照尊罍，楊柳春風拂簷瓦。寄言逸興滄洲客，天與斯亭共行樂。醉倚闌干撼不醒，夢中細聽鈞天樂。

度關隴

隴頭流水關山月，月色淒涼水嗚咽。今古征人盡斷腸，野客經過亦愁絕。連林二月冰不開，猛虎一吼蒼崖裂。鸚鵡能言好寄書，心事茫茫向誰說！

賦梅駙馬清白軒

公家大府臨紫陌，行馬當門森畫戟。華館香凝錦繡帷，此軒何事名清白。軒內琴書清几席，軒前池水涵虛碧。退朝歸來白日閒，燕坐忘言心自適。不似金張許史家，鬪雞走馬相矜誇。美人半醉彈琵琶，銀燭夜夜燒彤霞。關西昔有楊夫子，清白傳家照青史。公今富貴當盛年，獨抱遺風有如此。山之高兮益穹窿，水之深兮更清泚。丈夫勛業在青冥，豈獨傳家清白耳。

題天童萬松圖

小白市，太白峯，二十里松居其中。一徑陰陰翠羽蓋，半空矗矗蒼髯龍。太白之峯分九隴，壯哉千古之佛宮。香雲不動梵唄合，樓閣倒影清池空。左菴昔年此說法，山谷答響撞鉅鐘。只今九重城裏住，夢魂夜夜鄞江東。錢塘有客曰王蒙，為君寫此千萬松。座間慘慘起陰霧，屋底颯颯生清風。何來禪子松下度，長衫大笠攜一筇。亦有騶從三四公，青林路口衣裳紅。我初展卷欲大叫，海上湧出高龍嵸。雲端縹緲下玉童，有路似與天相通。自憐平生不一到，吁嗟老矣將焉從。還君此圖袖手坐，有目只送南飛鴻。

壽采堂為許克謙賦

舞斑衣，進春酒，載拜稱觴介眉壽。許生心即老萊心，老萊不先生不後。進春酒，舞斑衣，願親高年遇期頤。堂後萱花照華髮，階前亦有蘭與芝。吳山可融吳水結，孝子娛親心不歇。此堂宜與齊門高，壽采之名如日月。

古村居

古村民，古村居，古村有田復有廬。屋有按"有"疑"後"誤①。桑麻四五區，屋前榆柳八九株。老婦辟纑兒讀書，青燈夜照三更初。牛角帶經耕且鋤，年年歲歲輸官租。聖人治世如唐虞，飽來擊壤歌康衢。烏紗作巾白布襦，東鄰西舍相呌呼。醉歸兀兀杖自扶，古村民，古村居。

校勘記：

①《四庫》本正作"後"字，樹封所疑是也。

題閻立本畫張洪崖像

往年看畫對①禺山，丹青為我回朱顏。今朝看畫江甯郭，頭白眼昏不如昨。此圖出自何人手，唐相閻公名不朽。人間古畫兵火空，此圖必為神所守。洪崖先生學仙士，小隱林泉大城市。一下蓬萊經幾塵，弱水微茫三萬里。神仙道術吾不知，洪崖人物何瑰奇。天寒掩卷松下坐，白日冉冉西南馳。

校勘記：

①"對"，《四庫》本作"封"字。

聽泉軒為藏無盡作

若人有耳唯聽泉，泉聲入耳長涓涓。穿林出澗度妙曲，萬古不斷冰絲弦。此聲不來耳不往，中自寂然遺外響。青燈照壁夜沉沉，獨倚軒窗月東上。

代賦愛蓮歌

我愛蓮花生淨域，七寶池中開四色。其華朵朵大如輪，來者於斯孕靈質。此花不與凡花同，晝夜開合吹香風。八功德水恆充溢，碧葉旎旎花叢叢。我有愛蓮癖，夢寐思見之。朝思只在蓮花國，莫思不離蓮花池。我心但欲與蓮並，不染塵埃自清淨。蓮兮蓮兮爾作黃金臺，他年浩歌歸去來。

尚睦軒

蔣生作軒名尚睦，欲敘彝倫厚風俗。一門大小總怡愉，不在華筵奏絲竹。誰謂古來斯道敦，兄弟之間難具論。漢謠尺布一斗粟，周公管蔡亦流言。蔣生蔣生慎終始，行見高名照青史。天邊有客發長歌，澤國秋風鴻雁裏。

周處士哀詩

先生墓木今已拱，先生高名尚飛動。新城山接富春山，只有祠堂對邱隴。我知姓字三十年，江城讀傳心茫然。節孝光華照天地，青史可書石可鎸。口誦《法華》親壽益，掉頭不受吳人辟。請看齊雲百尺樓，落日西風卷行迹。

西嶺草堂圖為誓上人作

摩雲霄人不復見，高風獨為今所羡。西嶺東偏舊草堂，七百年來陵谷變。有苾蒭誓斯受經，草堂彷彿圖丹青。靈隱山前天竺後，飛來小朵蓮華層。草堂住近呼猿洞，怪石嵌空樹高聳。三生臺畔秋月涼，九曲亭邊春水動。真觀慈雲兩寂寞，猿聲夜向峯頭落。誓也溪翁白足徒，古人已矣今人作。我昔年曾十三四，挾書晚出中峯寺。一氣走上蓮花層，兩脚跳梁若奔兕。于今老大空看圖，江城鵩坐胡為乎！人間草堂何處無，只有西嶺如西都。

清源洞圖為潔上人作

泉南佛國天下少，滿城香氣旃檀繞。纏頭赤脚半蕃商，大舶高檣多海寶。清源古洞尤絕奇，花酒仙人顏色好。蜕骨巖連太碧霄，晉代青松三四抱。高攀南斗不滿尋，下視滄溟纔一沼。長年鐘磬度寥寥，四月笙歌來擾擾。青压不雨飛白泉，紫澤未春生碧草。鶴鳴洞口月蒼蒼，猿挂樹枝風梟梟。上方精舍秋葉紅，山人不歸蘿屋老。不須惆悵看畫圖，去去長歌海天曉。

淮之水一首送別

淮之水，向東流，水流只載行人舟。舟行如飛水如射，一日可到吳江頭。何不載此離情去，擲向天涯不知處。濠梁有客今白頭，望斷孤雲海天暮。

和東軒見寄長相思

長相思，何終極，有美人兮淮之側。攀援桂枝歌小山，盛服峩冠好顏色。昔年遺我雙龍刀，紫錦作檮縣素壁。中夜寒光貫斗牛，但恐屋頭飛辟歷。朝朝見物不見人，欲往從之脚無力。長相思，何終極！

秋鶯歌

千林入秋露氣清，林中尚有黄鶯聲。似與羣蟬爭意氣，東林飛過西林鳴。向來春風花滿城，柳條拂地如長纓。緜緜蠻蠻斷復續，千人萬人側耳聽。高樓半醉客，閣箋停吹笙。白馬貴公子，挾彈不敢驚。此時胡為不喜聽，奈何節序移人情。只合深藏緘爾口，亦有妬爾金衣明。反舌無聲良已久，伯勞布穀俱潛形。秋鶯秋鶯爾能翩然入幽谷，老翁歌詩送爾便覺心和平。

邑後學林湯陳樹鈞仝覆校

卷五　五言律詩

應制賦聽松

石榻坐來久，松濤萬壑聲。輕揚同梵唄，細奏學龍笙。不獨廻禪寂，猶能悅聖情。莫歸還在耳，魂夢亦須清。

奉題岷峩堡障圖二十韻

舊說岷峩地，今觀堡障圖。煙雲開劍閣，花柳滿成都。宮殿規模壯，山川氣象殊。軍州餘五十，德教越邊隅。列戟千貔虎，連檣萬舳艫。涼颸消瘴癘，甘雨起焦枯。大矣帷王國，欽哉自聖謨。星辰天北拱，江漢日東趨。宗室推賢哲，皇綱在翊扶。逸才超子建，古迹陋魚鳧。美產隨方有，名公何代無。韋張曾節使，楊馬總文儒。錦綺民財異，鹽麻國用須。沉黎通詔焚，巫峽下荆吳。雪嶺西蕃近，青霄太白孤。來朝椎髻獠，入貢越裳徒。關己無當者，天何設險乎？詩篇歌樂土，筆力愧潛夫。撫卷生新想，聞風欲遠驅。永言磐石固，矯首望雲衢。

夢清遠兄

殘睡夜將晨，分明見故人。劇知情是妄，翻說夢成真。日月容顏老，池臺笑語新。三年消息斷，江漢尚風塵。

送瀾法師歸雲門

故山從此去，何日更相逢。獨倚千峯閣，閒聽六寺鐘。石牀流水繞，蘿逕落花封。會有東歸興，來尋雲外蹤。

暑病作

暑病只思臥，坐來頭目昏。愛涼頻換簟，畏日不開門。穴鼠窺人出，林蟬入耳喧。同袍來問疾，相對嘿無言。

挽戴隱居

仲夏初相別，何知異死生。艱難十日會，感激百年情。巖穴無遺佚，交遊失老成。忍將芻一束，脈脈對銘旌。

溪漲

曉起聞溪漲，披衣立小軒。混茫初學海，澒洞欲包原。光撼山根動，聲吹地軸翻。羣童不曉事，喧譟傍沙痕。

陳檢校見過

何來鳳池客，著屐到巖阿。溪雨曉初歇，山花開正多。道逢方外合，詩愛靜中哦。寂寞禪房晚，疎鐘出薜蘿。

重答夏本心

有約何曾至，無期却自來。暖憐沙上日，清愛竹邊梅。山鳥當琴几，溪雲對茗杯。桓公遺廟近，乘興一追陪。

洞山泉為諧舜咨賦

此水何年有，瀟瀟日夜聲。不教人外見，偏向洞中鳴。客思初無睡，禪心自不驚。休論為世用，且作在山清。

櫟山西齋雨中作

疎雨過高峯，幽齋對碧松。出山雲似馬，落澗水如龍。句向靜中得，身於僻處慵。小童林下至，報有虎行蹤。

寄汪隱居

茅屋湧溪阿，天寒補薜蘿。白雲當面起，流水繞簷過。藥老披榛斸，詩成倚樹哦。因逢鄰寺客，為問近如何?

故涇縣徐典史挽歌

白髮神仙吏，黄塵八十齡，竟同華表鶴，俄失老人星。甕盡牀頭酒，埃生桉上經。今朝來哭處，墓草未全青。

送夏景瞻獨立有作

溪上送歸船，新晴水一川。迅流端似馬，解纜即如仙。野迥村煙直，山高夕照偏。此時獨立意，都屬數聲蟬。

一室

一室晚獨坐，閒門心境空。偶將真意會，卻與古人同。經架侵窗雨，茶烟趁竹風。興來戛銅椀，未必便為通。

閒行

林下可逍遙，閒行意頗超。幽花不礙路，偃木自成橋。度嶺何須屐，斞泉豈用瓢。無媒甘老去，愛爾草蕭蕭。

送春

忽忽雨中去，獨吟相送時。忘情從別易，惜老願歸遲。花在如憐客，鵑啼欲恨誰。明年看到處，知爾更無私。

喜王子謙見過

積雨林居僻，俄驚使節臨。不因今日話，爭見古人心。疏磬青蘿外，流鶯碧樹陰。松門閒不掩，此後更誰尋？

休鑷白

休鑷髭髯白，從教次第生。和風消不得，妙藥染難成。間竹梅初破，黏松雪半晴。今朝閒把鏡，稍共鬢毛明。

西閣為脩師作

眷茲山閣小，獨住一閒僧。座冷浮青藹，檐虛挂碧藤。禽殘瓦鉢水，鼠餂夜窗燈。愛爾不能懶，時時為一登。

與徐伯廉再往南陵

又向南陵去，復攜良友同。人煙千嶂裏，客路百花中。雉雊初晴日，鶯啼滿樹風。漸知精舍近，清磬出林東。

雙清士詩

廬陵張君書紳、歐陽君子剛，宦遊四方，同為浰省掾，以清自勵，大叅蔡公嘉其操，為署所寓邸曰雙清館，而書紳先以滿告去，子剛誠有不忍舍者，予為《雙清士詩》以贈之。

有美雙清客，齊名浰省郎。兩凫相上下，聯璧有輝光。粉署朝同硯，郵亭夜對床。涼風鳳池上，羽翮惜分翔。

題　畫

紈素不盈尺，寫成千嶂圖。松杉開閬苑，樓觀湧玄都。瑤草如堪拾，黄猿不受呼。羣仙相次坐，許共一僧無。

送玄極歸仙居三學寺兼寄固壞菴

昨夜共青燈，今朝下碧層。衣沾吳埜雪，飯煮越溪冰。鄉寺居三學，宗門尚一乘。故人頭向白，送爾思彌增。

作詩贈智一真

作詩期必化，化是不凡材。龍起天雲合，鵬飛海水開。具區春泱漭，泰華曉崔嵬。試問同禪侶，平生悟幾廻。

題漁樵圖

兩客此相遇，百年天與閒。泊舟臨碧岸，吹笛對青山。怪樹依巖老，幽花笑日殷。畫圖誰不羡，塵土自摧顏。

題彌仲綸澹泊齋

禪齋名澹泊，自可寄閒身。席上塵都積，門前草自春。寒衣縫埜槲，曉飯煮江蓴。不動區中念，端為世外人。

贈立恆中

海外趁商船，江東住幾年。華音雖已習，鄉信若為傳。一鉢隨緣飯，諸峯到處禪。涼秋明月夜，夢度石橋煙。

登多景樓

水際一峯出，飛樓倚沉寥。煙雲連北土，風物見南朝。山勢臨淮盡，江聲入海消。偶來閒睡客，憑檻興偏饒。

送潘允英還鄉

秋風江上起，江水日增波。旅服迎寒薄，鄉心到夜多。吳檣隨北雁，海舶聽南歌。想見伸嘉慶，雙親髮盡皤。

送王叔潤

平涼來又去，官滿復之官。塞晚黄雲合，邊秋白草寒。有儲諸將喜，無訟遠人安。萬里關山月，吟詩獨自看。

賓德遠西齋讀易詩

西齋讀《易》處，心與靜相宜。對燭雨涼夜，卷簾天霽時。妙觀甯有象，至玩本無辭。一悟窮通理，陶然坐自怡。

登相國寺樓

冬日大梁城，郊原四望平。雲開太行碧，霜落蔡河清。欲問征西路，兼懷弔古情。夷門名尚在，無處覓侯嬴。

過虎牢關

入關登峻坂，出谷見黃河。客路車行窄，人家穴處多。洛陽當勝概，嵩嶽近嵯峩。千古興亡恨，臨風一浩歌。

長安雪中

歲暮長安道，天寒積雪深。淒涼遊子意，欸曲故人心。未遂終南隱，徒憐灞上吟。明朝又西去，秦樹晚沉沉。

題馬文德終南別業

別業終南下，屯居異輞川。豆生新雨後，禾熟早秋天。明月池邊酌，涼風樹下眠。龔黃成底事，青史舊空傳。

發扶風

曉發扶風縣，雲低欲雪時。長河王莽寺，獨樹馬超祠。營窟炊煙早，牛車度坂遲。非熊無復夢，渭水自逶迤。

雪 嶺

華戎分壤處，雪嶺白嵯峨。萬古消不盡，三秋積又多。寒光欺夏日，素綵燦天河。自笑經過客，相看鬢易皤。

屋舟

吳人舟似屋，今子屋為舟。四面水都繞，百年身若浮。下臨知有地，中坐恐隨流。夢裏天無際，微茫發棹謳。

送鄭公志奉兄骨還鄉

昔出為元方，官登吏部郎。挈家才食祿，裹骨竟還鄉。歲暮冰霜白，山空草木黄。雲邊孤雁影，南去海天長。

天華

說法造玄微，天華白晝飛。從空方糝糝，似雪又霏霏。滿座都凝目，何人更著衣？梁朝臺咫尺，今古共光輝。

次韻詠雪

漬窗疑雨急，投隙信風斜。換竹千林色，添梅幾樹花。戲堆朝作獸，滿掬夜煎茶。乘興山陰客，能過靜者家。

槎峯雜詠

芝巖

高巖何壯哉，萬古碧崔嵬。不是五丁鑿，應同一氣開。靈芝隨地有，怪木是誰栽。待結茅亭後，時時引客來。

南 澗

攜友過南澗，槎橋類斷虹。鳥啼青嶂外，麋臥綠陰中。僧笠迎秋雨，樵歌落晚風。謝公雙屐健，獨入杏林東。

杏 塢

山杏何人種，東風滿塢花。如聞魯壇曲，或是董仙家。谷口千林密，巖前數樹斜。明春移屋去，住近赤城霞。

白蓮沼

不作虎溪念，開池種白蓮。但知今日事，甯論昔時賢。疊石高為岸，疏渠細引泉。看花初日際，玉立淨娟娟。

對池亭

一亭如甕大，自可着閒身。白首幾時客，青山有限人。到秋蓮實老，得雨芡花新。莫謂無心事，朝朝送日輪。

三老亭

為愛巖栖好，結亭於此間。一身同二老，白首得青山。破靜聞猿斷，忘歸待鶴還。采芝人去後，日莫碧雲閒。

深 居

山崦人重重，誅茅第幾峯？四檐青樹合，一徑白雲封。夜冷齊腰雪，春陰破額松。自來深處住，樵客不相逢。

送宗法師住慈感

坐惜故人別，年華老漸催。冬深不見雪，春近未逢梅。船向苕溪去，水從天目來。今宗亦寥落，幾處講筵開。

題　畫

良工奪化工，隨物寫形容。可怪一尺素，忽生千萬峯。塢雲白冉冉，巖樹碧重重。忘却是圖畫，出門攜短笻。

送張士衡之陝西

故舊今誰在？江花四十春。獨慚青眼客，相送白頭人。紗帽新辭闕，單車遠入秦。廣文樽散意，好在酒杯頻。

處　夢

處世皆如夢，惟吾識趣閒。乾坤同逆旅，日月自循環。覓句多臨水，支頤或看山。莊周與蝴蝶，猶在是非間。

石溪漁隱

乘閒垂釣客，多在石溪中。斷港孤蓬雪，長堤一笛風。滄浪歌濯足，渭水兆非熊。好為明時出，休誇隱德隆。

過鳳翔

驅車過鳳翔，馹路入汧陽。地接戎羌遠，山連蜀隴長。平川將盡處，重谷轉荒涼。明日關山道，登高望帝鄉。

次韻送徐伯廉歸南陵

把酒城南道，離懷去住同。鳥啼紅樹裏，人出翠微中。山雨添秋色，溪雲度晚風。倚樓相憶處，明月各西東。

江風山月堂詩為文起周作

風月堂清絕，江山夜寂寥。寒光吟處白，靈籟靜中消。脈脈照林薄，翛翛送海潮。禪心與詩思，何用不超遙。

入孤澗有作

谷裏何人住，山腰有徑通。老猿時挂樹，好鳥自吟風。古澗寒泉碧，連山夕燒紅。隱居慚未遂，明月片帆東。

朝　來

朝來暑氣清，疏雨過檐楹。徑竹欹斜處，山禽一兩聲。閒情聊自適，幽事與誰評？几上玲瓏石，青蒲細細生。

大甯寺喜雨

何處新聞雨，深山古寺中。曉聲兼蟋蟀，秋意在梧桐。已覺人情喜，深知歲事豐。山翁病全減，相對笑顏同。

過后山[①]

為惜山程近，行穿石徑微。藤稍斜刺眼，草子細黏衣。廢宅人何在，荒林鳥不飛。舊遊還歷歷，撫事覺今非。

校勘記：

①“后山”，当作“後山”。按：古人有以“后”为“後”之俗字者，然古籍用者頗鮮。复按：《四庫》本亦作“后”。

幽　居

長夏山中客，幽居愛靜便。花垂初着雨，樹白半籠煙。斬竹脩瓜架，刳杉引石泉。有人知此趣，為爾一掀按“掀”疑作“欣”[①]然。

校勘記：

①“掀”，《四庫》本正作“欣”。

兀　坐

清曉澹無為，空齋兀坐時。百年惟有嬾，萬事不求知。松雨晴還滴，茶煙起更垂。何人共怡悅，隨意獨支頤。

雨中作

山雨暗連村，游人不到門。幽居斯道在，黄卷此心存。世豈齊常變，吾方一靜喧。竹禽如解意，相對語前軒。

雪　夜

沉沉寒夜永，歷歷禁鐘餘。空館三更雪，殘燈一卷書。禪扉原寂寞，客舍獨何如？不是忘情者，孤懷詎可舒！

送楊子震之夔州府知府

太守之官去，遥遥白帝城。江流諸葛陣，山木杜鵑聲。自古論形勢，于今息戰爭。文翁能化蜀，端不負皇情。

題送別圖送客

送別長干道，仍題送別圖。平林帶遠谷，白鳥下青蕪。天際帆千幅，沙頭酒一壺。勞勞亭畔柳，還似渭城無。

次韻東軒見訪

老結淮山屋，重圍橡樹林。鹿行巖徑窄，虎飲澗泉深。風雨人間事，冰霜世外心。夜來明月上，擁毳一長吟。

亭南書隱為貢友達作

敬亭南埜澗，家世舊雲林。三畝水邊宅，半生燈下心。閒依渭叟釣，醉與楚狂吟。門外無車馬，年年草自深。

次韻贈太平縣姚主簿

龍虎新開國，鴛鸞盡列廷。辟書從帥閫，得縣次郎星。材儗王詢筆，文超崔瑗銘。暫時栖枳棘，從此奮青冥。舊説酬三語，猶聞究一經。陋邦霑美化，疲俗尚輕刑。秋水清虚郭，春山紫翠屏。冥懷勞簿籍，散步出郊坰。薄暮投禪屋，將詩自憲庭。來窺麋鹿性，喜識鳳凰翎。破榻霜苔冷，孤燈夜雨青。吾生同槁木，身世即浮萍。老去思歸瀨，年來厭在涇。逢君俱越客，矯首望東溟。

排律詩三十韻奉餞杭州王太守任滿朝京

吴甸初賓服，皇威暢海壖。錢塘稱劇郡，太守選時賢。保障東南重，絲綸惠化宣。疲民思白日，披霧得青天。示儉豪奢革，袪煩疾病痊。涫風還大朴，舊俗付新湔。清淨尹東海，寬明黄穎川。論才當第一，奏課合居先。漢室苻中剖，黄堂席更專。兩轓朱烜赫，五馬爛聯翩。方伯真榮矣，斯人亦幸焉。始終如一日，安集已三年。市有新成屋，郊無久穢田。湖山青入畫，桑柘緑如煙。昔在新安治，恭聞異績駢。大州難接武，列郡少隨肩。棠憩陰初合，瓜期代倏然。依劉心耿耿，借寇思緜緜。白叟驚相顧，黄童也自憐。臥當侯霸轍，挽擁鄧攸舡。趨陛雲霄逼，承恩雨露偏。赤墀迎氣淑，紫服照春妍。行獻嘉禾頌，歸歌《湛露》篇。賜書褒美効，增秩比超遷。當路瞻鵬舉，臨風想旆還。夢廻江上笛，愁絕雨中鵑。謬忝餘波及，都將外物捐。茆茨閒日月，鐘鼓樂林泉。支遁期玄度，韓公識大顛。試磨蒼蘚石，遺愛儘堪鎸。

送宋學士歸金華

當代文章伯，朝廷制作新。儲宮賢少傅，開國老詞臣。際遇超今古，優容異等倫。莫歸蓮作炬，前席錦為茵。班固材尤贍，揚雄語大醕。一麟生治世，長劍倚秋旻。仲子金閨彥，佳孫玉樹春。尋常勞聖眷，七十解朝紳。戀闕行猶緩，還家樂更真。都門開祖帳，里曲候征輪。未覺鄉音改，其如此志伸。淨名應杜口，善慧必觀身。婺女星辰逼，蘿山雨露均。挑燈書細字，置酒洽比鄰。白石求真侶，青松結社人。無心誠契理，有道足怡神。自愧非支遁，空知讓許詢。三生情是夢，十載法為親。別去投青簡，秋來覲紫宸。涼風吹采鷁，擕手大江濱。

法華山房為敷竺曇賦

山房白日靜，政對五蓮峯。猿坐沼邊石，鶴巢檐外松。簡門[①]無客到，深徑有雲封。座冷千林雨，香殘半夜鐘。道情甘淡泊，身計得從容。莫戀一枝穩，鳥飛無定踪。

校勘記：

①“簡門”，《四庫》本作“閒門”。按：当以作“閒門”者为是。

隴下居

佛隴金銀地，新塋祖塔前。誰知天地秘，遠付子孫賢。月冷石橋磬，雲開華頂蓮。好留行道影，千古照林泉。

山水圖 二首

何處山如此？人間畫獨工。數峯華頂合，一逕石橋通。埜艇依桃澗，仙臺近柏宮。曇猷不出定，雲樹晝溟濛。

絕境天成妙，良工意匠能。山腰上方寺，樹杪獨行僧。澗滿泉流迸，雲虛谷氣蒸。衡廬端可挹，好上最高層。

晚晴出縣渡賞溪

出寺雨初晴，溪廻夕照明。柳邊雙鳥白，松際一蟬青。小縣逢迎數，孤舟去住輕。因看下灘水，笑問幾時平。

落葉

一片復一片，西風與北風。但看階下滿，不覺樹頭空。綴服猶堪用，題詩自不工。山童朝更掃，閒委古牆東。

卷六　七言律詩

回朝次韻

日華初轉萬年枝，西武樓前賜坐時。獨荷聖情親有問，敢言吾道合無為。寶爐嫋嫋天香細，紫閣沉沉晝漏遲。歸路鐘山纔咫尺，晚涼松下賦新詩。

九月晦日高僧同朝賜饌

百官朝退萬幾閒，供奉雙趨更引班。御座近瞻天咫尺，方袍連奏殿中間。碗浮牛乳玻璃碧，甌薦龍團瑪瑙殷。奉詔且留京寺住，敢期何日定還山。

進應制獻佛樂章

曉進封函紫殿深，九重齋沐政虛心。翰林拜署延慈曲，樂府翻歌法壽音。清廟烈文同盛大，白雲黃竹異荒淫。由來製作當時事，千古揄揚始自今。

病中作

身老那堪病更纏，小齋欹枕祇高眠。階前秋雨連三日，籬下黄花自一年。摩詰不知除病法，嵇康空著《養生篇》。尚方再賜千金藥，慚愧皇恩下九天。

送羅斛使者郭元恭歸國

危檣鉅舶在津亭，一曲商歌酒半醒。新水滿江過北固，好風十日度南溟。瘴雲起處桄榔黑，毒霧開時島嶼青。到日蕃王應勞來，皇仁無外説朝廷。

送詹承旨致仕還鄉

玉堂學士老歸田，聖主垂情賜寶篇。辟穀張良方遂志，散金疏廣共稱賢。晴江畫舫波濤穩，秋浦黄花雨露偏。應夢榻前催草詔，夜深宫使送金蓮。

河湟謾興

雪峯西面是羌渾，天設奇關限土門。出塞已聞收部落，乘槎亦欲問河源。霰鋪青草烏雲合，風卷黄沙白晝昏。聖代安邊有良策，只今遺孽自星奔。

五雲西蜀王讀書處

五雲繚繞日華西，柳外旌旗簇仗齊。綠水接連青瑣近，黃鶯飛過畫橋低。朝廻席上焚香坐，詩就屏間縱筆題。獨有鄒枚曳裙客，每因獻賦上丹梯。

送陳中復許寫予真

武英殿裏朝天日，曾見曹公奏放還。老鶴有心歸海國，白雲無意戀鄉山。九重城外征車遠，一曲湖邊釣艇閒。為報僧繇休閣筆，興來貌取道林顔。

送張生歸永嘉

憐君高興在林泉，來伴枯牀獨夜禪。客館偶逢殘暑雨，歸裝應及早秋天。山光閃閃三台外，海色蒼蒼九斗邊。往事舊遊成一夢，臨岐攜手意茫然。

和程續古秋日見過兼次韻

上方高處古禪關，一曲清溪萬疊山。松樹不嫌僧共老，菊花應笑客能閒。西風岸口孤帆轉，落日林邊獨鳥還。一自兵餘行樂少，且須今日盡歡顔。

送王惠芳之金陵

涼風一棹送君初，秋雨荒溪草樹疏。十載丹陽舊遊地，數封燈下故人書。已看有志能投筆，豈謂無門可曳裾。後日天邊見鴻雁，凴[①]將消息報何如?

校勘記：

①“凴”，《四庫》本作“憑”。按：“凴”、“憑”同。

入櫟山寫呈無極老禪

干戈擾擾客難禁，避地來依碧嶂深。亂裏獨驚浮世事，難中多見故人心。千章古木羣峯合，一徑長松十里陰。更欲移茅入重崦，白雲無路可追尋。

入麻谷

入谷初疑路不通，一溪流出萬山中。化人宮殿非今制，野老衣冠有古風。黄獨斸時朝雨歇，紫芝歌罷莫雲空。重陽且莫登高去，厭見涇川賊陣紅。

贈郭子莊之南昌

昔觀王粲《登樓賦》，近識林宗墊角巾。淮上小山千里夢，江南芳草十年春。來尋松院棲雲客，去作轅門草檄人。明日天邊一廻首，涼風吹老賞溪蘋。

故人至

十年吳楚念西東，豈謂高談此夕同。坐對燈花渾似夢，驚看鬢色已成翁。關河阻絕朋游少，天地蒼茫吾道窮。西閣小琴閒挂壁，且將一曲和松風。

歲暮寄琴溪釣者

溪上天寒草屋貧，古臺幽處獨垂綸。已無綠醑消閒日，只有青山似故人。鯉背好游天上國，羊裘不染世間塵。一年幾度能相見，明日匆匆歲又新。

登峩眉亭

千尺蒼崖一小亭，大江東下入滄溟。磯頭牛渚從來險，天際峩眉不盡青。南北山川分歷歷，荆吳檣艦去冥冥。十年兵後重來客，獨倚闌干兩鬢星。

曉出吳門

曉出吳門有北風，片帆高挂一飛鴻。如騎鶴背行天上，似聽猿聲下峽中。楊柳人家迷咫尺，蒹葭漁唱隔西東。十年霸業同朝露，回首蒼茫故壘空。

和張光弼留别

老來心事向誰論，且對青山酒一樽。湖上夢醒思舊將，江西書去問諸昆。可憐漢祖今無廟，還喜留侯尚有孫。手把過眉笻竹杖，與僧閒步出松門。

和徐大章登南天竺山樓韻

徐君為愛南竺幽，登此塢口之飛樓。鄉山數點海東際，客路十年湖上頭。澗泉翛翛落靜夜，風葉淅淅吹高秋。便當倚檻和新作，為報主人須少留。

錢塘懷古

欲識錢塘王氣徂，紫宸宮殿入青蕪。翔方鐵騎飛天塹，師相樓船宿裏湖。白雁不知南國破，青山還傍海門孤。百年又見城池改，多少英雄屈壯圖。

天地無情日月徂，鳳凰山下久榛蕪。獨憐内殿成荒寺，空見前山映後湖。塞北有誰留一老，海南無處問諸孤。蓬萊閣上秋風起，先向燕京入畫圖。

送憲上人歸臨海龍華寺

菊花開日問歸舟，三載錢塘已倦游。舊業池臺因夢去，異鄉風土為誰留。白雲山寺楓林晚，黄橘人家海岸秋。珍重而翁好懷抱，幾時同倚夕佳樓。

曉晴坐流止亭俯視山下眠雲有作

非煙非霧曉濛濛，萬象都歸一氣中。深似海時初歇雨，白於緜處不隨風。得閒漸有還山意，偃臥甯無澤物功。亭際老僧來倚檻，只疑下界頓成空。

翠微深處為傑上人作

翠微深處亂山中，築室閒依桂樹叢。夜榻泉鳴空澗雨，曉園花落滿林風。窗舍細靄衣長潤，橋擁浮槎路不通。異域十年天萬里，幾番歸夢海雲東。

送呂尚書除兩淛鹽運使

曉別都門柳似煙，大江積雨水如天。朝中舊聽尚書履，吳下新迎運使船。自古均輸資國用，即今綱領任才賢。莫言此去南京遠，咫尺錢塘是日邊。

次韻寄延齡峯講主

五年不見老齡峯，高枕吳山似臥龍。海菜晨充齋鉢供，天花晴撲講筵鐘。琅函久閟金襴密，石塔新圓寶樹重。道貌近來聞瘦甚，莫如秋後看山容。

隋堤

搔首隋堤落日斜，已無遺柳可棲鴉。岸傍昔道牽龍艦，河底今來走犢車。曾笑陳家歌玉樹，卻從后土看瓊花。四方正是無虞日，誰信黎陽有皷笳。

送懷以仁還雪竇

此日重歸乳竇峯，筍輿十里度松風。月明谷口聞猿嘯，雨過巖前見虎蹤。下界任從滄海變，舊房應許白雲封。暮年相送情何限，安得還山志願同。

偶作

新鑿方池水未平，晚晴獨自繞池行。好花都向雨中盡，幽鳥忽來林外鳴。科斗黑時初種藕，鴨頭綠處欲生萍。匡山舊業閒料理，更結茅亭此計成。

送懷以仁法師歸錢塘

西湖茭筍夏如玉，龍井楊梅舊有名。白髮故人千里去，青山獨客此時情。呼猿洞口蘿龕老，石蟹泉頭茗椀清。廻首天涯來往迹，海門潮落又潮生。

送崔生之錢塘

黄鶴仙人過遼海，一見賢甥似舅多。家世未應憐寂寞，丹青曾不廢吟哦。天邊白日思鄉夢，江上涼風發棹歌。為報錢塘舊相識，空慚桂樹小山阿。

山林隱居為周道士作

冶城高處蕊珠林，此是仙家第一岑。煉藥火殘雲淡淡，步虛聲動月沉沉。階前瑤草千年碧，門外黄塵十丈深。欲訪華陽陶隱士，松風閣上聽鳴琴。

秋江夜泊圖

舊游不記是何年，曾向山陰夜泊船。鐘磬遠來千嶂外，桅檣半出碧灣前。蘆洲月白雁初下，竹屋燈紅客未眠。欲訪支郎無處覓，至今清興尚悠然。

送福長老

五載西行同苦辛，扶持老病最情真。千山雨雪獨騎馬，萬里沙場不見人。京國歸來天闕近，鄉閭去建法幢新。今朝相見仍相別，目斷孤雲碧海濱。

紫虛丹室

紫府真人洞裏天，住來丹室是丹田。玉池細細浮青液，金戶霏霏出絳煙。緱嶺或來王子晉，蒙山時下羨門仙。日長別殿香雲合，細讀《南華》內外篇。

題道士曹布鳴祀恆山贈卷

魏公承詔祀恆山，更遣仙官列從班。六月函香天上去，三秋乘傳北邊還。笙簫度月金童遠，幢節飄空紫鳳閒。聞有清詩三百首，不將一字落人間。

送徐生之蜀省覲

春風初起送江船，西上迢迢路八千。巫峽波濤通七澤，成都花柳接東川。元戎號令飛荒徼，公子才華騁少年。遙想峩眉山上月，夜深應照綵衣筵。

和蘇平仲見寄

蜀中人物在江南，喜有文章繼邵菴。臥病已聞辭翰苑，老來深欲事禪龕。留衣寄別猶存跡，解帶投機不用衾。尚恐時人知姓字，肯書博士舊官銜。

西去諸峯千萬層，帳房牛糞夜然燈。馬河只許皮船渡，戎地全憑驛騎乘。青蓋赤旛迎漢使，茜衣紅帽雜蕃僧。愧如玄奘新歸洛，欲學翻經獨未能。

緇衣垂老忝朝臣，未敢辭官愧古人。今代有誰為棄物，萬方無地不歸仁。休論服色青如玉，自笑頭顱白似銀。它日放歸華頂去，政須結社約遺民。

寄題邵武虞公忠恕齋

聞說樵川郡郭西，高齋住近紫雲溪。吟成滿地綠陰合，睡起一聲幽鳥啼。澤物心同時雨洽，致君道與古人齊。晚來客散重扉靜，閒整書籤手自題。

送項處中歸越

詔下山東遠賜歸，去官如此世間希。黃冠賀鑑遺風在，白首馮郎舊念非。一鏡平湖蓮葉艇，千巖寒雨薜蘿衣。今朝相送長安道，目斷秋雲獨雁飛。

贈郭子莊之南昌

一騎新辭白下橋，豫章南去雨瀟瀟。元戎妙畧歸孫楚，賓客英才重鮑昭。近水高城江勢轉，倚天長劍斗光搖。湖邊孺子亭猶在，應采芳蓀賦《大招》。

送曹國公北征

上將提軍事北征，旌旗百萬出南京。直教大漠空沙磧，豈但先鋒破敵營。瀚海無冰堪飲馬，天山有石可鐫名。由來衛霍多勳業，從此三邊不用兵。

偶作次王以中韻

拄笏高人塘外居，作詩直與古人如。偶從荷芰香邊得，閒向篔簹節上書。白露濕階涼氣早，青燈照壁雨聲疏。曉來不署金吾事，帶劍承明去直廬。

澹泊軒

澹泊軒中澹泊人，蕭然一室甘清貧。寒到唯披百衲帔，饑來但煮三合陳。斷薪續床自可臥，熟炙待賓良不嗔。細嚼梅花和新句，屋頭月出如冰輪。

邑後學李鳳鏘李炳慧仝覆校

卷七　七言絕句

次韻錢塘懷古

愛梅處士住孤岑，吟對花前雪正深。不是蘇卿識佳句，文章辜負一生心。

山川形勝說錢塘，海接江流入混茫。百五十年成底事，一丘衰草委秋陽。

暑　夜

此夜炎蒸不可當，開門高樹月蒼蒼。天河只在南樓上，不借人間一滴涼。

春　雪

眼看平白失前坡，三日青松柰老何。昨夜東風消不盡，古牆陰處曉猶多。

秋日錢塘雜興

宋朝宮殿元朝寺，廢址秋風見黍離。百歲老人知故事，殷勤為說世皇時。

處士梅花千樹盡，蘇公楊柳一株無。向來畫舫今何處，落日西風埜水湖。

風篁嶺上看龍井，百尺寒泉徹底清。二老風流今不見，一聲山鳥夕陽明。

訪胡守中不遇

入郭尋君不見君，柴門閒對一溪雲。空山積雪無行路，何處今朝友鹿羣。

送人歸南昌

紅顏綠髮映春袍，三十年前白下橋。亂後重逢天竺寺，相看如夢說前朝。

故人多在大江西，欲寄封書懶不題。昨夜東風吹夢斷，曉來無賴是鶯啼。

道　中

青石懸蘿花羃羃，綠田分澗水泠泠。人家深住黃猿塢，漁網高張白鷺汀。

吳松江逢清明

吳松江上看春雨，客路扁舟三月行。兩岸人家插楊柳，不知今日是清明。

漁樵圖

析薪岸口晚風和，罷釣灣頭月滿蓑。相對無言成一笑，黃塵回首是非多。

宣城見吳溥泉

江海山林兩故人，敝貂殘衲總清貧。今朝疊嶂樓前過，不是五雲坊口春。

秋塘小景

西風昨夜到南塘，楊柳蒹葭色轉蒼。飛鳥獨來荷柄立，不教涼露滿蓮房。

秋光淡淡水盈盈，曾在耶溪緩棹行。日莫采蓮人散後，柳陰風度一蟬清。

畫　梅

今人寫花不寫實，古人詠實不詠花。晉代清談多少客，羞將勳業向人誇。

對　菊

病裏看花更惜花，誰分秋色到禪家。一年一度催人老，相對無言日又斜。

步虚詞贈湯煉師

風送仙香度玉墀，朝天歸路月明時。忽逢子晉雲中下，借得龍笙鶴背吹。

徽宗雪江獨棹圖

艮嶽秋深百卉腓，胡塵吹滿袞龍衣。淒涼五國城邊路，得似寒江獨棹歸。

度潼關

潼關西去入秦京，今古人多此路行。誰料不緣名利客，黄塵撲面聽車聲。

別隴頭

帝遣山人遠入戎，半年情緒客程中。隴頭流水今朝別，人自西行水自東。

題　蘭

溪寺曾栽數十叢，紫莖綠葉領春風。年來蕭艾過三尺，白首看圖似夢中。

題　畫

閒門寂寂掩芳春，坐看梨花帶雨新。鳥自白頭渾不覺，可堪啼向白頭人。

偶　作

竹外茅齋椽下亭，半池荷葉半池菱。匡牀曲几坐終日，萬疊青山一老僧。

山水圖

綠水青山茂苑西，荷花開滿越來溪。漁郎蕩漾灣頭去，五月深林謝豹啼。

送劉道士葬師

欲成仙道古來難，曾向先師學內丹。不省稚川屍解去，人間猶自葬空棺。

寄東軒

黃菊初開白露零，淮河水落遠山青。一聲雁度秋雲冷，吟到黃昏月滿庭。

次韻題宋孝宗朝馬和之所畫三篇詩圖此圖乃王風揚之水篇也

馬卿獨念宋中微，圖寫詩篇墨采輝。戍甫戍申都不及，西風淮岸鐵為衣。

題徽宗山鵲圖

落日黃塵五國城，中原廻首幾含情。已無過雁傳家信，獨有松枝喜鵲鳴。

題小景

數箇幽篁着雨低，兩株高樹倚雲齊。錢塘惟有空山在，莫是閒情寫會稽。

觀吳子行別仇山村詩作絕句弔之子行詩云劉伶一鍤事徒然胡蝶飛來別有天欲語太玄何處問西泠西畔斷橋邊

吹簫人去竹房空，海內猶憐學術工。最是西泠橋畔路，淡煙疏柳夕陽中。

題天台歸老圖

白頭天外未歸人，江上看圖愧此身。閒却溪頭半間屋，桃花流水幾經春。

山水圖

危峯削玉出雲端，仙館霜清古木寒。記得匡廬秋雨後，彭郎湖口倚蓬看。

邑後學李鳳鏘李炳慧仝覆校

卷八　五言　六言絕句

巖潭道中

古木灣頭漁艇，夕陽山下人家。風送一溪白浪，秋來滿路黃花。

題　竹

風過如聞玉佩，雨餘似長龍孫。靜愛此君高致，長日幽齋閉門。

山中小景 二首

谷口松杉無路，雲中雞犬誰家？仙客不歸春老，洞門千樹桃花。

四山一片秋色，埜客獨坐茅亭。渡頭紅葉如雨，石上長松自青。

過柳湖憶故人楊生

寒雲棲短柳，疏雨灑平蕪。不見舊詩客，空憐水滿湖。

秋　夜

窗外芭蕉雨，簷前蟋蟀聲。如將不平意，相訴到天明。

宿午峯

山中未云寂，半夜有松濤。不寐初來客，開門月正高。

釣朱溪

投竿溪水深，散髮朝日上。高歌不逢人，心與晴川廣。

蓮社鐘

方深區內緣，久負社中約。惆悵莫鐘聲，徘徊度林薄。

梅花莊水軒望清遠不至

望君水軒西，恨殺前村樹。日暮溪雨來，扁舟在何處?

題厓瀑圖

飛瀑灑寒冰，危梁跨碧層。天涯圖裏看，白髮未歸僧。

小　景

孤村帶寒鴉，遠山涵夕霧。渡頭人未歸，日落風吹樹。

水竹居圖

山人水竹居，畫圖看更好。十年不歸來，茅屋秋風老。

湘皋煙雨圖

翠袖湘江曲，秋林淚點斑。冥冥煙雨裏，不見九疑山。

晚　涼

晚涼池上亭，坐來心似水。雨過竹林青，風吹豆花紫。

次白以中西塘即景

茅屋夜然燈，中有讀書者。門外是官街，更深猶走馬。
落日雞鳴埭，何人射雉回？北湖山月上，相送暮鐘來。
千門甲第高，四海狼煙息。獨有周亞夫，時嚴柳營壁。

心遠亭

此心天地寬，幽亭寄閒靜。獨坐卷疏簾，落花春晝永。

秋江送別

江頭楊柳樹，秋雨更蕭蕭。可惜長條盡，那堪折短條。

聽　松

逸響依巖切，清聲繞枕寒。只疑幽谷底，急雨瀉驚湍。

松風澗水圖

泠泠澗中水，瑟瑟松上風。大音自無聽，月白千山空。

獨竹圖

獨立不偶俗，直榦挑高雲。曾過首陽下，永懷孤竹君。

邑後學陳樹鈞金嗣獻仝覆校

卷九　疏

清遠和尚住淨慈山門疏

學者得師，猶眾流歸乎大海；至人應世，如明月行乎太虛。為眾生到處開堂，念五濁隨機說法。其[①]才高行輩，望重叢林。胸中鉅浸稽天，孰窺涯涘；眼底豫章拔地，眾仰丰標。一甌兩躍嘉名，四海共傳盛舉。化馴異類，訥公顯神用於雲峯；學會諸宗，永明逞雄才於南宕。既踵乃兄故武，必追大父遺風。應真五百軀，不用施呈伎倆；大法二千載，敢煩整頓宗綱。慧日光輝，聖圖廣大。

校勘記：

①“其”，誤，《四庫》本作“某”，是。

實章法師住上竺諸山山門二疏

宗師負大法之重，遁跡非高；人才為當世之賢，超遷不次。雖用捨無關於我，而出處故有其時。某物外通才，法中偉器，入慧光室而味甘露，洞開真源；承五色詔以館鴻臚，發明奧義。與其化行中吳之久，孰若位冠五山之雄？妙演一乘，非藏非通非別；互明三觀，即空即假即中。況竹屋有先人敝廬，而白雲乃昔年分座。載脂載舝[①]，早駕指南之車；將翺將翔，願接垂雲之翼。共扶末運，敢不同心！

校勘記：

①“犛”，《四庫》本作“犛”，似誤。

翊祖高行絕塵，始現普門境界。辯才碩德，遡衆肇開；教海淵源，從茲冠冕。諸宗仰止，風規百世；代多作者，今見其人。某器宇恢宏，才學優贍，明宗辯旨，孰能相抗？立幡赴詔講經，何異忘言揮尺？況教府委宗極之重，而吾徒得北道之賢。由梁父登泰山，諸峯在下；駕大車歸寶所，家業斯存。觀四衆之機宜，闡一代之時教。桂子月中落，分來鷲嶺清香；鳥語山容開，坐見白雲深處。一音普被，萬壽無期。

業海和尚住天衣杭諸山疏有序

業海和尚，以耆年碩德居會稽，大唱佛智之道，化洽鄉里，道滿江湖。今年八十六矣，而容貌粹美，康強無恙，猶不倦槌拂，以接物利生為己任，實東南一善知識也。論者咸謂必得大道場處之，乃克稱其施設耳。比者教府命至，延居郡之天衣禪寺，為衆開堂，四方衲子，聞其出世，如景星鳳凰，莫不爭先快覩，故吾三宗之士，相率具疏為賀，蓋賀學者之得師，而非為師賀也。

大法垂秋，搖落祇園千樹；老師出世，瑞現優曇一華。不圖漢官威儀，乃有是翁矍鑠。某神觀超詣，道行孤高。南屏當時千百象龍，舊交盡矣；鏡湖一代風流人物，今誰過之？大鵬舉翮便高，蟠桃開花何晚！鄉閭有待，非支遁購沃洲之山；家世克昌，即天衣大雪竇之道。宜兜率見素翁而下拜，如西伯得呂望而載歸。搖六震，雨四華，願聞提唱；朝三吳，暮百越，誓欲從游。

約之和尚住育王杭諸山疏

訥公在圓通，不奉朝天之詔；大覺來玉几，特受還山之書。惟出處之無恆，信古今之同致。某行高前哲，德重當時。江西八十人，曾見象龍之會；廬山幾千仞，任從猿鶴之驚。快哉順水張帆，于以過家上塚。兄弟一門盛事，棣萼相輝；祖翁三代遺風，竹篦重舉。痛埽語言關鍵，孰窺妙密鉗鎚。人境俱奇，大坐殊勝。吉祥之地，東西相望，載歌秋水；明月之章，言不尚文，禮以通好。

木菴和尚住天童杭諸山疏

西丘晚住天童，門庭益峻；暮翁閒居紫籜，聲價愈高。起家有二難聯裾，接武見諸孫奕葉。某言超象外，行冠叢林，三聖太孤，大覺太賒，克明授受。九峯在前，楊岐在後，益喜激揚，未誇金地，招歸合羨，青衣給侍。正宗可慟，見破沙盆話重行；大雅無聞，聽師子觔琴再奏。走四方之學者，追三代之遺風。一身繫大法重輕，世事堪忍；千里想美人襟度，道義不愆。匪溢其辭，用脩于好。

雲天章住四明香山杭諸山疏

青錢付孤注一擲，有盧雉之雄；鸞膠續斷弦三歎，起宮商之妙。所嘅洞宗危甚，必得奇士振之。某德性溫良，語言簡拔，擅芝山之獨秀，得自鏡之密傳。桂花飯客，梨子啖仙。久分真味，銀椀盛雪，明月藏鷺，大闡玄猷。起家繼隰州高風，結社得香山勝地。法道重任，冀一身以當三千；雲路孤騫，去六月而搏九萬。少効彈冠之慶，尚期秣馬以從。

辯無言住溫州僊巖杭諸山疎

取貳師以得宛駒，樹功甚偉；入趙營而立漢幟，出奇無窮。惟志士克展其材，而通人乃識夫變。某語絕滲漏，理造玄微。嘉禾二甘露門，我入其室；靈山一大藏教，孰究其源。買臣懷印綬以示邸人，萬回著錦袍而歸鄉里。楞嚴破讀，巖泉尚為舉揚；證道忘言，江月本來無照。足任單傳之重，用增吾道之光。提破沙盆，握黑竹篦，總歸妙用；焚迦葉衣，碎維摩座，獨脫全機。山川不阻甌吳，書疏尚傳魚雁。

訶用明住福州鼓山杭諸山疏

巖頭在鄂，嗣德山不肯德山；雪峯歸閩，出鳶嶺復入鳶嶺。道既行於鄉里，跡未泯於江湖。孰謂斯時，乃逢作者。某詞傾三峽，氣吞諸方。潛子上書萬言，心存大法；善財歷城百所，學無常師。久聞持斧住山，猶自領徒行脚。機緣再舉，聖箭射入重城；山水昔游，輕車駕就熟路。豈無望塵下拜，亦有負弩前驅。乘天風，觀海濤，一何壯也；布慈雲，灑甘露，眾所望焉。勿以遐陬，遂疏交義。

西白和尚住天界杭諸山疏

大覺於汴京演法，累受宸奎；圓悟就廣陵開堂，特頒師號。眷茲禪門獨冠，欽承帝命維新，振耀古今，光輝宗教。某識高先德，名重當時，早追圓照遺風，已識法雷震地。壯游雲門故里，共驚慧辯縣河。今何時，欲安眠？為大法，宜再起。南山玄豹，七日霧以澤文章；北溟大鯤，萬里風而舒羽翮。實賴匡宗之重，非惟觀國之光。喜動天顏，蕩茶杯而忘世禮；力行祖令，握竹篦以顯家風。千載罕逢，諸方交賀。

觀靈原住北平慶壽京剎疏

竹林諸師，實嗣東山正脈；慶壽名剎，總領臨濟一宗。昔聞北產人材之多，今見南方法道之盛。粵維此舉，適際昌時。某淮海明珠，龍淵赤鯉。精神炯炯，清冰置寒露玉壺；文章翩翩，河閣舞朝陽丹鳳。克紹祖庭之舊，欽承帝命之新。折一蘆而渡江，不妨游戲；將三篋以束肚，未覺艱難。笑彼匾頭之領徒游南，愛夫鐵脚之傳宗向北。飛虹橋畔到時，楊柳依依；黃金台[①]前往事，煙雲漠漠。寸心如水，千里同風。

校勘記：

①“台”，誤，《四庫》本作“臺”，是。按：“臺”字偶有俗書作“台”者。

濟汝舟住虎跑諸山疏

神駒隨地，志在騰驤，利劍吹毛，功由淬礪。既為剸象斬蛟之用，必聘追風掣電之材。某人表堂堂，才華燁燁。用紙衣抄冷泉剩語，如玉如金；繞禪床轉大藏全經，非華非梵。取青紫如拾地芥，乘風雲以化天地[①]。按“地”疑“工”字之誤，或上句“地”字誤。趙州在北，雪峯在南，光輝諸友；周公拜前，魯侯拜後，榮萃一門。握竹篦便展家風，負栲栳徑入鬧市。百神共仰，東峯石塔猶存；諸祖有靈，南屏喬木在望。庶幾振起，相與周旋。

校勘記：

①“天地”，據《四庫》本實乃“天池”之誤。

琮蘊山住溫州天甯諸山疏

真覺至曹溪，一宿即還永嘉；雪峯於江外，久遊亦歸閩海。論其道則播於宇宙，計其化乃盛於鄉閭。由古若茲，匪今獨爾。某嘉名藉甚，美行卓然。受經問道，皆出一師；建刹移幢，俱於故里。蓋欲假扶宗之力，非徒羨衣錦之榮。內不避親，外不避讎，舉無不當；出則為人，處則為己，志有攸從。况喬木有先人故廬，而某邱乃舊時遊處。松風江月，雅宜世外逍遥；雁宕龍湫，敢效胸中奇勝。有如皦日，毋渝此盟。

昕東谷住台州靈鷲杭諸山疏

一釣而連六鰲，海水震盪；再見而封萬戶，聲譽蜚揚。不惟絕類離倫，亦乃驚世駭俗。某襟度冲曠，言論高閎。飲薑杏湯，鐔津豈知真味；持鈯斧子，石頭未是作家。欲移茅舍深居，爭奈諸方交聘。起天香之家世，此有人焉；分鷲嶺之祖燈，屬之子矣。所羨過家上塚，非誇駟馬高車。剖破藩籬，新展一家之好；混同文軌，遠傳千里之音。欲踐斯言，請自今始。

康穆菴住福州開元杭諸山疏

神鼎幽棲南嶽，豈有意於住山；天目高臥西邱，亦無心於應世。皆敦迫而就道，欲利益以及人。出處得宜，古今同體。某氣劘壁壘，舌卷波濤。辭徑塢以見南堂，盡翻窠臼；自明巖而移雲嶺，密運鉗鎚。雖談禪病以暫間，當為佛法而再起。道過雪竇，宜勇禪師之在保甯；名重閩王，即稜道者之遷長慶。黑豆法，星移斗換；破沙盆，玉應金舂。琴瑟必解更張，當施妙指；甌越自相攻擊，庶革囂風。雖曰阻脩，靡愆音問。

因了菴住越州明化杭諸山疏

簫韶正音，聞者心閒而體靜；醍醐上味，飲之神澹而慮清。明師登席，來學爭歸；賢士用時，善類相賀。某宗門鉅敵，海內勝流，為法忘軀。類濳子抱書，詣闕唆人；喫棒笑睦州，古寺掩關。嘗憶蓴菜以歸吳，匪資章甫而適越。惠文直下，宜如羽嘉鳳凰；了幼門中，有此封胡羯末。瞻會稽千峯堪數，視錢塘一葦可航。丞相遺德未衰，雲衲有賴；國師化風不墜，吾子其承。欲尋牛耳之盟，豈限衣帶之水。

真性存住上虞等慈杭諸山疏

垂棘璧，屈產乘，寔能照夜追風；雲夢竹，棠溪金，宜作勁才利器。既為人所貴者，必有時而用之。某柏操松姿，錦心繡口。江左早稱獨步，蒼鷹脫韝；吳中閒住多年，老驥伏櫪。競看棚頭傀儡，孰窺爨下焦桐。春到人間，芋栟自然萌達；雨施萬物，風雲先為馳驅。莫因荔子思閩，且倚梔樓行越。山川形勝，有虞之德尚存；人物清高，支遁之名不朽。力宏法道，大慰宗盟。

梗用堂住四明彰聖江湖疏

切謂倖門既啓，庸孺寖登；旦評不行，耆碩見棄。絳縣老辱在泥塗，雛道人動成阡陌。勢之若此，人其謂何？粤若用堂禪師，學貫諸宗，理探衆妙。才美而不外著，業成而道益窮。四十餘年，湖海宿衲，厥志靡伸，有識所隱。今移彰聖，雖曰序遷，亦未曆衆望。然古德應緣，貴行其道，位之高下，固弗足較。吁！百金之刀，不斬蛟兕，試用於雞豚；千里之馬，不騁康莊，緩步於邑里。利鋒逸足，綽有餘裕，矧今叢林不振，人物眇然。得一士以匡宗，俾善類而吐氣。亦曰幸焉，庸可賀已！

岳原靈住台州鴻福杭諸山疏

蓊蕚首創真如，吾道東矣；佛照初居鴻福，物論翕然。至今猶有耿光，當代豈無作者。某儀矩端重，才智優長。汪汪萬頃之波，孰能澄撓；昂昂九皋之鶴，過脱樊籠。三處鈯斧住山，十載錦衣行畫。"涼風生畫角"，昔人言句如新；"翠微開竹房"，先師面目尚在。起家聲於已墜，振法道於方危。胡馬北，越鳥南，信故鄉之可樂；日暮雲，春天樹，眷交義之難忘。欲寫永懷，尚憑尺素。

悟空叟住淛江萬壽諸山疏

東帛見徵，誰是鑿坏以遁；上書自獻，類多懷綬而歸。方欲致北山之移，其可廢汝南之論。聿觀斯舉，迥出常流。某行檢清修，風神簡遠。門前一湖水，見永明宗旨歷然；支那四百州，笑寶掌行脚事畢。思橘向洞庭深處，觀瀾到吳地盡頭。炊無米飯，接不來人，方稱好手；披忍辱衣，據法空座，合闡玄機。等閒把定要津，何妨混居闤市。木瓜種草，挺然又出一枝；祇樹園林，衰甚無如今日。庶幾戮力，相與扶持。

竺芳和尚住湖州道場京都諸山疏

聖皇重道，起遺老於海濱；吾宗得人，回真風於象季。茲既出當治世，矧曰簡在帝心。某行解相應，語嘿一致。用斷薪續床脚，貧無卓錐；緘白紙到峯頭，氣劘高壘。五百僧中，而得一士；三千年後，乃見蟠桃。吳越令行，不妨隨處作主；風雲際會，固知藏器待時。舉足即是道場，稱性無非禪悅。上雲峯，下幽谷，地位清高；東啓明，西長庚，光輝交映。有懷千里，彼美一方。

性源和尚住金山京都諸山疏

切謂古有道知識，多晦跡自高，弗就師位，其志毅不可奪。及聞善言，或乃俯徇。以汾陽之堅臥，聰公一言，矍然而起；以神鼎之閒靜，湘人一語，舍己以從。卒成叢林，以宏大法。然出處一致，甯貳吾心；應化隨緣，豈違眾望。惟性源和尚深徹法源，洞明宗眼，行足以服人，德足以化俗，自金鵝散席，即奮策長邁，放情物表，雖屈從龍河分座，而累諸刹之聘，比者金山具疏，請師開堂，師猶必力辭。耆耄之士，以汾陽、神鼎出處勸之，始黽勉屑就。嗟乎！蘭生幽谷，香氣遠揚；玉秘重匡，光輝外耀。孰得而揜之哉！惟上承祖道之重，下以副學者之望焉耳。

渻復初住蘇州萬壽京都諸山疏

吳下禪林，全盛時不復見矣；海內人物，老成者能幾何哉！故選用以得士為優，而責任以匡宗為重。適當繼發，所賴作興。某妙理深談，玄機獨運。奮遊如夢，蘭亭勝迹已陳；往事堪論，石城潮痕尚在。累卻諸方之聘，猶懷一室之安。素老與兜率交談，句中有眼；舉公見瑯琊用處，語外無玄。宜乎內不避親，況爾人皆曰善。茂苑繁華地，更聞迭奏壎篪；江東日暮雲，其奈多情猿鶴！力宏少室單傳之道，當効華封三祝之辭。

明性源住宣州護國疏

臥壑長松，豈負千尋之質；鳴皋老鶴，甯無萬里之心。此行雖未稱其設施，眾論蓋欲舉其遺佚。幸紆象步，早赴法筵。某妙語春溫，生機電掣。龍門獨步，少年志對一國之師；猊座高陞，兩會話行三佛之地。惟長材善於應世，而清議足以服人。移茅舍，入深居，固非至計；負栲栳，行闠市，迺見作家。故人歌日暮碧雲，往事問桑田海水。重來何晚，眷杜牧尚念昔游；得位非榮，比桓彝可依先隴。作興叢席，密贊蘿圖。

瓊蘊中住台州多福疏

方將軍肇興禪刹，偉績儼然；韶國師大闡化風，嘉聲藉甚。千古豈無繼者，一門尚有諸孫。某學問精深，風神秀整。凌霄峯頂，親當井底蓬塵之機；靈鷲山中，慣詠月中桂子之句。不起妙嚴本座，即登多福覺場。雪峯盛化七閩，久遊外郡；永嘉親承六祖，即返故鄉。當逢交友下車，豈羨邦君負弩。維桑與梓，尚懷先世植時，某水某邱，總是少年遊處。丕揚至化，上視蕃禧。

智海巖住太平萬壽京刹疏有序

國初有制，以應天、太平、鎮江、甯國、徽州、廣德六府所屬州縣，止留一寺一觀，令僧道會集同居，於是太平府萬壽寺在裁減例。僧既集居光孝，其寺遂虛，有司令黄冠居之。洪武七年秋，上特詔復為寺。寺之老成，合衆議曰：“昔為徒，居分十八院，衆餘三百，其志不一，寺用弗振。今所存六十一人，宜易為十方禪刹，延名師之主[①]，講行古規，陰翊王度，以無負皇上復寺之本意。且聞前百福海巖智公禪師，耆年宿德，菴居乳山，緇白嚮化，具禮迎請，必能俯從。”衆志翕然。狀申禮部，俾天界住持覈實，符下禮請，吾屬覩茲盛舉，有光宗教，義不得無辭，遂序其事，以致勸焉。

摧[②]邪顯正，降九重之德音；革律為禪，得六卿之符命。幸賴聖朝崇教，復喜法社得人。恭維某心地坦夷，行門清淨。鍾異何曾說破，妙挾機先姑溪。不是生緣，獨超物外。與其移茅舍深入，孰若著錦衣晝行？排闥直言，何時而安眠也；據鞍勇往，是翁尚矍鑠哉！雲本無心出山，鏡非有意鑑物。恢張家法，破沙盆玉振金聲；力闡宗乘，栗棘蓬東抛西擲。克全厥美，不負所期。

校勘記：

①“之主”，《四庫》本作“主之”，是。

②“摧”，《四庫》本作“摧”，是。

性源和尚住靈隱京刹諸山疏并序

性源和尚居金山廢刹五載，大旺其化。今靈隱以虛席聘之，使者疏幣往返數四，金山徒衆固留弗予，而兩寺爭之不少置。或有言於師曰：“金山藉師復振，靈隱亦廢刹也，一往起之，豈不可哉?”師乃幡然俯從，即趣辯[①]按“辯”疑“辦”字誤。戒途。吾屬聞而壯之，其與請留圓照明覺故事蓋相類，於是作疏抒其意，以為法門賀。

或出或處，何有局於方隅；固請固留，咸謂私我知識。雖則攀轅臥轍，其如奉幣致書，不意斯時乃聞盛事。某話行湖海，望重叢林。德雲不下，妙高豈無方便；永明升住，靈隱亦徇時緣。起宗綱於已頹，回狂瀾於既倒。借師植福，圓照曾慰杭人；對眾揚言，明覺終歸乳竇。況是本色宗匠，宜居絕勝覺場。如來禪，祖師禪，真風再扇；我北海，君南海，明月一方。

校勘記：

①“辯”，《四庫》本作“辨”，李樹封疑之，是也。

焦山復西源住金山京城諸山疏有序

性源禪師既赴冷泉，乃舉焦山西源復公禪師補其席。蓋西源居浮玉甚久，凡所設施，皆可稱述，且於京口之人，有大緣契，求善繼者，莫西源若也。故於此舉，僉曰攸當。於是具疏，以致賀焉。

金鰲之於浮玉，其猶季孟之間；妙喜之於應菴，本是叔姪之行。孰謂傳持不可，茲焉舉代尤宜。某學有旨歸，言無緣飾。半生多居京口，盛見父子一門；故鄉原在天台，素稱人境雙絕。據形勝，當南北之要；化瓦礫，為釋梵之宮。慈受由浮玉而登蔣山，學徒益眾；別峯自金鰲而遷徑塢，聲價彌高。雖弗較位之崇卑，亦惟在緣之去住。少迂脩步，爰繼芳猷。何時安眠哉，便當投袂起矣；清風半帆耳，自可泝流從之。力任單提，光揚季運。

跋王達善梅花詩

詩乃性情流至者，苟本性情而發，則如風行水面，自然成文。今王君達善梅花詩是已。況其天姿英邁，出人意表，一夕之間，百篇俱就，既敏且美，雖七步之才，不足多也。故書之左方，以告賞音者焉。

邑後學陳樹鈞金嗣獻仝覆校

續全室外集

題顧仲瑛雅集圖

良時不再逢，嘉會難復得。斯人亦云丘，玉山空黛色。有生能幾何，忽如駒過隙！昨日歌舞地，廻首成陳迹。臨淮秋雨朝，覽圖增太息。黃鵠招不來，蕭條望八極。

送一初講經還京師奉詔住天禧寺

鳳城夜來雨，南風生綠槐。良友捨我去，老懷誰與開。晨雞戒蓐食，使者行相催。空餘淮甸月，長照講經臺。中都寡名緇，有此萬人特。問法常滿堂，白日無虛席。去留係重輕，山川為改色。風雨舊房前，蕭條芳草積。相知二十年，相見輒傾倒。平生江海遊，如此眼中少。白首送歸情，何以寫懷抱。曉日幽林中，和鳴有黃鳥。

遠山樓為嚴子明作

去年曾上遠山樓，樓上疎簾不下鈎。一點峯巒青髻出，半空臺殿采雲浮。煙生近郭千村暝，水落長淮萬里秋。門外紅塵深沒馬，何人知有此清幽。

南閣偶成

南閣一躋攀，川原指顧間。埜煙低度水，暮雨暗連山。去馬黄沙路，征帆碧樹灣。不知人世裏，今古有誰閒。

題張士衡畫竹

誰寫琅玕近石傍，半叢春雨半秋霜。雲門山客豈無意，老幹不如新筍長。

題盧生山居五事

耕　田

前村後村雨歇，舍南舍北水生。借問南山扣角，何如谷口深耕。

牧　牛

緑草茸茸[①]滿蹊，牛跡遠近都迷。煙外數聲桐角，溪東吹過溪西。

校勘記：

①“茸茸”，误，《四庫》本作“茸茸”，是。

灌　畦

抱甕歸來日暮，高槐樹下月明。喚取鄰翁對坐，一樽濁酒同傾。

采　藥

日出長鑱在手，獨入千山萬山。忽見桃花流水，誰知不是人間。

洗竹

雜生千個萬個，淨洗三叢兩叢。眼底亭亭玉立，美人含笑迎風。

題畫

白雲生遠岑，明月照空谷。松下兩仙翁，行歌紫芝曲。
霜清鏡湖水，木落剡谿山。寂寞草堂客，看雲終日閒。

水仙梅

月白羅浮夜，波生洛浦春。夢中相見處，對雪寫風神。
湘妃出鮫宮，玉佩隨風舉。不見九疑山，愁雲隔遠浦。

畊雨

鳩鳴桑雨深，蓑笠耦耕叟。短歌三兩聲，東風動楊柳。

龍江送別圖

馬仁安寫贈郟志行，時志行歷城縣丞，仁安鄘縣主簿，同時之官。

相送龍灣雨雪寒，齊秦千里各之官。青山綠水江南意，畱取新圖別後看。

送人歸南昌

白首相逢又別離，好懷開處不多時。江頭柳樹春風裏，怪底千絲與萬絲。

山水圖

仙閣崖根桂樹叢，釣絲溪口荻華風。支公吟對千峯晚，放鶴歸來月滿空。

題翠竹芙蓉

眼前清麗是秋光，翠竹疏疏映拒霜。王母燕歸風露冷，碧雲影裏淡紅粧。

寄陳生

疊嶂樓前九曲坊，曾同墨客坐華堂。卿家好事能投轄，簾卷春風白晝長。

渭水離亭圖

太白峯前渭水邊，柳亭春雨惜離筵。江南回首三千里，一度披圖一惘然。

感時

不謂承平日，居然有亂離。感時空自歎，避地欲何之。蛇虺江淮塞，鯨鯢渤澥危。青山雖滿眼，無處著茅茨。

題然本中巳山樓

此地昔年過，憑高興若何？市聲歸院少，山色入樓多。白日下空際，片雲生碧阿。今朝易為感，回首一長歌。

送術士李光道歸越

送客都門道，落花逢暮春。還持鬼谷術，歸隱海東濱。流水溪頭屋，白雲松下身。他年應辟薦，來訪赤城人。

梨園圖

千樹花如雪，梨園春晝遲。霓裳齊起舞，鳳管不停吹。院落深沉處，君王醉醒時。玉人憐貌損，折取半開枝。

藥菴

卿家藥作庵，因病卻相諳。品數居南北，溫涼識苦甘。洗當泉脈活，曬待日光酣。四壁無他物，應知老更躭。

秋 興

六載江淮厭用兵，遺民處處困徭征。蕃商舊日多歸漢，海漕於今不入京。萬壘鼓鼙生夜月，幾家砧杵落秋城。

近聞方東軒新造軒成復用前韻賦詩以寄

移家淮甸久，玉樹已成林。江漢放情早，文章用意深。雅無浮俗態，獨有古人心。莊舄何為者，區區動越吟。

題畫竹

美女湘北岸，翠蓋倚中州。斜日雨初歇，斷雲橫未收。

題江山小景

長林帶晚照，極浦起寒波。茅屋遠山外，扁舟歸興多。

題 畫

茆屋隔榆林，孤舟繫柳陰。明時無逸客，誰在白雲深。

寄題張天師耆山菴

聞說耆峯勝地偏，菴居別是一壺天。雅宜河上仙翁住，穩稱山中宰相眠。塢口白雲深似海，階前瑤草碧如煙。閉門不語坐終日，妙入無為合自然。

上巳日西澗獨遊

三月三日天氣好，西峯獨往成幽尋。黄鳥交交柳煙重，斑鳩喔喔桑雨深。草花已滿古石路，澗水亂穿脩竹林。寄語蘭亭脩禊客，吾將此地為山陰。

讀斷江集

直上丹山擷鳳紋，倒翻滄海取龍筋。擕來世上無人識，散作青天五色雲。

重過東菴

小菴深住亂峯西，古木逢春葉未齊。記得去年三月裏，松花滿樹杜鵑啼。

題虞邵菴遺墨

閣老仙翁去不還，雀窠詩卷落人間。璚林臺上秋風冷，天藻亭前野草閒。

滕王閣圖

滕叔錢緡辱獻陵，洪州都督更驕矜。至今高閣漳江曲，卻與文章萬古稱。

琢鍊堆 舊天界寺方丈後一小山也

琢鍊堆，何奇哉，平地湧出青崔嵬。喬木一簇翠陰合，闤市咫尺無纖埃。緇客吟登一作“上”。最高處，琢辭鍊意肝膽摧。蟬與吟聲兩宛轉，鶴隨舞袖相盤廻。當此時也，如耄如倪。饑不索飯盌，渴不求茗杯。倚松坐石無次第，蹋碎半畝青青苔。劃然一得如醉醒，涼風颯颯懷抱開。天葩筆底動光怪，珊瑚出水珠含胎。吾聞古來苦吟者，貫體[①]齊己名相推。後生崛起會陵轢，豈獨二子稱奇才！嗚呼豈獨二子稱奇才！

校勘記：

①“貫體”，誤，《四庫》本作“貫休”，是。

跋

李樹封

右《全室外集》九卷，《續集》一卷，明釋宗泐著。宗泐字季潭，據《太平志》，云本邑陳氏子，從臨海周姓，後出家，故《四庫》以為臨海人。洪武初以高行召住天界寺，太祖喜其通儒書，授以官，固辭。乃親作《免官說》，呼以“泐秀才”。王學士達、朱編修右、徐教授一夔，皆序其《集》，極加推重。是宗泐之才，傾倒于朱明君臣間，可謂極矣。其《集》刊本久佚，往見鈔本凡九卷，《續集》一卷，而《千頃堂書目》著錄十卷，當合《續集》而言。今假陳君襄臣藏本，復參以金甥謌軒藏本，合校一過，付諸手民，藉以傳諸不朽云爾。乙卯春三月八日，邑後學李樹封識。

邑後學陳樹鈞金嗣獻仝覆校

書《全室外集》後

金嗣獻

台僧之以詩名者，當推唐寒山子與豐干、拾得為最著。繇宋及元，鐘梵日盛，得詩家三昧者，斑斑見典籍。明太祖混一寰宇，崇尚釋教，詔徵天下高僧，時台僧如自悅、至道、福報、清濋、清濬、無慍、普莊輩，莫不躬膺寵命，而以泐公為最著。太祖嘗令蓄髮，將授以官，並呼之為“泐秀才”，亦異數也。其所著《全室集》十卷，鄉先生朱白雲、徐太章皆為之序，推許至矣，無待余贅。惟宗泐當明祖恩眷方隆時，力守清靜，土苴軒冕，尤為世所難能，以視彼日夕徵逐，依附門戶，不復知廉恥為何事者，其賢不肖為何如耶？余母舅李虞尊司馬懼其《集》之不傳，特為刊之，亦懷賢淑世之心歟！泐公尚有《西游集》一卷，《明史·藝文志》、《千頃堂書目》俱著錄，止菴偁為“一字一寸珠，一言一尺玉”者，惜無傳本，不能合刊而成全璧也。歲在旃蒙單閼夏五月，太平後學金嗣獻諤軒識於鴻遠樓之南窗。

用天台齊孝愍聚珍板印

明黄巖張羽孝翊著
明太平謝省逸老編
太平後學金嗣獻重編

撝清稿

目　錄

序

王舟瑶

吾鄉張孝翊先生羽，以學行聞於明初，金華宋學士濂為作《月堀記》，稱為有道之士。洪武時以親老不就辟。永樂初詔徵與修《大典》，書成，將授官，仍以母老辭歸。幅巾藜杖，歗傲林泉，其所居在委羽山之陽土鼓嶼，因自號羽南，人稱為張神仙，卒年八十五。吳祭酒節志其墓，稱先生少從四明吳主一受詩法，為詩清新俊逸，下筆若不經意，而士林自相傳誦。今存詩三百餘篇，題曰《捫清稿》，王尚寳坊贊其遺像，言是《稿》為謝太守省所編，嘉靖間其曾孫沛等曾刊行，余求之多年不能得。張孝廉寅言其後人有藏本，因屬搜訪，亦竟未報。頃太平金譻軒嗣獻，忽以舊鈔本寄示，且言謀重梓，余為之狂喜。檢其目，都三百十首，與墓志所言篇數合，惟卷中佚去七言律三十二首，然《三台文獻錄》所載《題詹叔正扇面竹》七絕一首，《三台詩錄》所載《雜言》五古一首，而是本均無有，恐所佚不止是數。余屬譻軒据以補入，並坿錄宋學士所撰《月堀記》，吳祭酒所撰墓志銘，使人得以攷見先生之學行。其詩不假琱飾，自然冲澹，誠如吳氏所謂“下筆若不經意”者，惟七言律中間有率爾酬應之作，汰之未淨耳。今世變日下，人心益非，榮利所在，趨之若鶩，不復知廉恥氣節為何物，安得有如先生之鴻飛蟬蜕、視軒冕若緇塵者，余將相從於寥廓之區也。譻軒於舊學淪亡之日，而拳拳故籍，闡幽表微，其志趣亦豈近人所易及，吾願譻軒盡發其所藏鄉喆遺書，賡續刊播，以冀緜台學於將絕也。甲寅首夏黃巖王舟瑶。

序

卷 一

夜宴分得酒字韻

東風吹春水，生意滿花柳。緬思浴沂樂，爰集金蘭友。尋芳過江郊，訪道窮林藪。歸來草堂底，不覺日已酉。呼童具山殽，朋樽為吾取。秉燭坐遙夜，話此契濶久。觴至須盡歡，會合良不偶。蘭風泛庭階，蘿月縈窗牖。陶然見天真，醉態非所醜。人生貴自適，且盡杯中酒。

失 題

達人厭塵世，斂迹事幽獨。泊兮久未孩，怡然淡忘欲。抱甕甘苦辛，操瓢從匏落。絕學無所為，兀兀全太璞。機心付當路，正以觀其復。

和包蘭雪秋夜書懷韻

客舍秋夜長，月落天未曉。衣冠向金門，所趨豈不好。平生邱壑姿，成立不自早。驅馳羣公後，髮白形容老。東華自討尋，北堂誰灑掃。悵望隔晨昏，感歎傷懷抱。耿耿復奚言，淚落陳情表。

為鄉人金生題畫

秋風動林壑，客子思鄉起。扁舟天際來，家人掃門竢。適往自足樂，庇用泥章句。谿山風日妍，攜琴漫容與。

題趙生維年扇面

美人適何之，迺在吳江曲。光陰能幾何，跳躑如轉轂。茅堂日已涼，桂樹秋正綠。扁舟好歸來，山中酒應熟。

寫何士澄趣逸詩

美人本清淨，素履恆貞吉。齋居淡容與，志氣方自適。夷然得天趣，樂矣非情逸。于茲獨心造，使我增太息。雲山長年青，庭草亦春碧。

記去秋和愚軒詩

我生賦性僻，不同流合汚。視彼勢與利，浮雲倏有無。稚年至白首，所嗜惟古書。兀兀斂踪跡，與世相乖違。今歲入城邑，賴子相追隨。磨礱道與義，點勘墨共朱。浸漬不自覺，咏歎成嗟吁。豈知蚩蚩徒，詆毀來紛如。俯仰既無怍，何必論親疏。

和鄭子茂見寄韻

久旱得甘雨，草木如有知。南風先披拂，眾綠光差差。天地豈無情，萬物皆由儀。人亦樂其樂，穛䅘穗兩岐。維時祝融君，執衡司南離。林林發育意，戢戢造化機。矧此端陽節，正是還家時。諸生禮餽乏，重歎吾道衰。多君富才學，德業日繁滋。豈若夸毗者，終日成詭隨。不肯就康莊，為範我馳驅。其趣日汚下，饔餐資其饑。久知有道氣，不必為爾為。勉焉答短賦，慎勿云嘲譏。

雜言

蜀嚴好沈冥，日食止百錢。卜筮人所輕，久之操彌堅。君子有所貴，乃不在當年。百世有知音，何必鍾期然。子雲太區區，譬之公卿間。卑哉成都尹，乃欲吏高賢。豈無王侯貴，欲言不敢言。斯道誠兩得，永為後世傳。案：是首據《三台詩錄》補。

雪中和謝敬冲韻

江空歲將晏，念子獨離羣。興盡山陰棹，情飛日暮雲。梅花春欲透，竹葉夜微醺。不厭室如磬，年年只賣文。

萍軒為管處一作

問訊君家業，悠悠池上萍。風漪憐斷梗，月渚借微馨。遇物心無滯，浮生迹未甯。君休歎流轉，大化亦何停。

病起柬易菴

江空秋欲至，萬竇正含香。碧樹歇新雨，綠窗生晚涼。詩懷清似水，病骨瘦如牆。短髮西風外，蕭蕭半欲蒼。

次易菴見寄韻

平生老知己，過我竹間亭。短髮添新白，寒氈祇舊青。雨中秋意早，花底醉魂馨。大《易》編何似，悠悠歲屢經。

送徐弘載赴京省親

之子胡為別，京庠覲老親。趨庭應舞彩，看鬢定如銀。玉兔泉香透，金鑾春色新。故人惟我在，千萬道慇懃。

送人才張舜民告老還山

夙抱邱壑志，胡為久帝畿。昔因才被薦，今已老辭歸。素影垂紛鬢，清光滿布衣。不惟童稚候，猿鶴正依依。

慕慈詩為吳知縣賦

赤紱行春暇，永言為孝思。每懷縫綫日，長夢倚門時。風木有餘恨，雲山無限悲。此心同寸草，耿耿復奚為。

送阮天錫還鄉

送客出龍河，西風發棹歌。天邊新雨歇，江上晚涼多。把袂情如許，還鄉興若何？螢窗須努力，歲月易蹉跎！

靜軒為刑部楊主事尊人賦

平生心似水，投老竟辭官。地僻無人到，雲深只自看。白知新髮短，青覺舊氈寒。且喜無迎送，焚香坐閉關。

報春堂

赤城楊氏子，常著老萊衣。自痛蒼天遠，深慙寸草微。版輿迎麗景，鶴髮照晴暉。我有親尤老，行當乞養歸。

慕親堂方伯亨與同事監生索賦

雙親俱早世，有淚迸如泉。痛切初亡日，恩深罔極天。白楊低落照，宿草淡荒煙。已是終身慕，人人說爾賢。

正月二十二日至杭城時天大雷震次日大雪因思舊冬京邸遇雪作此遂次前韻

阿香方破地，滕六又飛花。歸客苦行路，慈親望到家。野橋人跡少，村店酒旗斜。咫尺雲邊寺，山僧喚酌茶。

次鄭教諭韻

先生天下士，暫處東海濱。自得寰中意，渾同物外身。高情堪範俗，奇句屢驚人。況與我無間，詩筒日見親。

和鄭維翰趙潛心韻

自笑山中客，真同糞上英。久無經世念，虛負讀書名。道學推前輩，才華屬後生。拂衣歸臥好，松壑有餘聲。

東愚軒

平生湖海士，奇氣正英英。頗得閒中趣，非耽世上名。煮茶和月汲，坐石看雲生。萬籟但寥泬，猶聞夜誦聲。

和尹占寄愚軒韻

自別數千里，相望各一天。匆匆傾蓋語，默默渡江船。白髮秋風裏，青燈夜雨前。西窗一樽酒，傾倒定何年？

夕嘉軒

結屋住幽壑，地偏心自閒。落暉晴更好，飛鳥倦知還。白露滿黃菊，紫煙凝碧山。悠然有真趣，濁酒且開顏。

曾生兄弟奉其母夫人之喪歸葬故鄉作此以贈

之子胡為去，從喪萬里回。蹁躚非衣錦，匍匐正扶哀。寸草情何極，靈椿德重培。新春有過雁，毋惜寄書來。

鶴溪書舍為昆陵梁宗仁賦

之子讀書處，鶴谿谿上頭。芸香動緗帙，秋水照吳鉤。夜靜月如洗，風清波不流。求賢應有詔，早晚上神州。

送僧歸靈隱

京國歲云莫，有僧歸故邱。北風吹廣袖，落日送行舟。洞口聞猿嘯，松間伴鶴遊。冷泉明月上，寒影照吟眸。

題邵南邦省親還京卷

亦知歸覲久，今見上京華。子不憚行役，我因頻夢家。天外白雲舍，籬邊黄菊花。臨風正愁絕，抱卷益興嗟。

送僧住昆山

相送龍河上，北風吹鬢華。新承明主詔，遠赴梵王家。飛錫凌空影，浮杯出浪花。何時登寶剎，杖履躡煙霞。

和賈剡舟台城見寄韻

夕眺山亭路，九峯生紫烟。有身那免患，無累即為仙。得喪原由命，行藏一信天。何當脫塵鞅，歸醉菊花邊。

壽息軒六十

仔細摩銅狄，依稀去幾年。穀城赤松子，商嶺紫芝仙。延客開嘉醞，呼童理素絃。曉看南極爛，甲子正周天。

送李民應貢

邑庠有嘉士，應貢上神州。久病不能送，此行胡可留。春花生驥足，瑞氣藹鰲頭。當亡需賢急，勳名在爾流。

送曹大使回長沙

吾邦曹一默，詩禮舊名家。孰謂蒼蠅汚，能為白璧瑕？九天饒睿澤，一棹反長沙。應鄖余知己，相看未有涯。

送鄖尹占至長沙谷府教諭

送子長沙去，春深花正殷。莫辭征旆遠，且得曳裾閒。夜聽三湘雨，朝看五老山。漢廷思賈誼，不久召當還。

卷二

送姜主簿之弟回家

萋萋芳草遍天涯，祖帳旗亭去路賒。遙望石頭還帝闕，久知京口是君家。一樽綠瀉金盤露，三尺青摩寶劍花。歸到北堂春正好，宜男佳色滿窗紗。

懷玄有約不至

尚憶臨行話別時，久要斷不負心期。已看大地陽來復，咸謂先生道自怡。朔吹應時來北牖，梅花有信上南枝。獨憐病客沈思處，夢覺空梁月落遲。

送楊文起教授還荊州

江頭雪消江柳黃，有客遠發荊州裝。還家喜得奉甘旨，對酒不須歌慨慷。泮水芹芳曉波綠，杏壇花發春風香。想見門生日倚候，永壽師道揚休光。

送戴文育歸雁山

澤國天寒水氣浮，驚飆吹袂思蕭颼。淡雲疎雨高城暮，翠竹黄花故里秋。惜別苦憐塵滿眼，還家休歎雪盈頭。東南奇麗雁山最，何日相從作勝遊。

霞上微笑次金華陳和仲紫虚丹房韻答王東皋 六首

雲層無上極峩峩，浩劫相傳是大羅。西畔月生探兔魄，東頭日出看鯨波。璚樓燦燦金花滿，仙掌團團玉露多。三十六宫春正好，醉看彩女舞天魔。

仙子冰肌卷絳綃，東風香透海棠嬌。影迷楚舞金蓮步，聲度梁空碧玉簫。望月漢廷開寶匣，惜春花底酌仙瓢。風流不許尋常識，只恐東皇早見招。

二八姮娥近可招，廣寒宫殿去非遙。手搏桂影秋無際，袖拂清香夜不消。棋罷看雲眠白石，歌殘呼鶴下青霄。東風又綠瀛州草，生意元非野火燒。

遁迹林泉甘息機，賞春日日典春衣。花邊丸藥聽鶯囀，松下開籠放鶴飛。詩就縱歌山月白，酒醒坐愛水風微。也知金谷春如海，秉燭何妨夜不歸。

參遍黄庭内景終，貞人獨處太和宫。黄金芽長山頭雨，白雪波翻水面風。仙犬吠殘三徑寂，林鶯啼罷萬花空。桃源昨夜春流急，泛出殘英點點紅。

寰中佳氣藹春温，坐對春山懶閉門。雷振簴龍行地底，月明花犬吠雲根。煮茶石鼎蒼烟濕，洗藥泓池綠漲渾。識得羲皇真火記，自然爻象合朝昏。

再往金陵與諸公留別

遠客還家近九旬，從容方覺此情真。最憐華嶽關心切，況復庭闈入夢頻。江海波添雙別淚，乾坤秋老一吟身。更期後會真消息，一點梅花天地春。

耕樂軒為陳雲深賦

道人心與世相違，自種山田久息機。雨後每鞭秧馬出，月明獨跨鐵牛歸。黃芽秀折金華美，白雪香生玉粒肥。十月霜飛成熟後，賸歌鼓腹慶雍熙。

登雲山望大海詩為婺源汪思原賦

壯懷磊落溢寰宇，直上層嶺豁兩眸。茫茫四顧渺一粟，浩浩大地浮虛舟。分明練橫是弱水，彷彿雲抹疑瀛洲。胷次于焉倍空濶，悠然直與天地侔。

瑞梅為族弟孝作賦

春暮茂林梅欲黃，枝開驚見有新房。一葩重吐芙蓉瓣，數日清飄蘭麝香。競說爾家極和樂，發為嘉卉著禎祥。我今預喜成歌咏，他日當調寶鼎羹。

贈環中子

過眼光陰只等閒，百年能得幾相看。塵非滄海三千刼，人在瓊樓十二闌。琪樹西風秋淡淡，桂花涼露月團團。幾回夢入相思地，華雨高堂白晝寒。

山舟軒為楊士傳賦

斗室團團連葉幽，無風波處自浮游。招邀不作濟川用，歸隱竟為藏壑謀。松濤夜泛柁樓月，梧雨曉打蓬窗秋。枕籍甯知身更小，卻觀天地一浮漚。

黍隱為環中子賦

赫赫玄珠萬化宗，後黄先白孕鴻蒙。功名夢破黄粱外，天地參居稊米中。元始十回從度世，浮黎五丈祇懸空。等閒識得生身處，曠卻如如只麼同。

次黄彥器先生見寄韻

一室翛然水竹居，溪光林影共扶疎。牀頭久枕安邊策，案上惟存種樹書。桂窟玩蟾秋候早，梧庭聽雨夜涼初。卻慙未老心先懶，道在簞瓢只晏如。

春日病起寄性存

平生學道欲忘世，空窶豈足云艱難。高車無枉子貢駕，陋巷自足顔生簞。束書高枕氣浩浩，抱膝内顧光完完。金砂故人能忘我，遠煩餽送供朝餐。

寄白雲山人幷索先春

山人高居隔風雨，上有積翠浮青蓮。巢雲松間噏元氣，枕石澗底眠青天。爐封虎髓候已熟，鼎閟龍團春獨先。飄飄我亦玉川侶，尚待七碗方通仙。

挹翠廔為練溪外舅賦

解印歸來棲碧山，高居無復念人寰。綠陰晝墮鉤簾外，爽氣朝來挂笏間。毛骨蕭蕭清欲蛻，夢魂栩栩淡忘還。絕憐世路紅塵客，安得憑虚一破顔。

寄藥谷山人謝敬冲

藥谷山人樂靜便，移家何處去逃禪。白雲明月應無地，流水桃花別有天。樂在不謀身外事，道凝獨守个中玄。平生懷抱期同調，濩落無成惜壯年。

寄陳叔正叔才

君家兄弟如雙璧，文彩英英屬二難。銀海秋光連玉樹，瓊階春色藹金蘭。風塵久暗鄞江夢，禮樂新從闕里觀。綵服趨庭多暇日，幸為道甫問平安。

老望鄉 耆宿王君永思杖名也

樂閒處士雪色髯，手持鳩杖光謙謙。扶持不獨策流憩，出入要須尊所瞻。已登南極仁壽域，宜叶西伯公侯占。兒童走卒識拱立，荷篠時過江水南。

孔昭室為余尚敬作

為學工夫勿自欺，惺惺尚在莫教離。審夫獨覺幾微際，畏彼閒居屋漏時。大有光輝新樂地，已無遮障舊藩籬。由來天德同王道，不顯之純敬緝熙。

易菴為謝敬冲賦

圖書深閟白雲扃，物化生生出帝青。兩戶有機從闔闢，一元無眹自流形。看花不啻春風座，玩草何如霽月亭。我亦羽南肥遯者，願言相與究遺經。

送毛儀仲先生之四明

文盟酒債浩無窮，尋壑經丘興轉濃。亂後還家惟夢寐，老來為客每從容。清霄謁帝玄都上，白日弄丸元氣中。第一東湖好山水，畫舡載酒棹春風。

秋日自金陵回家感舊

頻年為客住東州，千里歸來鬢欲秋。三徑只畱荒草在，小橋還鎖古河流。閭閻共話雙青眼，兄弟相看半白頭。翻憶舊遊都是夢，一樽須擬與君酬。

次謝敬冲與同舍榻韻 二首

庭草山雲意自閒，平生棲息一枝安。休憐杜甫江頭哭，每感宣尼川上歎。虛室月明心共白，高堂雨過夜生寒。可憐袞袞功名客，安得容顏渥且丹。

幾回清夢落塵寰，睡起東窗獨感歎。門外白雲長自在，庭前修竹喜平安。石林霽月冰壺冷，秋水晴空玉鑑寒。參罷太玄心似洗，坐觀神室夜流丹。

次問梅軒壁上諸賢倡酬韻

諸郎文彩弟兄難，羣玉光輝瑞砌蘭。阮籍風流惟好酒，陶潛樗散久辭官。屋頭月滿光明洞，天外雲開太乙壇。喜有新詩珠錯落，等閒時向壁中看。

次環中子韻

歲月匆匆川上波，百年身世復如何。江湖滿地論心久，風雨連朝別恨多。鞍馬不生京國夢，詩篇應共故人哦。庭前舊鑿雙清沼，歸去還須種芰荷。

七月二十七日大水有懷謝敬冲

龍挾奔雷下溪口，風捲怒濤來海涯。庭前水高四五尺，林外雨連三兩家。斬蜃即教開劍匣，懷人直欲泛仙槎。夜深夢破芳池草，愁落青燈幾度花。

訪白雲隱者

杖藜一到白巖上，境寂塵空我亦閒。坐看孤雲生石底，步隨流水出松間。窈深未必惟盤谷，高迴還應似泰山。嘉遁于斯臢妙趣，奚須道外叩玄關。

當年少府誅茅處，今日徵君結構同。下界風塵無地入，上方笑語與天通。白雲遶屋千崖寂，明月臨軒萬境空。坐對夜深忘物我，此身疑在廣寒宮。

梅邊軒

梅老溪頭逐暖發，野人結屋依婆娑。春回屋角乾坤大，夢破枝南風雪多。移榻清香度書幌，開簾寒色照瓊阿①。高軒風物有如此，肯許詩人載酒過。

校勘記：

①“瓊阿”疑“瓊珂”或“瓊柯”之誤。

次沈用賓韻

頻年琴劍走風塵，落魄生涯愧野人。自斷行藏休問命，但將言行為書紳。柳邊晴色搖青眼，花底春光看醉身。百項前村煙水濶，政須耕釣老江濱。

次彥器先生見寄韻 二首

佳木園陰翠欲流，生涯愧與野人謀。天邊雷送千山雨，江上風涼六月秋。慢訝師襄甘蹈海，更憐王粲倦登樓。詩篇遠示多高義，安得相從汗漫遊。

幽居僻似浣花村，野老山翁日過門。古木蒼藤迷遠近，黃花翠竹共朝昏。雲生石榻甯知冷，酒熟山瓢不厭渾。醉裏自知天地濶，陶然誰與話真源。

冬日留白雲山次□原渡韻

山人遠世隱雲岑，我亦時來事討尋。蘿逕天寒人寂寂，梅開春早雪深深。浮雲眼底成塵夢，茅屋山中稱野心。欲駕天風度寥廓，一聲虎嘯起空林。

問竹軒為王伯修作

為愛此君清氣多，開軒長揖振瓊珂。龍孫頭角今還好，稚子平安近若何？滿徑綠苔緣不掃，明朝烟雨復相過。虛心擬結歲寒約，築室能來住近坡。

金武石秫莊代先外舅作

投老歸來結草堂，門前種秫接雲黄。素心久欲歸真隱，白首何妨入醉鄉。林屋雨涼雲子潔，石田烟煖露珠香。旁人豈識先生趣，錯解陶潛五柳莊。

柳塘釣隱

野塘新漲綠差差，幾樹垂楊拂石磯。襏襫懶披春日軟，釣絲輕颺午風微。慢折烟條貫魚去，且唱竹枝沽酒歸。日日相親有鷗鳥，年來于此久忘機。

寄環中子

循觀斗柄無停運，日日周迴十二辰。天地徘徊當子午，陰陽出入祖寅申。按圖只數先天卦，披褐還同太古民。不向此中求造化，更須何處覓全真。

送方鳴錫公子還京

劍花如練氣如虹，秋水涓涓兩碧瞳。翠杓香浮疏菊露，玉簫聲轉落梅風。九霄環珮青雲裏，五色煙霞紫禁中。此去鷗盟君莫忌，依依蘿屋水雲東。

答環中子見示

與君一別十餘載，嗟我又為千里遊。處世久知成大夢，玩心長覺是虛舟。寒砧清夜家家月，黃葉西風處處秋。一笑形骸盡忘却，悠悠清興滿滄洲。

病　起

吾年行已及知非，憂患無端莫可支。病起長身渾似鶴，梳來短髮總成絲。空亭夜氣涼生早，高樹秋陰月落遲。猶幸自今抛藥裹，坐瞻闕者漫逶迤。

送倪教諭丁憂還家

東書來自九重天，頖水橫經甫二年。三釜遽違慈母養，一官空冷廣文氈。家山歷歷孤雲下，風木蕭蕭落月前。歌罷驪駒那忍別，臨風回首一潸然。

瑞竹堂為東浦趙高作

聞說君家好弟兄，庭生二竹見玄禎。細香嫋嫋聯湘女，勁節亭亭立魯生。明月並懸蒼玉珮，春風迭奏紫鸞笙。此君自是同心者，冰雪相看眼倍青。

題烏根趙仲維雲林隱居圖

山人高居養吾拙，松底結廬清且幽。隔溪綠樹半為雨，滿地白雲無數秋。采藥每經山北谷，解纓時濯澗西流。年來雅抱林泉趣，長日披圖消遠愁。

賦陶拙歸尋遠祖墓

聞說陶陽有遠宗，先塋荒沒草萊叢。多年按譜求無地，一日披荊得舊封。翠柏陰頹春雨重，白楊影落暮雲空。君家孫子能承祖，世世應無忘白峯。

望鶴樓為黃文玉作

碧天如水晝沈沈，每憶冲霄馭奉林。夢斷林皋秋月白，目窮遼海莫雲深。松花自落瑤壇靜，芝草空留石洞陰。吹罷玉笙闌重倚，如聞霞上有遺音。

送夢菴膺薦入京 一本作送章日夜

夏葛冬裘飯一盂，閉門長日讀吾書。煒煌北闕徵賢詔，冷落東都處士廬。雷震天空鯤化早，春回阿閣鳳來初。願言努力崇明德，要使蒼生識緒餘。

孝友堂為王邦能賦

誰道民彝已久淪，由來恆性出天真。萊階只憶班衣樂，姜被那知白髮新。萱草連陰香作霧，棣花吹暖酒生春。明當為獻華堂壽，載頌周詩願卜鄰。

清隱軒為陳克名賦

愛是軒君得靜便，閒中無事不幽妍。春深花落石橋雨，月出烏啼江樹烟。煮茗每從深澗汲，束書時枕白雲眠。翛然一室渾如水，瞑對爐熏覓太玄。

陪方小指揮巾山對月分韻

將軍年少最風流，愛月夜登山上樓。兩崖積翠半疑雨，大地清光無數秋。花氣吹香落金盞，露華凝冷襲貂裘。任番去後知誰繼，獨有新詩在上頭。

貧樂軒為葛德翰賦

人生空匱豈能已，君獨處之奚樂為。坐榻無氈塵滿席，行窩如罄壁多詩。一冠自足十年樂，斗粟可供旬日炊。瞻彼聖門顏氏子，清風千古見型儀。

柯南軒為王遵道賦

佳樹陰陰已滿庭，靜看封蟻臥前楹。白雲半榻夢初熟，明月一窗神獨清。觀化冥窮物祖意，探元自適羲皇情。啞然一笑掀髯外，底用區區身後名。

耕樂軒為王原祥作

遠世何須隱鹿門，為農合住水雲村。不教聲迹通城府，自有生涯遺子孫。春日桑麻深雨露，秋風禾黍散雞豚。鄰翁逼社歡交罄，爛醉東家老瓦盆。

答易菴海南歸示韻

東書萬里海南歸，只說還家計已非。釀酒不嫌官舍冷，貯糧多為傍人饑。杏壇鼓瑟看花處，竹屋篝燈聽雨時。隨遇適安良足樂，漫將冰蘖語心期。

訪易菴于香積山中不遇

蘿屋天寒晝不關，頹然一榻白雲環。寒聲落耳不知處，秋影滿庭無數山。溪上驚颷吹雨急，松頭巢鶴與僧閒。濘途興盡歸來晚，一曲蒼茫雲水間。

贈日者黄岫賓

先生太史舊名家，奕世流芳衆所誇。閫秘久知能啓鑰，尋源何用更乘槎。桂林早散秋香遠，雲岫仍聞夕氣佳。幾欲相從問意外，但安耕釣即生涯。

馮節婦

金家有婦正芳顔，以死從夫志乃安。割股作糜人或易，殺身成義古猶難。魂飛碧落愁雲黯，血灑腥風暮草寒。不獨人間盡驚膽，彼蒼應亦為辛酸。

類村居為林員外賦贈江西友人

江郭西邊有草堂，四鄰閴静似山莊。隔牆雞犬炊煙早，遶舍桑麻趁雨長。已喜教兒勤稼穡，何妨引客醉壺觴。杜陵千載高風在，把卷令人憶耿光。

送葛伯善歲貢

江郭新年凍未消，行人又上木蘭橈。束書萬里膺春貢，待漏重門候早朝。華蓋星辰黄道濶，蓬萊宫闕彩雲高。飛騰際此昇平日，不負青燈十載勞。

送童尚弘會試兼柬戚存心賀彥白二同年

青年博士更多才，況復秋闈已奪魁。策中擬登龍虎榜，酒酣應上鳳凰臺。烟消紫禁清光近，日擁金門曙色開。為語同年兩傑俊，定應聯步上蓬萊。

寄鮑居仁

最愛幽居靜不譁，杖藜時得躡烟霞。論心惟子能知我，遠世何方可託家。溪上春雲時作雨，屋頭古樹正飛花。年來習隱多深趣，卒歲優游豈有涯。

琴清軒

從事襟期冰雪清，玉壺涼露更晶瑩。陽春白雪閒中趣，流水高山物外情。琪樹闌干風作冷，桂花窗戶月微明。冰弦鼓罷心如水，坐對爐熏百慮澄。

送胡君通膺辟赴京

梧桐新雨動秋聲，客路涼生江上亭。鶚薦煇煌來北闕，鵬風浩蕩起東溟。久知匡濟中多策，尤羨才華老更成。汗簡勳名須努力，勿云鬢髮已星星。

送應尚哲會試

之子正當英妙年，秋闈獨佔眾人先。讀書不作尋常士，對策應瞻咫尺天。日暖瓊林歌宴集，春明玉陛聽臚傳。好將素藴經綸具，補舜衣裳五色鮮。

送徐迂菴考滿赴京

真儒出處自從容，當代斯文所共宗。頖水多年沾化雨，詞林此日仰高風。離離煙樹滄波上，燦燦雲霞紫禁中。考績定知書上列，宣麻行見紫泥封。

送沈教諭赴京

憶昔飈車下玉京，鱣堂長日坐横經。未言令尹推公論，已識先生自此升。美璧連城光炯炯，太阿出匣氣凌凌。功名自是男兒事，鐘鼎行當早勒名。

送盧浩然赴春闈

抱恙經時苦未瘳，無緣相送到江頭。龍門正煖桃花浪，雲路高鵬鶚秋。桂折蟾宫涼氣早，臚傳螭陛瑞煙浮。家書好寄泥金帖，先慰慈親念子憂。

和吳知縣思親韻

吳郎出宰本無為，絕欲閒邪何所思。衙散柳邊春寂寂，琴彈花底日遲遲。巍峩禁闕馳情處，縹緲孤雲入望時。京國歸來頭是雪，得陪談笑倒金巵。

卷 三

送李原成以人材告老還鄉其子信亨亦以生員應楷書在京同還

初日滄涼露未晞，金陵有客話南歸。石頭天影入江碧，京口柳花如雪飛。惜別故人頻喚酒，候門稚子競牽衣。君家父子真堪樂，如此恩榮世亦稀。

自黄巖起程宿桐巖驛

昨日丹崖今赤城，桐巖又是第三程。縣官把酒臨江別，驛吏開門打鼓迎。山路正寒愁日落，客窗無寐欲天明。明朝又度桑洲去，回首白雲天外横。

過仙居界大色山作

昔聞蜀道不得到，今度懸崖知幾重。絕壑崩奔萬霹靂，怪木贔屭千虬龍。側身躋攀愁欲墮，倦宿夢寐神猶忡。何如靜坐西軒下，細聽長松度晚風。

自鄞江至浙江

出郭便經車廐驛，餘姚到後未三更。霜花四野草皆白，月色滿江潮正平。驛路到關隨後送，舟人解纜向前迎。雨晴曉倚吳山望，五色雲中是玉京。

和包郯舟贈別韻

辭官脫却竹皮冠，四體纍纍汗不乾。官道炎熇三伏暑，客窗風露五更寒。山人只合歸窮谷，宰相應須食大官。何日歸來水雲曲，與君拂石坐觀瀾。

七月七日宿強口是日立秋賈郯州有詩予次其韻

橋橫靈鵲度牽牛，銀漢無聲波不流。一葉驚飈吹碧樹，三更涼露滿黃樓。平湖爛爛銀千頃，清月脩脩玉一鉤。觸熱剡溪溪上路，何時興盡理歸舟。

送江西林副使 原本道僉事

柏府威名早著聞，天官考最策殊勳。繡衣高挹新朝節，驄馬爭迎舊使君。上水樓船涼月白，高堂紈扇午風薰。紀綱庶政祛殘蠹，坐見西州士俗醺。

竹所為金華陳子同賦

見說溪南烟水村，琅玕萬箇擁柴門。綠雲散影侵書幔，蒼雪吹香落酒樽。月出時時來鳳侶，春回處處長龍孫。歲寒逕造尋盟約，相對此君如弟昆。

江山萬里圖為曾主簿作

我生足迹不經戶，今見江山萬里長。拔地匡廬連五老，際天彭蠡接三湘。風颿沙鳥互行沒，雲樹烟波相渺茫。有待此身生羽翼，乘風八極恣翱翔。

送周賓興

泮水長篝夜雨燈，今年掄德始賓興。班班文彩丹山鳳，袞袞雲程北海鵬。對策彤庭春正好，看花白下酒初醒。驪駒歌罷情何極，且盡沙頭雙玉瓶。

巢雲軒為賀通政賦贈江西友人

攬結何殊五老山，白雲緜密萬松間。氤氳不逐龍腥化，棲息甘同鶴夢閒。已覺玩心超上古，莫嫌託迹太高寒。謫仙一去經千載，緲緲清風不可攀。

送應教授母喪服闋赴京

征旆俄聞上國行，蕭蕭宰木雨初晴。三年讀禮情何切，此日趨朝官有程。萱砌香消春夢遠，椿庭陰滿午風清。曳裾定返賢王府，應對王孫為講經。

送知府顧侯鼎復任台州

重分符竹出神京，五袴行歌定滿城。赤子正思依父母，黃麻須綬拜公卿。都門柳色雙旌遠，驛路梅花五馬榮。歸到天台春尚早，棠陰深處聽啼鶯。

拱秀樓賀通政為友人索賦

樓外羣山列翠屏，樓中隱者靜儀型。晴光入座有餘白，秋影滿簾無數青。日午茶烟涼罨罨，風來松閣遠泠泠。超然自得林泉趣，奚羡齊雲與落星。

壽應則孚先生六十

隱君久住澧川頭，六甲循環行已週。雲山作對坐復臥，猿鶴與遊春更秋。幽蘭香露青青茁，壽斝流霞灩灩浮。老我莫從珠履後，寄詩聊復見綢繆。

題戚侍郎存心松楸孝慕圖

岸海羣峯擁翠螺，南宫先隴在山阿。龍岡鬱鬱佳城美，馬鬣巍巍宿草多。迢遞水雲緣望久，蕭條風木奈悲何。已知大孝終身慕，一度看圖即涕沱。

賜老堂為盧州徐知府作

遊宦多年已白頭，九重優詔許歸休。賣金日會諸朋舊，杖策時經某水丘。簪笏堆牀昭世德，詩書插架為孫謀。自慙衰暮趨天禄，尚與諸賢事校讐。

具慶堂為江西王進士作

堂上靈椿堂北萱，堂中和氣正暄妍。共誇白璧雙雙健，更喜諸郎個個賢。壽酒盈樽春瀲灩，綵衣成列曉蹁躚。如斯至樂應稀有，江右於今獨爾專。

晚香堂為徐東旭學正尊人作

先生何以見高情，采采黄花比德馨。佳色正當延暮景，落英端可制頹齡。何妨日夕琴樽對，自慣風霜幾杖經。共説賢郎富文學，綵衣花下日趨庭。

友恭堂為顧伯琛先生之子作

見說君家好兄弟，滿堂和氣藹春暉。長兄稱壽心惟愛，令弟隨肩敬不違。人物二難今復見，庭闈具慶古來稀。人生奚必於為政，樂此天倫亦庶幾。

水碧軒為項客祥作

金鵝山下遶清溪，溪上軒居足可棲。一雨晚涼生疊翠，四山秋影浸玻璃。蘿窗露冷心如洗，蕙帳香銷夢欲迷。我亦時來共妙致，綠陰深處聽鶯啼。

和鄭紀善暮秋館中對菊韻 在京作

傲霜黃菊滿東華，已覺人間九日賒。馥馥晚香浮几席，英英佳色照窗紗。掇將零露衿應濕，吟對西風句獨佳。得共一樽花下飲，陶然為樂更無涯。

送愚軒入任赴閩

又向新秋送子行，別離可是暮年情。江亭雲斂雨初歇，津樹月明潮欲生。立法孰非宗孔氏，作人須是繼延平。斯為不負朝廷意，將見東風德教成。

送江司訓考滿還家省親

落花朝滿讀書壇，有客歸承菽水歡。祿養不論三釜薄，官閒甯厭一氈寒。鄉閭白髮雲邊舍，驛路青山馬上看。綵服趨庭誠至樂，好從征旆上天官。

送鄔養素得告還鄉

秦淮秋到梧桐飛，天外涼風吹客衣。鳳凰翔集臺仍古，龍虎雄威天作圍。白髮滿頭雖種種，清光盈袂更輝輝。到家筋力猶強健，為問浣香溪上薇。

思成菴為鍾仲溫作

鬱鬱佳城面勢高，四山起伏水週遭。卜居自是終身慕，誠格誰云一氣遙。出戶僾然聞歎息，焫蕭颯爾見焄蒿。題詩把卷成三歎，落日西風古樹號。

壽方紅素五十

湖海遨遊五十年，歸來雙鬢只依然。豪華不羨金門客，放浪真同陸地仙。挺挺芝蘭森玉樹，輝輝棣蕚照華筵。壽觴好向高堂舉，最喜慈親白髮鮮。

送李思成歲貢

東風颼颼雨聲蠻，吹落江花野水灣。有客攜書賓上國，故人持酒唱陽關。禎祥已覩龜麟兆，劍佩應隨鴛鷺班。朝罷九天歸太學，仰瞻王氣滿鍾山。

擬寄通政賀騎蟾

久知勳業簡宸衷，起擢誰云先有容。黄閣自應登俊傑，青山只合老疎慵。天開楓陛清光近，日轉蘿窗翠影重。鐘鼎簞瓢元有道，賸歌擊壤樂時雍。

輓鮑居雲

邱壑瀰中鮑隱君，與雲出處老彌敦。清晨伴鶴同飛舉，薄暮從龍共吐吞。荒塚忽驚生宿草，高堂無復對清樽。蕭蕭空影疎林外，幾度遊觀為斷魂。

送黄彥久先生解館歸

白首龍鍾已暮年，每聆清論即泠然。春風絳帳新燈火，夜雨寒窗舊冷氈。故宅好山雲在眼，清明晴日柳吹緜。到家掃罷榕楸後，應共班荆落照前。

觀耕為謝仁厚老人賦

山深還有太平人，相彼邱園置此身。桑下雉馴初日暖，原頭烟歛曉痕深。場登粳稻空雲水，社宴雞豚孰主賓。自是真湻能返古，熙熙奚羡葛天民。

蘭隱為馬廷言賦

獨清高節仰靈均，種得幽蘭絕世氛。久企何人紉作佩，邇來惟子願為鄰。風霜孤潔資高興，泉石荒寒拾素芬。涼夜月明情耿耿，楚雲湘水正懷人。

一笑軒為柏山王廷輝作

王郎自是不羈者，所履豈與常人齊。襟懷灑落有高趣，世事脫畧無畛畦。對客長聞兩頤解，向人不見雙眉低。當時若在東林社，日日相忘過虎溪。

永樂辛卯七月大水口號柬彥久先生

七月既望風雨黑，倏來巨漲無津涯。便欲乘濤騎赤鯉，即看沈竈產鳴蛙。茫茫莫問禾生耳，浩浩那知眼已花。我欲直上訴真宰，安得博望之靈槎。

東軒為陳克問作

浣香溪水屋東縈，屋右開軒趣獨清。玉露拂簾浮爽氣，金風吹樹作商聲。窗涵遠黛雙鬟立，池溢空青一鏡平。如此清閒足隱遯，未容谷口擅高名。

牧野為李用莊之兄作

薺草生香初日遲，平郊草長正牛肥。清晨荷笠挨門去，薄暮隨人踏月歸。狂唱不思歌白石，醉眠無復脫簑衣。客來但話豐年樂，社鼓村醪足自嬉。

居易軒為任從魯作

素履由來一聽天，森森喬木尚依然。惟安義命非僥倖，自分田園得靜便。甘老已無軒冕志，傳家還有子孫賢。敝廬舊在空明麓，布褐藜羹卒歲年。

和鄭教諭洎諸生唱和韻

我家原在空明麓，一曲蒼茫雲水邊。屋上好山青不了，門前平野綠相連。黃花翠竹應無恙，明月清風不用錢。珍重高人勤下問，溪橋日暮促歸鞭。

新春得告返吾廬，幸有先人舊所居。花落軒庭閒不掃，草荒門徑懶無鋤。力田日作娛親計，課子時還讀我書。投老歸閒衹自適，區區甯復較其餘。

野水東頭野老家，松篁遶屋整還斜。自知靜勝非盤谷，誰道幽深類浣花。客至每呼藍尾酒，困來時煮雨前茶。懶余素有中州願，京國歸來鬢已華。

易　安

松菊猶存耐歲寒，南窗寄傲足怡顏。藜羹布褐尋常外，甕牖桑樞咫尺間。自有琴書消白日，豈無童稚候柴關。閒來獨上東皋望，時有孤雲出遠山。

送張士旋歲貢

自昔吾宗不乏材，君今又復上蓬萊。十年泮水篝燈讀，萬里囊書歲貢來。綺陌春風紫騮馬，清都曉日黄金臺。臨歧把袂不忍别，且盡沙頭酒一杯。

和鄭教諭病起述懷

清晨講道日當簷，中夜彈琴月滿簾。懷友每將詩自寫，勸人甯惜酒頻添。年來獨羡文章好，病起休嗟歲月淹。早晚天書下寥廓，青氈暫冷不須嫌。

壽王十三舅七十

南極騰輝耀丙隅，正翁初度七旬時。共聞德備從心欲，爭頌年登自古稀。白馬錦韉空舊夢，芝蘭玉樹有新枝。康強更喜賢兄在，鶴髮初從淮海歸。

新羅別墅為姜原恆賦

雙幘南來長石東，流泉平壤土膏融。適情不羨金門客，耕稼願為田舍翁。有時訪舊城都裏，暇日讀書山谷中。歛後霜罌新酒熟，醉歌擊壤樂年豐。

峯簷詩為詹叔正賦

最愛柏佳山獨高，眼中日日見岧嶢。捲簾秀列真成畫，排闥青來不用招。濃嵐或作崖東雨，靈籟時聞鶴上簫。幽勝如斯豈終閟，徵書行見下重霄。

茶　竈

外象方兮內體圓，熬樞恰與甑山連。玉壺試把月團煮，土釜深資火用全。雅稱東書蓬席底，不堪挈具使君前。道人笑領清風去，要續彌明石鼎聯。

一陽茶

造化由來秘一陽，孤標得此冠羣芳。中根土氣隨葭管，臉暈流霞映玉光。宮粉從教薦華屋，寶珠合共守丹房。我來玩賞成題品，未許神仙屬海棠。

登瀛坊為進士陳定嘉賦

志士窮經即學仙，功成魁第若升天。春風射策丹墀上，曉日傳臚玉案前。絳闕璚臺纔咫尺，蓬萊方丈恰相連。堂堂武德勳名盛，好躡遺芳後代傳。

題唐明皇醉歸圖

憶昔開元全盛日，四郊無事樂遊畋。從行車騎多如雨，聒耳笙簫極沸天。六御放情芳草外，兩驂扶醉落花前。當時只恨歡娛少，不道漁陽鼙鼓喧。

金陵回至杭州偶見鄉人鄭伯輝張廷綬同途而返有作

歲暮承恩歸故邱，相逢偶在浙江頭。潮生南渡同登岸，日落西陵共買舟。風雪蕭蕭篷底坐，江山歷歷客中愁。連朝倦涉天台路，忽見梅花豁兩眸。

送楊生歲貢 京回至天台作

得告蒙恩返故邱，路逢貢士上神州。桃花灼灼占春半，楊柳青青初雨收。小海恩波隨鶴駕，中天春色滿龍樓。到時朋舊煩相語，風雪歸途尚滯留。

贈畢千戶

將軍英武出天材，承詔新從闕下來。驛騎遙遙輕萬里，寵光煒煒照三台。興來擧劍頻呼酒，公退巡簷只看梅。他日功成錫胙土，姓名應見紀雲臺。

綠雲書舍為金華陳氏作

無數青山雲作屯，空青水碧映柴門。陶鎔今古詩千首，醞釀乾坤酒一樽。林霏墜簾濕蒼瞑，蘿月在榻浮青痕。不獨教兒成至樂，會看束帛賁邱園。

和鄔養素述懷韻

多病微軀乞得閒，雲崖風磴任緣攀。綠陰滿眼晝讀《易》，清香盈袖秋秉蘭。酒為遣懷愁得醉，詩因漫興亦慵刪。空明深處煙霞迴，底用移文勒北山。

遊大潭

多年不到大潭山，今日重來倚石欄。曲徑碧蘿蒼影合，長林清晝綠陰閒。遊蜂釀蜜來花底，仙犬迎人出竹間。最愛山僧能見客，淡然相對欲忘還。

力　耕

見說丹崖野老家，耰耘從事是生涯。隴頭早起聞啼鳥，牛背閒眠看落花。磁甕有秋催釀秫，玉階無列聽宣麻。功名富貴非吾事，甘老為農趣更嘉。

生白軒為蔡叔茂賦

一室枵然何所營，坐瞻闋者獨惺惺。方壺月色靜中見，太宇天光定裏生。萬物蘧廬俱洞徹，八荒庭戶總空明。幾回讀罷南華頌，隱隱天風下太清。

和愚軒惠安見寄韻

遠持教鐸過邊南，世事知君已久諳。荔子花濃紅勝錦，桄榔陰合碧于嵐。未論得祿供三釜，且喜承家有五男。笑我生來成骯髒，白頭如雪復何堪。

怡愉堂為子良賦

共識章生兄弟好，合門和樂若鳴琴。朋樽酬酢朝同醉，一榻從容夜共衾。韡韡春風棠棣萼，飛飛秋雨鶺鴒心。從玆薄俗都滛化，知重天倫不重金。

和牟醒菴見寄韻

不見東江老隱君，每從過客問寒溫。多年修纂文淵閣，萬里歸來烟水村。故舊總憐零落盡，衣冠惟喜典型存。何當來叩看山訣，肘後青囊有秘文。

竹溪隱所柯慥為其祖伯仁索賦

憶過柯村處士家，清溪修竹靜無譁。泉聲戛玉灑蒼雪，林影搖金映白沙。母飯有魚仍作膾，客來燒笋或烹茶。傳家喜有賢孫子，把卷令人重歎嗟。

卷四

贈湖海士鮑蘭室與余別二十年至壬辰夏赤城舟中相遇出其寫蘆雁見惠賦此以答

短篷清夜遇江城，借榻高堂已二更。邂逅共聽雙幘雨，從容重說故鄉情。欲同春水鷗為侶，須寫寒汀雁作盟。他日若尋棲息地，羽南深處水雲清。

聽松樓為新昌庠友王蘭作

隱者高居當翠屏，遶簷萬個松青青。月明笙鶴眾竅和，夜靜虛籟惟心聽。羣仙環佩度碧落，鈞天廣樂張洞庭。坐對爐熏自淵默，八荒寥泬正無聲。

姑溪書舍為庶吉士彭有禮作

姑孰城南溪水深，美人讀書溪之潯。神光夜照青藜杖，雲影朝凝綠綺琴。探妙喜窮物祖意，玩爻默契羲皇心。觀瀾拂石坐清夜，明月微風獨自吟。

和鄭子茂見寄韻

剝山不食惟碩果，太音有聲希黄鍾。中天已見杓正北，幽徑忽然□乃東。漸老每驚時序換，憂家長願歲年豐。從茲萬物有生意，况是車書四海同。

送周百戶還家

八月旗亭楊柳稀，為臨江上送將歸。西風匹馬征途遠，落日冥鴻秋影微。寶匣夜寒龍劍躍，錦袍晴照虎符輝。胷中素有平戎策，會看名聲動帝畿。

外物軒徐野船為華亭唐碧山索賦

萬物紛紜俱幻化，不知何者是真吾。遊神迥出鴻濛表，探妙元居溟涬初。絕境烟霞猶有迹，太虚雲月乃其徒。要須參透玄關竅，始信先天一也無。

送胡冲周之官句容

到日梅邊雪未消，行時俄見柳成條。一星光射華陽洞，百里聲聞白下橋。花外彈琴春正好，棠陰問俗雨初饒。老生歸去空明裏，拭目遥看上九霄。

義和堂為翰林黄編修作

紫荆煒煒滿堂前，佳色芳馨共藹然。不但長兄能篤愛，也知難弟合稱賢。清樽日對花前飲，布被宵同月下眠。尚冀君家好孫子，斯名世世為流傳。

送太尹武君復任新城

新城令君正芳年，三載承流德化先。藩府為民騰薦剡，聖朝圖治急徵賢。天開金闕頒優詔，日出亭前上畫船。想見棠陰競迎拜，垂髫戴白喜蹁躚。

送胡教諭赴湖廣鄢縣

新拜除書出建章，遠持教鐸過衡陽。護龍河頭日杲杲，迴雁峯頂天蒼蒼。泮水芹芳曉波綠，杏壇花發春風香。廣文莫厭青氊冷，三鱣行看集講堂。

送汪行人之兄還三衢

念弟情懷久益堅，不辭峻坂與長川。已忘白日看雲坐，待共清宵聽雨眠。對酒論心方縷縷，倚門入夢又懸懸。明當相送龍河上，雁影西風夕照邊。

送僧還福州上杭縣在史館中梁宗仁索賦

萬木蕭蕭凍欲摧，翩然歸臥白雲堆。晴空孤鶴隨飛錫，野水輕漚逐渡杯。浮世不知塵幾卻，安居但覺定初回。相忘一笑形骸外，花雨繽紛月滿臺。

湛然軒括蒼周景成為包定表索賦

溶川溪上有軒居，俯瞰泓渟足自怡。月出冰壺清絕滓，淵澄空鑒淨無漪。天光上下春漚外，雲影徘徊既雨時。瞑對爐熏坐終日，餘人那得見端倪。

南山堂為朱日暄賦

禹穴東頭處士家，分明門擁百樓霞。薰風几席徽音古，秋日簷楹夕氣佳。杖履悠然忘世味，壺觴只此是生涯。日長坐對儀形靜，何必東籬採菊花。

寄鄗尹占

自古長沙得地靈，東南人物萃王庭。三湘班竹臨江活，五老芙蓉入座青。瀲灩銀瓶時賜酒，從容前席每談經。却從過客詢無恙，盡道才名是賈生。

送進士王性存還永嘉省親

蓬萊仙子翠雲軿，去旆翩翩返鹿城。龍虎共瞻金榜盛，鳳凰兩度玉簫清。碧桃花底春將遍，杜若洲邊水正生。獻壽高堂重回首，五雲深處是神京。

送人才張舜民還鄉

初日曈曨照珮珂，送君江上聽君歌。致身徒有青雲想，報國其如白髮何。客路梅花開欲遍，故園楊柳落還多。到家正及新春日，定有鄰翁載酒過。

送方鳴澤歸京師並柬諸伯仲

有客還鄉說遠遊，望雲長日憶幷州。松楸翠落先塋道，桑梓陰連某水邱。伯氏情懷多凱弟，卯君文彩更風流。還家怡集如相問，為道疎狂鬢欲秋。

雲思圖為學士楊君作

太華常時有白雲，見雲今倍憶吾親。十年屺岵雙勞眼，萬里江湖一宦身。祇謂有神多感慨，那知元氣共絪緼。作圖況是終身慕，芳譽遙看動紫宸。

濠梁思家寄諸友

我家空洞溪流底，橘刺藤梢接近郊。山月虚涵新鑿窟，雲松深護舊營巢。休慙馮子歌長鋏，毋愧揚雄賦《解嘲》。賴有故人情獨厚，時將懷抱慰無聊。

追憶乙巳年在鄞時送陸德昇歸省親

月湖湖南新雨歇，有客扣門來告歸。長林雲飛動凝碧，滄江日落爭清輝。胷中豈無匡濟策，囊裏亦有斑斕衣。與君後會已先約，莫待秋風鴻雁飛。

和易軒至日有懷韻

不覺今年子又半，天心無改只依然。六葭灰動黄鍾底，一綫陽生太極先。野老反關成獨坐，江梅破雪漫相妍。多君趣在羲皇上，珍重遺經手自編。

送方鳴錫公子還家

公子還家二月盡，蓬萊高處五雲繁。松楸歲晚歸修墓，萱草春深夢倚門。秋水芙蓉劍三尺，官市葡萄酒一樽。明日相思隔烟雨，鳥啼花落城南村。

寄瓦圓子王好文

近從令弟問平安，接得書來仔細看。且肅規模典教校，漫將姓字上春官。南風絳帳書聲遠，夜雨青氈劍氣寒。湖海茫茫難測際，好崇柱石障狂瀾。

金鰲釣叟為程仲元作

金鰲屹立大江濱，名勝多年跡未陳。帝子昔曾親住輦，漁翁今亦愛垂綸。雪花吹浪紅鱗躍，天影搖波白鳥馴。歌罷滄浪歸去晚，蘆花明月爛于銀。

題徐縣丞青山白雲圖

湖上晚風吹雨收，湖中清影靜涵秋。青山滿地是雲氣，綠樹數株臨水頭。亦有漁舟下淺瀨，豈無隱者住巖幽。眼中忽見精奇畫，便欲杖藜從此遊。

尋樂軒為徐維超賦

泗水東流派已微，寥寥千古孰云稀。傍花隨柳何人識，弄月吟風只自歸。博約有功須勉力，從容自適在知機。從今進德誠無息，日用由之得所依。

冬至日鄭教諭以詩寄次韻以答

剝山碩果有深情，一線陽從地底生。萬物因之有轉意，大音于此正希聲。天根葭管灰微動，屋角梅花煖弄晴。此理先生能獨到，老懷時復得輸傾。

無數好山雲滿簷，講餘宴坐不垂簾。春風未覺青氈冷，曉日休驚白髮添。三鱣行看起楊震，五花爭說夢江淹。道人久已多忘我，日日相過想不嫌。

製作曹劉不啻過，珠璣圭璧競駢羅。閒居自得滄洲趣，屬和其如白雪歌。氣肅滿空浮沆瀣，語圓無地着蓬科。先生樂道已忘倦，老我疎慵奈爾何。

自憐雙鬢雪飄蕭，仰止人間氣泬寥。瑞世已知來鸑鷟，巢林何用數鷦鷯。杏壇花發春風早，泮水芹香化雨饒。講下諸生日侍炙，邇來渣滓漸融消。

除夕又辱鄭教諭詩復次其韻

老梅索笑自巡簷，明月霜花亂撲簾。石鼎月團花已煮，地爐榾柮火旋添。功名到手休驚異，經史填胸自貫淹。湖海交遊誠有道，閭閻何事苦猜嫌。

只有春風不世情，年年芳草滿庭生。衡茅儋石時空匱，泮水絃歌日有聲。岸柳眼青春已近，江梅花白雪初晴。何時顧我林泉下，細把簞瓢濁酒傾。

梅花溪上月蕭蕭，寒色清香共寂寥。照影徒憐矜孔翠，賦形何必鄙鷦鷯。重霄日見風雲會，大地春來雨露饒。獨向江頭瞻北極，東風吹面酒微消。

昔年趨召上春官，書在文淵閣下看。絳國香飄紅霧暖，御溝冰泮綠波寒。歸來不覺四三載，瞻望難忘十二闌。除夕詩來情更篤，令人空復夢長安。

壽許澄北七十

澄北高人道義門，稀年情性愈存存。青氈夜雨家聲舊，絳帳春風師道尊。肅肅霜林堆碩果，猗猗庭砌藹蘭孫。自慙年比君差長，衰朽無庸奚足論。

送徐仲浣會試

而翁登第國初年，較藝今推子更賢。高閣晝長聞漏轉，玉階春早聽臚傳。風雲嘉會登昭代，雨露新恩自九天。闕下若逢徐御史，為言衰朽雪盈顛。

贈盧世宗

昔年同召復同歸，幾挹天門五色輝。叩陛並膺東駕旨，還家多著老萊衣。君回閣下翻篇帙，我向山中採蕨薇。總說朝廷恩禮重，天官全擢諒非微。

送應教諭服闋赴京

三年讀禮白雲邊，有淚潸潸似迸泉。海宇共沾新雨露，川原不見舊風烟。客途萬里情何壯，帝闕九重心獨懸。考績天官定稱最，除書應拜紫泥鮮。

琴室軒為童因之作

之子結廬河水西，猗蘭楚楚稱幽棲。春深時見雉朝雊，漏盡每聞烏夜啼。素軫晶瑩峙寒玉，玄膚黯淡蟠雲霓。超然獨對爐熏細，起弄梅花月未低。

贈程太守

一麾出守下京華，五馬行春遍海涯。襟抱中涵太古雪，聲名高並赤城霞。花村靜夜犬無吠，尺籍安居民不譁。王國若修廉吏傳，史人編入定非誇。

次謝光濟見寄韻并懷金元暍煉師

衝泥著屐遇佳賓，細雨微霑烏角巾。野水山花晴送客，暮雲春樹日懷人。阿師道合心無間，之子詩成捷有神。矯首西山雲水濶，朝來爽氣倍清新。

寄童尚弘郎中

郎官聲譽滿京畿，萬里新膺寵渥歸。繼絕固知情最重，承顏猶喜志無違。華巖雲出隨龍化，羽洞秋清看鶴飛。念我相違久相憶，得從諸友款重扉。

松軒為葉瞻望賦

小軒結並古松間，蒼翠團陰盡日閒。雷奮每驚龍起蟄，月明長訝鶴飛還。笙簫過耳聆虛籟，梅竹相看共歲寒。自昔有才須世用，棲遲莫使鬢毛鬖。

和鄔養素述懷

京華旅食幾經春，兩鬢蕭蕭雪色新。聽雨每勞千里夢，望雲長愧百年身。歸來自此有餘暇，相見從今莫憚頻。歲晚尋盟邱壑底，木緜鶴袖小烏巾。

鈍靜齋為台城陳濬圭賦

蛤幘西頭久息幾，齋居容與更猗移。歛將鋒鍔深藏處，正是身心不動時。太璞弗彫焉用砥，空淵如鑒淨無漪。陶然自得羲皇意，濁世誰能更爾為。

與道困老師道舊

寥天隻鶴水雲深，千里歸來識舊林。愧我久無經世念，羨君原有出塵心。江湖夜雨頻聽夢，桃李春風孰賞音。一笑相看重搖首，年來也欲不勝簪。

送前范令陳仲素服闋

看山幾踏錦屏霞，問字曾過令尹家。讀禮三年依宰木，拏舟五月上京華。金盤露熟黄封酒，玉蕊香生内苑花。考績定知書上列，五雲深處聽宣麻。

送嘿嘿道人歸玉環

驪駒在門酒在樽，臨江釃酒江水渾。還家總喜頭上黑，對人何惜舌長捫。白雲芃芃日近眼，落木蕭蕭風滿村。與君執手不忍別，荒戍鳥啼夕照繁。

春暉堂為錦屏何本道作

甘旨承顔樂有餘，滿堂和氣藹春暉。劬勞每惜三年久，報答長慙寸草微。煦日酣花明白髮，軟風迴絮點班衣。由來人子宜供職，老我雙親獨未歸。

病中有懷白雲山人

山窗春盡獨臥病，其中萬感來無端。毛骨蕭蕭似野鶴，心神耿耿成飛鸞。落花一徑墜紅冷，積雨滿郊生翠寒。起望西岑目力短，白雲渺渺何由攀。

贈錫冕錫斑練溪陳氏二内弟

半生足跡走湖海，邇來見子心為降。凡才不教鷙鳥百，倦眼忽睹蠙珠雙。梅花肅肅月在榻，雁聲歷歷秋滿江。作詩寄遠有真意，為勉力學毋幻哤。

冬夜有懷孝文兼練溪諸君子

歲云暮矣山之阿，流光蹉跎將奈何。自覺壺中有天地，豈知世上多風波。雁羣叫斷朔雲冷，梅梢擺落明月多。楮帳虛虛抱幽獨，夜長應不忘吟哦。

壽叔仲祥先生七十

我家于門舊積德，有壽一一皆如椿。阿翁誠為不癡叔，賤子敢謂非常人。樓頭連輝棣萼好，階下並秀蘭玉新。願言顏色真不老，年年花發蟠桃春。

送王敬伯之金陵

江左衣冠儼世望，風流醞藉倍輝光。燒丹已伏砂中汞，論藥嘗鈔肘後方。蝶枕忽生京國夢，鷗盟莫忘水雲鄉。明朝去路秋風遠，翹首金陵烟樹長。

次韻東清慎兼寄林鈍軒

我生有志竟無成，短髮蕭蕭雪色明。共喜詩囊爛珠玉，獨憐藥籠乏參苓。緼袍素分何心慕，陋室無營豈德馨。浩蕩滄江春水濶，莫教寒卻白鷗盟。

題既雨雲林圖 二首

雨過蒼崖濕，雲收綠樹涼。草堂人不到，流水自斜陽。

水濶波光淨，樹深涼氣浮。秋風蘿屋底，坐對滿林愁。

題漁村夕照圖

野水青山遠，汀洲錦樹鮮。漁舟新雨過，曝網夕陽前。

題鶺鴒圖

野塘秋氣深，飛來鶺鴒兩。慨彼急難成，露下蓮房冷。

題養年扇面

寶方雲壑底，茅屋古松間。杖履何年別，扁舟此日還。

題盧昱倭扇面

扶桑渺何許，涼影接蓬瀛。不用乘槎去，清風兩腋生。

莊子觀泉圖為武林薛秉心作

緬維漆園生，尸居正淵嘿。細觀《秋水篇》，萬事忘失得。

許由棄瓢圖

怪彼箕山翁，一瓢豈為累。吁嗟千載餘，清風尚盈耳。

題墨竹

雲深二女愁，日暮孤鸞語。叢薄何毿毿，滄江夜來雨。

京邸雪中 二首

騰六驂銀鳳，髼髿散瑞花。誰知久羈客，此際苦思家。
禁闕璚樓峻，歌臺玉樹斜。清清竹窗下，取水自煎茶。

為王仲博子題扇

春雷才破地，龍孫競騰躍。朝來烟雨餘，嶄然見頭角。

為葛天正題扇面 二首

小徑雙松屋，清溪獨樹橋。知音驢背客，山水共清高。
野水澄秋影，長松落晚陰。蹇驢吟正穩，歸路草堂深。

題胡寶夫扇面竹

雨暗瀟湘夜，天空渭水秋。美人清夢斷，坐對碧雲愁。

再題扇面小景

湖上青山迴，沙頭綠樹涼。聞呼釣魚者，欲共濯滄浪。

題趙範生扇面

幽居隔塵世，嘉樹無垢氛。時招方外友，來看山中雲。

題元章墨梅

洗硯泓池淨，冰華濺墨痕。暗香自浮動，不是涴緇塵。

題栗生竹石圖

疎篁挺秋蒼，怪石臥寒綠。喟彼貞確姿，空山抱幽獨。

題孝湍扇面

雲散暮山淨，雨餘春水多。林居纔咫尺，地僻少經過。

題汪思淵竹

老石倚玄雲，修篁立蒼玉。涼風天外來，秋聲滿虛谷。

題郭處端竹

蕭條渭水秋，窈窕湘江莫。夜深風露凉，商聲泣寒素。

柏山八景為王廷溫賦

槐堂讀書

槐陰清晝寂，教子自伊吾。地僻無塵迹，惟同竹素俱。

松塢絃琴

蒼髯幽壑底，天籟發長林。自按無弦調，泠然太古音。

榆橋春水

三日溪南雨，新波拍石梁。洞門深不鎖，流出落花香。

秀嶺秋霞

懸厓散晴綺，五色絢朝陽。鶴背吹笙者，爛然雲錦裳。

東山月色

月明出東嶺，團團白玉盤。圓光徧區宇，何地不清安。

西寺鐘聲

古刹雲崖裏，松蘿山半横。鯨音忽驚吼，萬籟寂無聲。

唐谷晴虹

晴空玉蝃蝀，倒影碧潭深。界破青山色，高懸千萬尋。

烏潭雲氣

靈湫萬山頂，雲氣日陰陰。大慰蒼生望，年年起作霖。

咏大屏山 二首 別名金字山常半涵雲嵐又名半峯蒼翠

山色如新畫，嵐光生翠寒。白雲藏半腹，時得捲簾看。

小檻鉤簾處，晴天倚碧峯。林腰雲氣白，秋水泛芙蓉。

和答夢菴夏夜城南期宿不至韻 二首

崢嶸老氣秋無際，瀟灑新詩捷有神。睡起小齋清晝寂，槐陰如水碧粼粼。

雨過橫塘碧樹涼，白鷗相對久相忘。晚來行眺城南路，香稻搖花滿穗黃。

和余退菴見寄韻

自枕殘書北牖眠，茶爐活水旋烹煎。雲邊聽徹鈞天樂，風落長松澗底泉。

和賈士因見寄韻

為訪幽居得得來，新篁窗戶自闕開。緣知杖履城東去，殊異山陰興盡回。

過眼匆匆又一年，藉君相與意懸懸。此情莫報非瓊玖，聊折梅花託使傳。

題墨梅

姑射仙人擁翠軿，洞天風冷月華清。玉簫吹徹雲邊夢，起撚玄霜染素英。

題廷諫扇面竹

長身玉立在溪南，曉日蒼涼水氣酣。昨夜雷聲龍起蟄，滿林春意碧毿毿。

和邦傑老舅韻

身世何殊萍與蓬，際天勳業轉頭空。好將松柏歲寒操，莫似春花怨晚風。

和胡城夫韻

深居嘉趣足清閒，況復容顏似渥丹。卻笑疎慵空老大，頭顱羞向鏡中看。

風雨歸舟圖為趙生杏州賦

浩浩長波捲怒濤，蕭蕭急雨打江皋。小舟日暮倉皇際，須向中流慎所操。

題錢舜舉瓜圖為蔡省中作

古蒂秋香色老青，沃心甘液甃冰清。開圖頓洗文園渴，千古令人憶邵平。

和唐任番題巾山韻

山晴日出曉蒼涼，七尺枯藤和布裳。直到層巒懸絕處，俄觀萬井似蜂房。

題思定扇面竹

秋高露冷湘江渚，幽篁叢深少鷺語。雲谷山人老歸來，時向平林看烟雨。

丁巳驚蟄留夾嶼和陳伯起韻

離披野逕頹雲濕，無數魚龍起春蟄。可憐風雨日淒淒，九十韶光過三十。

贈恭上人

城南逢著老禪翁，握手慇懃笑語同。明日翻然歸又去，白雲依舊滿山中。

答夢菴又為題梅花卷 二首

先生防守極城闉，中夜虛虛氣孔神。獨向深淵觀止水，月明風定正粼粼。

西湖歲晚雪花新，鐵石心腸只是人。尚憶逋仙風致在，月香水影太清真。

題詹叔正扇面竹

水落瀟湘秋意長，湘妃清淚溼衣裳。夜深聽罷雲和瑟，明月滿天風露涼。案：是首據《三台文獻》補。

太平後學陳郁金兆璜覆校

附錄

月堀記

宋　濂

余退直詞林，戴華陽之巾，被鹿皮之裘，焚香默坐，存神規中，太和薰蒸，百體欣順，龍降虎升，水溫火寒，周流密緜，莫究端倪。冲陽子自空明洞天翩翩而來，碧瞳方頤，氣貌充甚。謁入，揚袂言曰："月堀之義，子知之乎？揚雄云：'西壓月堀，指月所生之地也。'吾意則不然。太陰之精，朔後魄生，至望而盈，盈極而衰，隨日漸虧，晦而復蘇，上下二弦，虧盈得平，氣和弗偏。吾煉九還七，返靈丹抽添進退之候，每於月而取則焉，因名其室以'月堀。'所以志之。"予曰："陰陽不可偏勝也。獨陽不生，獨陰不成，乾坤搆精，六子乃凝。水坎火離，中藏偶奇，用奇變偶，乾道始茂。重陰盡消，純陽則昭，久而行之，與道逍遙。是謂三一之真也，復命之區也。若取則乎月，無乃專溺於陰乎？"冲陽子曰："二氣之精，互為其根。房日之兔，畢月之烏，取象表徵，指意甚微。陽既含陰，陰亦含陽。苟舉其偏，道則全張。子何見之拘也。"予曰："言則美矣，其理尚有所遺也。人身之中，有元牝焉。繫乎天根，呼吸所關。絲絡聯緜，枝葉扶疎。靜以養之，一氣孔神。超於眾先，不見其朕。玉色連娟，天光內朗。蓋以無為而得，無為而成，孰火能為其候？孰鼎能為其鑪？孰藥能為其材？我皆不得而知也。假形託物，著於丹書，顛倒錯亂，自漢以來，已如斯矣。吾將與子握手空明洞天之上，當素月流輝、銀鋪水翻、瑤露初滴、寂然無聲，委羽仙人必騎黃鶴而一下之，與子稍一叩焉，則予之說為當矣。”冲陽子喟然而歎曰：“道有精粗，象分內外。非粗不足以別精，非外不足以形內。初機之徒未忘乎物，苟不以此示之，必大笑而走，何可與上士元功之成者並論哉？子之說固當，而吾之所取喻又豈可少哉？”於是相視一笑。冲陽子揖而退，予送至庭外，冲陽子復請曰：“一陰之生，其卦為姤，是月堀也。一陽之生，其卦為復，是天根也。邵子嘗往來其間，而所謂‘三十六宮都是春’者，其與吾月堀之義頗有合乎？”予曰：“此大《易》精微所繫，雖更僕不能盡也，予惡能知之？予惡能知之？君當問諸庖犧。”冲陽子曰：“唯。”冲陽子張姓，輔其名，以廷翼為字，台之黃巖人，蓋有道之士也。（《宋學士集》）

羽南張先生墓誌銘

吳　節

徵士羽南張先生以宣德庚戌夏終於正寢，墓已宿草，其子瑀懼先德之湮泯，無以稱追慕表揚之義，乃齎同邑教諭盧先生行狀來徵銘，將追而納之壙。予嘗忝以科第，竊祿詞林，從元老諸公游，每暇日論及纂修事，能以恭勤為本者，必及羽南先生，然亦未嘗不惜其甘守恬退而未底顯榮，蓋君子而負大雅明哲之操者也。耳聆既久，莫獲識其後人。今瑀以父銘為請，此正予所景慕於疇昔者，奚以之辭為。按狀，先生初諱汝輔，改曰羽，字孝翊，別號羽南，姓張氏。遠祖諱朝，自閩徙溫郡永嘉之張溪。七世祖伯四府君，繇張溪再徙台之黃巖土鼓里。曾祖諱日炎，號石窗。祖諱俊，封從仕郎，浙江行宣政院都事；祖妣阮氏，封宜人。父諱思濟，仕元浙東道元帥府都事；妣王氏，封宜人。先生生而天資凝粹警敏，自幼頭角嶄然，出羣兒右。十歲能屬文，稍長侍父游宦四明，從主一吳先生講究詩律，大有所得，深為同門士友所器重。江浙等處行中書省員外郎燕公敬一見先生，奇之，遂妻之以女。燕公為時聞臣，所交多鴻儒宿學，先生皆獲親炙，以增益所未聞。自四明歸，復從觀成黃先生、均疇陳先生授《書》、《春秋》二經，擬發身取進士第，阻於親老，留戀膝下不能去。性雅好理數，於《易參同契》、陳希夷、邵堯夫諸書皆窮探深旨，自名其室曰“月堀”，前太史金華宋公為之記。永樂初詔徵天下文士，近臣首推先生。比至，宣入文淵閣，纂修《大典》書。書成，例得授官，先生以母老力辭歸養。未幾，復被旨令館食詞林，校讐書籍，暨封上，復以終養懇請於朝，許之。及歸，無復時事，每溫凊定省之餘，惟深衣幅巾，逍遙泉石，賦詠以自適而已，鄉人見者咸以張神仙呼之，先生頷之曰“然。”先生為人，內明外直，動止有儀，言論成章，人有不善，輒面折不少貸，其為善者則稱揚之不釋口，故人皆無怨言。賓朋萃止，即歡洽傾倒，不計家之有無。人有急，必盡心為之扶持，事已，有酬以禮者，即卻不受。女兄有夫亡子幼者，則為之經紀。友人有被辟而不能上進者，則出資為道費。宗族昆季有家貧不能自給與喪葬不克舉者，先生必捐粟以為助。其為義之心，類多若此。所為詩咸清新俊逸，下筆若不經意，而士林自相傳誦，以為難得。今存三百餘篇，題曰《掬清稿》。以宣德五年六月二十七日歿於家，享年八十有五。先娶燕氏，早卒；再娶濮州范縣縣丞陳叔供女，皆有淑德懿行。子男五人：長乾籥，為縣庠生；次曰玄湛、玄蜕、玄璚、忸陶。乾籥、玄蜕皆先卒。女三人：長適王宜湛，次歿，次適童嗣泳，皆士族。孫男十有三人：辟、覲、僑、壬、丙、楔、丁、恩、遐、邇、庚、其、晃。孫女五人。以是年十月乙酉葬於三童鄉建平里東山之原。予聞盛德之士，不在其身則在其子孫，先生以該博之學，純誠之行，兩承召命，有纂修校讐之勞，是宜列職顯要，安食天禄者矣，乃惓惓焉以孝親為辭，歸老田園，今子孫衆多，詩書禮樂之澤益大益繁，豈非天之報施雖未及其身，而其豐厚者乃在其子孫也歟！是宜為之銘。銘曰：維張之先徙閩邦，歷溫徙台流慶長。祖封彌顯勤贊襄，先生赴徵際明良。校讎盡發金匱藏，書成拂衣歸故鄉。欲效辟穀張子房，天根月堀樂且康。掬清之詠何琳琅，年登期頤陟仙方。有美孝子瘞冠裳，追書妥靈封高岡。赤城霞彩生微茫，毋乃潛德舒幽光。儲祥衍瑞百千載，雲礽奕葉臻彌昌。（《赤城後集》）

張羽南先生遺像贊

王　坊

聞之嶽川清淑之氣，篤生異人，其人道德文章堪為師表，故相與景慕不衰，若羽南張先生者，蓋敻乎莫可尚已。先生是永嘉之苗裔也，其先徙居委羽山之南土鼓嶼。先生深衣幅巾，逍遥嘯咏于其旁，因以為號，自始徙及先生凡七傳，而族姓蕃滋，官績新著，卓卓乎稱巨宗焉。先生篤學敦行，不事聲華，羣書博極，發潛德之幽光。一代名公鉅儒，欽其學行，僉願執經請業於其門。永樂初詔徵天下士，近臣首推先生，兩奉詔命，以母老徘徊不忍出，比促就蒲輪，宣入弘文館，纂修《大典》，書成授官，以母老辭不拜。文廟嘉其孝，詔賜歸養。宣德庚戌，壽八十有五，終于家，大司成吳公節銘其墓。弘治庚申，督學憲副使趙公寬檄有司祀於鄉賢祠。先生所著詩若文最多，名曰《掬清稿》，永樂間燬于盜，其後諸孫蒐葺，僅得詩之一二，台南逸老謝公嘗為彙次成編，仍其舊名，藏於家久矣。方石謝公修郡志，錄先生隱行且著是稿之名，《赤城續編》又擇其詩之尤者二十三篇弁諸首，但完篇未行，人頗恨之。至是先生曾孫沛與姪楹、格、傑、啓，姪孫世蘊等共圖錄梓，以廣其傳，復奉先生遺像請贊於坊。嗚呼先生！行修於家信於人，名譽在縉紳，文章在館閣，神祀鄉賢祠，卓乎大雅君子，顧坊敢贊哉？雖然，誦其詩，讀其書，恨不見其人也，得拜其像，亦幸矣。用是輒贅一言，實希慕之至焉耳，非所以贊先生也。其詞曰：聖朝再徵，校儲天祿。道篤君親，土苴好爵。匪曰要譽，覺彼後覺。士習寖移，或昧本末。聞風展像，庶幾奮拔。嘉靖甲申秋九月望日賜進士第承德郎尚寶司司丞同邑後學王坊頓道拜書。（《掬清稿》舊鈔本卷首）

跋

金嗣獻

右《掬清稿》四卷，明黄巖張孝翊先生所著。謝文肅《赤城新志》云其家有鈔本，王甯山坊云嘉靖間其曾孫沛等曾付梓，然往年王孝廉棻修《黄巖志》時遍訪是《集》不可得，其佚久矣。余偶從舊家敗篋中檢得舊鈔本，係謝太守省所編，惟先絕句次古風，敘次頗多錯亂，又以甯山所譔像贊題為是《集》序，竊疑傳鈔之誤，爰重為編次，壽諸梨棗，以永其傳。並采宋學士濂所撰《月堀記》、吳祭酒節所撰墓誌銘附載卷末，使人得以攷見先生之學行云。甲寅春月太平金嗣獻謌軒識。

明太平黄孔昭定軒著
邑後學金嗣獻校刊

定軒存稿

目 錄

《明史》本傳

黄孔昭，黄巖人，初名曜，後以字行，改字世顯。年十四遭父母喪，哀毀骨立。舉天順四年進士，授屯田主事奉使江南，卻餽弗受，進都水員外郎。成化五年，文選郎中陳雲等為吏所訐，盡下獄貶官，尚書姚夔知孔昭廉，調之文選。九年進郎中。故事，選郎率閉門謝客，孔昭曰："國家用才，猶富家積粟。粟不素積，豈足贍饑？才不預儲，安能濟用？苟以深居謝客為高，何由知天下才俊！"公退，遇客至輒延見，訪以人才，書之於冊，除官以其才高下，配地繁簡，由是銓敘平允，其以私干者悉拒之。嘗與尚書尹旻爭，至推案盛怒，孔昭拱立俟其怒止，復言之，旻亦信其諒直。旻暱通政談倫，欲用為侍郎，孔昭執不可，旻卒用之，倫果敗。旻欲推故人為巡撫，孔昭不應，其人入都謁孔昭，至屈膝，孔昭益鄙之，旻令推舉，孔昭曰："彼所少者，大臣之體耳。"旻謂其人曰："黄君不離銓曹，汝不能遷也。"為郎中滿九載，始擢右通政。久之，遷南京工部右侍郎。有官地十餘區，為勢家所侵，奏復之。奉詔薦舉方面，以知府樊瑩、僉事章懋應，後皆為名臣。郎官主藏者以羨銀數千進，斥退之。掘地得古鼎，急命工鎸"文廟"二字，送之廟中，俄中貴欲獻諸朝，見鎸字而止。孔昭嗜學敦行，與陳選、林鶚、謝鐸友善，並為士類所宗。宏治四年卒，嘉靖中贈禮部尚書，謚文毅。子俌亦舉進士，為文選郎中。俌子綰以議大禮至禮部尚書，自有《傳》。

贊曰：國家盛時，士大夫多以廉節自重，豈刻意勵行，好為矯飾名譽哉！亦其澹嗜欲、恥營競，介特之性然也。仁宣之際，懲吏道貪墨，登進公廉剛正之士，宗載佐銓衡，顧佐掌邦憲，風紀為之一清。段民、吳訥、魏驥、魯穆，皭然秉羔羊素絲之節，軒𫐐、孔昭矯勵絕俗，物不能干。章敞、徐琦、劉戩律己嚴正，異域傾心，廉之足尚也卓矣。

序（一）

謝 鐸

古稱所謂不朽者，太上有立德，其次有立功，其次有立言。歐陽子推其說，謂脩於身不施於事可也，施於事不見於言可也。夫言之精者為文，文之精者為詩。若是則文之與詩，其不足為有無也明矣，亦何貴其為不朽也哉！予竊以為德無所本，功無所見，而徒以無實之言譁世而取寵，固君子所不貴。若乃德之英華，必待言而後發，功之顯暴，必待言而後張，斯言也其可少哉？是故德莫盛於唐虞，功莫盛於夏商周，不有典謨誓誥之文，賡歌雅頌之詩，百世之下曷從而知之，亦曷從而傳之？况下此萬萬，顧欲自託於無言之功德，以求自立於不朽之地可乎？此文章所以為不朽之盛事，未可以為少而不貴之也。吾台先正諸君子，若所謂十大儒五大臣者，其道德功業，固已卓乎其不可及，而其文之與詩，所以闡發乎幽微，鋪張其盛大，若宋之陳篔窗、左委羽，元之陳兩峯、潘省元，以及我國初之朱白雲、許介石者，其又可少耶！夫其不可少，則其精識深造，以自得於不傳之妙，固亦有不可得而易者，夫豈人人所得而預之哉？吾友定軒黄公，與吾叔父貞肅先生王城山人，自未脱舉業時即慨然有志於立言，以上繼吾台之絶學，雖於文無所不能，而尤刻意於詩，蓋其學皆規彷盛唐，出入漢魏，力挽古作而上之，以極乎《三百篇》之旨，不屑以世俗言置諸胸中，故其發而為詩，其性情正，其興趣遠，其調格深，遂傑然為吾台一代之作，雖一時江海之名能詩者，亦無讓識者。以吾台詩道之中興而卜之，天下其亦不誣也哉。貞肅王城之詩，已行於世。公之子傭方編輯所謂《定軒存稿》者凡若干卷以行，而屬予為之序。於乎！二公者或德晦以位，或位顯於功，而其詩與文又皆足以副之，予無似，幸從二公後，而於此一無所以自立者，不特上愧吾台諸先正，而其有愧於公亦多矣，尚何以序公之詩與文也哉！公姓黃，名孔昭，字世顯，定軒其別號也。以進士繼其父職方公，歷官工部侍郎，而傭又世其科，吾台稱三代進士者，亦惟公一家云。時宏治乙卯秋八月既望，賜進士朝列大夫、南京國子祭酒、前翰林院侍講兼修國史經筵官致仕桃溪謝鐸序。

序（二）

金立敬

自三代以降，君子不重有慨於文之敝哉！夫文者，言之發而有章者也。性情之蘊，非文不宣，經世之務，非文不達，至道之精，非文不顯，然必先其本而後文以章之，故粲焉者張而不侈，約焉者隱而不晦，放焉者大而非夸，微焉者賾而靡厭，故曰文者載道之器，聖人所以洩天地之祕者也。嗟夫！六經之文至矣。秦漢以還，百家雜出，浮藻聯翩。何裨世教，沈辭拂鬱，徒挾風霜，甚者異說以亂經，偽言以欺世，汗牛充棟，其敝益滋，君子惡得而弗憂也。是故說性情者高李、杜之風韻，揚世務者尚韓、歐之體裁，究性道者宗濂、洛之歸要，匪是則輪轅雖飾，將安用之？我朝文運肇興，作者無慮數十百家，語其傑然名世，若宋潛溪、方遜志，皆吾浙產，然二公之勁節豐猷，輝映簡策，非徒文云者，則其愛而傳也固宜。迨天順、成化間，黃巖定軒黃文毅公崛起，歷事三朝，官至南少司空。公自筮仕，即以天下為己任，與同鄉謝方石公交相淬厲，至其脩諸身，達之政，一言不妄發，一事不妄舉，而貞履淵畜，用之沛然。其為選部，士無親疏賢不肖，靡不親身延接，聽言察行，以上下進退之。冢宰用其言，一時大稱得士，人謂之“開門文選”，然無敢以暮夜之私入者。在銓九載，前後論文選之賢者，必以公為稱首。及歷兩都，登顯要，聲譽峻赫，朝野跂公且旦夕當軸矣，而溘然蚤世，天下共惜之。平生不事著作，獨意興所及，發為詩歌，或應酬撰述，稍見一二。其詩雅致清逸，得乎性情之真；其文論事精核，協於經世之典；其辨道明切，有裨日用。蓋洋洋乎適治之微言，而纘文之懿緒也。或曰風人語多怨思，而公則和平，詞人意多辯擊，而公惟雅正，則何以異？余曰："否，否。"怨思之旨不得於君，辯擊之言靡同於世，是以屈原放逐，恆託喻以思君；史遷受誣，每肆言以嫉俗，時使然也。公上得乎君，下行其志，贊襄出入，何有於怨思？協恭共濟，與物油然，何有於辯擊？且治當累洽，故其氣厚以昌；時際含宏，故其詞直以亮；真朴未漓，故其調邕而古。上下詩壇，驅馳藝苑，李、杜、韓、歐，夫豈多讓？更使叩鐘周、程，尚當揚帆伊、洛，歷數名世，摭其言行，詎出濳溪、遜志下耶？顧其文既不多得，又未大行於世，識者病之。豫章虬峯謝公以名御史來按兩浙，孳孳以明正學、崇先哲為務，蓋迺祖大韶翁與文毅進士同榜，合志同道，並德齊名，金蘭世契，繩其祖武，遡及先猷，至台即訪公遺文，得存稿數帙，檄署邑事別駕王君一麟刪益參訂，重付梓人。其文既傳，其名益遠。匪惟念祖，抑以樹風。豈曰崇賢，實惟彰教。嗟我邦人，有範斯式。於赫觀風，永光無極。刻既成，別駕以敘請，迺昭言於敬。竊自愧其不敏，罔克嗣於前聞人，敬因憲命而敘其概，并道公論世尚友之誼，為吾台人士勗焉。隆慶壬申夏六月，賜進士出身工部侍郎臨海金立敬拜撰。

卷一　五言　七言古詩

秋雨有感示謝十五世懋　戊寅

秋睡寒未足，曉雨滴前除。攬衣起徬徨，不見春風時。花落有餘芳，葉脫無全枝。野鳥不知暮，査査鳴為誰？愁隨雨聲歇，心逐孤雲馳。

挽趙允孚故友　四首

花謝木不榮，香銷蘭始萎。學成未為用，中道遽何之！黃甲有高第，不見題名時。旅泊二十年，辛苦將何為？空遺程世文，重為身後思。天命苟如此，壯士徒傷悲。

游子離故鄉，高堂悲白頭。駟馬望不來，空見江上舟。拊棺呼兒泣，悔使覓封侯。生與骨肉疎，死為功名羞。西山一抔土，到此萬事休。翻憶買書時，腸斷淚難收！

游魂渺何許，萬里遺孤孀。月落夜烏啼，怨此燈燭光。方悲去日短，轉念來日長。獨抱黃口兒，何以終身望。茫茫死無知，生者祇自傷。奉櫬歸舅姑，誓言守空房。

北風何蕭瑟，吹動孤兒帷。孤兒啼索乳，未解執杖哀。人死不復生，兒長會有時。雨露重焄蒿，何處憶容儀。故書在敝篋，手澤猶可追。已矣莫深恨，天意諒在茲。

感懷

方承部命，顧念遠期，三月還事，忽忽于茲，進德修業，百歲幾何？感而述此，用以警予。

驅車舍荒郊，深畏期會長。炎光一轉輪，忽忽及秋陽。感茲迅景馳，力倦心皇皇。大道無停驂，繁簡有餘章。及壯不自樹，老矣徒悲傷。聖人布乾象，靜觀宜自強。

送侯先生省祭歸

水流顧其沚，木大庇其根。祿養不逮時，負此天地恩。煌煌五花誥，龍光賁丘原。翹首望故鄉，西風吹白雲。乞身禁垣裏，理禫清河濆。虔恭理蕪穢，恪誠羞苾芬。交遊企前輩，相送出都門。感茲思悠悠，淚落秋水渾。

送盧永謐赴房山教諭

雨脚夜如麻，深塗泥行轍。有客念公期，侵晨駕言別。房山鬱岧嶢，白雲近可擷。握手臨路歧，長懷何惙惙。慨彼蘭蕙花，托根在巖穴。清香隨風飛，過時無採掇。淡薄難自珍，豔媚易為悅。人情諒如此，天命胡可越。渢渢絃歌裏，青衿儼成列。願言崇新化，慰我相望渴。

貞則堂

方巖鬱嵯峩，矻立秋空碧。六丁不可移，天地相終極。下有苦節人，貞心夜生白。耿耿明月輝，照此千仞壁。從一分所宜，寒燈未足惜。艱難撫弱孤，輾轉脫横逆。黄金易人情，相顧誰為力。珍彼嚴侍兒，之死矢靡慝。影端視其表，胡乃非母德。清風滿江沱，愁雲連墓柏。遂令階庭前，芝蘭轉繁碩。錫類信有常，天道豈玄默。升堂考厥名，磨崖寫新刻。狂瀾日滾滾，永矣閨門式。

讀謝世懋呈鄭尹詩墨蹟

手披故人詩，雲錦爛如織。宛宛筆墨間，風采見疇昔。回想桃谿水，方巖自千尺。念舊肝欲摧，思賢淚空滴。再拜誦三過，字字寫胸臆。箴規與美刺，孰非仁民澤？卷之不盈抱，舒之遍寰極。聖朝重科目，卿相胥此擇。敏速利年少，所貴非所得。千百偕計來，雖多亦奚益。以兹荆棘闈，反為賢智厄。嗟彼斯人徒，允矣邦之特。逢時或自効，方圓就矩矱。棟梁與桷榱，用之隨所適。示貌不示心，奇貨誰能識。沉埋失光采，中道竟成踣。天應狥時好，福淫不愛德。區區憸巧者，竊志飽肉食。君生不我顯，君死重我惜。逢人誦君詩，庶以一傳百。朝廷或有知，大開賢路塞。後先與文人，能不懷愧色。寒骨雖無補，激發自君力。已矣復何言，良為窮士則。

送李亞卿顒養病歸惠安

峩峩六卿佐，清班儼崇秩。况乃君臣契，白頭保終吉。司空獨何見，急流勇陳疾。情懇尺疏短，詔許在倏忽。俸賜溢流泉，具資無長物。叱咤羣吏奔，頤指百僚屈。顧兹田園勞，何如廟堂逸。君子秉大義，卷舒與道一。懷寶非苟處，載贄非苟出。二疏仰高止，厥志漢輔弼。清風激人生，黄金賜百鎰。閩中林大夫，陝北王樞密。百兩祖道周，前作後有述。羣情倒秋波，眼底驚突兀。郎署無重責，慚竊飽終日。自憐羽翮短，千里遠相失。念彼葵藿心，耿耿魯漆室。畎畝苟可忘，後樂吾所畢。

贈一中僉憲四十韻兼柬鳴治

流水各有道，浮萍況無蹤。狂波委激浪，莫西乃朝東。逐逐車輪馬，不殊燕與鴻。蹇澁恥匏繫，局促傷樊籠。仰視天地外，森羅方寸中。周席坐終旦，孔轍環四封。杖劍出門去，誰不願遭逢。隴上龐公息，廡下梁鴻舂。富貴苟足慕，爵秩固所崇。念我夙昔好，惟子與超宗。發跡甌越區，比翼鵷鷺叢。感今志未已，學古力未窮。清署白晝閒，此心恆忡忡。德荷主君聖，量服官長洪。淺薄信無似，包覆如有容。藉此竊身貴，慚彼及物功。轊軻惜故步，驅策願匪躬。子來授官後，淬礪發硎鋒。肅肅外臺憲，簡僉副至公。過越閩水分，薄海閩山通。清樽咫尺地，碧雲千萬重。馬頭拂楊柳，豈無別離悰。出門即天涯，那能顧飄蓬。道義幸不棄，出處何必同。殿庭隔山岳，垂旒仰至聰。窮林獸猖攫，濁水魚噞喁。儋石一朝儲，杼軸萬室空。昨聞山東報，餓殍溝壑充。撫事重相念，有識誰不恫。方時務姑息，輾轉相蔽蒙。百弊日益滋，蝨賊紛內訌。手提一道印，白日走青驄。口宣天子命，恩言慰疲癃。憂勤心所至，興革隨所庸。須知緩急序，作事非怱怱。矯異豈為節，搏擊非為忠。況乃襲浮譽，顛倒驚盲聾。古人就大業，推擴盡心胸。萬里始今日，俯首跂高風。子行勿留戀，吾道恃有終。

江東歸思 送金鳳陽表弟

奇山高峩峩，浦水何湯湯。東西有第宅，棟宇相輝煌。之子懷遠志，朅來觀國光。京國天下尊，文物會衣裳。杖策恣遊覽，心胷豁以張。夜雨曉初歇，葛巾生微凉。回望憶故廬，萬物生秋光。蟋蟀鳴東壁，禾黍登西場。感茲傷離別，歸心繫馬韁。握手歧路側，與子傾中腸。女蘿附松柏，引蔓故應長。矧以世姻連，恩好豈能忘。彬彬諸父輩，詩書有餘香。相宅忝承乏，歸妹喜相當。珍重遠來意，信足慰所望。願言少遲躇，盡此一壺觴。後夜看明月，各在天一方。

雨窗別意送二弟孔英歸

鬱鬱連理枝，嗈嗈鳴雁序。感茲物意長，戚戚念兄弟。周公賦棠棣，還復歌行葦。籩豆及爵斝，形跡聊爾爾。顧伊豈異人，手足元一體。天性返自然，生死同憂喜。俗降逮河滑，雅亡傷葛藟。所以後世人，狥名稱姜被。彭城風雨夜，如彼二蘇子。我生夙孤蹇，煢煢何怙恃。俯念爾弟妹，各在齠齔裹。提攜出京邑，艱難歸故里。幸茲室家成，庶不墜先緒。青雲縻薄官，骨肉難常聚。使車自池陽，倏忽驚六祀。今夕復何夕，共此客窗雨。青燈坐深夜，傾倒極終始。吹塤固云樂，感舊情無已。長安故時第，蹤跡半非是。籬菊秋著花，我酒寒可酹。爾來不須臾，如何遽南駛。豈無好衾裯，可以少容與。回首泉溪山，候門有兒女。先隴曠時省，荆棘將誰理。臨風聽蕭瑟，眷戀欲垂涕。亮無健羽翰，安得同高舉。嗟嗟我所生，屬望良有以。道德各自樹，恩愛自不弛。何必昵情好，始為令兄弟。洞山故宗鄰，老成喪無幾。松塢歲寒枝，庇覆尚千載。願言日斯征，毋為鄉曲指。區區別離間，棄置勿復語。

送王進士存敬尹溧水 二首

都城列萬戶，槐棘森諸司。豈無寬閒地，容此清淑姿。九重軫深念，四海起瘝疲。畀與慎民牧，令尹重首咨。讀書尚平生，聿以行道期。俯身視溧水，百里良可為。

律呂遞相宜，秋聲入林杪。鴻飛遵陸渚，鹿鳴思野草。之子畏簡書，夙駕不俟曉。臨歧重執手，欲別傷遠道。丈夫生懸弧，直志達四表。豈必同樽罍，始足慰懷抱。令德苟相聞，在別情亦好。

奉送十三舅勗齋知漳浦縣

蓼莪動秋風，游子苦何恃。翹首望浦口，欲報恩無地。乙未歲初來，舅忽自南至。京師殊鄉邑，薄酒不能醉。左右日趨承，重慰懷親意。昨朝奏大銓，州縣慎長吏。掄選及老成，付授惟牧字。王程戒實嚴，骨肉別寧易。戀戀歧路側，不忍平生淚。念舅黌舍英，致澤故有事。登科屈少年，量德宜高位。顧茲百里邑，豈足淹騏驥。俯身視黔黎，滿眼生凋悴。賑恤非至仁，存活將何計。漳浦遠東南，文公有遺愛。區區喪冠間，猶幸存禮義。吁嗟宰物人，誰為復古治。甯宅喜有相，何甥愧無似。廊廟盡蒐羅，榱桷偶不棄。簪筆侍螭頭，伫看書上最。

送婁原善郎中膺薦河南治河

我生苦不智，於事無所能。飭飭守朱墨，羞為才者稱。子學自鵝湖，講道有家承。推以濟時用，隨處生光硎。今膺司徒薦，遠赴河南行。治河古所難，順水功乃成。惟子慎經理，廊廟自此升。治國如治水，無事為昇平。

題謝孝子遺事

遇兵感帥

干戈動四海，家室無全人。吾生亦何恃，奉母忘晨昏。身死固可憂，愛母逾愛身。願與母俱死，不願身獨存。閉門就執獲，甘旨猶在陳。矯矯軍中帥，顧盼生酸辛。縱遣無須臾，撫慰良殷勤。因之驗人心，仁義固其真。

刲股愈瘵

我身匪頑石，毀傷寧不知。母病迫蒼黃，身隨肝肺摧。籲天乞身代，天遠人難期。母生苟可活，身捐豈足辭。執刀刲股肉，肉落和為糜。精誠有感通，入口母病除。裹血戲床下，喜懌踰常時。我心良自盡，奚以旌門為。

感夢捐貲

人子有至孝，念念恆在親。安危及憂樂，動與心通神。昨夜夢還家，母妝儼如新。冥心卜休咎，汗流驚浹身。被服出門去，千里盡馳奔。辛苦十年貲，棄捐如路塵。吁嗟吾孝子，孱陵今無倫。朝夕競刀錐，忘親亦何人?

結廬守墓

親殯在中堂，拊柩心有思。親葬在深土，荒草空離離。結廬居墓側，呼號近庶幾。泉壤隔幽明，聲咽親甯知。惟茲肺肝血，長流無盡時。滴滴貫沙石，恍惚覩親儀。愁月照山鬼，酸風泣巖狸。孤兒千萬情，如此柏樹枝。

逸老堂奉壽謝世脩太守 分始字韻

嗟嗟康樂翁，愛民如愛子。三年郡有成，遽爾翻棄委。豈其慕高潔，富貴輕脫屣。緬懷聖與賢，時行或時止。學孔翁素心，讀書圖致理。尺疏千萬言，經綸道在是。寶慶古潁川，桃溪今栗里。出處去就間，知翁良有以。開堂面南山，蒼翠在屏几。魚鳥悅性情，松菊視操履。燕會彝敘敦，禴祠孝敬始。禮教洽井閭，藹藹文風起。翁處我有師，翁出民受祉。民祉及當時，我師永千祀。啓迪仰高堂，安逸寧為己。方山啓前途，玉峯遵後軌。斯道降饒陽，拙訥差可擬。洙泗源自深，日夜流無已。疏濬維我翁，勿貽諸老恥。

題王中書允達曾祖忠文公青巖隱居卷

瞻彼青巖山，雙澗有餘波。昔人乘雲去，悠悠松與蘿。遯志豈終往，仕祿匪吾華。時戾道斯卷，道舒與時和。簡嚴馬氏筆，襦袴與人歌。漢廷有使賈，滇南有尉陀。節在義不辱，死與生孰多。念維經濟才，未老竟蹉跎。贈謚禮有常，祀饗恩則那。及茲百年下，浩氣青霄摩。石室發遺文，流傳視鄒軻。澗深蠡難測，巖高人莫過。欲言意不盡，再拜仰嶒峨。

拳石迴瀾

滔滔東逝水，千載無迴波。中流矻砥柱，如此拳石何。臨風試遐想，激搏聲未和。移舟□南浦，秋光沙際多。

挽揚文懿公維新先生

憶我分曹初，浙才萃王宮。老成六七輩，同心亮天工。公時秉文筆，翰苑獨稱雄。《易》學泝慈湖，精微得其宗。肆力及諸書，浩浩波瀾充。私鈔百餘卷，閩洛有異同。我慚寸莛短，何以撞洪鐘。家錄適有求，大篇賜春容。宏治仰新化，少宰恩方隆。尺疏千萬言，敷陳極深衷。國書託始卒，台鼎望登庸。梁木中道殂，思賢將何從！英英階庭下，職業亦高崇。曠蕩身後恩，負荷良無窮。碑板照四方，因名還考終。壽位止如此，落日生悲風。

荷池躍鯉

鑿池種蓮蓮出水，綠雲深深見游鯉。金鱗曝日跳珠來，玉花傾露留人語。香落秋波夜月寒，悠然丈地寬滄海。待得春雷動禹門，還騎仙子隨龍起。

檜障蟠龍

蒼檜當軒老盤錯，五丁強把蛟龍縛。秋風無地起波濤，春雨長時戰頭角。忽然雲霧生爐香，渺渺不知庭戶隔。海門天闊夢歸遲，翠影半窗山月白。

拳石堆藍

白石累累謾堆積，百年不任苔花蝕。簾收輕霧出奇□，窗涵細雨生寒色。眼底青州小一拳，袖中東海高千尺。歸來踏月看雲根，春風吹上吟袍碧。

奇峯看髻

閉戶看書坐清曉，眼底疊山相對好。雙髻亭亭冷暮雲，短髮蓬蓬淡春草。月鏡風梳不惜妝，白雲千古吹難老。君去來從玉女峯，試看宮樣高多小。

卷二　五言律詩

寄謝世懋　二首

憶昔經遊地，村烟幾處雞。水流紅葉遠，山度白雲低。鳥雜猿啼樹，藤交竹覆溪。登雲橋上路，彷彿夢中迷。

日月書中趣，烟霞野外情。秋花看不落，晚籟聽還生。石淺苔痕濕，林空鳥夢驚。無為風景滯，相伴出山行。

寄謝鳴治　二首

上國新分首，雞壇重盍簪。青燈荷主意，赤日繫人心。花發長依樹，雲飛不出林。雞聲茅舍月，終夜起孤吟。

白水牽秋色，青山帶雨痕。經年不到處，立石轉成門。姓字居人說，魁名過客尊。咿唔聲未斷，千古謝家村。

憶賀邦元

寂寞逢今雨，交遊記昔時。京華雙客劍，湖海幾人師。故物生新態，長懷入短詩。金門兩街月，清夢尚相隨。

冬　夜

山城收夕照，霜氣肅乾坤。衆籟生來寂，疎星看處繁。青燈孤塔寺，黄葉幾家村。對卷不成寐，何妨問酒樽。

閒　居

塵事已無累，閒門長自開。鶴驚秋夢轉，鵲報故人來。掃葉邀新月，臨花瀉舊醅。此心多耿耿，一笑付寒梅。

冬日書事

遠水竟長空，飛來何處鴻。寒雲不成雨，落葉盡隨風。潮縮渡頭則，菊晒秋後叢。欲觀無盡化，更出小牆東。

分歸去來辭二十題送外父蔡先生歸田

舟搖搖輕颺

野渡舟横久，秋風解纜歸。水將鄉思遠，雲共宦情微。短棹衝鷗起，孤帆帶月飛。不妨波浪險，清夢在漁磯。

風飄飄吹衣

出峽風千里，清來漢水濱。吹醒今日夢，落盡故衣塵。舞柳涼生袂，穿花香滿巾。倚篷成獨立，誰是後歸人。

問征夫前路

異鄉愁日暮，回首問征師。深樹不知處，亂山何所之。遙看天盡際，可是路窮時。野獸能欺客，歸驄莫自遲。

乃瞻衡宇

行行吳地盡，望望白雲平。傍水認何處，到家無數程。依稀五柳樹，彷彿舊柴扃。疾步穿林去，不知花溼纓。

僮僕歡迎

家僮聞鶴嘯，知是主人來。徑葉和雲掃，山扉帶月開。棄鋤爭解劍，燒筍謾供杯。共道離家後，石田多草萊。

稚子候門

別後添孫子，藍田種玉輝。隨羣出門望，拍手喜翁歸。未解平安問，能穿學舞衣。何須看白鬢，因此覺前非。

松菊猶存

高情存松菊，開徑檢秋光。樹老猶蒼色，叢深是舊行。細花迎馬落，清氣襲衣香。對此成賓主，玄都桃自芳。

壺觴自酌

欲解高人趣，惟應醉裏求。閒花留獨酌，明月許相酬。壺大堪容世，杯深不貯愁。醒醒佩蘭客，恨滿楚江頭。

庭柯怡顏

藹藹庭前樹，三年不見之。春風此何日，樽酒復支頤。淨綠含新意，閒紅斷故思。夕陽看未足，詩興在黄鸝。

南窗寄傲

醉倚南窗下，野花相對紅。如何五斗米，能直一襟風。軒冕青山外，光陰流水中。羲皇人已遠，一笑寄冥鴻。

容膝易安

斗室纔容足，白雲分半間。藏修有餘地，俯仰少慚顏。山色依簾靜，溪聲入夢閒。琴堂高百尺，落日可曾關。

園涉成趣

東風理蕪穢，荒圃旋為畦。蓓蘂緣松上，新花與菊齊。摘蔬春滿地，送酒客成蹊。歸趣應多愜，紅塵任馬蹄。

門設常關

柴門鳥聲亂，白晝閉蒼苔。籬菊看山坐，車塵斷客來。夢中春幾日，牆外綠成堆。世事多應隔，曾緣送酒開。

雲無心出岫

雲也心何有，遙看靜翠微。悠然觸石起，偶爾渡江飛。天際從龍化，巖前伴鶴歸。萬松閒半屋，相與客忘機。

鳥倦飛知還

林鳥辭巢去，飛飛雲漢間。自憐秋翮倦，獨背夕陽還。靜樹知心遠，高花覺夢閒。網羅空自密，應不到深山。

農人告春

鄰父知農事，相呼話早耕。石田方脈動，野燒已春生。數日莓苔雨，千林布穀聲。茫然驚勸客，信杖出南城。

窈窕尋壑

歸尋何處壑，窈窕傍霞城。桃葉無人渡，天光一水平。幽源隨鳥入，靜岸看花行。落日須回棹，胡麻易世情。

崎嶇經丘

委羽山前路，東風引興長。牽蘿落松子，踏石破雲光。鳥護春林靜，蘭薰晚徑香。猶嫌觀望近，更上最高岡。

萬物得時

春色都應到，山中覺自私。草深藤結蔓，花亂樹交枝。濕燕翻芹雨，晴鷗落硯池。人情與物意，悽悵未歸時。

樂天命奚疑

檐頭《周易》在，進退早能知。白首辭官日，玄龜協兆時。窮通三尺劍，得失半枰棊。委羽今陶里，行行不自疑。

新歲柬一中鳴治 成化戊子

昨朝方改歲，明日又逢人。歷碌應何事，蹉跎笑此身。風烟千里目，楊柳萬家春。且將心自浣，聊與物俱新。

答謝鳴治見寄韻

別君千萬緒，翹首望南行。一半思鄉淚，翻為舐犢情。眼看親舍近，心逐馬蹄輕。世事如雲變，相聞莫漫驚。

和謝靜可 三首

蚩兒將信達，遠客未言歸。衆口喃喃在，秋光故故遲。秦淮非別路，風雨尚征衣。明日知何日，行藏對落暉。

潮落澄江月，夢魂驚別離。如何憑短札，許可慰相思。世路車千轍，人情酒一卮。山桃與籬菊，各自惜逢時。

自分功名晚，還于燈火親。分明紙上語，寥落意中人。瀛海長關夢，風波不任身。相期穪芳伴，無意謝青蘋。

遊山寺 用古韻

山隱招提境，人穿松伯林。鐘聲出樹遠，塔影到池深。掃葉分僧石，聽猿坐竹陰。禪關秋草滿，索寞向誰吟！

示子備 癸巳

年華隨曆換，世事背人馳。對卷無閒語，扃門自得師。功隨心到處，名與學成時。舐犢情無盡，丁甯五字詩。

清樂齋

大象涵無際，微軀藐一塵。空同何許地，沆瀣此中春。泉石足清致，軒裳非俗倫。閒教心絕累，動與物皆新。秋水詩情遠，春山樂事真。酒酣花墮席，坐起鳥隨人。剪錦衣堪製，蒔蘭佩可紉。壺空澄湛露，海濶縱游鱗。北陛三陞陟，南窗一欠伸。百年今落落，回首越江濱。

送戴豪進士歸畢烟

銀河將駕鵲，仙客渡停驂。車牽歌傳雅，桃夭化自南。鄉邦於此盛，恩寵許誰貪。矯矯雞羣鶴，英英天下男。文場詞獨騁，學海理能探。策對堯天九，雷驚禹浪三。降今心未厭，尚古氣猶酣。道可援時溺，才能救世惔。金鑾不受選，玉陛暫辭參。三世人重慶，千年澤遠覃。荀陳星倏見，秦普[①]樂何堪。惕若心恒在，威如象可諳。三綱天下重，萬化此中含。老拙無予益，謙恭反爾慚。燕鴻鄉思遠，風雪客途甘。人事紛吾目，清樽待共談。

校勘記：

①"秦普"疑"秦晉"之訛。

卷三　七言絕句

偶書呈林一中謝鳴治

春雲曉壓玉堂寒，錦帳屠蘇夢自安。臺上雙烏啼欲懶，王孫醉起不須彈。

翰林十日斷詩來，愁落彭城葵未開。獨笑寒香過橋去，數聲仙犬隔蓬萊。

和謝靜可九日二韻又作二絕以寄

此日何如夢裏時，多情翻笑菊參差。菊殘猶共守枝葉，長路風塵多別離。

笑探秋信菊花前，擬到相逢意百千。鴻雁自成天外侶，獨吟籬落又殘年。

歲歲無端桂子秋，眼看平地使人愁。可將短髮隨年少，還逐新聲過別樓。

好把浮名與命期，休磨明鏡照歡悲。于今白髮無公道，妍醜祇應心自知。

偶成 四首

春動京華纔一日，御溝脈脈水流波。試依宮樹看新葉，蠹理枯枝奈爾何。

白髮旋生今日事，羞將故意問梅花。衹緣榮利人情好，多說前銜勝後銜。

白日朱門歌舞地，鬧妝頭樣逐時新。相逢莫自談民病，無脚難為紙上春。

矗矗邊城天萬里，隔年烽火照西陲。將軍自喜多籌策，坐對轅門謾賦詩。

雪　晴

雪來可喜住亦喜，郊外居人種種情。深巷烟飛偷趁食，少延餘命麥田生。

雪夜大風

兩眼經年纔一白，西園稀瑞不論春。飄搖怪却風吹去，委積山厓更水濱。

題小畫 二首

玉龍拖影落澄潭，天際羣峯擁翠藍。自愛清泉出門望，不知春色滿江南。

江空木落夜漫漫，萬里秋生白鷺灘。明月一輪天似水，可人詩思在闌干。

為金從顯題菊竹小畫 二首

秋老江南草欲荒，獨依白石伴脩篁。未應釋褐歸瓊島，誰信東籬晚節香。

此君林下別多時，滿眼東風楊柳枝。今日披圖忽相見，清標勁節故依依。

送李若虛憲副提學浙江

官僚共服經綸手，天地先分造化爐。試鼓春風大陶鑄，功成此是治平圖。

長江滚滚東流去，落日狂瀾可奈何！千古關西無子厚，格心誰說到鄒軻。

六經延蔓多枝葉，扶植誰能一剪之？今日送君南國去，此心萬里共驅馳。

題謝鳴治梅花

上林無地着孤根，冷淡江南獨擅春。雪後園林知己少，清香憶斷隴頭人。

水邊未識東風面，畫裏冰姿迥絕塵。玉笛千年吹不老，看回東閣更精神。

寄謝方石 二絶

百年日月去如流，一别如何動十秋。可是宦途無定跡，空將萍梗怨交游。

夢裏相從謁紫宸，覺來身在大江濱。何當了卻公家事，共對青山說古人。

題紅梅送人

羅浮仙子故清奇，九轉丹成换玉肌。誰折一枝江北去，杏園雪後使人疑。

和方石答送新釀 二絶

春風催柳已相將，大甕浮香小甕藏。翻憶十年前客裏，官廚有酒共誰嘗！

沃心未信酒能澆，義槩文華本自豪。天地古今歸一味，案頭多見粕和糟。

題桃源圖

桃花槲葉村村樹，雲白烟青處處山。雞犬太平迎客慣，不妨流水出人間。

邑後學陳樹鈞裔孫中同覆校

卷四 七言律詩

秋日郊行

偶因攜客出橋邊，長立西風思惘然。雨濕層巒寒照日，天圍平野遠浮烟。閒花落樹明秋浦，晚稻含香入暮年。看盡飛鴻重回首，數聲漁笛隔前川。

早 起

曉窗無奈草蟲鳴，獨遶空階踏葉行。月伴殘星落高樹，鐘隨斷鼓起荒城。九峯雲暝生秋思，五鳳樓高想珮聲。待看海門紅日照，碧桃花外賞新晴。

聞林一中歸

萍散東風御水濱，江雲日暮歎參辰。橋門厭聽催班鼓，鄉國來尋結社人。湖海已添新歲月，庭前還迓舊衣巾。馬蹄剩有閒光景，待爾同遊後度春。

憶先隴

江頭烟樹自村村，先代衣冠冷故園。春去秋來雙白鶴，月明雲暗幾黃昏。舊栽松柏將遮隴，新剪荆蕪未過垣。恨落長溪流不盡，何年來表墓前門。

冬至呈諸同志

懸衡會自試低昂，復下潛生一畫陽。日線引長來几硯。葭灰吹暖入勾芒。九重雲路開寒色，萬里河流凍斷航。莫向西風歎寥寂，梅花開遍見春光。

梅　花

雪消籬落未全開，精彩新從禹廟回。冷蕊含風背人笑，暗香和月入詩來。不將正色攙羣品，直送春光到九垓。商鼎調羹望成實，謾吹鐵笛夜相催。

題趙子昂所寫陶處士五柳圖

高情豈為折腰歸，自信功名與世違。眼底江山今落落，門前楊柳故依依。長條有意留春在，落絮無心出院飛。畫史臨池謾追憶，東風吹老弁山薇。

贈涿州知州孫忻

輦下封畿切帝仁，一朝分竹付儒臣。謾將芹藻半池雨，散作桑麻千里春。字下不妨新政拙，却金還守舊氈貧。百年如閱循廉傳，共羨徂徠有後人。

雍睦堂

春風心事久難平，忽聽塤篪第一聲。戲綵長聯雲外影，對床不盡雨中情。氣蒸椿樹秋難老，祥藹萱花晚自榮。義利到頭須識取，莫令憔悴對田荊。

東顧軒為鄭氏賦

高堂無處想衣冠，翹首東風馬鬣寒。愁滿空山雲幾尺，望高滄海日三竿。離離春草生眉睫，淡淡秋梧映藥欄。白鶴不知人思苦，遼陽一去路漫漫。

送十三舅之南京太學

客中送舅難為別，別後思親更欲留。越嶺有雲遮望眼，渭陽無馬載離愁。龍門調古琴難賞，璧水光寒劍未收。試向嫦娥問期會，春風三載向江頭。

挽林節婦林貞太學祖母 有旌表門

簾下重門怨獨居，夜烏啼斷一燈虛。憑將機杼供姑食，看長兒孫讀父書。白髮漸生鸞去後，丹心不改嫁來初。萱花零落魂何在，千古行人望里閭。

壽袁甯舉人曾祖母一百二歲

諸郎膝下鬢成絲，阿母堂中齒更兒。眼見曾孫科第日，身經四海太平時。壽過一百健如此，桃再三千熟有期。詩出逢人吟不惜，為傳盛事滿京師。

送同年姜廷器知甯海州

一自瓊林罷宴來，壯懷長許與君開。中朝可有容身地，北海應煩治郡才。雲路入頭看籠篋，陽春到處變蒿萊。欲君著步元城上，公道悠悠幾日回。

挽年司徒

三朝卿士寵恩優，老去頻煩聖主留。直氣能扛千斛鼎，清風不媿一狐裘。儲君共識經時畧，薦士誰知為國憂。昨夜明堂梁木壞，夕陽何處夢伊周。

春雪二首呈一中鳴治

春雪無情竟日飛，上林春色故相違。待教雪霽寒初盡，已覺泥深花半稀。亂挾朔風驚宿鳥，輕隨行馬溼朝衣。掩書獨坐無聊賴，喜有高軒欸夕扉。

黃紬被裏聽晨鐘，門巷春寒雪半封。官為隨人空老大，性因違俗轉疎慵。邊城日暗驚鞞鼓，仙島雲深隔夜烽。直道於今在臺府，憑君傳語問元龍。

和鳴治韻兼呈一中

吟詩酌酒是平生，得失惛惛底用明。世路到頭行欲穩，人心隔面故難平。一年燈火又元夕，萬里風烟非故情。最是深宮愛閒暇，邊城何日奏功成。

鰲海笙歌春浩蕩，小臣隨例賜清閒。不嫌寂寞官無酒，猶喜相親巷有顏。客久可能諳世味，才疎何以濟時艱。黑頭隨分且為樂，高路風雲未易攀。

故鄉遊宦近應稀，念爾同心信可依。要識至公來後定，休教清業與初違。種葵自許傾朝露，拆襪還堪補袞衣。獨是公孫東閣外，春生庭草覺多非。

次韻一中鳴治聯句

流水桃花亦世情，青雲白眼謾相驚。到來人面如心別，怪底風波平地生。放意休逢杯酒笑，出門還認路頭行。客窗何處語音好，兩兩飛來故國鶯。

雪晴思一中鳴治來過

青天閉戶自成趣，赤驃惜泥誰肯來。細數雪花心不競，冷觀世故口慵開。移家喜共客千里，會面當今日幾回。笑我清茶不成醉，題詩謾爾過橋催。

送趙維恆赴任南陽同知

九重宵旰急需材，可待龍門變化來。除目一朝當殿下，屏星十里擁春雷。光生腰帶銀花重，寵沐朝衣繡色開。共喜青雲有階級，不須高築望京臺。

扳留圖題贈秦方伯克恭

昨夜西風吹易水，使君心折北堂萱。三年留得江南愛，萬口同攀道上轅。自信金吾人可借，誰憐烏鳥淚難吞。題詩更為於陵道，漫失秦公舊日恩。

送陳士賢繡衣

自憐同志不同官，獨立螭頭看擊彈。天地恩深容物易，豺狼路險著身難。陽城道為師儒重，汲黯心須社稷安。滿目離愁何處寫，手鋤明月種庭蘭。

送徐元一職方歸

夢轉庭闈白髮生，翩翩綵袖領春行。老萊堂下新歌舞，小范胷中舊甲兵。自惜百年催日月，肯將三釜換公卿。遙知錦里承恩處，竹笋叢叢刺眼青。

送繆思敬南歸

碧桃紅杏競春光，誰識冰山不可常。今日獨行芳草地，十年猶憶寄書郎。浮雲過眼青霄遠，短劍横秋白髮長。還向身前看事業，莫將清話送斜陽。

壽謝老編脩受封命

百士師師庶績熙，九重雨露有餘滋。淵源世澤多應在，浩蕩天恩豈獨私。異數難逢偕老日，寵沾况及黑頭時。遙知錦里歡騰處，再拜還歌天保詩。

挽劉郎中母

粉曹花落夜烏啼，天際孤雲起暮思。剪髮恩深重死日，愛萱腸斷受封時。春山芳草埋全璧，秋月寒潭見一枝。底用虚名高綽楔，隔鄰猶誦《柏舟》詩。

送林汝和之官南京

相逢猶歎識君遲，南北如何更別離。到手功名還自愛，在天出處有誰知！江山客路千年事，風月船窗幾首詩。淮水西頭親舍近，往來應可慰相思。

挽白司馬父

滚滚狂瀾日復東，横秋絕岸見孤峯。潘輿躑躅干戈裏，謝草淒涼風雨中。逸行已歸高士傳，穹碑猶勒大夫封。九泉回首看瑤珥，宵漢同瞻八柱功。

送劉時雍主事便道歸省

萱花椿樹動離思，一日猶嫌萬里遥。雲漢星槎歸畫鷁，洞庭秋水起寒漪。黑頭司馬優游日，青塞驚塵寂滅時。試問三閭獨醒處，狂歌誰復采芳籬？

寄謝愚得員外

棣花樓外竹成林，珍重因書遠寄音。萬里棲霞眠地雨，三年建業別時心。風雲馬首猶南北，萍水人情易古今。官滿相逢定何日，一樽聊復短長吟。

邑後學金兆璜裔孫中仝覆校

卷五 七言律詩

送沈澄之令盧氏

君來戴豸秣陵上，君去飛鳬洛水頭。直道崢嶸難自貴，人情翻覆復誰尤！河陽父老有今日，柏府風霜非故秋。慷慨都門一樽酒，弱蘭芳杜水悠悠。

春日郊行

偶因公事作春遊，緩馬長途去復留。林外小桃紅不亂，草邊宿麥綠初稠。岸容雨過迎新寵，山燒雲深納故羞。芽屋①人家烟火少，白榆無數向人愁。

校勘記：

①“芽屋”，疑“茅屋”之誤。

送趙太守之任楚雄分能字韻

皂蓋朱輪自此升，使君何以慰黎蒸。江山別路行將遠，琴鶴清風故有承。腰下銷殘懸犢劍，街頭添得讀書燈。一官郎署知無似，送客羞談作郡能。

和謝內翰秋雨述懷

清心寡疾翻多疾，看到黃花始健秋。落葉滿庭無意掃，敗牆經雨倩人修。驅承欲盡平生事，蹇劣還為知己羞。獨倚西風驚日暮，褰裳更上一重樓。

用謝鳴治翰林韻寄復寶慶太守　二首

心懷往事欲何言，一飯虁虁汗幾翻。結舌從人終竊位，抱冰飾己豈讎恩。長河舟楫南還北，故國松筠子又孫。莫為蓴鱸動秋興，編氓無賴苦崩奔。

細看竹下和來詩，不似金陵聽雨時。血淚已隨青草盡，榮名懶與白頭期。英賢大世元關命，科第於人故有私。吾道悠悠水東去，出門誰為指多岐。

送陳思召編脩歸省

送君空憶薦賢書，誰為同心挽大車。鄉國雲長非別路，澤蘭秋老重愁予。鑾坡院閣今何地，藥籠參苓故有儲。馬首樽壺隨處滿，一行鴻雁日邊踈。

林一中家會謝鳴治飲歸次一中昨日韻以呈二友

細憶程家弟與兄，凡庸仰首想遐征。蔓枯自信由心病，根固何愁與習成。青歲燈窗元是夢，白頭世事莫多情。王峯峯下涓涓水，流盡澄江未斷聲。

挽高憲使父序班

青天無雨洗妖氛，芳草秋生細柳營。萬戌勤王竟何事，一身狗國獨憐君。歸魂不記生時路，斷冊空書死後勳。此日衣冠樂全盛，百年兵戰幾人聞。

送親翁鮑簡菴太守之任夷陵

珍重才名百士先，錢塘傾蓋即忘年。試來萍梗聊應爾，看到松蘿豈偶然。雁宕雲深留白髮，夷陵雨過見青天。山開圖畫多詩興，吟轉懷人定幾聯。

送姻弟蔡元靈驛承還家

東曹張翰久思歸，此日秋風送馬蹄。委羽琪花行處見，桃山雲樹夢中迷。斑斕人近慈顏喜，花萼樓高雁影齊。慚愧天邊倦遊客，還將短髮聽晨雞。

和謝寶慶太守會緦菴韻

首議誅茅結墓庵，時看野鶴散晴嵐。翰林有道尊公綽，吏部無才薦召南。享及歲時羣姓集，禮生俎豆聖恩覃。多情自覺詩難和，輾轉重披別後緘。

挽同年李永通學士

同年自歎正衰遲，誰謂先生命若斯。十載始遷非爾病，一言不妄是吾師。涪溪日落家何地，學士名高墓有碑。抆淚試看天定後，秋香滿路桂生枝。

題松鶴圖壽戴允通太學乃父七十乃孫戴豪兵部主事

老幹森森不受封，南塘長日起清風。綵鸞相逐鳴高世，白鶴飛來共此翁。萬里雲霄看聳拔，千年堂陛藉帲幪。多情還種蟠桃樹，歲歲開花照眼紅。

題謝侍郎一夔父汀州忠愛祠

雲敞高祠綠樹平，白頭忠愛儼冠纓。力回曹翰千人命，謀奪楊么五寨兵。飲血誓師期滅賊，反旗載柩已還營。臨汀故老無窮根，淚落荒原勁草生。

感　懷

門前昨夜溪聲急，無數漁舟蕩槳回。紅蓼兩岸近人好，青山滿篷倒影來。誰家老翁惜往日，獨釣晚風歌《摽梅》。愁對清樽深百尺，冥鴻天際白雲開。

送謝典史之任新昌

高堂白髮歎衰遲，到手功名不厭卑。行色遠分楊子渡，官情好及菊花時。一樽莫話生平事，百里還留去後思。最是竹林多秀彥，兩京清譽有人知。

簡陳士賢繡衣 因其上封事未及會而聞其病作，兹喜病瘉，以此簡之。

元龍樓上別經旬，幾度相思欲扣門。最喜開誠論世事，多慚緘嘿誤朝恩。皂囊病閣連朝雨，紫陌愁牽午夜魂。我亦有懷何□寫，醉騎黃鵠問崑崙。

送林克冲黃門使暹羅

手持黃紙泛滄溟，帆掛東風幾月程。大水浮天詩律壯，顛龍呼雨夢魂驚。藩王拜道承封命，逋客焚香欸使旌。萬里咨詢期獻納，歸來漫擅一官清。

答謝內翰嗚治寄來韻

詩來京國交情在，夢到方山別路分。滿地竹陰留几席，十年心事笑龍雲。道存經濟非高蹈，書續濂閩著後勳。老竭餘忠暫延佇，不緣羔雁愛成羣。

送林大用憲副赴任雲南

心懷忠憤委錙銖，頷下批鱗氣浩如。天子因君知諫議，都人視佛是空虛。兩朝公論今應定，四品崇階此特除。莫謂滇南親舍遠，道行蠻貊亦康居。

寄贈王敬存出守興化

誰言興化難為守，豪勢歸心亦在人。事到可行毋任意，法於當盡要知民。澹臺世遠門多客，徐穉風高榻未塵。前政斟量得中道，朱輪何地不生春。

答和方石白髭韻

咋夜風霜到頰髭，此看庭樹轉多疑。經綸在我只如此，杯酒逢時且賦詩。宣父行藏人漫卜，周公作輟夢先知。萬間未足為身庇，一笑狂言自覺癡。

望海亭 和方石三亭聯句韻三首

萬里滄溟可一亭，乾坤眼底覺通靈。雲開雲合心無礙，潮去潮來思不亭①。白鳥孤帆天外沒，紅塵幻夢此中醒。知君今日難為水，獨佔方巖最上青。

校勘記：

①“亭”，應作“停”。按“亭”與“停”雖可通，然首句已見“亭”字，則此不宜用通假字以致重韻。

仰高停①

奠海東南第一山，諸峯羅列子孫環。天教絕壁生來怪，人仰高風不敢攀。五夜斗標看倚檻，千年寶氣鎮長關。主人具眼元來大，赤脚曾登泰岳還。

校勘記：

①“停”，乃“亭”字誤。按：此之“停”字與上篇之“亭”字當屬排字不慎誤換。

采藻亭

俯拾溪毛愛潔芳，濕衣長見雨淋浪。錡烹南國誠何在，廟薦文王孝不忘。結搆自君遺世範，殷勤從我借詩將。春來秋去情何極，百歲凄其此露霜。

和方石齋居有懷韻

五日齋心到夜眠，清虛誰識此中禪。百工紛擾愁邊月，萬姓噞喁夢裏天。歲臘將殘稀見白，雩宗有事為祈年。多情最是吾方石，句落西風璧水圓。

候方石不至書此以問

未午休衙待故人，整冠獨坐日將申。祇愁雨雪妨行駕，誰謂軒車滯近鄰。濁酒一壺藏有甕，羈心半月渴生塵。從今歲盡多休假，乘興相過莫厭頻。

和方石齋居韻

誓戒虔虔萬里同，誰傳天語下彤宮。豸衣分夜嚴齋禁，籖史將詩隔曉通。白面乘時多食肉，赤心憂事少如公。無情最是偷春蝶，不管陰晴舞晚風。

方石示謁孝陵詩謹和韻同致其感

遠紀宏綱一布除，萬方車轍盡同車。每於化日光天裏，仰見永霄奠國初。陵廟儼存南面象，山河環拱北辰居。感恩欲報慚無地，稽首階庭幾涕歔。

送林蒙庵致仕

先生故志在伊周，未老連章遽乞休。薦用後時賢士去，攀援無計典銓羞。狂瀾倒海横高岸，清節隨風振白頭。明世行藏非偶爾，紫陽心學有源流。

次方石致仕韻　辛亥六月十四日作絕筆

竹林標格似應難，占此功名地步寬。抗志豈為天下獨，乞恩將遂此心安。早從鄒孟齊行止，老與商瞿共戚歡。淨掃緦山肯相待，三亭風月許同看。

復方石招登雞鳴山韻

先生元不畏山難，□□□□□□□。□□道情心獨領，百年身世命能安。詩筒絡繹無人和，尊酒逍遙共我歡。山下紅塵方擾擾，一般高致許誰看。

邑後學金兆璜裔孫中仝覆校

卷六　唐縣稿

新嫁詞

東鄰有小婦，淑姿多窈窕。十歲學女工，二十盡精巧。父母共鍾情，蛾眉欣自掃。伯鸞望不來，終日思芳草。三十得所歸，蘭房香縹緲。上堂拜姑嫜，肅肅恭婦道。解帶常及昏，開鏡不待曉。未諳諸母性，容易生譏誚。檢束難自暇，何以舒懷抱。燈前語小姑，休嫌嫁不早。早嫁雖可懽，不嫁亦自好。我身已屬人，憂心空悄悄。願言夫一心，懽愛以終老。愧茲補襪才，白璧長皎皎。

沈文瑞書至讀而書此

嘿坐念歸途，忽此北雁鳴。遺我以書札，上有故人名。開封無百字，□□□□□。□□氣稍和，再讀心愈平。三讀攬衣舞，忽覺月已生。舉頭語明月，流光照神京。京中人似鑑，試比光誰明。

田婦行

朝饁耕，暮織布，粧臺鉛粉不暇施，青春暗在忙中度。度盡流年耕織多，姑無飽食兒無袴。短鐮始歇機未停，門前縣吏催租賦。東家女郎席夫榮，珠簾繡幕籠香霧。命服多裁雲錦章，青燈長憶夫在路。自分貧難不足辭，白頭不識悲別離。

過盧溝橋

秋水長橋此再行，望雲不是昔年情。昔年親在傷離別，今日雲從宮殿生。

謁樓桑廟

桑樹亭亭似翠華，蛟龍得雨不還家。姦雄未滅身先死，鼎勢方成事可嗟。千古蜀山留王氣，當年鄉父望雲車。曾勞諸葛紆籌策，渭水無情送落花。

過涿州感舊

正統甲子，曾與同鄉張守堅、賀邦元、呂紀夫于此遊學，今張、賀已作古人矣。

心懷舊路駐車輪，二十年中跡已陳。問舍可非前度主，同遊空憶九原人。霜沉畫粉譙樓古，日掛城竿雉堞新。惟有泮宮南畔柳，風前對舞似相親。

金臺驛懷古

羅網初張氣已豪，圖齊空羨霸心勞。梧桐秋老金無色，鳳鳥朝飛臺自高。東去水聲悲劍客，西來馬首見蓬蒿。九泉郭隗逢昌國，應說當時有譽髦。

唐縣問堯封

萬代遺光日月開，高歌擊壤認封垓。山川猶在祠存古，蓂莢不生秋可哀。蟋蟀誰能思歲暮，首陽空說采苓來。有懷遠道書難寄，獨立西風□□□。

倒馬關

曉啓重關日始明，亂峯崒嵂送秋晴。天低飛鳥愁難度，道隘征車不可行。虎豹雲屯無萬甲，東南屏障恃孤城。懷人隔在芙蓉浦，心事春風芳草生。

懷謝鳴治進士

花暗春城鐘漏遲，獨騎朝馬重相思。誰知今日懽逢處，又有他鄉憶別時。試看紅雲飛鳳閣，正吟涼月照花枝。人心不是浮萍草，可信塵蹤無定期。

有懷諸同志謾書以寄

陳儒珍

昨夜春光入鳳池，紛紛仙子鬪花枝。共言穠豔能驚目，獨抱寒香欲遺誰。江客謾勞徒自賦，路人應笑未逢時。於今也要栽桃杏，猶恐西風不耐吹。

張存茂

琪花春老洞門前，來往難逢古少連。江北暮雲何處合，城南秋月此中圓。眼看丹桂無千尺，身隔銀河已十年。遙憶西齋燈火夜，厭歌天保到終篇。

謝世懋

春草春花路滿歧，樽前肝膽待君披。為嫌今日遲相見，翻惜秋江易別離。問訊屢憑知面客，多情難和隔年詩。幾回獨坐明看月，桂影參差總可疑。

林一中

官柳多情綰別離，送君不見益凄其。檐頭秋卷無人識，江上春花入夢思。為客漸知游宦苦，還家休惜受恩遲。數來眼底登龍者，曾見當年失意時。

趙貴積

清風石上五絃琴，對之不彈秋意深。皎皎佳人在空谷，洋洋流水到於今。雲來苑樹驚啼鳥，月轉天河照此心。遙憶君家臨大道，可曾投杼問曾參。

懷外父慕陶蔡居士

車馬勞勞未得歸，相思忽覺宦情微。春山兩屐從來往，秋水一竿無是非。珍重遠書多問訊，獨憐公論尚堪依。夢中猶記題行卷，總羡先生耐息機。

卷七 江西湖北稿

訪徐子亭

湖亭邃以古，湖水清且漣。臨軒俯空鑑，高風激千年。東漢黨禍起，虐焰欲焚天。南州舊茅屋，芳草猶芊芊。愧我有高榻，可以欵時賢。斯人招不起，白日空自懸。再拜出門去，羨彼冥鴻騫。

望盧阜①

昔歌廬山謠，翠崋生窗几。乘風欲攬結，恍惚不可擬。今年使吳楚，揚旌建昌里。送目入空洞，廬阜東南峙。奇峯千萬狀，秀削連天起。石鏡照金輪，五老參差似。香爐不知處，隱隱白雲裏。試欲枉吾駕，攀緣躡其趾。拄杖蓮花峯，洗心瀑布水。手招謫仙人，共賞泉石美。王事有程期，帳②望徒為爾。

校勘記：

①“盧阜”乃“廬阜”之誤。按詩中“盧”、“廬”多混用。

②“帳”，疑“悵”字之誤。

獨坐懷故人

雲長客途遠，日永仙院閒。思君數晨夕，征車不可還。煙飛楚皋近，涉水采芳蘭。藏之篋笥中，持寄青雲端。清香各自愛，永結平生歡。

望鸚鵡洲

鳥以言受籠，磬為聲不完。多才惜禰衡，作賦味自觀。凄涼荒洲裏，千載不生蘭。寒風吹落日，雪浪高如山。

望漢陽城

曉日照孤城，庭閒官始衙。炊烟傍山起，寥落無萬家。城邊綠樹林，隱約搖春花。迴頭望漢口，舟檣如束麻。波流映天白，渺渺無窮涯。孫郎亦何計，鐵鎖沉泥沙。

雨霽

宿雨晚初霽，淡雲猶未收。啣山日影薄，轉作赬霞浮。忽念同心人，步出玉池頭。風輕水不瀾。涼思清颼颼。天邊白鳥孤，城下綠樹稠。適意即為樂，冲冲復何憂。

邑後學金兆璜裔孫中仝覆校

卷八　鄧州稿

雜言　二首

執帚□君門，鴻雁適初至。黽勉結同心，願為千歲事。昨日漢江頭，送君京國去。千金辦君裝，百金市君義。忽忽成遠離，蟋蟀生寒思。征車久在途，湎酒恣嬉戲。朝踏紫陌塵，夜挾青樓妓。嘿坐憶故情，欲言猶疑貳。側耳北風前，道路聲無異。掩袂念終身，悽斷將誰恃。願因長江水，寄此深閨淚。江水自東流，不解相思意。安得知心人，御君回逸轡。

春色晝簾靜，無心鬬花枝。自將五色采，染就補袞絲。含笑語小妹，不作庸人妻。誰憐薄命妾，失嫁屠沽兒。衣輕匪不暖，食甘匪不肥。所念在賢哲，溫飽非所思。戚戚坐中闈，雜佩空自持。昨聞青鸞傳，歸妹方及時。雝雝雙鳴雁，闕閱高世姿。骨肉本連理，所賦良獨私。

自　懲

山川貴含垢，寶藏森以殖。至人備萬善，亦以包荒積。褊性強自持，觸物生矛賊。心平嘿以省，克治慚未力。執筆書百忍，拳拳服諸臆。恍聞老翁語，爾病根未得。是非榮辱間，達觀無留迹。深造有庭戶，窒慾斯有益。至訓在方簡，敬爾念朝夕。

題雪庵書蘇内翰韻

玄暉上人山澤儒，脱身逃入逍遥墟。多種芭蕉繞庭砌，閉門自學唐晉書。有時倦卧菩提側，夢挾玉簫遊赤壁。雪堂虚寂夜無人，孤鶴一聲江月白。曉起呼童開墨池，乘興便寫坡翁詩。金蓮炬下舊精神，眼中彷彿如見之。小童未解老師意，傍觀嘖嘖誇好字。卷藏什襲不散開，只恐鳳翥龍翔去。若人好古開書樓，傾囊不惜千金收。幾度臨風試披閲，詩聲筆陣寒颼颼。

枕上謾吟

孤館寒燈盡，鄰家笑語温。别離空自惜，慷慨共誰論！夢短催更轉，愁長逐夜分。室家聯爾爾，魏闕有孤雲。

題劉亞忝墨竹贈存庵

直節凌霄鳳不來，湘江照影自徘徊。夜深只恐隨龍去，驚起天門第一雷。

和謝内翰韻

天上幾回騰紫鳳，人間何自賤黄金。遥憐一管春秋筆，難盡平生感慨心。秋到異鄉猶遠客，雲飛上國費孤吟。書來莫問勤勞事，杞髩應多白首吟。嗣獻案："吟"字重韻，下"吟"疑"人"字。

和存菴韻謝李侍御惠桃并雞

萝入桃都綠樹陰，天雞喔喔報晨音。曉來喜見千□實，階下還添五德禽。黍雪可堪珍異品，膳烹未許伴孤斟。留教五夜聲傳再，喚起孤臣戀闕心。

謁諸葛武侯廟 二首

停驂細讀臥龍碑，岡上風雲結陣飛。恍似祁山師再出，還疑斜谷戰初歸。降車北走嗟何及，鳴鼓西邊事已非。成敗到頭應莫論，丹衷耿耿照春暉。

眼中何處漢江山，興復神機一嘯間。龍逐火精嘘末焰，虎臨天陣畏勍姦。生悲帝業偏安蜀，死乞王師遠入關。不是將星沉渭水，木牛應載路盤還。

九月登紫金山

乘風試上紫金堆，天外寒山霧半開。鴉閃日光連野去，雁拖雲影度江來。漫歌紅葉悲秋鬢，笑把黃花送酒杯。待得春光生眼底，還從華頂望天台。

高橋書屋 章方伯十詠內二首[1]

門敞高橋竹樹陰，郇公舊是讀書林。五車簡掇秦灰冷，萬丈光連孔壁深。雪案披香尋古篆，曉窗滴露見天心。個中自有傳家寶，肯羨東鄰滿笥金。

校勘記：

① 此謂“二首”，所收實僅一首。

前壟先塋

前山疊疊走倉龍，當日牛眠第幾峯。青草暗埋三世玉，白雲愁結萬年松。豐碑字蝕莓苔古，石馬恩沾雨露濃。華表鶴歸遼海日，紫泥重見大夫封。

邑後學金兆璜裔孫中仝覆校

卷九 池洲稿

憶子俌

萬里遙憐汝，獨行誰與居？殷勤將爾母，迢遞問吾廬。衹以宦情累，轉於生計疎。青燈如有意，還檢篋中書。

憶謝鳴治

從君南國去，此口半荆榛。每自尋逋老，分筵作主賓。江山人面別，歲月客情新。遲我歸來日，梅花幾樹春。

獨坐有懷

小堂地僻自成村，白石蒼苔閣雨痕。不見高車來故客，獨留殘菊照清樽。雲拖雁影連天遠，風挾江聲入夜喧。王事悠悠憶前路，十年歸思共誰論！

泊大通驛

淺渚無風穩繫船，日沉江樹已横烟。樓頭暗鼓催更轉，沙際寒燈照客眠。一枕秋波雲渺渺，十年心事露籛籛。獨吟驚覺西汀雁，夜半相呼過別川。

荻港沮風

雲漲秋江風怒號，磯頭拍拍浪聲高。相聞舟客皆吳語，獨坐船窗誦屈騷。老樹藏春含凍蕊，寒禽妬雪舞輕毛。行途自信有遲速，還起呼童問濁醪。

日暮復雪

冷倚孤舟日暮時，雪花撩亂撲旌旗。秋生別路客先覺，臘盡重門日未知。遣興祇應詩百首，辟寒何月酒千巵。燈前忽聽江南笛，萬樹梅花一夜吹。

憶謝十五世懋

天姥書來三月時，桃源春色正相宜。胸中磈磥仍千事，局外輸贏豈一棊。夜憶大山還夢草，朝呼小阮且論詩。溪頭剩有閒風景，好報新歸水部知。

次日舟行阻風回泊舊浦 二首

逆浪掀風雪作堆，輕舟怯遠且須回。行過僧院惟逢竹，尋遍江村未有梅。熟犬眠雲驚客吠，閒翁愛日引兒來。金陵應是還家路，謾把離情付酒杯。

暮煙秋樹大江濱，吟對孤燈笑此身。獨坐又為今日客，相看誰是故鄉人。青雲逐逐應何事，白髮騣騣欲上巾。可是一官抛不得，瘦妻弱子未勝貧。

憶林秋官一中

西湖風度謝池春，萬里招邀重卜鄰。憂國有心長共我，趨時無術懶隨人。別離自信回家遠，相憶還知入夢頻。此日門前舊行路，朝來踏盡馬蹄塵。

會同館觀沈氏故物

眼中無地著纖埃，富貴誰知是禍媒。落葉滿江隨水去，東風何日送春回。綠珠樓上舊歌舞，朱雀橋邊新草萊。寄語五陵豪俠子，白頭休使後人哀。

聞事有感

重光耿耿達潛幽，散盡青天碧海愁。東道主人誠好德，西堂醉客尚含羞。連枝綠蔭庭前月，百兩[①]聲連屋外鳩。和氣已隨麟鳳至，隔牆誰歎玉關秋。

校勘記：

①“兩”疑“雨”字之誤。

寒夜獨坐

懷國思家復兩歧，挑燈細檢古人詩。會教恩愛心無累，始信寒酸事可為。北塞天長雲度影，南河臘近水流澌。夢中繞得還鄉路，又逐雞聲入鳳池。

邑後學金兆璜裔孫中仝覆校

卷十　奏稿

擬上慈懿皇太后山陵事

臣聞孝者天地之經義，禮者古今之準衡，人子欲致孝於親而不以禮，非所以為孝也，故孔子曰："生事之以禮，死葬之以禮，祭之以禮。"伏惟陛下受天成命，纘嗣丕圖，以四海之尊養，極兩宫之歡娛，臣已知陛下等漢、唐、宋而上之與虞、舜、周武同一大孝達孝之心也。玆者，慈懿皇太后崩逝，聞有勅旨，欲別卜葬地，既因内閣大臣陳言，命多官會議，復聞勅旨，諭以聖母皇太后之意堅不可違，臣又知陛下孝固不可衰於慈懿皇太后，特欲順皇太后之心以為孝也。夫慈懿皇太后乃陛下之嫡母，雖不親育聖躬，而撫慈保愛之恩，實同於所生。故先帝在御，寵眷特隆，蓋以匹配人道之大端，正嫡天禮之大序也。陛下為先帝之子，受先帝之托，正宜體先帝之心。生而事之於一宫，死而葬之於一陵，祭之於一廟，斯於禮為當，於孝為至矣，豈可以不忍違皇太后之心，而廢天下之大禮，拂天下之公心哉？陛下誠欲致隆於所生，則宜準宋仁宗葬李宸妃故事，於皇太后千秋萬歲後陪葬裕陵，此又聖人所以權乎禮，固不可違禮以為孝，而為是親踈隆殺也。如陛下以重違皇太后之命為不孝，而忍違先帝之心獨可以為孝乎？臣伏願陛下親謁聖母之前，號泣極諫，懇惻開陳，必欲上順天道，下順人心，遠法帝王已往之迹，近答先帝在天之靈，即日奉慈懿皇太后梓宫同葬裕陵，奉神主祔祭英廟，則非惟臣等之福，實天下之福，宗社萬萬年之福也。如果再三諫而不從，則陛下當斷以大義，獨舉而行之。如告而娶孝也，舜不告而娶亦孝也，且今日之事，綱常所在，天下人心係焉，國家命脈關焉，陛下誠能斷然行之，則不惟有以彰陛下之孝，而聖母之德益昭於無窮矣。不然，則眾論雖可抑，公心不可拂，天理不可違，而陛下享祀宗廟之日，亦何以對越先帝哉？今不決議，後雖有悔心，無可及矣。臣受命郎署，職非言官，但以天地大父母視之，則皆臣子也。臣子聞父母有大事，則遠近大小皆得號泣而言之，豈敢隱忍偷生，以為非其職而不言哉！於事之未然而不預言，使天下後世竊議於已往，則臣雖死無補矣。謹昧死上言，伏乞聖聽，不勝恐懼之至。

奏乞移封父母 成化二十一年十月

通政使司右通政臣黃孔昭謹奏：為乞恩移封事。臣原籍浙江台州府太平縣人，由進士除工部主事，歷陞吏部郎中，成化十八年十月十九日欽陞前職，成化二十一年九月十九日三年考滿，給由欽蒙復職，例應請給誥命，緣臣先任吏部員外郎已蒙賜給從五品誥命，將臣父母並妻封贈，訖今臣任右通政，係正四品，止該給與本身誥命。臣切念臣父黃彥俊、臣母金氏，生臣劬勞，止授從五品封贈，臣為人子獨授正四品誥命，心實不安。臣查得南京太常寺少卿鄭環、應天府丞張達，俱以三年考滿將本身誥命具本陳情，移封父母，俱蒙聖恩俞允。臣今三年考滿，伏望皇上憫臣微情，乞勑吏部，將臣應得正四品本身誥命照依鄭環等事例，封贈父母，臣不勝感戴之至，為此具本親齎，具奏聞。

奏乞休致 成化二十三年十一月

南京工部右侍郎臣黄孔昭謹奏：為乞恩休致事。臣見年六十歲，浙江台州府太平縣人，由進士除工部屯田清吏司主事，陞本部都水清吏司員外郎，為急缺官員事，調吏部文選清吏司，歷陞郎中、通政使司右通政，成化二十三年正月内陞今職，内任管事。臣歷官二十五年，自知才識迂疎，分理無效，久欲辭乞以讓賢能，惟犬馬微忱，戀戀未已，故冒祿至今。茲臣年及六十，筋力漸衰，雖臣衷思報於萬一，奈朽鈍難任以馳驅，強顔尸素，愧靦殊深。伏望聖恩憐憫，將臣照例放歸田里，以終殘年，臣不勝感戴激切之至。為此具本，專差辦事官何子芳齎捧，謹具奏聞，伏候勅旨。

薦知府樊瑩 宏治二年十一月

南京工部右侍郎臣黄孔昭謹奏：為脩省事。準南京吏部咨，準吏部咨，節該少傅兼太子太師吏部尚書謹身殿大學士劉吉等題準壹件，舉賢才，今後在外除方面佐貳知府有缺，吏部照見行例推用，其左右布政使、按察使，宜令兩京六部、都察院、通政司、大理寺，三品以上大臣，各於方面佐貳知府及兩京各衙門相應官員内，不拘資格，各舉所知一人，務要才行超卓，學識老成，操持清謹，人物端重者。明開：某官堪任布政使，某官堪任按察使，具名奏聞，下於吏部，候有員缺，吏部酌量，請旨簡用等因，備咨到部。臣舉得守制已滿直隸松江府知府樊瑩，浙江衢州府常山縣人，由進士除行人司行人，陞山東道監察御史，九年轉陞前職。本官委係持身廉潔，用法明慎，學識俱優，堪任按察司按察使，如蒙准奏，乞勅吏部再加詢訪，擢用便益，為此具本，專差辦事官劉守昌齎捧，謹具奏聞。

奏乞考滿 宏治三年

南京工部右侍郎臣黄孔昭謹奏：為給由事。臣年六十二歲，浙江台州府太平縣十七都民籍，由進士天順七年四月二十六日欽除工部屯田清吏司主事，歷俸一考三十四箇月零二十二日。成化五年二月二十日欽陞本部都水清吏司，署員外郎事主事。本年三月二十六日，通前歷俸兩考。本年五月初八日，欽蒙照例實授本司員外郎。本年十二月初六日，為急缺官員事，欽調吏部文選清吏司員外郎，通前歷俸一考一十六箇月零一日。成化九年八月二十六日，欽陞本部司郎中。成化十八年六月初七日，通前歷俸並罰俸一百八箇月。九年考滿給由，本年十月十九日欽陞通政司右通政，提督謄黄，歷俸一考三十六箇月零八日。成化二十三年正月二十七日，欽陞南京工部右侍郎。本年四月初十日到任，扣至宏治三年三月初十日，連閏歷俸三十六箇月。三年考滿，例應給由。緣先該守備南京司禮太監陳祖生等，奏内府甲字等庫倒塌損壞，要行修理，節該工部奏奉，欽依著太監鄭強、南寧伯毛文、右侍郎黄孔昭，提督修理，欽此。臣除欽遵會同太監鄭強等於宏治二年二月十九日提督興工修理外，緣各庫倒塌損壞數多，修理未及四分之一，三月春氣和暖，正係興工之時，臣欲依例赴京給由，緣先奉欽依提督修理内府甲字等庫事理，未敢擅便離職，為此具本，專差辦事官□□□賫捧，謹具奏聞，伏候勅旨。

薦僉事章懋 宏治四年四月

南京工部右侍郎臣黄孔昭謹奏：為舉賢才事。準南京吏部咨，準吏部咨，該本部題，先該少傅兼太子太師吏部尚書謹身殿大學士劉吉等題準左右布政使、按察使，令兩京六部、都察院、通政司、大理寺三品以上大臣於相應官員內不拘資格，各舉所知一人，具本奏請旨簡用，行該兩京各衙門推舉到部，俱已陸續酌量，請旨簡用將盡，亦有才行超卓，學識老成，未曾舉及者，遇缺，本部欲行推舉，與同各官所舉未用官員，酌量相兼，請旨簡用等因具題，奉聖旨，舉賢能是大臣為國第一件事，既所舉官員簡用將盡，還行與各官著照依原奏，不拘資格，務舉才行超卓，學識老成的來用。其資格相應，如叅政保陞布政，副使保陞按察使，都不許，這兩樣官，只恁部裏遇缺，從公推舉，與各官保的相兼寫來看，欽此。欽遵備咨到部，臣推舉得福建按察司僉事章懋，浙江金華府蘭谿縣人，由成化二年進士除翰林院編修，歷南京大理寺左寺副，陞授前職，先因偶感微疾，告回原籍調治，今年始及五十，所患久已痊安，切照本官行已端方，風節素著，學有本源，才周世用，歷官中外，衆所共知，委係堪任按察司按察使。臣雖知本官養病日久，安於靜退，無有再起之望，但念聖明之世，有材如此，棄而不用，誠為可惜。如蒙准奏，乞勅吏部訪察得實，特起任用便益。為此具本，差辦事官胡斐賫捧，謹具奏聞。

邑後學林湯裔孫中仝覆校

卷十一　雜文

《交遊別錄》序

景泰中，予在邑庠，所與交者陳君儒珍、張君存茂、王君希文、應君志順、高君廷美、謝君世懋、世懋之從子鳴治、林君克憲、克憲之從弟一中，凡十人，皆於予為益友。既而予與一中領景泰丙子鄉薦[①]，鳴治領天順己卯鄉解，庚辰予第進士，官工部；甲申鳴治第進士，官翰林；丙戌一中亦第進士，官刑部，則成化三年也。於是予三人者，幸相與同朝，踪跡日益密，誼分日益深，居同志，行同道，門墻同里巷，公退無事，則或引壺觴唱酬以自舒，如是者無間旬日。時或以事相違遠，則惟離羣索居之懼，凡所請益，所勸勉，所規戒，率皆於往來詩牘焉發之，如是者先後十餘[②]年如一日。雖家人婦子，亦皆知通有無，急患難，曾未嘗以彼此爾汝而纖芥也[③]。予雖涼薄，而歷工部以至今日，前後無顯過，亦惟多二君之助。故吾鄉稱一時布衣交遊之盛，必歸予數人者。自前輩稱宦途契好之真，亦必歸予數人者。今年春一中以推選得僉憲福建，予固喜吾道益有為，而得專其施於一方也，而不能不眷眷焉者，夫豈私情哉！昔人謂江湖之憂，一中以之，而其在朝廷者，吾二人蓋未嘗無焉。雖然，予所與交茲十人者，世懋已即世，儒珍、存茂、克憲尚淹庠序，希文、志順以上舍生鄉進士相與家居，而廷美方入南雍，曾未數十年，而皆散落不常若是，而一中復奪於王命以去，予何能無介然於懷耶！因與鳴治取嘗往來詩於一中者，凡若干首，序錄之以遺一中，用識久要之誼。噫！後數十年，試取而讀之，吾十人又安知散者之不復聚，聚者之不復散，惟親不比，疏不忘，窮不屈，達不驕，庶不忝於前聞人，而子孫亦得以世講之不怍。不然，亦奚貴於斯錄哉！

校勘記：

①“薦”，《三台文獻錄》作“鮮”。

②“十餘”，《三台文獻錄》作“餘十”。

③“而纖芥也”，《三台文獻錄》作“而相纖芥也”。

《宗譜備錄》小序

予既重脩宗譜，而譜有未載者，又為備錄一帙，蓋備後之續脩者也。錄分為十二房，每房以十六世分系，於十五世而備書其生娶子嗣，其未娶無子，及出仕履歷卒葬，則空白以俟。十七世、十八世不復分系，男女但註其所自出，隨其生長先後之序列書之，是亦統宗會元之意也。凡吾同族男女，既生之三日，當即以其生辰告于宗子及族長，收譜者書于備錄，婚娶卒葬亦皆如之。其有析居在外者，則於歲時會集告而書焉，庶幾宗籍不致於失亂也。成化十四年戊戌秋八月朔日，十六世吏部郎中孔昭謹識。

《重脩大宗譜圖》小序

人生本於祖，尊祖者不可以不敬宗，故古聖王之治民，而必慎為之宗焉，蓋以統會一家之人心也。後世宗法雖廢，而賢士大夫猶有譜可尋，故吾家舊譜既每六世而序列之，又為宗譜圖以冠諸首，此即存古大宗法也。但圖世皆橫書而直系之，遠則子孫眾多而不可續，故今倣《蘇氏通譜》易為此圖，凡為吾黄氏子孫者，庶於是而有以知萬殊一本之義也。

《重脩小宗譜圖》小序

按禮，小宗有四：宗其為高祖後者為高祖宗，宗其為曾祖後者為曾祖宗，宗其為祖後者為祖宗，宗其為父後者為父宗，以其轉遷，别於大宗也。自高祖至玄孫，五世而服已盡，故今損舊譜一世，依歐陽氏五世為圖，至六世則又以玄孫為高祖，各系其所出，而别自為世焉。使吾子孫隨其上下源流之所自，各宗其宗，則孝敬能衰於所親乎？

《宗譜傳》小序

舊譜有世事録，惟善之可傳於後世者書之，其無善可傳者分載行字、生卒、年壽、葬娶於支圖之下，今皆各為之傳者，遵歐陽譜法也。然據事實書，而有善無善亦可見矣。凡吾子孫欲有傳於後世者，可不法祖以自力於善乎？

《宗譜婚姻世考》小序

按歐、蘇譜，書夫人、書娶而不詳其外家，所以重本宗也；書男而不書女，所以重嗣續也。然禮以夫婦為綱，而諸舅朋友為之紀助，則君子之於婚姻，亦不可不致親愛焉。故今於宗譜外别為黄氏婚姻世考，庶吾子孫隨其親疎以為隆殺，不於世遠而遂忘之，則先王睦姻之教亦未為無補也。

《宗譜居徙世考》小序

吾家洞黄僻在邑東南萬山中，四方之賓客，非有事不到，誠桃源一别境也。但其地水下土高，可田以耕者甚鮮，族大，歲或不給則子孫有不得不隨產而遷者，苟不圖其居徙世次以示將來，則世遠跡疎，甯不有視同姓如路人者乎？噫！沿流溯源，吾深有望於後之人也。

《宗譜墳墓圖志》小序

古者，葬以齒列昭穆，故《周禮》曰“族墳墓”，所以同其葬也。吾家先塋環所居山麓，封堂疊疊，無間咫尺，甚得古人同葬之意，但地狹不能以昭穆為序，久或失其世代，此吾墳墓圖志所以作也。觀者於此而有得焉，則死而出鄉，欲為子孫求蔭利者亦多見其惑矣。

《壽淡室王公七十》序

淡室王公希白，今年冬十二月某日壽七十。先是，公之婿蔡元進氏介書來，謂予序其所謂淡室者以為公壽，淡室之從弟希文與予為莫逆交，元進又予姻家弟也，不得以不能辭。乃從而叩之，曰："予嘗見公之所謂淡室者，短榱渾楹，不鏤不琢，土牆板戶，不朱不堊，公之所謂淡乎？葛巾布裘，不綺不襦，履趨杖步，不馬不車，公之所謂淡乎？人皆詡詡，我若無能，人皆施施，我獨不矜，公之所謂淡乎？夫是之謂，人皆得而見之者，其外也，誠不至而僞為者之所可得而能也。君子之所謂淡者，為己之學謹獨，無藏於中，無交於物，與神明伍，與造化游，推而極之，為不顯之德，為篤恭之敬，為無聲無臭之妙，斯君子之所謂淡乎？見公淡室之傍，有所謂禦寒自脩者，公豈嘗有見於此乎？見之而不實用其力，予愧於是多矣。予固未能淡其外者，而顧以是望公，其迂也哉。元進謂迂也，則請更為頌禱之說以告之，淡室以為何如？"

《方先生遜志齋集》後序①

孔昭自幼習聞先生名於鄉長老，私謂先生學本天成，非人所能及也。既長，稍知向慕，求先生遺文而讀之，則知先生之學，雖浩瀚如江海，運動如日月，變化如鬼神，而其所言，無一不出乎日用彜倫之常，蓋皆愚夫愚婦之所能知能行，而天地聖人之所不能外。嗚呼！先生之學，固孔子孟子之學也。學者欲學孔孟之道，孰得而後之哉！惜其遺文散佚天下，僅見趙教諭刻本，孔昭乃與謝侍講鐸日加訪采，而其邑之秀彥猶能各以所藏來告，遂合葉、林二亞卿，王、李二中書，與柳常州之所得者，彙次之，而是編成焉，於是先生之文亦庶幾其全矣。然先生之學，已不愧存沒，文之全不全亦奚損益哉？惟吾後生②小子，欲求先生之道者，非此則無以考其全也。《集》既成，福建林僉憲克賢、寧海郭縣尹紳，各以書來，請壽諸梓。孔昭與侍講圖斯文永久，莫如先生桑梓之地，故奉以屬郭尹，郭尹又蒐訪於其邑，得詩與文若干首附益之，方經畫召工，而金義士明、陳訓導熙、鄭學究公詢、秀才楊顗、金遠輩，咸奮義相助③，校書董治，各有司任，不日月板將告成。嗚呼！於此又可見先生德澤之在鄉邑者，愈久而愈不忘也。雖然，是《集》也，抑豈吾台人所得而私之哉！庸書諸末簡，以告天下後世之欲知先生者。成化十六年歲次庚子夏五月朔，後學太平黃孔昭謹識。

校勘記：

①《三台文獻錄》題無"方先生"三字。

②“後生”，《三台文獻錄》作“後人”。

③“相助”，《三台文獻錄》作“助相”。

靈璧縣疏濬小河記

靈璧知縣吳曷元白，列狀小河廢治顛末，並錄婁郎中原善所述河睢故道事跡，遣縣吏告予，請文以紀疏濬之功。昔禹既播河為九，至滄州同入于海，又於滎陽下分大河為陰溝，出之淮泗，至浚儀西北復分二渠，其後曰石門渠者，東注至敖山之北而兼汴水，在宋則孟州河陰縣，南為汴，首受黃河之水，宋人歲嘗均調水勢，以通漕運，宋亡，漕廢，則河之不通汴，汴之泛濫不由故道，蓋有年矣。宏治戊申，河徙汴南，漫為巨浸，朝廷患之，特命少司寇白公往治，公遂薦原善分理焉。原善謂《禹貢》之灉，即今之汴，沮即今之睢，汴水至歸德永城，合睢為一，東入於泗。因泝[①]汴之上流，以及於河，沿睢之下流，自歸德飲馬池歷虞城、夏邑、永城、宿州、靈璧、睢甯，以至宿遷，小河口凡十有五處，延袤蓋千餘里，而疏鑿隄防之功，無所不至。其在靈璧者，湮塞尤甚，狹者闢之，淺者濬之，廣或十數丈，或三四丈，深如廣十之一，兩岸則翼以隄，高十尺，廣加高之二，役丁夫率近地十取其一，使自相更代，飲食有資，作息有節，積日之數九旬，積工之數三十六萬而成。於是水復故道，舟楫通行，居者免墊溺之憂，行者有貿易之利，人皆謂朝廷之知白公，而公之克任原善也。或者乃曰：“白公受命以出，為黃河，為河南患也，今原善受策於公，獨勤勤於此小河何哉?”蓋水之為性，下無所洩，則上必壅而為害，小河之濬，斯其急急疏導以為受水之地耶！孟子曰：“禹之行水，行其所無事。”使徒障其上流而逆委之於壑，豈水之性，亦豈所謂“行其所無事”者哉？此固白公與原善治水先後緩急之序如此也。因書之以復元白，俾刻諸石。其督相茲役者，鳳陽推官李□，宿州知州萬本以及吾元白皆預有力焉。

校勘記：

①“沂”應為“泝”之誤。

義學教條

竊念吾家聚族洞黄，素以詩書為業，故出者處者咸知禮義法度，務存忠謹之心，爭為孝廉之士，惟恐有墜先緒。奈何近年以來洞中田不加闢，家下食指漸增，多或不能請師教子，以致昏愚頑惰，罔知禮義，我在仕途，心實憂之，欲為古人義田之舉，顧力未及，茲於洞黄先設義學，每年出俸餘以備束脩[①]，請延學師，庶同姓子弟各知所學，無墜此詩書之緒。謹將教條開示于後：

一、師嚴則子弟率教，故先儒論吕正獻公之賢，必歸功於焦千之先生，且人生於三事之如一，誠在學子弟能知君父之尊，則知所以尊師矣，甯不率教乎？

一、凡吾同姓子弟，不問遠近親疏，俱要遣赴義學讀書，為父兄者資以紙筆，朝夕督促，戴星而起，盡燈而眠，不許縱其怠忽，虚度光陰；

一、子弟讀書，專在講明禮義，期為好人，非但要識點畫、知句讀而已，聖賢教人，大本不越孝、弟、忠、信四事，凡義學子弟不知務此，先生重加鞭朴[②]，其餘課程自依常規施行；

一、子弟中有資質聰潁，可以進於遠大者，令習時文，如果刻志勤苦，不能供備燈油，我當助之；

一、洞黄外姓子弟，有願來學者，亦各聽容，但能備束脩[③]則令另備，不能則已，不可阻其向善之心。

校勘記：

①③“束脩”，应作“束修”。

②“鞭朴”，应作“鞭扑”。

題《世科錄》後

先考慎齋府君，登正統丙辰周旋榜進士，官兵部職方主事，不幸未中壽即棄予孤早逝，煢煢撫一弱弟，奔走南北，竊懼詩書之澤自我而墜，日夜淬礪，不敢暇逸。天順庚辰，幸厕名王一夔榜，鄉里姻戚及四方之交知於先考者，莫不為予喜，謂先考之有後也。今年辛丑，予方在朝列，齒髮未衰，又身親於王華榜後見兒俌姓名，何幸如焉？凡姻知之相遇於朝及以書來問者，莫不交辭慶予以一門三世進士為鄉里罕見。噫！是豈予父子脩為所能致哉？皆上世平日積累以遺先考者，顯融未竟，故餘休及我後人也。先考膺己酉鄉薦，家居踰二科始登第。予與兒俌自鄉薦登第，亦各踰一科，同第二甲，同賜進士出身。據星曆家言，予生立春後，當為己酉歲，是與兒登第之年視先考同三十有二，父子孫相承如此，則亦豈偶然哉！自今以往，不知吾孫曾之有志於詩書者何如，因會集此三錄而總題曰《黄氏世科錄》，庶承繼不絕而有考於將來也。然予於此復有大懼焉者，古今繼世科第，非止一族，而卒有聞於天下後世者，則未嘗在此，蓋科第所以發身，其所以顯親揚名，垂則後嗣者，則顧其立身立官何如爾。使或於立身立官一有虧焉，則人將指其《錄》而議曰：“彼父如此而子如此！彼祖如此而孫如此！”乃反為祖父之羞也，豈不大可懼哉。謹書此於《錄》後，付兒俌藏以自省，併為後人勸也。成化十七年歲次辛丑冬十一月朔日，奉政大夫脩正庶尹吏部文選郎中黄孔昭世顯識。

邑後學林湯金兆璜仝覆校

卷十二　行狀

謝君世懋行狀

君諱績，字世懋，行十五，姓謝氏。先為會稽人，其來黄巖則自宋經畧使諱鞅謫來甯鎮始也。九世至諱溫良者，屬元季，避亂昌國間，轉徙不常，國初平定，樂桃溪山水之勝，遂去舊族而定居焉，桃溪今分隸太平新治，則為太平人，實君之曾祖，事母以孝聞，世稱曰謝孝子。祖原衆，號泉石翁。父性全，累贈奉訓大夫南京兵部員外郎，别號友松，娶大閭陳氏，生省、復及君，甫四歲而卒，贈宜人；再娶陳氏，無出，封太宜人；側室林氏，生濟。友松教二子專經以《詩》，省登甲戌進士，官南京兵部主事員外郎，今知寶慶府，綽有治聲。君少聰潁，與兄寶慶自相師友，讀書不務誇多，聖賢載籍之切於日用者，口誦而心繹之，不窮極底裏不止，嘗謂人曰："今人為學，用心遠不逮古人，而務廣收博取以臘[①]時名，卒於鹵莽滅裂，亦何益也。"用是學專而精，子弟有來受業者，亦必諄諄為之盡心，若從子鐸，今翰林編脩鄉進士施槃，則材成而可見者也。其平居接人，貌迂而言朴，或以不宜當世之務，至戲稱為古儒，君亦欣欣應之，無可否。而其遇物度情，因時達變，周流詳委，一不失於正，雖時智謀之士有不能到也。故知君者，謂使斯人而用世，隨其位之大小，其事業必有可觀者。自弱冠抱藝，以儒生弟子員進試於有司者七，而皆不售，君喟然曰："吾非不知屢黜屢進之為嫌，特不忍於明時自棄以自負於上之所以養我者，有司其負我哉？我業未精也？”乃今成化辛卯年復就試，竟以疾卒於杭，實科期前八月二日也。友人高廷美輩以禮斂殯之，需其從兄世遠以歸。方疾革，猶惺惺身外事，無幾微怨悔，惟傳致“功名早退”之言以遺寶慶。蓋君天性篤於倫彝，奉繼母以孝，事寶慶以恭，撫庶弟與仲兄孤姪以友以慈。寶慶宦遊十八年，兩歸其鄉，君亦兩覲於南京，隨所處必就別室，共被以商今古，講理道，談詩句，每夜至三鼓而後寐。寶慶在外，家政巨細一總於君，得無內顧憂，故當時兄弟同賢者咸尚謝氏，謂有古椿津之風。謝氏族眾而散，凡婚葬力所不及，與先祠墓宇之所當為者，君一以禮義身倡之，其尊幼咸憚君，亦無或敢違於理者。鄉之人有不相能，亦往往從君，革氣降心以去，其見信重於宗鄰閭里類如此。予別君近十年，去歲歸，一再會，各出心腑以相信，見其涵蓄充拓，大有加於舊所敬仰者，後再十年見君，則其進當未可量也。君之宜於世用而可徵者，有《王城山人遺詩》一卷，翰林校藏於家，長篇短章，舂容彳亍，皆感時憂事之志，庶讀者有以知之矣。君之卒，距其生宣德戊申正月九日，歷年四十有四，別號靜可，又號王城山人。配張氏，無子，女一人，未許。寶慶執覲禮過浙江，將會君之生，而不及哭其死，亟命次子彩後君，旦夜倍道奔赴，以執其喪。卜以某年月日葬於前山之原。謂墓不可以無銘也，屬孔昭列狀，翰林將奉以請能文。予友君，獲益最多，於眾人亦惟予知君為最深，予不敢誣君，乃拭淚序次其實如右。嗚呼！朝廷以科目為得賢，如君者屈於死而不進，而所得於科目果何如哉！不然，使天假之壽，以為後士師式，則鄉閭所得於君者，猶庶幾朝廷所得於科目也。而今已矣，吾復何望哉！

校勘記：

①“臘”，應是“獵”字之誤。

松塢府君行實

府君諱禮遐，字尚斌，別號松塢，姓黄氏。黄氏之先，昭武鎮都監緒，與其兄弟某某徙自閩，今台黄巖新邑之太平洞黄、大閭、黄磐皆有黄氏，而洞黄都監之後為特著，故地以姓氏，曰洞黄。洞黄之居，至府君蓋十有四世矣。府君高祖諱軻，曾祖諱文質，皆長者。祖諱德深，兄弟篤於友愛，至建集怡樓以居，一時大夫士多為詩文以褒咏之。考諱與莊，惇慎言行，孚於鄉里，妣浦口金氏，繼下門葉氏，俱有淑德。府君性剛介明達，讀書不為辭章，凡聖賢之言切於常行者，一以身體之。至於臨財，雖一介無所苟。弱冠家多故，輒挺然出應門戶，公私經理，皆得其宜，不以累其父兄諸弟，生事僅取給足，餘則盡出以為教子之資，既長而倦於學者，則盡勒以歸農，曰："汝無逐末自營，當留有餘以遺爾之子孫。"子孫或於升斗錙銖取贏以求交易之利者，則斥之，終身無所貸。一日嘗買紙於市，市人誤與之過其數，竟還之。又嘗見困人盜其穀，即潛回，語從者曰："彼所得幾何，我見之，則終身懷慚無地矣。"家人有所貿易以歸，未嘗問其價，遽撫其物曰："好，好。"子孫有疑之者輒大怒曰："汝曷不自為之？"蓋府君律己教子孫甚嚴，而待人則寬，至於是非曲直之間，則又未嘗以親疏遠近而私焉。故宗族悅其友，僮僕樂其慈，鄉黨親戚服其公，凡斗斛權度之微，亦必以府君者為之準。先兵部在官時，歷辭薦擢，冀得滿九載，以恩例封府君，竟齎志以歿。時府君哭長子桃溪居士未數月而訃至，人皆為之不堪，府君對客收淚曰："壽夭命也，兒顯榮日吾固未嘗恃以干官府，傲鄉里，今兒雖死，猶故吾也，吾何以自傷為哉？"自此猶康健十餘年。每鄉飲，邑大夫必以禮請首賓席，皆力辭。天順戊寅閏二月乙丑，無疾而卒。於乎痛哉！府君平生好讀《通鑑綱目》，每食罷，手一卷坐松下，細閱古今成敗，於姦臣賊子，掩卷詈之不絕口。先卒之一日，是書猶在手未釋也。距生洪武戊午七月二十三日，享年八十有一。安人浦口金氏，繼葉氏、祝氏，皆有婦德。子男八：長瑾，為鄉社師，號桃溪居士；次瑜，即先兵部以丙辰進士官職方主事、贈奉直大夫吏部文選司員外郎彥俊，以字行；次寶；次琉；次瓏；次璪；次瓛；次璲，璲邑庠生。女一，適大閭許韶。孫男三十二：昷、曜、哽、噬、炅、昳、昻、昪、照、暄、昊、晉、曠、喇、哴、昺、昴、畋、咦、旻、昉、旦、會、睽、歆、昌、喚、嚼、咤、煦、昁、哨。嚼邑庠生，曜即不肖孔昭也。孫女四：一適浦口金鳳陽，一適蕭村吳行實，二在室。曾孫男二十三：倫、俌、侹、傣、佐、任、仲、位、伾、儀、倩、佺、俸、儉、僥、倜、催、伏、俟、伯、偃、伷、侑、倫、俌、伾，俱邑庠生。曾孫女六。玄孫男四：組、紹、緷、繹。卒之歲，諸父率孔昭奉府君葬於金字山之原。安人葉氏附焉。孔昭深懼涼薄，弗克負荷祖德，以緜於久遠，使子孫知有所儀則，謹歛泣摭其大概以告於太史氏，庶有採而傳焉。

亞卿林公行狀

公諱鶚，字一鶚，別號畏齋，姓林氏，浙之台州黃巖泉溪人。泉溪今隸太平，為新邑。五代時有諱適者，徙自閩福唐之長溪，迄今凡幾世，世有顯者。曾祖養民，號酣雲，國初嘗被薦，以老乞歸，更號石林，後隱。祖從衆，以公貴贈通議大夫刑部右侍郎。父純，起鄉科，訓導湖口，湖口之人至今尸祝之，累贈至通議大夫刑部右侍郎；母趙，封孺人，贈淑人；生母程，累封至太淑人，皆有母道。他若藥所長民、艮齋茂端、南安知府芊、考功員外郎茂弘、郎中璧、學正昂、訓導堪案《林氏譜》作“湛”。諸公，雖仕止不同，而皆以學行為大夫士所推重，蓋公之族曾祖、叔祖諸父也。公既有令質，而又得於家庭濡染之積，自少凝重如老成人，居常寡言笑，慎容止，朋儕中雖甚親密，亦未嘗見其有所狎，識者已知其為遠大之器。暨長，從翰林檢討陳先生璲游，景泰庚午，遂以《詩經》領鄉薦，明年登進士第，拜江西道監察御史。天順丁丑，擢鎮江知府。壬午，調蘇州。甲申，擢江西按察使。成化丁亥，遷右布政使，尋轉左布政使。庚寅，拜南京刑部右侍郎。未幾，丁內艱，服闋，召為刑部右侍郎。所至有聲，人皆推服焉。公為御史，廉慎端嚴，綽有才譽，大為左都御史蕭公維禎所器許。時執政進退人材，有不協者，公必倡寮輩廷言之。若故寧國知府沈公性，今太子少保王公越，秋官亞卿張公鎣，悉相推重。景泰壬申，奉命按部真定諸郡邑，所至風采凜凜，尤好甄別人物，學校之士，凡經公獎拔者，類至通顯，時號得人。乙亥春，京師雨暘弗時，昏霾累日，公首議論"人事天道感應"之理，朝廷乃分遣臣寮編錄幽繫，人心稱快焉。丙子秋，公監試京闈，大臣有欲私其子者，公與考試官學士劉公儼執不從，既而邑人林挺適在第，大臣遂誣挺，下錦衣衛，冀以及公，挺榜掠幾至死，卒無異詞，乃得免。英廟初復位，益嚴方面守令之選，公自御史出守鎮江，召見便殿，諭以安民委任之意。公至郡，政務凋敝，一一興起之，但曰"必如是乃是"，然未嘗一言暴前人非。初，漕艘病孟瀆河之險，議者欲鑿河自七里港引金山上流灌丹陽，泝常及蘇以避之。命既下，都御史崔公恭力主之，公曰："自七里港接故河幾四十里，壞人田宅墳墓無算，且長山一帶皆峻石，雖弊竭人力，終恐無益。按志，七里之東有京口閘，京口之東有甘露壩，皆故漕河也，不若因而濬之，雖下流不及其上數尺，然水勢一至，輒登九板，苟由此沿城隍抵減渡故河，才十餘里耳。又其南濬呂城、犇牛，春夏以閘，秋冬以壩，則用力省而成功多矣。"崔公大悟，亟具疏改命，盡以屬公。公晝督夜催，務圖永久，訖三月，兩閘皆完好堅固，河深可沒篙，濶可方舟，民至於今利之。宋范公仲淹嘗守鎮江，陳公東、陸公秀夫，皆其郡人也。公至，首作三賢祠以祀之，陳左陸右，范公中居，蓋亦以時代先後而處以義也。焦山故有漢隱士焦先祠，國初命有司歲祀之，祠僧乃塑像廟中，為冕旒十二章，衛士東西立，各執爪斧儀仗，儼乎帝王廟也。公歎曰："隱士在漢，雖三聘不起，我高皇帝詔登祀典，題木主曰'漢隱士焦公之神'，本其志也，今顧為此像可乎？"乃亟命撤去，沈之江中。初，鎮江賦役不均，民甚病之，公至，歲令屬邑具戶口田賦手實，盡得其情，乃第其先後，臨事隨輕重按籍命之，民無有病者。公在郡既五年，郡稱大治，巡撫都御史劉公孜謂公才堪任劇，疏上，手詔以鎮易蘇。去之日，父老人士遮道以千數，願畱公履以繫去思，公確然不可，眾強之，不得釋，乃召諸生費誾謂曰："此非古義，況近名，且我履敝，今所進可直千錢，吾安得受之？幸為我諭父老，不然吾終不行也。"誾以公意告父老令止，乃止，然猶追送數十里，俯伏道傍，交口大呼曰："古君子也！古君子也！"公在蘇州，嘗謁廟學，見兩廡先賢塑像，心甚不安，而重於改作，偶為風雨所毀，乃撤而新之，易以木主。郡有吳泰伯、伍子胥以及文正范公祠，舊或先祀范公，公曰："諸賢祠享當以時代。"遂更之，今為定制。皇帝御極之初，公與江西按察使張公某俱被薦，張既補陝西布政使，公有江西之命，時江西會昌長河洞民出為害，且相讎殺，公得報即會藩閫詣其地，諭利害以釋其爭，且令推眾所信服者二人為之老人總甲，每朔望則赴所司以聽令，復設百戶所於洞口，屯住以防之。初，樂戶劉剛等不伏從良，私置娼婦三百五數，日相鼓惑，風俗幾壞。公至，悉拘至官，召所親遣發之，仍嚴其禁，乃得止。初，廣信有妄傳天神夏尚書等假降邪神，誣惑妖誕，傳播驚疑，公榜諭利害，且詳告以祀典國典之常，其怪遂息。又，劉季造朝覲，誣獄已具，公力辨出之。左浩周據德殺其所親，公皆廉得其罪而正之，江西之人至今稱神明焉。公自按察使轉布政使，雖政尚寬平，而益嚴賞罰。屬吏肖太贓罪敗露，竟坐充軍；李標守法，則憐其死，而給以棺斂之費。故羣下咸感其恩，畏其威，更相戒飭，而莫敢為非者矣。公在秋官，歷兩京，事寮長一以謙謹，至事有不可，亦必和顏色以爭之，務求其當乃已。御郡屬以禮，每廷見，亡立進退有常所，雖燕私亦未嘗見惰容。故其沒按“沒”字疑。也，所至人皆愛之重之，而不敢有他。公歷官前後幾三十年，所至嚴重周密，雖文案判稿，未嘗作草書及俗字，事無大小，必具稿乃行。罰笞杖以上皆身親之，然待官吏務從寬厚，不摘發細故，惟贓罪敗露必置之法，不少貸。公為政務大體，前人政善者守之，否則漸更之，不為赫赫。公所至禮賢下士，至與布衣通書問，自署其名如平生交。察校學諸生有材器者，必誘掖之，獎勸之，至親為之講解，若今費司業誾、吳脩撰寬，皆公素所注意者也。公母夫人程，性甚嚴，公事之極孝，每公退，輒侍立問起居，或少有不悅，則跪請移時，雖中夜不敢離左右，家事無大小一以咨決，至今閫內之政，不敢有所預。公精勤不懈，公次未嘗設床榻，稍暇則危坐閱書史，或臨古名帖，作楷書，每夜分乃止，至五鼓則輒起，以為常。晚年博洽，與人言輒歷舉以成誦。凡為詩文，務在理勝，及用字有根據，雖朋友往來尺牘亦不苟，然恆自以其意所不滿，出必削之，故鮮有存者。公酷愛古書籍，兼副畢具，務極精緻乃已，缺必傳錄，錄已輒手校，雖朱墨點畫亦未嘗見其參差小大，尤好輯鄉邦遺事，每一言一善必惓惓焉，曰：“此吾後人之責也。”公接人無少長務極恩意，賢且材者，雖甚少必與抗體，居常雖甚倉卒，客至未嘗不欵語至再茶乃已，而於酬對之頃，尤加之意，蓋恆因之以觀其人之得失而有取焉。公自入仕，雖薦膺厚祿，然不事家人生產，舊業所得，且以分讓其兄弟，沒之日，行李蕭然，人不知其為公卿之積也。初，公既奏績追贈二代，例得遣子入監，寮友皆勸之行，公謝曰："吾既無以報朝廷，吾子且幼，敢復遽爾為也？"卒不請。公雖精於問學，然早登顯仕，人鮮及其門以受業者，獨其家庭之間，賴公以成就者為多，若今福建按察僉事克賢，邑庠生膰，國子生霄，故黎城教諭偃，尤溪訓導鳳，皆公之所切磋相為師友者也。公非甚病，未嘗不見客，見必冠帶，屬纊之前，猶端坐不亂。公沒之明日，訃聞，上悼閔之，特遣官營塟事，賜諭祭焉。初，公之在刑部也，天官亞卿劉公既陟內閣，大夫士皆望公繼其位，大臣亦有以此薦公者，既而不果用，人至于今惜之。公生於永樂癸卯五月廿八日，卒於成化丙申十二月初八日，享年五十有四。配王氏，累封淑人，有賢行，諸妾之有子者，小過必曲為保護之，不使公知。子男二：長保萊，夭；次保薇，□□□。女二，未有適。

廣東布政使陳公行狀

公諱選，字士賢，别號克庵，系出東陽宋國子監司業左輔之後，元初自東陽徙仙居，再徙臨海，陳姓遂為台人。曾祖諱濬主。祖諱泰生，贈文林郎廣東道監察御史。父諱員韜，歷官福建右布政使，贈正奉大夫，正治上卿，卓為一時名臣，先以御史按福，嘗活沙冠脅從者萬餘人，人至今懷其德不忘。母金氏，贈夫人；繼母沈氏，封太夫人。公自少沈靜端慤，不妄言笑，稍長，從逸庵陳憲僉先生學舉子業，下筆有驚人語，先生深器重之。景泰元年，以《禮經》領鄉薦，會試辭乙榜，繼丁正奉公憂，家居十年，窮討經史，益務其遠者大者。天順四年，中禮部會試第一人，遂登進士第。拜山西道監察御史，院長重其學行，凡大獄當議者，必咨以取平，巡按江右，大振風紀，黜貪陟廉，人皆服其公。還朝，適憲宗嗣位，向用言官，益侃侃自張。會翰林詞臣一以直言外補，二以罪謫內遷，皆事關權貴，人不敢言，公獨奏君子小人進退，治道所係，不可不慎，反覆千餘言，竟得俞允。又列疏大臣不職者一二人，臺諫得公與莆田楊琅，天下始知有公議，而小人不敢有妄意之求，然亦由是為權貴所忌。不久奉勑提學南畿。既至，念學者率務為浮靡之文，競取科第，而所以檢察其身心者，漫不知何事，殊非朝廷養士本意，故巡歷所至，必居宿於學，朝夕進諸生，席前親與之問答，講解切切，勉其斂華就實，求為古之聖賢，其有一舉足一叉手不合矩度者，公則默默，聳身端拱，俟其改而後降色。讀書次第，必先之以小學，習舉業者落其浮詞，而務依經以明理。又以冠禮不行，子弟不知，責以成人之道，每學製為深衣幅巾，及刊定禮儀，使各肄習，以範鄉閭。其有親喪貧不能舉者，力為資助，而待之曲盡其恩，然猶抵書京師知己，論前輩提學之賢，如王公玉、陳公逸庵、孫公鼎三先生，而慊然恐有不逮。成化六年，拜河南按察副使，未幾改提調河南學校。其所以正己範物，施教推恩，無異於南畿，而氣象益加宏裕，蓋公之涵養進脩，晚年又有進也。《小學》板行於中州者少，公特取朱子正本音訓註釋刻印，以遍示學者。提調既久，不惟學士大夫化其德，而細民習知其公清之政，亦延首仰望，故一聞陞本司按察使，莫不歡忻鼓舞。時其自外來受任，夾道焚香迎拜，曰："我等有福矣。"既視事之明日，即取繫囚數百人，次第訊遣，仍為立約，惟死囚監繫，其次徒流，付縣羈候笞杖，放外待理。凡赴訴并投文者，舊苦於門卒輸索，今一切斥罷，令自隨期報入，人甚樂其清簡，而吏卒亦憚公，不敢為私。州縣官有當道親識怙勢虐民者，公悉因事黜之不恕。朝夕孜孜，思革民弊，雖三司同列欲勞費和置嗣獻案："置"字疑。以病民者，亦皆仰其風裁為之稍縮。聞內艱，即日就道，汴人老者呼，壯者泣，婦人啼，百里之內，壅塞至不可行。服闋赴京，吏部太宰尹公素知其賢，薦為廣東右布政使，踰年轉左布政使。廣有權貴人倚市舶進貢為姦利，科差紛擾，不勝其害，公既下令府縣罷省諸司一切浮費，奏減市舶占役餘戶三分之一。遇有災傷，即時奏聞，盡吾力勞救。至有例所當得者，亦斥置公帑以為賑濟之需。番人馬力麻與海商私通販易，託稱蘇門答刺①國使臣進貢，有司驗符不合，市舶利其貨，奏欲起送，公極力辯奏，將方物起解赴京，使臣就彼賞勞發回，是不惟途路免騷擾之虞，而海道亦絕私通之弊。公方念廣東瘡痍之民拯救未甦，又聞有中官主送撒馬兒罕使臣，怕六灣迂道，自廣歸國，將由海在滿剌加國置買獅子，遠近驚恐騷擾，因具疏極言："禽鳥花木，饑不可食，寒不可衣，乏牛不可以代耕，有警不可以出戰，獅子亦一獸爾，若使西番以此騷擾滿剌加以及占城，殊失中國柔遠人之道，且安南諸國聞之，必笑我見欺於西番，以有用易無用，國體所關，甚非細故。"冀欲開悟上心，并止市舶無名之貢。權貴人既失餘戶之利，又每事忌公沮抑，乃大肆醜言誣罔，朝廷方下其事刑部，議差官勘問，右之者必欲去公，則又因其再誣，逮於詔獄，廣之軍民合千萬人擁詔使留公，不果，至朝夕號泣，以隨楊恭惠公以後，果有得民如公者？公自信天理不虧，處之泰然。一日召其子戴語曰："我藉祖宗遺澤，以有今日祿人之產，汝不可以獨享，我將以田一百四十畝為思遠庄，充祀先周族之用，汝其守之。"又以所嘗刊《道學傳》令人馳送南畿各學，以詔學者。成化二十三年夏四月，行至南雄，疾作，數日，疾勢漸增，呼從吏取紙筆，付以後事，尚惺惺不亂。至南昌，故人張太史廷祥先生留寓石亭寺書院，請醫調治，竟不能起，是年五月二十一日也。時其子戴已於贛上分舟送家眾回，獨三僕在側，賴張太史與鄉之仕於南昌者，斂治其喪歸臨海。予在京師，屬吏方致公贛州手書，以元氣明天理之可恃，而訃音至矣。噫！如公者命止於斯，天理亦何在耶？卒之明年，今天子宏治改元，冬官主事林沂憤當時勘事官李行致公枉死道上，奏欲將行下法司以白公事，賴天子明聖，特詔復公舊官，是天理之在人心者，亦未嘗不可恃也。公為人清狷孤介，立志以古聖賢自期，讀書不專務文辭，五經以下，子史傳記，有一言一事合於心者，即標注別冊，朝夕身體而力行之。居家事繼母以孝，處兄弟以友，疾言遽色不至於奴僕。歷官自御史而按察，自按察而布政，聞人之善，誘掖之如不及，姦貪瑣嵬，不合吾意者，雖與之對坐，終日不少假以詞色。憂國如家，愛民若子，凡事有關於國於民者，知無不為，為無不力，雖禍患在前不顧。嘗書八字座右曰："一心報國，萬死不移。"凡其甘心於權貴者，蓋有定見矣。平生自奉儉約，不以富貴改其常，公燕廣會，惟服先人舊衣帶，客至，瓦具蔬食，懽然無愧色。於貪官污吏，雖不恕而治之，則不盡其贓。廣有故吏張褧，嘗見黜於公，後權貴人鉤致之，以為證，苦訊不承，顧乃上疏力詆當時勘事者貪冒阿附，至欲以死為公雪其寃。蓋公不惟取信於所涖之人，天下之人亦皆知其為正人君子。凡朝廷缺要職，則中外莫不私相屬望，以幸其大用，普兹德澤於天下。公其不死，逢此清明之運，將必一遷再遷，起為廊廟柱石。其所建立，豈不有以大慰斯民之望哉！今不幸施用方隆，享壽止於五十有八，則又何但予知己痛之，天下之人無不痛也！予嘗觀人之德厚者，享報不於其身，必於其子孫，又聞歐陽脩母因其父燈下為死獄"求生不得"之歎，而知必有後，公之德不可謂不厚也。又，為御史，能辨荆冦偽內官之非男；為按察，能活繫囚桂廷璋於重死；至於布政，賴克哥等三十餘人官書已附，成為番賊矣，公則審係漁人而出之；劉馬住、黄福等二獄，怨家已誣陷為強盜矣，公則審係良民而宥之。以是心而求其子孫，豈不昌大矣乎？公先娶王氏，贈孺人；繼娶張氏，皆有婦德。子男四：曰藩、曰翼，俱府學生，早卒；曰戴，讀書能知大義；曰虞，始三歲。女二。孫男一，女一，俱幼。遺文有《丹崖集》若干卷，經義若干卷。成化二十三年丁未正月朔，與王孺人合壟於八疊山之原，侍講謝鳴治先生既為銘以誌壙矣，張廷祥先生許文其墓道之石，必須予狀以備採擇，謹錄次其平生如右，拜以告後之脩史者，謹狀。

校勘記：

①“剌”，應作“刺”，下同。按：是書“剌”、“刺”不甚分別。

邑後學林湯李炳慧同覆校

卷十三　表志

福建按察司僉事林君墓表[①]

君林氏，諱璽，字克賢，後以字行，更字一中。自少敏而好學，早遊邑庠，以《書經》荐于禮部，屢試得進士出身。授刑部主事，以法律自守，罪人情與律當者，雖重未嘗姑息，苟律與情未當，則必求其平，而不為威勢所移。錦衣，古詔獄也。故事：錦衣有成案，雖寃，刑部不敢反。阮成者，錦衣當以大辟，君審知其寃，惻然曰："殺人以媚人，壞朝廷法，吾豈為哉！"請於司寇陸公，必奏減其罪而後已。自是能聲益著，有疑[②]獄恆以屬君，君多所辯決。如王宗穰得不坐以投匿名文書，則當時朝士所共知[③]也。主事始踰考，即陞為員外郎，且兼看詳三法司奏案，廷無滯獄，君之功蓋多焉。未幾以才推陞[④]福建按察司僉事。所至激濁揚清，官吏望風畏慴，各思洗濯以自新。凡事便於民及有補於教化者，為之無顧忌。清軍御史尹仁所行多不法，君與同職張鸞指斥之，尹憾焉，逮君以憂去，遂媒蘖其後事，不得，則大詘於當道，以沮君之進。服闋，再為福建僉事，君略不介意，益盡心於其職之所當為者，莆嗣猷案：《赤城後集》"莆"下有"田"字。有大臣縱豪奴虐鄉里，府縣莫敢如何，君悉收置之法，彼深以為恥，亦日思所以擠君。君巡福甯道，滿當代，適海賊為患，衆謂安輯莫如君，巡按御史闕按《赤城後集》作"閻"。佐，遂檄君再巡一年。君至，撫治有方，不煩餘力，而海道甯息。在福建兩監鄉試，去取一以公，有欲以私意上下者，君⑤極力爭之不少徇。福建去京師遠，武臣多不法，君按治之不少恕，至有乘大臣私憾，肆言誣毀，雖莫能浼，然當道惑其讒，屈君十年不遷。至公論定，荐章方上，而君又以憂去矣。及家未踰時，即感危疾，予在京師，始聞今國子祭酒鳴治勿藥之報，豈意君竟由此不起，實成化乙巳七月二十有八日也。距其生宣德辛亥，得年五十有六而已。嗚呼惜哉！君族徙自閩，居今太平泉溪⑥村已十有幾世。曾祖周民，祖從深，父格⑦，母胡氏。君在朝得封父為刑部主事，母為太安人，妻陳氏封安人。子男二：出側室陳氏，長保昌，補邑庠生；次保旦，尚幼。女二，陳一本作"安人出"。出，黃巖張鯨、樂清章燁，其壻也。君少學於叔祖考功員外郎茂宏⑧先生，既仕，以其兄侍郎一鶚為師友。平生忠孝伉直，志意廣博，好隨事立功名。與人接，徐言緩步，侃侃以善相道，未嘗少嬶阿以苟容，可謂能正行直道者矣。而其位止於是，何也？蓋世之處高位者，非隨時觀勢，輕重其法以要譽於當道與⑨鄉之宦達，則荒謾案《黃巖集》作"荒誕"。悖冒，務以私智立聲威，烜赫人耳目，二者皆非君所長，而乃一⑩以公法求盡當為之職，則其不為世所好亦宜也。君讀書好窮古今治亂興衰及諸名臣行事之跡，文章學宋大家，波瀾汪⑪衍，所存有《抑齋稿》若干卷。君自登太學，至歷仕外藩，所交知⑫名士甚衆，求其少壯⑬顯晦以道義相磨切，至老無間於一膜者，則惟鳴治與予二人也。鳴治於其終謂"所託以不死者在我二人"，故初以銘文屬予。既將掩其墓，鳴治自為銘，仍以稿馳示京下，俾予為文以表其墓上之石。嗚呼！予平生所望於一中者，僅止於是，忍不為之表耶！惟一執筆則哀思萬萬，故去君之葬五年按《赤城後集》、《黃巖集》均作"踰年"。而未能成，今姑掇其平生大槩，授其子保昌，使刻諸墓以表著之，庶後之人欲知君之所未試⑭者有考焉。

校勘記：

①《赤城後集》題作“按察僉事林君墓表”。

②《赤城後集》无此“疑”字。

③《赤城後集》无此“知”字，为脱。

④“陞”，《赤城後集》作“為”。

⑤《赤城後集》无此“君”字。

⑥《赤城後集》无此“溪”字，当脱。

⑦“格”，《赤城後集》作“居正”。

⑧“茂宏”，《赤城後集》作“茂弘”，按，此作“茂宏”者，乃避乾隆弘曆諱也。

⑨“與”，《赤城後集》作“於”。

⑩《赤城後集》无此“一”字。

⑪“汪”，《赤城後集》作“狂”。

⑫《赤城後集》无此“知”字。

⑬《赤城後集》“少壯”前有“歷”字。

⑭“试”，《赤城後集》作“識”，是。

蔡俟軒先生墓表

成化庚寅十月二十有五日，俟軒蔡先生壽八十有二，考終于家。越歲丙午，嗣献案：《赤城後集》作“戊申”。始克葬於東奧山之原。明年，其子丹陽教諭敦遣其子薇持書來告予曰：“敦先人墓石未立，行義未白於世，敦罪實深，惟知先人者莫如子，其為我表諸！”孔昭忝婿先生季弟巴東尹慕陶居士之女，素辱知愛，曷敢以不文辭，謹再拜受書而言曰：先生諱仟，字尚朋，姓蔡氏[①]。其先黄巖象山人，七世祖和為西橋李氏贅壻，遂徙居焉。曾祖顯道。祖伯昭。父叔茂，行義重于鄉里，里人不名，咸稱為生白翁。西橋之蔡葢至翁而益顯。母王氏。兄弟六人。先生嘗以父命，後其伯父季安。安人甯溪王氏。子男三：按《赤城後集》作“子男四”。長燴，以《春秋》累舉不第；次魁，南京光祿寺監事；案《赤城後集》尚有“次爌”二字。次即丹陽。丹陽之子餘慶，以進士而為中書舍人。他孫曾餘二十人，案《赤城後集》“人”字下有“率”字。挺挺有志。先生清靜狷介，而心寔平恕。自幼讀書慕義，樂與人為善，里巷子弟有願從學者，悉進教之無倦，歲市童蒙書，給資貧無書者，居常葛巾布裳，蕭然塵外。世之嗜好，若一無芥蒂於心。事所後父母，生死能以禮，而孝不替於所生。兄弟欲均分父産，固以義讓弗受。至於故師趙季濳臨終，報謝以古書數十卷②，再拜卻之。監事魁以絲衣一襲來獻，亦作詩還書戒焉。待子姓嚴而有恩，族子炯孤貧，贅于外③，外家強欲奪其女改嫁之，先生委曲周全，析屋與居，使終身保有妻子之養。與人交，相規以正。有過失，不問其貴富，必直言面質無隱。諸弟或咎其已甚，則曰：“交友之道當如是也。”為詩有《風瓢集》數卷，藏于家。先生行修於身，教成于家，而謦聞于鄉者如此，則其得於天者自宜有以異於人也。世之人莫不以壽考子孫厚望於天，而所以求諸已者，顧或未至，於乎！天豈獨厚先生哉？孔昭不佞，敢次先生行履使按《赤城後集》作“梗”。槩表諸墓，庶後之人或有考於天人感應之理焉。

校勘記：

①《赤城後集》“姓蔡氏”之后尚有“號俟軒”三字。

②“数十卷”，《赤城後集》作“数千卷”。按：若謂“数十卷”，何須“報謝”而專門及此，當作“數千卷”為是。

③據《赤城後集》“外”後有“家”字。

曾大父統五府君墓表

曾大父統五府君，墓在洞黃金字山左神堂前之原，自始葬至今，已踰六十霜露，人來洞黄者，由牌下登嶺，則隴上松楸飛揚目睫，皆知此中山川秀氣所蟠，而不知為吾黄氏何代祖。孔昭忝竊祿未死，敢不碣以表諸墓上。謹按：洞黄之居始自都監公，至府君已十有二世，雖多不仕，而世世有厚德。父某，母彭氏。府君諱某，字某，兄弟二人，同居不分，事具《集怡樓詩卷》。配浦口金氏，繼下門葉氏。子男五人：長某，贈嘉議大夫南京工部右侍郎，鄉人稱松塢先生者是也；次某、某、某、某。女一人，嫁浦口金如珷。孫男十六人：彥俊，以進士卒官兵部職方主事，贈嘉議大夫南京工部右侍郎；彥良，邑庠生。女三人。曾孫男四十幾人：孔昭名曜，以字行；曬、煦，邑庠生。女六人。玄孫二十三人：倫，為休甯訓導；俌，以進士為兵部武選司主事；伾，亦邑庠生；倩，為陰陽學訓術。女幾人。其他子孫不仕者，亦多恂恂有士行聞。孫男幾人，女幾人，俱幼。孔昭後府君卒之二歲始生，實不及見府君。既長，逮事大父松塢，嘗聞教。諸叔曰："汝等宜安分，毋多用聰明，汝祖七十六歲，於等秤未嘗識也。"蓋府君為人敦朴謹愿，仁厚平恕，天機内蘊，人欲不形。故事親孝，事長弟，處人接物，能以誠以信。於凡言行，必自遜檢，甯人負我，而我不負人也。晚年出必以杖，杖端常懸"戒殺"二字，至親友家，示隨所有治具，不欲為我特殺牲，其愛物之仁類如此。同居有堂兄弟二人，家衆指繁，各請分異，松桂軒僻陋，衆不欲承，府君獨并其田產之薄惡者承之，無難色。俗諺以世慈善惟佛，故咸以"黄大佛"偁之。一日，外弟金敬溫以耆老赴京言事，伯兄谷春授府君詩一章，鈔十錠，命奔贈其行，府君相見，獨遺以鈔，而詩竟忘之。既歸，伯兄問其詩，猶在，詈以無用。後敬溫言事犯太祖高皇帝怒，當以籍沒重刑，并逮其篋中贈詩之家為邊戍，而吾家獨幸無事，鄉人皆以為府君積善之報，非耶？府君行脩於家，而譽聞於鄉，其自得者壽考見於身，其有餘者流澤見於後，故其年至於七十有六，而子孫衆至千餘指，又世登甲科，食禄于朝，其與忘詩之報信相符矣。孔昭藉此遺蔭，朝夕兢兢，謹述平日所聞於祖父者，刻以為表，庶後之子孫於此有考焉。

琴趣處士金公安人黄氏合葬墓誌銘

處士姓金，諱鏞，字如珷，別號琴趣。配安人黄氏，孔昭之世姑也。安人卒之明年，諸子以處士命委銘，孔昭方哀悼未遑。又明年成化甲午，不幸處士亦卒，孔昭自念先大夫兵部暨伯考桃溪居士，既齔失恃，長而知學；先松塢祖考遣從姑氏宿食，師葉拙訥、程成趣二先生，重有館穀之恩。今合葬二祀，墓尚未有銘，孔昭敢終以不文辭？嗣獻案《金氏譜》無“敢”字，“辭”下有“非情也”三字。按《譜》：金本河内劉姓後，徙越，避錢武肅王嫌名，去“卯”與“刀”，始姓金氏。由越徙台之黄巖，則自其二十一世祖諱瑛始也。今其所居浦口，分隸太平，則又為太平人。高祖考諱叔甫，曾祖考諱景存，俱隱居不仕。祖考諱亨宗，字用嘉，仕元為海道巡防千戶。考諱世良，字敬脩，天性孝友，富而知義。妣施氏，自在室至於有家，兩刲股以愈其母及姑之疾，於内政極有功。凡疏宗遠戚生不能婚嫁，死不能葬者，咸至今德之。故鄉人稱先世遺澤在子孫者，獨於處士兄弟四人有徵焉。處士出庶母某氏，為人沈默恬逸，生不與名人利客馳騖競尺寸，日掃一室，置古書一卷，古琴一張，焚香靜坐，絃歌音樂，按《金氏譜》作“絃誦自樂”。昔孔昭歸自京師，每獲趨侍坐隅，覯其鼓琴，得意時希音澗調，泠泠起乎按《金氏譜》作“手”。指間，悠然自得於高山流水之上，雖戶外浮雲變態，俗務紛囂，怡然若不知也。故自號曰“琴趣”，而人亦以是名之。然能得其所以趣者，幾何人哉！安人黄氏，生有淑貞，按《金氏譜》作“淑質”。長歸處士，以其事父母者事其舅姑，以其處兄弟者處其妯娌，愛不弛於僕媵，敬不衰於夫子。晚歲處士徙居石刺山下，凡百經營之勞，安人一以身任之，處士惟指畫其規模大畧而已。處士少安人二歲，卒之日俱年七十有六。子男五人：曰沤，曰油，曰洭，曰滌，曰澤。女二人，黄巖蔡培，太平潘甯治，其壻也。孫男幾人。孫女幾人，長適陝州判官葉培之子鳳章，餘尚在室。曾孫男幾人，女幾人。子油、孫桄及潘氏女皆先處士安人卒。長子沤等卜兆得金嶼鳳凰山之原，遂以成化十二年丙申十一月初六日丙午合葬焉。銘曰：古樂之存，惟琴斯張。嗟公之趣，與琴相忘。聽者在御，其聲洋洋。嗟公已矣，人琴俱亡。我銘斯石，百世之光。案，此文與《金氏譜》多有異同。

卷十四　祭文

祭謝靜可世懋文

嗚呼！吾鄉素稱多才，而如靜可，百不有一。吾生不能廣交，而如靜可得一勝百。使靜可掇高科，躋顯途，以夫雄于鄉者雄于天下，資于友者資于家國，則雖崇階峻秩，人孰不以為當得也。顧乃偃蹇明世，歷三十年蘊學脩道，而不獲一試于用，竟齎志於武林以沒也！嗚呼！天之生材，果如是乎？雖然，靜可其存也，曾不以窮通得喪致尤於人；其沒也，又甯以死生壽夭致憾于天耶？吾但悲夫靜可亡矣，而鄉之見利奔走者，自以為得，不復知潔己之可貴也；與世推移者，自以為能，不復知直道之可珍也。小子夢夢，欲執經問難而奚從？吾道踽踽，欲考德論心而奚與？嗚呼哀哉！此吾所以聞訃大泣，徹食廢寢，中心望望，如有所失也。嗚呼痛哉！論詩西屋，我歸十載之逢也，而倉卒執手，遂為永終；遺書京師，爾來赴試之日也，而勤渠半紙，遂為絕筆。悠悠蒼天，其如我何！有棺在堂，莫拊以慟。有紼臨穴，莫執以送。謹脩蕪詞，侑以束香，遣男正俌致奠，一觴靜可。靈其有知也，吾將復有慰焉。郡守爾兄，友愛誠慤。爾之後事，必有以托也。翰林爾姪，師友淵源，爾之文字，必有以傳也。嗚呼靜可，亦得以瞑目矣！亦得以瞑目矣！

祭致仕少司馬吳公文

嗟嗟先人，實公同官。感佩恩德，何啻丘山！惟予小子，追念疇昔；臨紙欲言，涕淚交臆。正統丙寅，家禍荐臻：父母繼亡，弟妹孤存。賴公經理，生安死斂；凡百備悉，一無遺欠。予至自南，慟絕于天。公手撫慰，伏以周旋。乞銘刻石，移家載柩。藉力于公，不吝所有。予生固陋，期望諄諄。至情入骨，言之痛辛。公性剛直，少與時合。致政還轍，仰欲趨謁。跋涉仕途，餘二十年；念無良便，中心缺然。謂公有德，必享遐壽；孰知今日，訃聞朝奏！長牘短札，手筆儀形；開卷再讀，見公如生。嗚呼！《伐木》不作，朋友道喪。公於先人，古豈多見？太史述德，大小畢書。於斯有考，可以類推。朝廷命官，恩蕤有日。羈身萬里，何由執紼？頓首緘詞，付令子歸；為予跪席，敷此衷私。有帛四端，有香一束；神其有靈，尚其鑒矚！嗚呼哀哉！

祭參政國時雍文

嗚呼！天之生物，或長或短，或厚或薄，貴賤壽夭，萬有不齊，人孰得而一之！而予於子，獨痛咨流涕終日而不已者，夫豈不知天命哉！惟子才足以修政立事而不違道以干譽，德足以致君澤民而不曲學以阿世，如子者，用之臺省，用之廊廟，用之獨當一面方岳之寄，則何往而不宜？今子位僅叅乎外藩，年未及於中壽，而竟如斯已矣，則所謂作善必有餘慶，仁者宜在高位，一皆虛語也耶？嗟嗟時雍，貴賤壽夭，誠有定數，予固不得而如何，而予所獨恨者，與子同官吏部餘十數年，朝焉偕入，暮焉偕出，聯步以登堂，合力以共事，談笑或至於忘形，寅恭不失乎正義，昔者山東之行，尚眷眷執手而不忍捨，今江西一別，未朞月乃遽隔幽明而異生死，則予之痛咨流涕何時而已耶！何時而已耶！嗚呼！善人之望報於天者，不於其身，則於其子，今有丈夫子四人，方各讀書進脩，強志自立，期為世之大用，則子之歛於身而弗克施者，不亦在於斯乎？是子亦可以無憾矣。嗚呼！暮雲慘兮白鶴飛，菉葹榮兮蘭蕙摧。善人去兮望不來，倚天涯兮徒沾哀。託郡侯兮薦哀詞，靈不昧兮其鑒之。嗚呼尚享！

祭廣東左布政使陳公士賢文

惟公始以庚辰會元，授職烏臺，一疏奪二學士之命，再疏移大司馬之權，天下已凜然仰其風采，謂真鐵面不可犯也。既而專命提學，春風生於旌節，德化洽於人心，由南畿歷中州，學士大夫尊之如伊川，親之若安定，至于今不忘。中州之人，初聞轉陞長憲，連門徹巷，焚香迎拜，咸懽呼相告，曰："吾民自今得以優游於含哺鼓腹之天，而無暴刑橫賦我加也。"終聞守制去任，奔走道路，攀轅臥轍，咸哭泣相告，曰："吾父母已去，吾何以生哉！"朝野內外，雖有不識公者，聞公姓名，莫不望公大用以福天下，每遇臺省缺人，則自相傳報："朝廷已用陳公矣。"天官宰因公起復，一轉為廣東右政，再轉為左政，亦將以天下公論為後日用公之梯階，而公方且竭盡心力於廣人，廣人之愛公者則視中州而有加。夫何天不愛公而竟如是已耶？嗚呼哀哉！公之所以大得於人心者，是豈聲音笑貌為哉？惟公稟天地之正氣，學聖賢之正學。涵濡萬善，蘊而為一心之德；沈潛六經，發而為一身之章。在貧賤無羞容，處富貴無矜色。菲衣惡食，取予必慎乎纖芥；忠國愛民，持循不失乎三尺。正冠終日以危坐，言動慎重而簡默；待下曲盡乎仁慈，交友務致乎忠告。使進與古之韓、范、富、歐並位而齊驅，則功業必與日星爭光而競烈。豈但如斯而已耶？惟公獨行不愧于影，矯枉或過乎情，此君子同道者雖心慕而誠敬，彼小人異己者未免媢疾而嫌猜。今日非理之誣，幸聖明之已察，萬里反覆之累，嗟天道其如何？展書再讀，元氣之喻不爽；撫事長號，善人之心實灰。嗚呼哀哉！昔予承乏銓曹，歷計天下之英材如公者不數人。今公已矣，隨事脩補，徒爾紛紜，誰其相與共守天下之大公，建天下之大節，立天下之大政，以為唐虞三代之大臣哉？此公之死，天下君子所共惜，非予同年同郡同志之友獨慟哭而悲辛也。茲舍姪倫，公便南歸，謹具香幣，奉荐几筵。竹帛有盡，公善莫書。江河有限，吾恨何窮？惟靈不昧，尚其昭鑒。嗚呼哀哉！嗚呼痛哉！

祭福建僉事林君一中文

四海交游，孰非兄弟，惟處而同志相求者，不我同出出而同舟共濟者，非我同處求其歷少壯合出處脗契而無間，獨子與鳴治而已。今我繫官京師，鳴治養高鄉里，子將何遊而何逝也！嗚呼！天下事宜百折萬殊，以子英敏之才，暢之以窮經博史之學，果何事而不可為也？內外臺省，崇階峻資，以子狷直之操，濟之以法律條貫之嚴，亦何職而不可居也？今子一司秋官，奄及五年；兩僉閩憲，久踰十載；後進屢遷，子職不改，則人心顯賢進能之公何在也？杖絰旋歸，父殯在堂，族弟黃門卒使遐方，家門有此，已為不祥，夫何凶禍，殞及爾躬，是天道之培德祐善者，信茫茫也！我於仲春敬脩慰書，楮尾拳拳，服滿會期，一言未復，死生暌離，耿蘭初報，且驚且疑，謂子雖不獲大用於前日，將必散髮海隅，享永壽於來茲，今遽如斯而已矣，我安得而不悲也！我安得而不悲也！世之獵聲稱者，率多趨權附勢，因人低昂，子獨持繩守尺，噭噭然號於人曰："今之法人孰不以為捩也？"世之冒崇高者，率多諛詞詭行，隨流逐汙，子獨緩步徐揖，嘵嘵然號於人曰：“古之道人孰不以為揭也？”他人有惡，子直規之，則彼之諱過者，必以為訐也。他人有善，子直揚之，則彼之醜正者，必以為軋也。然子雖不獲譽於小人，而君子稱天下僉憲之才者，必曰林公。今死，孰不為之怛也！雖不獲壽於天，而相知來偁二雛之秀者，莫不曰跨、竈，則爾之後，必大有發也。子亦何恨而不瞑目也耶？子亦何恨而不瞑目也耶？嗚呼哀哉！

焚黃祭祖父母墓文 宏治二年十月

嗟嗟顯祖，厚積弗施。爰及我父，始用于□。力謝薦擢，生冀恩推。彼蒼不慭，中道而殂。肆惟劣孫，昏蒙無似。早服先訓，忝登末第。祖德未酬，父願未遂；朝夕孜孜，惟深恐懼。遠賴餘慶，擢貳冬卿；履仕未幾，遇例錫封。命書逾歲，降自九重；祖考祖妣，咸遂追榮。伏念厥由，曷勝感悼！謹遣男偁，臨墓以告：恩靈不昧，服茲顯號；尚啓後人，再圖遠報。

焚黃祭父母墓文

惟我先君，志大業廣。積德累行，遠追古人。策勳立名，高視當世。天靳爵壽，僅止於斯。流慶餘澤，逮我小子。嗣有官祿，薦陟二卿。適蒙詔書，推恩羣辟。進贈先君，官階三品。而先淑人，亦同加封。錦誥輝煌，褒稱益著。厚德之報，寧不在茲。顧惟藐孤，祿養弗逮。伏念生育，哀慕益深。祇用錄黃，遣偁焚告：恩靈如在，服茲寵榮。曜雖不才，敢不敬慎。惟忠惟孝，無或怠荒。維有封褒，尚克嘉顯。福我後嗣，世世永昌。

邑後學林湯裔孫中仝覆校

卷十五　書

與姜廷器書

同年於閤下為知己，而三年不能致一字以問，豈其忘情遠道哉？蓋寧海善政，落落在人口，故雖不獲與閤下握手論心，而此心之瑰奇自信者，發於爾而通於我矣。區區離別，書不書可也。昨得七月手教，知閤下亦有以諒之，僕八月方自江西湖廣使歸，多病為州縣者急於謀己，而緩於謀下，下不得其欲，則戚戚共怒而紛訟之，其宜也。乃謀於上，曰："斯地之民，以猥以狡，以桀以好，誹官長卒不省己。"之於民何如此，無他，利欲之根於己者深也。閤下示我咬得菜根，推此而極之，則無一毛利己之私，凡可以利民者，何憚不為，欲民樂於政化，而和氣見於七歧八歧之麥也。吁！今昔一甯海耳，由人視之為桀，由子視之為湇，善惡果係於民哉！僕自愧不能詩，詩未足揚子之善，敢歷告于同年，俾由百而千而萬，而徧聞于天下之司牧者，庶幾湇廉之風自閤下發之也。閤下亦毋以此自足，斯為終善也。僕竊祿部曹，無可為述者，人回，率此以復，不具。

與林一鶚侍郎書

孟夏行次臨清，忽聞閤下有秋卿之命，喜躍不能自已。既而到京，凡朝士大夫相識與不相識，咸引以相慶，是豈但為鄉里光榮而喜，葢為朝廷公道昭明，喜得其材以為用也。然此亦烏足以盡閤下之用哉？竊觀古之大臣文行器業，以求之今①，或少見其似者，玆欲於閤下之身親見古之所謂大臣者，以昭我國家人才之盛，不使後人謂典籍所載為虛文，抑豈區區之私望也？孔昭素性固陋，乏知人之明，乃成謬調，此夙夜兢兢，反求諸心，而不知其所以稱，高明其何以教之。葢孔昭職專持簿書，考官資年勞，以聽上人②之奏請，固無與於用舍也。然立於大賈之旁，而弗識物之可貴可賤，亦安所用我哉？且天下輿圖之廣，百司之衆，不能人人而身接之，烏知其為賢為不賢，亦遙採諸人言而已。彼言者未必盡如所望，又烏必其言之皆當哉？閤下身歷名郡大藩，明鑑燭物，於夫所屬及凡往來晉③接之賢者才者，必廉得其實，以充藥籠之需，其或有滯而未用，用未充其位者，甯不為之稱歎而咨嗟乎？閤下度不肖不可與言則已，如可與言，謂非出位之求，則乞列名備疏其才之所宜於大於小者，以示孔昭。不肖雖不能必上人之見信④，以達諸天子之廷，而或庶幾於萬一，實閤下公天下之賜也，亦孔昭之分也。表姪行，謹具此奉賀，并少布區區，萬希照察，幸甚。

校勘記：

①"以求之今"，《三台文獻錄》作"以求之於今"。

②《三台文獻錄》"人"前有"上"字。

③"晉"，《三台文獻錄》作"經"。

④"不肖雖不能必上人之見信"，《三台文獻錄》作"然雖不能必人之見信"。

與陳儒珍書

汪玉從事至，承賜詩三章，每章二十字，而愛民憂國之心，規過勸善之意，淵乎如千萬言之長，僕雖固陋，敢不悚心拜教。但僕名在典銓，而據所職，不過按簿書，考年資，受冢宰成算而已，其或有見，言之在此，聽之在彼，亦不能必其用，奉教徒增愧赧，尚何益哉！惟因時決去，自避賢路，則可以求謝於知己也。雖然，時世因循，亦多事有可行而勢不可行者，試以聽選監生言之：其廩於郡縣、貢於成均者，有司苟為姑息，率不以才，且或以米馬輸官雜進，臨日銓試，問羊而答牛者半之，昔李冢宰欲畧加沙汰，則謗詈蠭興，終致斥去，如此輩皆授以民事，其不為繁霜者幾希。近冢宰多以進士選補邑令，蓋亦為斯民深計，然未試以事，亦孰知其賢而用，不賢而舍，使天下皆雨露也。夫以天下庶職之煩，人才之廣，固非銓部耳目所能及，須如執事所謂分□各薦可也。但人情多私少公，官府不厭連坐之法，而所薦非親則故，甚至彼此更互，無迹可尋，欲望其得人，亦未能也。僕每日夜思之，惟聖君賢相，不徇人情，大舉而更張之。在郡縣者，非才不廩；來成均者，非才不貢；與鄉試、會試者，非才不第；與今見在六館坐堂記名及入選者，惟才是留。而所貴乎才者，皆有敦德脩文之實於焉，大開薦賢之路，重嚴連坐之法，則百官庶職或其得人也。僕竊祿不能自效，又不能早去，使執事終日抱臥而憂南山之不治，則凡所論，豈不為文飾之具哉？起執事於廟堂之上，相與殫忠竭慮，尚有待於來日，惟不終鄙外，乞時賜教，益幸甚。

與袁德純書

去歲曾貢尺楮，奉慰子夏之戚，計必達矣。繼聞使車自科場回，為民之心愈益拳拳，遠近稱戴如一，是知仁義之道不行則已，行則未嘗無效，尚何俗吏，務以智術欺吾民哉？日來未審紀綱條目施張次第若何，蓋敝邑風俗頹靡，斯民窮困，甚至盜賊白日聚劫，肆無所忌，不賴賢大夫日夜思所以變易之，拯救之，弭甯之，何以稱治哉？閣下素以古聖賢自期，則凡所以施張必有以大合於人心者。若夫安常以苟祿，矯情以速名，豈其志也。故今日道路之聞，未敢輒為閣下喜，而更有望於期月之後，惟閣下有以副之。又聞廟學營作粗完，未審鄉賢祠曾以立否？舊縣祠內盛聖泉先生、戴大監先生、葉拙訥先生，此皆太平產也，今閣下將通舊縣所祠者祠之，抑止分祠三先生，僕與翰林謝內史遡求吾鄉先哲，在宋如王方巖侍郎先生，在國朝如郭貞成知縣先生，王靜學脩撰先生，其正學純德，大節皆後輩所知仰，在禮當祠者。昔年僕歸，曾以葉拙訥先生近在耳目者，稟請郡邑升祔，而方巖、貞成、靜學三先生尚留待，閣下有志於風化者，如不以僕言為妄，乞准學中諸生一呈上申諸府，府仍下之縣，率諸生告而祠焉，且轉黃巖同祔諸祠廟，此僕等拳拳至望也。三先生事實具在，謝內史書若劉府主，則僕曾達之矣。僕謂黃巖、太平雖分為二邑，而諸先哲從祀鄉祠者，皆昔日仝邑之人，則二邑之學，孰不可尊而祀之，是於禮宜無相彼此為得，巖邑大夫度與閣下相信，禮之可否，在自商度，僕不敢另奉書，謹布告，不具。

與陳敬所書

曩予聞執事解學還山，深歎國家儲養成材，一旦遺棄於寬閒寂寞之地，徒持尺蠖，遠觀近視，而竟無萬千之力，挽而置諸廊廟，日夜未嘗不怏怏也。近鄉人來京師者，盛稱東南子弟自得執事為之依歸，莫不改志，奮為務本之學，博帶寬衣，儒言儒行者，紛紛率出，不但如昔之誦書史、摘經旨、專應科舉之求而已，則執事之所以退而脩諸家、脩諸鄉，以淑吾後生小子者，其功益大於進，予之怏怏者，庶乎可自釋矣。噫！士風頹靡，於此為甚，不有執事與愚得太守聳孤峯於絕岸，則狂瀾滾滾，人知有利而不知有義，知有進而不知有退，吾其誰與立哉？令嗣輩想家學有承，可亦有志進用否？小兒僥倖未解，叩其趨向，雖稍有知，但學問疏淺，深造未能，茲遣回鄉里，執事倘不以其固陋，時加啓沃，實區區交游之望。臨書拳拳，謹此布告，不具。

與謝愚得太守書

念自閣下辭去，僕懷愧已深，既而呂憲使洪、章憲僉懋，相繼引病，未一年，而今林蒙庵郎中雍又決意欲去，再三留之不可，則僕之列屬銓司，慢賢失職者，章章可罪，苟使見而能舉，舉而能先，則賢者豈肯如是接踵而去哉？既自知不能，而猶久留，僭塞賢路，其罪益又甚矣。乃蒙知己不棄，屢賜書札詩章，捧讀可勝愧汗。近興讓令姪孫送鳴治令姪婦來京，得見會緦庵詩，喜稔閣下致孝於先代，篤義於宗族者，具有端緒，可似可續，且念清德正學，儀範鄉里，後進仰之者如太山北斗，豈但深衣幅巾，優游林下，稱為高致哉！是一人之去，足為萬人之式，則朝廷所以遂賢者之去，又何必不如強賢者之進也。小兒在家，夙承資益，今太學隨例放出讀書，仍以家事遣還鄉里，倘終與其進，乞不惜提耳面命，俾有成立，僕有望於尊長也。謹此布露，不具。

與金華陳太守德脩書

近蔣宗誼到，賜教帖，繼又重拜樽酒之辱，喜念文候起居休甯，政聲洋溢，感慰不勝。宗誼之缺，已選進士林沂居魯補之。居魯莆產也，大有志聖賢之學，當其少時，隨父僉憲公為御史南京，即有聲聞。僕初入仕，每因士大夫談說，竊致愛慕，既而居魯父沒還莆，若欲終志山林，有識居魯者，力勸之仕，乃膺丁酉鄉貢，今年來會試禮部，僕聞其至，先之以小兒脩躬造其行寓拜焉，喜見其容貌詞氣，涵養有素，及登第，小兒幸與同榜，日得相從親炙，僕亦時得接見，具悉其學行，誠有過人者，但惜其平日不屑留意時事，於政務或多未達，選時諸堂老亦重欲留以京職，惟京缺不多，而居魯名在三甲十二，故特以推官擬注徽州，後諸堂老皆謂必如陳太守之練達，方可以包覆斯人，而區區亦謂世不好古，如居魯之為人，亦惟閤下能好之，故榜已成，復改注金華，但來教欲選刑名練達者，而區區以學古之士應之，是豈閤下之意耶？雖然，學古之士雖於事稍迂滯，而世亦不可無是人也，且居魯功名之心甚輕，茲來惟視閤下為去就，若閤下不以僕之言為偏好，凡刑名案牘以至上司往來，一為包覆，使居魯朝夕隨侍，從容視習，以擴充其所未能，則居魯得以安其位，而僕愛居魯未盡之心，後必有能竟之者，不然則吾知居魯亦將不歲月引去矣。伏惟閤下平日好賢樂善，奚在僕多喋，特因來教，謹此奉復，拜希區區，萬冀照察，不具。

與魯府尹書

往歲辱附鄭公教墨，每欲裁答，臨筆竟惶愧而止，蓋薦揚大臣，雖非卑賤所能預，而先生之材，僕則知之素矣。知而不能薦，安得而不愧哉？今先生積譽自達於上下，京兆之命，蓋將欲大用而先試以民事也。僕等辱在知舊，私竊為公道慶幸，但京兆事劇，兼承弊壞之餘，不無有廢詩棋清興，然君子以拯救斯民為急，則過門有不入者，而暇適意他事哉！僕備員於此，夙夜自恐有負於公論，有玷於知己，先生何以教之？且世之論材者，率以隨時浮沉為通達，而持法守正者詆為矯異，以望風奔走為勤能，而知命安分者斥為迂腐，殊不知為上為德，為下為民，畢竟迂腐矯異者能之，而如此通達勤能者未必能也。蓋君子以其有本之學見諸作事，不求隆赫，步步自實地行去，彼小人者齷齪，小能小智，未及行而為名為利之心先之，欲望其恩惠逮下也難矣。僕欲進此未能，惟先生為德為民自重，用光吾道，下情無任拳拳。

與張時敏提學書

別久思仰，喜承涖節江右，曷勝慰慰。吾浙久缺師儒領袖，諸老慎為學校擇人，故特推及閣下，在他人急近功以圖高位者視之，亦或不樂於心，閣下諒不爾也。僕年輩交知者頗多，自謂於閣下最深，敢不為知己盡言之。蓋國家資材學校，雖以文詞為科舉之階，然欲養其光明正大之心，與其忠義廉介之節，必學校習聞有以先之，而其機又顧上之人動作何如也。動之以奔競則奔競，動之以恬静則恬静，其嚴矣。僕今年春便道還鄉里，竊見連邑學子，孜孜斗廩，奔競成風，學校士習一變於昔時，是豈世道使之然耶？特以賢否無別，請託得行，故人各舍諸在己之所當求者，而求諸人爾，欲士習不壞可乎？逝波滔滔，誰復障之？茲實有望於大公至正之君子也。且君子莫大於為國得材，亦莫大於為國養才，養才而得用於數年之後，仁之利溥矣。閣下慎毋以一官專一事不足為也，僕謬承調于此，日夜兢兢，懼遺知己之羞，亦惟有以教焉。幸幸。

邑後學林湯裔孫中仝覆校

卷十六　讀通鑒續編

宋元符元年戊寅，章惇、蔡卞請追廢宣仁聖烈皇后，帝不許。

小人忍心至此，宋之衰安待金人入汴而後見乎？

宋宣和二年庚子六月，詔蔡京致仕，猶朝朔望。

噫！惟京無君，故其子攸無父，父子相繼專政，宋焉得而不衰乎？

宣和四年壬寅正月，金斜也陷遼中京及澤州，遼主田于鴛鴦濼，余覩以金人襲之，遼主殺其子晉王敖盧斡，遂走雲中，遺玉璽于桑乾河。

噫！遼以姦臣之言，既殺賢妃，又殺賢子，國安得不速亡哉？

宋靖康元年丙午，金粘沒喝入威勝軍隆德府，遂次于澤州。

宋有勤王之師二十萬，而不能合勢與金一戰，以懾其心，乃復謾拘其使以挑禍，宋之宰臣，誠孺子之謀也哉，噫！

孫傅使成忠郎郭京，選六甲正兵以禦金人。

嗚呼！有兵十二萬，不能拒河以守，區區欲恃妖巫以捍敵，宋之君臣，誠兒戲也。

康王構開大元帥府于相州，遂帥師入衞，次于東平。

書曰“次于東平”，譏康王不能急救君父之難也。

靖康二年丁未，安置監察御史張所于江州。

高宗即位之初，張所以忠謀見貶，則其志之怠於恢復，奚待他日逐李綱、沮宗澤而後知哉？噫！為高宗者，憤前代之恥，正宜嘗膽臥薪，急急用賢聽謀，圖所以恢復，奉還二聖於舊京可也，而乃蔽於羣小，使忠賢懷憤於可為之地，以貶以逐以死，此其復有建炎之難也。

罷河東經制使司，召副使傅亮還行在所，李綱乞避位，不許。

噫！高宗罷一傅亮，則李綱之言不用，小人之惑已深，中興之業安得而不衰哉！

李綱罷。

疏斥忠賢，吾多於繼世承平之主見之，今高宗忍於為此者，蓋其衰懦之氣有以狃於南幸也。李綱方罷，而金兵繼至，噫！觀於此，則君子小人之進退，誠國家盛衰存亡之所係也。有國者可不慎哉！

殺前太學錄陳東、布衣歐陽澈。

嗚呼！陳東可殺，而李綱不可罷。李綱可罷，而二聖不可棄也。高宗死視其親之心，一至於此哉！

宋建炎三年己酉，杜時亮如金師。

觀宋人乞哀于金者如此，固知其無能為矣，豈不適足以啓金人慢易之心哉！

以張邵為金國軍前通問使，金人囚之。

壯哉，張邵之言也！

建炎四年庚戌，吕頤浩免。

高宗“虚己納諫”之言，不發於李綱、陳東，而於趙鼎發之，噫！是非其困心横慮而然，蓋綱、東勸其進取，鼎勸其退守，樂便於己也。謂高宗果能用諫哉？

張浚承制安置其都統制曲端于萬安軍。

他日富平之敗，曲端之驗矣。

宋紹興元年辛亥，張浚殺左武大夫曲端。

張浚既不能用端之言而取敗，又惑於玠、庶之讒，以非罪殺之，果何以係人心於衰亂之際哉？

紹興二年壬子，育太祖後子偁之子伯琮于宫中。

高宗能斷恩私選育太祖之後，以為他日宗社計，庶幾太祖、仁宗之盛德也。

以朱勝非提舉醴泉觀兼侍讀，貶給事中胡安國提舉仙都觀，是夕彗星見，罷給事程瑀等二十四人。

宋之君臣，不悟秦檜之姦，故天出彗星以警之，而臺省言不及此，俱坐檜黨去，惜哉！他日力主和議，讒殺岳飛，以蕩廢中興將成之業，是彗出之驗也。

秦檜免，榜其罪于朝堂，示不復用。

秦檜欲倚安國以自立，故進退強與之俱，而安國惜未知其姦也。頤浩雖以私憾去檜，其於公論得矣。

紹興三年癸丑九月，吕頤浩免。

吕頤浩有志興復中原，乃以私仇罷李綱，召張浚，則誰與之共圖成功哉？大臣之忮刻若此，而欲以一言破人君膠固之見也，難矣。

紹興六年丙辰，以秦檜為行宮留守，孟庾同留守，並參次尚書省樞密院事。

紹興諸賢，欲圖恢復，而秦檜尚在左右，則何望其成功哉？

趙鼎罷。

凡大臣慮事，固宜慎重，然時宋人恢復報仇之志不可一日緩也。唐州之勝，藕塘之捷，軍聲大振，趙鼎不於此時與張浚同心協謀，乘勢進取，以復中原之舊，顧乃一言不合，即求退以圖己便，惜乎事機既失，卒惑於小人和議而後已也。

紹興七年丁巳，遙尊宣和皇后韋氏為皇太后。

高宗知為親屈己講和，而不知為親厲志興復，朱震能引唐建中故事遙尊皇太后，而不能引唐肅宗故事迎復太上皇，噫！宋之君臣，果可與有為哉？

京湖宣撫使岳飛乞終喪制，遂還廬山，張浚以張宗元監其軍。

張浚能知飛於初，而不能用飛於終，乃竟以忠言獲怒，使高宗寢閣之命遂至中沮，他日酈瓊叛，呂祉死，禍延於身以及於國，思岳飛前日之言，果何如哉？噫！為大臣者，誠不可狥一己之私，以妨天下之公也。

紹興十年庚申，岳飛奉詔班師，遂自郾城還鄂州，金復取潁昌、淮甯府、蔡、鄭州。飛因辭，不許。

噫！沮飛將成之功者秦檜，用檜者高宗也。高宗忍棄二帝母后於狼虎，委歷代陵廟於榛莽，則檜亦何所顧念哉？此檜所以終於殺飛，而高宗所以終於用檜也。後之君國者，當有辨於君子小人之際。

紹興十一年辛酉，下萬壽觀使岳飛于大理獄。

賊檜欲殺岳飛，以成其姦，固其志也。若張俊者，特忌其功爾，何為力謀誣搆其獄，豈欲以此附檜以自立耶？觀其首請以兵隸御前，可知矣。噫！金人之仇，宋人人得以報也，有能復一城，殺一將，則雪我一分之恥，豈以功出於人而非我心哉？岳飛未盡恢復中原、迎回二帝，猶為未盡其心，而諸將以功高忌之，高宗信奸臣之言殺之，則欲以忠報國而反受害，誰復以為忠哉？

以何鑄僉書樞密院事，充金國報進誓表使。

宋人忍偷一己之安，而忘不共戴天之仇，至於奉表稱臣，以奉職貢，則金人一藩方之國爾，豈可復與帝王之正統哉？而史臣終其世猶書正統者，蓋不予宋人之臣，且欲扶中國以抑夷狄也。噫！若高宗之退懦無為，忘親事讐，尚足以為中國之君哉？

紹興十二年壬戌，何鑄還自金。

父母祖宗同一體也，武王追王太王以及先公，高宗欲迎母及歸父之喪，而忍棄其祖宗陵廟於殘賊之手，君子謂其孝耶？不孝耶？使其力不可為，則天下後世猶得以恕之，吾於高宗，不能為之辭矣！

紹興十七年丁卯八月，清遠軍節度副使趙鼎卒于吉陽軍。

鼎之死固為可惜，然初不知檜，盛稱其賢，以致大用，則鼎不知人之罪亦有以自致其死也。噫！小人之禍，其可畏也夫。

紹興二十四年甲戌春正月，金蕭裕謀反，伏誅。

金主亮殺君自立，則其故臣有討賊之義，金蕭裕謀欲殺亮，而書曰“謀反”者，豈非以裕乃亮之逆黨耶？然裕固有罪，亮亦不得以誅之，其曰“伏誅”者，金人共誅之也。

以秦塤修撰實錄院。

前此未有三世同領史職，而秦氏有之，所以益其檜之姦也。

紹興二十六年丙子冬十月，復安置特進張浚于永州。

秦檜既死，而高宗猶不悟和議之非，連以直言修邊備竄梁勛、張浚于遠州，蓋和議雖成於檜，實高宗之本心也。讀者毋以檜黨在位，而輕高宗之責。

宋隆興元年癸未，罷張浚判福州，行次餘干卒。

凡人君大有為者，必多得正人志士為之先後也。孝宗即位之初，奬用張浚，勉圖恢復，是以將大有為也。然秦檜小人之黨，未盡去左右，安望其成功哉？故首召還吳璘，則以史浩之言失地於關陝，終罷貶張浚。則以湯思退之言失計於江淮，宋終於偏據已矣。夫符離之敗，雖張浚任將非人，然勝敗亦兵家之常也。若果於有為者，豈以一挫而衄哉？或謂孝宗使在靖康、紹興之間，得諸將為之任用，則興復可望，吾恐其持志不堅，則小人乘間而阻之者進矣。故觀孝宗，不於罷斥張浚，而於召還吳璘之時，已知其不果於有為矣。噫！天下之勢，關陝為上，江淮次之，豈有棄關陝而可有為於天下者哉？

十一月，知楚州魏勝及金徒單克甯戰于淮陽，敗績，死之。

魏勝以中原一故民起義海州，忠義之心激之也。然其忠勇天成，挺然為淮海之蔽，惜乎阻於劉寶一言，終以身戰窮而死，彼宋之君臣，顧望中原，緬懷陵廟，獨無忠義之心哉？苟能以義倡之於上，則如勝者雲從蜂聚，不患於無謀臣勇將為之用也。噫！宋之終始和議禍之也，復何咎哉？

湯思退有罪免。

宋之小人如章惇，如蔡京，如秦檜、湯思退者，皆姦謀誤國之尤，宜顯遭誅戮，以為天下後世之快是也。今或以善終，或以竄死，天理果何在哉？蓋世無明君，故小人得以售其姦而容其身也。噫！

以錢端禮僉書樞密院事，虞允文同僉書院事。

錢端禮曲附思退，誣詆張浚，以成和議之非，亦誤國之罪人也。今不與思退同免，而反陞樞府，孝宗何以示刑罰之公哉？此無他，內戚之私有以蔽之也。

隆興五年己丑秋七月，曾覿入見，復以為浙東總管。

曾覿一姦邪奴隸爾，孝宗雖以公論不得已出之于外，而拳拳眷念不舍，卒至於召入顯用，其視金世宗之處蒲察通異矣。由其用人之得失，審二君之賢否，此孝宗所以雖有志恢復，而終不得勝金也歟！

隆興六年庚寅五月，陳俊卿罷。

孝宗興復之志固不可一日而忘，然作事有機，機失則必有漸，未有不內修而可以外攘者也。孝宗不於張浚視師淮上之日，乘機以陵寢為事，鼓眾興師，用圖恢復，今和議既成，人心懈怠久矣，乃遽遣使祈請陵寢，吾不知請之不得，則以何者為後圖也。於此之時，善為國計者正宜修德立政，和輯境內，因而節材儲用，利兵養士，選用賢將，布列要害，視吾有可為之機，乘之布告中外，聲其罪而致討焉，則金國雖強，而吾先事之算有奪人之氣矣。

閏月，以范成大為金國祈請使。

南軒之奏是矣，但欲先絕其使，而後修其在我者，則恐有未善，蓋斯言當於隆興發之，乾道以後和議已成，我未有備而遽顯絕其使，是速兵於敵也，尚何暇於內修哉？

隆興七年辛卯二月，金葬欽宗皇帝于鞏洛之原。

書“金葬欽宗”，則宋之臣子能腆然自立於天地之間哉？

隆興八年壬辰，姚憲如金。

在我者既不能自強，而又不甘受屈於人，此齊景公所以涕泣於吳也。宋人不聞遣一將出境，而去使喋喋，以更禮為請，其君臣不涕泣也幾希矣。

復以張說僉書樞密院事，罷侍御史李衡、右正言王希呂、直學士院周必大、給事中莫濟。

孝宗歷觀前代用小人之禍，宜必有警於心也。今觀其在位前後所用之人，姦邪誤正者多矣。然一用之，則裁抑衆論之公，去之如拔山之難，豈孝宗之志有不及哉，蓋善窺人主而乘間以迷誤其心者，小人也。人主不能辨之於早斥而遠之，及其既用，不至於迷誤者鮮矣。

罷虞允文為四川宣撫使。

孝宗選諫官，舍允文而用曾覿之薦，其厭用正言也可知矣，何足與終有為哉？允文之去是也。

宋湻熙三年丙申夏四月，金主命京府設學養士。

史載金世宗之言，發皆中理，非特其天資之高，而學問之功不可誣也。但身為天下主，而曰資用有餘，可周親戚，則意未廣爾。如世宗者，當與古之賢君並名，豈可以夷狄視之哉？

召朱熹為秘書郎，不至。

孝宗有張栻、朱熹之賢，而不能知之真，用之決，況他諸賢哉？其視金世宗汲汲用賢，似有間矣。此無他，小人之黨勝也。

淳熙四年丁酉夏六月，龔茂良罷。

孝宗果有志恢復，舍賢才何以為務？今如茂良，不賢則已，果賢也，而云"卿去，俟議恢復再來。"恢復果如是耶？茂良為首參，不能以恢復之計朝夕勸其君，及去，方以六事上之，雖無心於要君，其取君之怒，亦有以也。

淳熙五年戊戌春正月，侍御史謝廓然乞戒有司毋以程頤、王安石之說取士，從之。

人君欲有為者，必先務講學明道，以謹人心之趨向。趨向既正，則風俗必美。風俗既美，則賢否明白。賢否明白，則朝廷舉動皆當而可以有為也。今以廓然之言，並禁程頤、王安石之學，二子之學，一正一邪，將有辨也。邪正不辨，人心將何所趨向哉？於此吾知孝宗雖曰有志，而亦無能為也已。

淳熙八年辛丑九月，以朱熹提舉浙東常平茶鹽公事。

朱熹之言，深切孝宗之病，使能因是疏去其左右如熹所指者，然後顯用熹于朝，則天下賢才類進，而前後左右莫非正人君子矣。雖曰世宗非弱敵，聲吾義而征之，何所為而不可哉？噫！惜乎用之不以其誠，而小人以讒繼進矣。

十二月，下朱熹社倉法於諸路。

今之預備倉，即朱子社倉之遺法也。然有司往往不得其人，致里甲實報虚支，而貧戶飢歲粟不逮於家，豐年名受徵於官，又或歛散無時，好惡失驗，卒及於倉廩空虚，緩急難濟，朝廷良法美意，果何在哉？吾謂賢守令有志於愛民者，必首加意于此，量境內貧下之戶而儲蓄之，兼用平糶之法，收豐年之有餘，補凶年之不足，一散一歛，仁智周焉，庶乎可也。於此不加意而稱愛民者，皆苟而已，烏可謂之賢哉？

淯熙十年癸卯夏六月，陳賈請禁道學。

朱熹一人也，王淮始薦其賢，而終毀其偽，豈淮前後異其見耶？蓋淮始以楊萬里之言而薦熹，其薦之者非好賢之誠心，故終以唐仲友之故而毀熹，其毀之者所以遂狥己之私情也。史稱淮盡心事上，其所盡心果何事哉？吾不但為淮惜，惜孝宗之賢，而道學不明于世也。

九月，金譯經史子書成，命頒行之。

我朝祖宗，深知吏胥之弊，示法以吏出身者，雖有顯能，不擢任州縣正官，迨今守之不易。彼世宗何人，能先得其心于數百載之上哉？

淯熙十二年乙巳，金主以其孫原王麻達葛判大興尹。

金主任實之言，雖以不改舊俗而發，其亦有得於聖賢言誠之遺意也。讀者毋以夷狄而廢其言。

淯熙十三年丙午夏五月，金以原王麻達葛為右丞相，賜名璟。

治天下之先務，莫急於求賢，金世宗之求諸羣臣者，不但為今日慮，且為後世子孫慮，其可謂善於貽謀者也。

宋紹熙五年甲寅五月，壽皇聖帝疾，大漸，羣臣請帝問疾重華宫，不從。

光宗制於一婦人，而虧父子天性之至親，雖羣臣犯顔切諫，頑然不顧，此其天理人心斲喪盡矣，尚何以為天下之主哉？宋不至於亡者，特以孝宗尚在，而二十餘年綏來懷集之恩有以繫之也。噫！

太皇太后垂簾聽政，以帝有疾，詔皇子嘉王擴成服即皇帝位於重華宫，尊帝為太上皇帝，皇后為壽仁太上皇后。

趙汝愚處光宗人倫之變，而能以一身周旋其間，反危為安，誠可謂社稷之臣也。吾但惜其不能與留正於孝宗未遽豫之先，力請兩宫早建儲嗣，以防未然，乃至事勢倉惶，引小人參預大計，而貽後日無窮之禍也，况李后不孝，離别有端，亦以請太子於孝宗，不許而成憾也。時為大臣者，能先委曲調護開陳，請立太子，則兩宫之隙庶或可解，不幸而復有此，則太子可以主喪，可以監國，而今日人心豈得倉惶以處變，侂胄豈得恃功以賈禍哉？噫！

邑後學林湯陳樹鈞仝覆校

卷十七 附錄

御祭文

維宏治五年歲次壬子三月辛未朔十有五日乙酉，皇帝遣布政使司左參議方全，諭祭南京工部右侍郎黄孔昭，曰：維爾發軔賢科，擢官部屬，歷陞通政，進佐冬卿，持身著廉慎之稱，處事播勤能之譽，歲月滋久，勞勩為多，正任用之方隆，胡遽然而長逝，爰申恤典，遣官營葬，爾靈不昧，尚克歆承。

王尚書恕等祭文

維宏治四年歲次辛亥十月甲辰朔越十有五日，太子太保吏部尚書王恕、左侍郎張悦、右侍郎周經，戶部尚書葉淇、左侍郎吳原、右侍郎張□，禮部尚書耿裕、左侍郎倪岳、右侍郎費誾，兵部尚書馬文升、左侍郎呂雯、右侍郎張海，刑部尚書彭韶、左侍郎張錦、右侍郎戴珊，工部尚書賈俊、左侍郎陳政、右侍郎徐貫，都察院右都御史白昻、右副都御史翟瑄、右僉都御史張文昭，通政使司掌司事工部右侍郎謝宇、通政使元守直、左通政王傅、左叅議杜明、右叅議王珩、韓鼒，大理寺卿馮貫、左少卿屠勳、右少卿顧佐、左寺丞陳璠、右寺丞王嵩等，謹遠寓絜酒之奠，致祭於南京工部右侍黄公之靈，曰：維行匪矯，維才匪迂。當今人物，公曷可無。初任屯田，厥聲藉藉。尋遷選部，與聞黜陟。衆方超捷，公獨滯淹。靜退之節，於此其占。久之論定，銀臺斯拜。進少司空，翩其南邁。方期驛召，方期柄用；何期一疾，而遽告終。秋高江寒，有子扶柩。寄此一卮，辭以為侑。嗚呼哀哉！尚饗。

黄尚書紱等祭文

維宏治四年歲次辛亥七月乙亥朔越二十三日丁酉，南京吏部尚書黄紱，兵部尚書張鎣，刑部尚書鄭時，吏部左侍郎童軒，户部左侍郎侯瓚，禮部左侍郎徐瓊，刑部右侍郎徐懷，都察院左副都御史侶鐘、左僉都御史王軾，大理寺卿章格、少卿屠勳，通政使司通政鄭紀、強珍、參議張賁，太常寺少卿陳音，光禄寺卿錢鉞、少卿陳壽，鴻臚寺卿張達、寺丞李清，尚寶司卿黄鉞、司丞劉稱，吏科等科給事中邵諴、羅鑒、李岱、倪天民、馬子聰、毛珵、楊廉，應天府府尹秦崇、府丞冀綺，謹以牲醴之奠，致祭於故南京工部右侍郎黄公之靈，曰：惟公之先，黄巖故族。天之生公，因材而篤。少游泮林，早登科第。爰列清班，薦躋要地。人謂銓衡，利拳橐籥。公居十載，門可羅雀。人謂邦土，布泉藪淵。公將兩考，囊如罄懸。先公職方，褒親莫及。公拜龍章，三世同秩。先公廳事，僅容旋馬。公官兩京，不添一瓦。公僅一子，其溫如玉；十年甲科，兩官部屬。公之諸孫，岌岌嶷嶷，重闈百歲，紹此裘箕。嗚呼！員方相涵，萬化參錯。理無完虧，氣有厚薄。公於報國甚周，謀身多缺。奉先榮顯，安居陋劣。唯誨兒孫，既賢且哲。是公於理之所有者，強探力求；分之所限者，戒盈守拙。蓋公之所能者人，所不能者天，然皇恩諭祭，顯官卜阡，百世之下，永賁重泉。於乎！生榮死哀，裕後光前，人或不能取其一，而公獨享其全。是乃天人相與之妙，夫豈偶然耶？夫豈偶然耶？於乎哀哉！尚饗。

王御史鑑之等祭文

維宏治四年歲次辛亥七月乙亥朔越二十日甲午，江西道監察御史王鑑之，南京都察院經歷王純，湖廣等道監察御史朱悳、項經、莫益之、馬輿、王瑫、王存忠、周津、馬炳然、王塘、馬昆，吏部司務黄用，吏部等部文選等司郎中杜整、孫珩、夏崇文、儲巏、馮偉、陳效、王定安、姚昺、包鼎、鄭瑗、聞人珇、華山、孫衍、王玘、張瓚、喻宗府、余絢、王檵、沈林，員外郎唐瑢、張佐、沈華、彭甫、袁slash嫌、杜桓、周信，主事湯珍、劉勳、王鴻儒、劉縝、范輪、錢灝、陳欽、姚璽、舒玠、盛雲、林綱、張贊、蔣顒、祝翰，翰林院檢討方謨，通政司經歷張昺，應天府通判范昌齡，太醫院院判孫泰，謹以牲帛之儀，致祭於故南京工部右侍郎黄公之靈，曰：嗚呼先生，行高乎當世，尤闇然日修；學闖乎古人，惟欿然自視。殆將勝重而遠到，凡蹈乎士之弘毅，早中俊科，九載銓署，載陟銀臺，擢冬官貳，稔三紀之敭歷，肆玉潔而冰厲，方擬参韓、范之光明，登富、歐之俊偉，翊贊皇猷，康濟斯世，雖吾人之私仰，實天下之公議也。天奪斯人，而不永世，不究厥成，乃嗇其施，是果吾道之不幸耶？生民之不辰耶？抑修短有數，而造物者莫之為耶？彼蒼不言，徒切長喟，輀車載靈，道出江滸，欲引紼而未能，致永别於斯際，嗚呼尚享。

安郎中康等祭文

維宏治四年歲次辛亥七月乙亥朔越二十有五日己亥，南京工部郎中安康、施恕、夏英，員外郎葉應，司馬堯、段續、顏涇，主事崔璽、王鐶、劉浩，謹以柔毛剛鬣庶羞清酌之奠，致祭於通議大夫南京工部右侍郎定軒黄公之柩，曰：嗚呼！生順死安，在公無憾。老成云亡，咸為公傷。論公之德，即公之實。靈魄之前，歷可指悉。嗚呼！事君敬事，人臣之職。初公之在曹，不為利誘，不為威屈，厥聲四馳，猶自翼翼，其職盡矣。報國以士，古人之忠，洎公之遷選部，簡脩進良，夙夜在公，脩廢振滯，賢智奮庸，其忠至矣。由選部而擢用銀臺，譽日以隆，由銀臺而復卿冬官，功益以豐，此公之可以無憾而考終。竊又思之，公之壽已逾六旬，公之位已貳六卿，公之子顒顒昂昂，公之孫詵詵振振，此皆人所深願而不可必得，公兼有之，又復奚憾而奚嗔？但徵之《詩》曰："樂只君子，胡不萬年。"公久於世，斯厭人心。嗚呼！自公來部，百度惟貞，衣冠言動，規矩準繩。其於世也，不涼不炎。其於事也，不忘不愆。遇羣下寬不見其縱，威不見其猛。待寮屬過則為之箴規，善則為之勸勉。為上為德，為下為民。知人善任，鑑空衡平。所謂"樂只君子"，舍公奚勝？使天假公以期頤，朝廷處公以傅師，公必贊襄敷賁，大有厥施，夫何耈老成人天不憖兮，六十有三竟云長之，此兒童走卒亦知傷感於市衢，而縉紳士夫莫不走哭於靈輀，豈惟吾徒多涕而多悲也！尚饗。

謝祭酒鐸祭文

維宏治四年歲次辛亥六月丙午朔越二十有四日己巳，南京國子祭酒謝鐸，謹以清酌庶羞之奠致祭於亡友工部右侍郎定軒黄公之靈，曰：惟公工曹發迹，處濁以清。銓司載長，矯枉以平。眾譎而踣，公奮以鳴。乃佐銀臺，乃貳冬卿。帝心簡在，物論匪輕。謂公鈞軸，其自此升。謝病十年，我實自棄。汲引惓惓，公不我置。天假南都，見如隔世。握手平生，我肝我肺。歲未一周，我病繼至。再疏乞骸，公曰毋遽。三亭風月，我其共登。子盍我留，山乎有靈。詩以贈我，言猶在耳。不送我行，而哭公死。念昔交游，曾幾如公。公今已矣，我將曷從。惟公有子，公目可瞑。我老無朋，我心耿耿。哭公以奠，淚與酒滋。公神不死，知乎不知。嗚呼哀哉！嗚呼痛哉！尚饗。

應檢討寵等祭文

維宏治四年歲在辛亥九月甲戌朔越六日己卯，鄉生翰林院檢討應寵、興府伴讀范冕、刑部主事施槩、工部員外郎陳綺、工科右給事中麗泮、禮部郎中金福、工部主事鄭文𤣯、兵部郎中戴豪、行人司行人王玉，謹以庶羞清酌致祭于南京工部右侍郎定軒先生黄公之靈，曰：嗚呼先生！遽於斯耶？將圜清予敚之故，人莫測其機耶？將福善禍淫之理，感實異其施耶？抑善匪宜佑而惡實所毗耶？或吉福不可遘而殃咎易以罹耶？豈天道不可憑而鬼責得以移耶？不然，何降割斯文之酷，而先生遽止於斯耶？嗚呼先生！有光明正大之心，而持之以虚；有精詣卓絕之才，而處之若無；有剛勁不可屈之節，而居之若懦；有河海不可禦之辯，而守之若愚。乃若孝弟絕倫而視之如弗及，恬淡寡慾而慎之不少怠，盡忠以事君而羞為詭隨，秉義以飭躬而恥為狷介，是皆古君子之所難，而先生猶歉然不自大，矧乎光昭前訓，固無忝於繼述；而啓迪後人，又克紹乎芳躅。蓋所積之既厚而取之必足，所立之既高而求之必得，是故列位銓曹，則黜陟百官，輿論攸宜；聘考禮闈，則進退多士悉中矩規。及乎進職喉舌，則出納王命，而奸宄盡驅；再登司空，則譽重南畿，而衆工咸熙。上方側席而召用，衆亦注目其敷施；為廊廟之柱石，為邦家之蓍龜。何此望之難必，竟一疾而長歸。當亡為之慨歎，卿相為之欷歔，斯文為之失色，吾黨為之驚呼。寵等無似，屬在鄉閭。拳拳接引，情義與俱。翹首旅櫬，返自南都。執紼罔能，寸心毒痛。緘辭一奠，此誠之孚。弗謂永訣，幽明異途。嗚呼哀哉！尚饗。

邵給事誠祭文

維宏治四年歲次辛亥七月乙亥朔越廿有八日壬寅，南京吏科給事中姻生邵誠謹以清酌庶羞致祭於少司空定軒黄先生柩前，而哭以詞曰：嗚呼！位不滿夫德，才未竟厥施；彼蒼者天，誰能窮之？昔公自工曹而遷於選部也，人皆以甄別為難，公猶輸般之運夫矩規，梗楠楡梓，梁棟桷榱，不私以枉，惟材之宜。自銀臺而貳於冬卿也，人皆以殷劇為嫌，公猶王良之御于康衢，不緩以弛，不疾而馳，百廢具舉，蠹政以釐。於乎！此公之用，粗見其緒餘者也。公之久留南都而未召也，人皆冀公之北歸。兩薦少宰而未用也，人皆惜公之遲遲。孰謂公無意於斯世也，一疾不起，徒使士夫之興悲。誠也菲才，雅辱公知；相從兩京，十年於茲。前月之半，公嬰微疾；意謂暑熱之非常，偶乖調燮於起居，遣人走問，告公已危，亟馳驅以往視，則公目已瞑而不可為矣。於乎！公止於斯耶？仁者不必壽，善者不必福，斯理茫茫，曷從而推耶？於乎！龍江之舟，越嶠之輿，靈輀告返，丹旐飛飛，薄陳我籩，薄潔我卮。臨棺一奠，涕泗漣洏。蓋直為天下痛，豈特吾區區之私！尚饗。

蔡參政餘慶祭文

維宏治四年歲在辛亥九月甲戌朔越八日辛巳，表姪蔡餘慶齋沐頓首，寓瓣香尺帛之奠，馳告于姑丈定軒先生黄公之靈，曰：嗚呼！維公之存，士類倚賴。鄉之典刑，國之蓍蔡。惟公之亡，士類銜哀。世道所係，木壞山頹。繄惟我公，表表奇偉。弗矯以夸，弗隨以詭。行副其言，心稱其貌。顧余小子，敢阿所好。餘慶念自幼騃，荷公不鄙。接引惓惓，過情之許。逮偕計來，拜公床下。舉酒盡歡，張燈敘話。尋試南宮，偶叨一第。方圖依仰，公遽南去。萍聚星分，金陵千里。書尺往還，動數十紙。公年未衰，榮衛如昔。冀將召用，再奉顏色。夫何秋初，來音不祥。忽驚且疑，失聲徬徨。未歿之前，不聞遘疾。溘爾朝露，何乃倉卒？於乎！公之令德，胡不眉壽？天實為之，人也何咎！公之盛名，胡止於斯？禮樂之興，百年待誰？論薦交章，物望攸屬。冢宰之遷，眾方注目。今則已矣，吾誰與歸？竊亦自悼，門祚滋微。於乎！公言在耳，服膺敢忘？公書在篋，如見羹牆。我思我公，九原不作。南望長號，臨風淚落。我拜我公，高山仰止。文獻猶存，不亡者此。登堂撫柩，匏繫無因。哀情覼縷，言不能文。嗚呼尚響。

周郎中木祭文①

維宏治五年歲次壬子九月己巳朔越六日甲戌，吏部郎中周木、王佐、貢欽、孫交，司務黄暤、喻綱，員外郎黄金、劉宗儒、黄寶、喬宇，主事蔡清、南鏜、楊旦、劉約、劉永、鄭軏，謹以清酌庶品之儀，致祭于南京工部少司空黄公之靈，曰：孰不居官，碌碌歲年；以忠報國，惟公則然。孰不為人，名無稱焉；舉今之世，謂公實賢。廿載為郎，白髮在顛。乃貳冬卿，南曹是遷。秉政自此，所學庶宣。臿相天子，人望實懸。云胡一疾，遽歸其全！縉紳之殃，欲扣於天。吾儕聞訃，有淚如泉。老成彫謝，惇風不還。吾儕之痛，豈曰私憐！言有可盡，情有可傳。曷寫我哀，杯酒是躅。致奠于位，靈其來旋。尚響。

校勘記：

①據文，題應作“周郎中木等祭文”，脫“等”字。

樊府尹瑩祭文

維宏治六年歲次癸丑五月甲子朔越十有三日丙子，應天府府尹樊瑩，謹以清酌庶羞之奠致祭于故通議大夫南京工部右侍郎黄公之靈，曰：惟公純篤學行，經濟才識；歷官顯要，譽望赫奕。滿期壽考，永享遐秩；夫何一夢，光陰遽擲。瑩忝同年，才本樗櫪；荷公推薦，謬膺憲職。寸情未展，徒增感激；薄具菲儀，用表追憶。伏惟尚響。

林叅政同祭文

維宏治五年歲次壬子六月庚子朔越十有二日辛亥，浙江等處承宣布政使司右叅政林同，謹以牲醴庶羞之儀致告於通議大夫南京工部右侍郎黄公之靈，曰：惟公天質粹美，川岳鍾英。早魁浙士，敷對大廷。筮仕屯部，陟司銓衡。才器超邁，藻鑑明精。宸衷簡在，晉擢貳卿。冰蘗愈勵，嘉績用成。方期大拜，霖雨蒼生；詎云一疾，遂隔幽明。有子繼志，郎署蜚聲。有孫競秀，蘭玉滿庭。裕後光前，存順歿甯。予也忝聯榜末，道誼敦盟；知我愛我，異姓弟兄。嗟公已矣，傷悼曷勝；山木蒼蒼，澗水泠泠。敬酹一觴，涕泗沾纓；靈爽不昧，亮我寸誠。尚響。

范太守吉祭文

維宏治四年歲次辛亥七月一日乙亥，直隸甯國府知府鄉生范吉，謹以時羞之奠敬告于近故工部右侍郎黄先生之靈，曰：嗚呼先生，以古學登科第，以古道立功名，而凡所以承先哲引後進者，一皆古君子之所為，天下士夫莫不以古大臣事業望之，而位之所至，壽之所享，竟止於此。於乎哀哉！豈古之人亦有然者與？天實為之，謂之何哉？生以世交受知，愛為最深且厚，聞訃音之東來，何啻如父兄之傷痛，敬奠一觴，伏惟鑒止。尚響。

王太守弼祭文

維宏治四年歲次辛亥九月甲戌朔越廿有一日甲午，契家生王弼，謹具瓣香，遣男培祭奠于故少司空定軒黄公之靈，曰：於乎！我公宏博之才，重厚之器；介而能通，和而有制。初登甲科，筮仕冬官；矻然砥柱，障彼狂瀾。有奸乘之，納公於穽；誰克勝之，曰惟天定。公譽益起，尋陟銓司；持衡十載，士類同推。屈指公前，其人可識；繼公之後，蓋吾目擊。有操有權，孰與公同？自公去此，人益思公。銀臺之擢，庸養清望；天下期公，實卿與相。晚佐司空，自北而南；大任雖階，經綸未厭。況弼於公，通家之契；愛之振之，有恩有義。當公南行，我猶官北；執袂于郊，灑淚垂臆。孰謂此別，遽隔幽明；俯仰宇宙，踽踽吾生。初有鄉人，過莆來謁；為報公訃，在秋七月。考之家信，實當此時；胡不及此，欲慟而疑。意公仁者，必享有壽；鄉人之云，或傳之謬。既又逾月，乃得真傳；北望長號，有淚迸天。於乎！公在鄉閭，如瑗如勣；一語一嘿，後生作式。公在天下，如范如歐；一進一退，四海戚休。公遽已矣，天乎何極；位不滿才，壽不滿德。欲拜公櫬，山遙水重；緘詞寄奠，庶表哀衷。於乎！我哭我公，非公非我；哭以一鄉，哭以天下。尚響。

黄訓導倫祭文

維宏治四年歲次辛亥十二月癸卯朔越八日庚戌，休甯儒學訓導從子倫，謹命弟傣以剛鬣柔毛之奠，致祭於工部右侍郎通議大夫顯四叔父之靈，而侑以辭曰：嗚呼！以一人之身，而係天下之望；忠藎之心，老而益壯。平生大節，表表在人；歷事三朝，一臂千鈞。持衡選部，薦引實多；十年不調，其故謂何？銀臺司空，老始能至；忠誠動天，權倖避地。冢宰之待，公論攸歸；堂堂碩輔，天不憖遺。嗚呼！亦已焉哉，吾不復見伊周之治也。顧瞻林竹，徒滴肝腸之淚也。移孝為忠，於事則然。以忠原孝，其道則全。官封王父，德及嗣人。倫雖不肖，亦在陶甄。居官三紀，僅四相見。至教在耳，流光如電。祇意歸老，追隨仗屨；詠月吟風，以陶天趣；孰謂叔父，遽仙遊而莫予顧也。歛不望棺，葬不臨穴；官守有制，心焉摧折。死生哀榮，世復能幾？企仰前修，盛美難趾。引領北風，痛苦何極；寓文告哀，音容莫即。於乎哀哉！伏維尚饗。

段司務澄祭文① 嗣獻案“澄”一作“金”

維宏治五年歲次壬子八月己亥朔越三日辛丑，工部司務段澄、羅暹，郎中趙年、劉滙、李韶、曹元，員外郎蔡元美、王瓊、余璘、陶嵩，主事楊守隅、朱稷、倪阜、馮夔、劉昴、張約、蕭翀、王緯、彭澤、汪僎、王惠、李性明，謹以牲醴庶羞之奠，致祭于亞司空黄公定軒先生之靈，曰：嗚呼！天之生賢將以為國也，而公之碩德足以柱石邦家，而位未至于極也。天之生才將以為民也，而公之蘊素足以澤潤生民，而志未大信也。方其掌選文部也，莫不望其總銓曹以昭公道，既而有銀臺之選。及其貳卿南都也，又復冀其進樞要以崇士望，夫何有奠楹之符，遂使朝廷無所倚重，僚友無所裨益，生民無所仰戴，後學無所矜式，在君子無與為伍，於小人又自以為志得。嗚呼！是誠上天無意於斯世也，不然胡為畀之者厚，而福之者若未耶？澄等忝與令子誼在同寅，山斗瞻依，積有歲月，奈何有此心而未遂此願也。哀號於聞訃之初，致奠於仰德之後，神其不昧，鑒此菲誠。嗚呼哀哉！尚饗。

校勘記：

①據文，"澄"後應有"等"字。

《南京工部侍郎黄公輓詩》序

周　經

南京工部侍郎黄公之歿也，訃聞朝廷，有卹賢篤舊之典；哀傳士林，有校德焯勤之作。公之子主事俌敬編為冊，以予為公同年進士，請序諸首。予辱公昔厚，不可以不文辭，惟哀挽之文，其來也久。然其始也，特哀其人德而弗壽，或壽而弗有位，有位矣或弗顯，顯矣或弗克大施，生而相知，死而悲之，不能不形之於言也。其後也，乃有賢子孫者，哀其祖若父，有潛德幽光弗能以聞於人人，懼其歿世遂泯，以蹈夫不仁不智之咎，於是干諸聞人顯士，為悼惜之，明著之，此亦仁人孝子之用心，君子所不廢焉者。然則俌之稱公固非誣比，而士林之悼公又同然一辭，公何以致是哉！公台人也，自其先世，能崇正學，至公尤為識明，為才充，為行一，以篤倫美俗為主，故初為工部主事，即正己格物，不阿以隨。於是奸吏以之逐，濁僚以之免，而聲譽燁燁聞諸縉紳，由是陞員外郎，復優徙吏部，主典選舉，精鑒博采乎人材，而用直舍枉之合，公其燁燁者又傳之四方，由是陞通政至今職。公卿之知，尚擬公入秉銓衡，士大夫之賢，皆以為然。然公竟未副所望以歿，故宜諸公卿大夫咸悲悼之之不容已也如此。而傭方且走京師，干當代宗工，為碑為銘，將樹之神道，勒美垂休於無窮。嗚呼！若傭也於仁與智，庶其無愧，是可以慰厥考於地下，是可以式羣蒙於世家，予於序也，安得不稱之。宏治五年歲次壬子秋九月乙未，通議大夫、吏部右侍郎、前翰林院侍讀、左春坊中允、直文華殿講官、同修國史太原周經序。

明南京工部右侍郎黃公墓誌銘

謝 鐸

賜進士朝列大夫南京國子祭酒前翰林侍講兼修國史經筵官致仕邑人謝鐸撰

賜進士奉議大夫左春坊左庶子兼翰林院侍講學士同修國史經筵官長沙李東陽篆蓋

賜進士通議大夫南京刑部右侍郎嚴陵徐懷書

宏治辛亥夏六月十有七日，南京工部右侍郎黃公卒。公得疾甚暴，予亟往視，至中途公訃已至。於乎痛哉！先是，予蒙恩休致，公悵然不樂，且期太常陳先生師召邀予徧游南都諸名山以別，蓋予自謝病來與公別者十餘年，乃今始得一會，詎意公方恨予之別，而予遽以哭公也哉！公卒之明日，予既三往三哭之，乃與其子工部主事傭商塟事，遂謀所以銘公之墓，不得以不能辭。嗚呼，公其止是哉！公諱曜，字孔昭，後以字行，更字世顯，別號定軒，姓黃氏。其先昭武鎮都監緒，避五代之亂，始居黃巖之洞山。山今分屬太平，公始以其地隘不能容，乃再遷舊邑之西而定居焉。曾祖與莊，不仕，鄉稱長者。祖諱禮遐，號松塢，性狷介，鄉人服其行義無異詞，以公貴，贈南京工部右侍郎。父諱彥俊，以正統丙辰進士擢兵部職方主事，其操其才，人猶至今稱之，累贈右通政南京工部右侍郎。母金氏，累贈淑人。公自少穎拔，屹然如成人，未弱冠，職方公即世，扶伏歸塟，撫其弟妹益篤。初以明經舉，不合，乃退而為縣學生，刻苦問學。公辱與予交，予少且劣，日追之日見其不可及，未幾領丙子鄉薦，登庚辰進士第，擢工部屯田主事。屯田時號濁曹，公稍持以正，顧為其僚所怨，嗾惡吏誣毀之，公雖不之較，然彼竟坐是落職，而公之譽亦因以起。尋遷都水員外郎，調吏部文選，歷郎中，在職守法據例，不市恩，不賣直，凡所舉措，不獨人莫之敢干，雖上之人亦或以公為辭而若有所憚。每公退，輒過予，望而見其喜則知賢者之進，見其憂則知小人不得退，如是者蓋十有五年，終始一節，不少變。後先在文選者率驟遷，輒敗，至或並累其上之人，為天下笑，公循循滿考，始擢右通政。又五載，乃遷今職。公既去吏部久，人益思之，大冢宰王公兩以公名與今亞卿彭公鳳儀、張公時敏薦，不果得。然物論在人，駸駸未已，要皆以鈞衡望公也。於乎！詎其謂公而遽止是哉？公生宣德戊申，迄今享年六十有四而已。配蔡淑人，巴東知縣思之女。子男三：長即俌；次侹，嘗聘予女，俱夭；佐亦夭。孫男五：紹、繹、綰、約、紒。俌以辛丑進士拜今官，實克肖公，吾台父子祖孫相繼登進士第者，亦惟公而已。公讀書不事章句，往往能窮前人所未至。精思之餘，下筆沛然，而尤長於詩。嘗與予叔父王成山人慨詩道中絕，將力振之，有《定軒集》若干卷，藏於家。公性恬靜，寡嗜好，平生無所苟取，而亦不以苟費，雖官至三品，居室服食無所增，惟事關倫理則惓惓每欲自盡。嘗以舊宅之直讓其弟，以俸餘之金周其甥，又嘗謂予："吾族貧甚，且不知學，先職方有遺田若干，吾將以是終先人之志立義塾焉。"乃歲出束脩若干為之兆。初，公為主事時，憤慈懿皇太后山陵事，輒草疏數百言示予，將上之，會事定乃已。為員外時為會試同考官，有拳要子暮夜來謁，公叱去之，終其身不與語。今年春，大臣復以例當舉官，公舉金華章德懋，於是德懋謝病而歸者幾二十年，天下皆知其賢而卒莫之能舉。凡此皆足以見公之大者。蓋公晚歲雖寬厚有容，與世無忤，而剛直之氣人固有莫得而測者。予交公久，知公最深，為①之銘。銘曰：豐而嚳，困而遂。不矯以蹞，不盱以覬，安吾常以聽其至。于嗟乎！我銘不愧，尚後之人，以考德論世。

校勘記：

①本《集》"為"前有"因"字。

明故通議大夫南京工部右侍郎黄公神道碑

李東陽

賜進士出身中順大夫太常寺少卿兼翰林院侍講學士經筵講讀官兼修國史長沙李東陽撰並篆額

中順大夫太僕寺少卿直文淵閣兼修國史經筵官預脩玉牒永嘉姜立綱書丹

公姓黄氏，本名曜，字孔昭，以字行，更字世顯。世家台州黄巖之洞山，今太平地也。然公猶居黄巖。其先自昭武鎮都監緒，避五季亂，徙自閩者十七世矣。曾大父諱與莊。大父諱禮遐，有聞於鄉。考諱彦俊，正統丙辰進士，兵部主事，台之三世舉進士者，自玆始。公未冠，自京師扶母金夫人喪歸，比北上，職方公繼喪，復匍匐返葬，皆成禮。弟妹俱弱，躬撫育成之。貧不廢學，初以明經舉，不合，乃為縣學生，舉景泰丙子鄉薦，登天順庚辰進士。初命為工部屯田主事，司多積弊，公稍持以正，同官者不能堪，嗾惡吏搆之，事竟白，彼坐落職，而公顧繇是起名。遷都水員外郎，督造江南，饋遺無所受。會吏部文選官以事，一司為空，朝廷慎簡諸曹，更補其缺，公與焉。未幾遷郎中，凡天下州縣，地方善惡，政令簡煩，人材賢不肖，極力蒐訪，手注籍記，罔不周悉，而辭涉請託，則未嘗少徇，惟守法執論，以贊其官之長。為之長者雖不盡用，亦以輿議付之，有怨亦藉以自解。公有所薦，既得則喜見眉睫，或用非其志，則退而愀然以憂。先後十五年，稱文選之賢者，必曰黃郎中、黃郎中。公既滿九載，待次久之，擢右通政，督武職錄黃事，事簡無以自見。宏治戊申，今天子大明黜陟，兩京大臣多所更置，公擢南京工部右侍郎。時工作繁，錢課頗匱，貸民間為用，公曲為區晝，償其逋以萬計。有空廨地十餘所，為勢家所侵，奏復之。近令大臣得舉方面官，公初薦處州樊廷璧，自知府超擢按察使；繼薦金華章德懋，時章以按察僉事致仕，例不得起。人益以韙公。吏部侍郎再闕，諸大臣以公名偕彭公鳳儀、張公時敏薦，雖未調，而人望之日愈不厭。偶得熱病，三日遽卒，辛亥六月十七日也。享年六十有四。其子工部主事俌，適以公事至南京，遂扶喪歸。訃聞，朝廷賜祭，命有司營兆域於委羽山之原，十二月十八日葬焉。公體貌嚴重，不躁語，不戲笑，沉靜自守，厚倫睦族，以舊居讓弟，女弟貧，割俸金給之，立義塾，擇族子弟為師，歲出束修為之兆。讀書尚理致，尤精詩格，不苟製，所著有《定軒集》若干卷，藏於家。配淑人蔡氏，巴東知縣思之女。子男三：長俌，世守公志；次佺、佐，皆早卒。孫五：紹、繹、綰、約、紛。綰以蔭為國子生。黃巖之仕者，若寶慶知府謝愚得先生，及其從子方石祭酒，皆天下士，公交其叔姪間最深，予用是知公。公之喪，方石實銘之。俌上京師，請予銘墓道之石，乃撮其大者，為文而系之銘。曰：台多賢郡，公其顯者。官為吏曹，實柄用舍。惟辟威福，矧官有伯。豈予敢私，有厲方惕。人以黜我，亦或覘我。我非吾喪，終弗玷我。古亦有言：東隅桑榆。功我弗屑，矧惟宦途。公為六曹，實貳卿位。人弗過我，謂有餘地。我棄其餘，歸諸造物。有能肖之，公死不歿。

侍郎黃公傳

吴　寬

公諱曜，字孔昭，後以字行，更字世顯，姓黄氏。唐末有諱緒者，為昭武鎮都監，避亂自閩中徙家台之黄巖，所居洞山。更數世，族益大，人稱洞黄。曰與莊者，有善行。生禮遐，號松塢，尤邃於學，以剛介好古聞鄉里。禮遐生彥俊，兵部職方主事，贒名甚著。生公，二世並以公貴贈南京工部右侍郎。公年十四，遭職方公與母夫人金氏相繼下世，自京師扶柩返葬，哀毀骨立，人已謂黄氏有子。既長，執友建甯守賀泫知其賢，舉為松溪訓導，不果，公歎曰："士之出仕，乃藉人舉薦耶?"慨然誓取科第以世其家。樓居讀書，刻苦特甚，至忘寢食。及入邑學，家貧乏資給，而學益力，遂中鄉試，天順庚辰進士第。初授工部屯田主事，同官有貪汚廢事者，與公不合，計以擠[①]之，無所得，而公之名因起。其人既被黜，公獨署司事，事悉舉，而宿弊盡革。時適議慈懿太后山陵，公憤其事，曰："治葬，吾職也。"亟草奏疏，將上，而朝廷竟從眾議，乃已。尋擢都水員外郎，郎署無故例不得改調，吏部以公賢，而工官非宜，特奏改文選。命下，皆以為宜。後擢郎中。公持選法最慎，汲汲以人才為慮，嘗曰："國家之用才，猶富家之積粟，粟積於豐年，乃可以濟飢，才儲於平時，斯可以濟事。自頃人矯激沽名，以閉門謝客為高，天下人才何由知之?"故公退客至，輒延見，詢訪有所得必書於冊，往往量其才，隨其地，參之輿論，薦於天官卿用之。務使用之各當其才，雖小官卑職，亦不敢忽。或因勢家干請，欲私用其人，輒力言其不可，時既不能盡沮，後其人多自敗，眾始服公之正。凡在文選者十五年，擢通政司右通政，專清武職錄黄。

又五年，始擢南京工部右侍郎。先時，工役不息，屢假私錢以給材用，歲久多所逋負，公至，以提舉等司隙地皆為豪強侵佔，奏復之，以收其利。公署毀於火，且重建一新，方漸革諸弊如屯田時，而公俄以疾卒矣，享年六十四。公清介有守，自舉進士，已有廉名。及授秩，以公事之江南，雖鄉人之仕其地者，以尺帛來餽，亦卻去。後同考會試，有勢家子暮夜持百金私謁，叱之不容見，然終不言其人。其處公事，必盡其力，非特無私而已。終身儉素，雖老且貴，如未仕時。至待宗族，獨不計惜。嘗以舊居悉讓其弟，以女弟貧乏，斥俸金養之，凡親友患難疾病，必扶植乃已。尤不妄交游。故布政使陳公士賢，今祭酒謝公鳴治，皆鄉之卓然者，獨以道義相好。若刑部侍郎林公一鶚，既歿，念其子孱弱，為經紀其喪，復輯其行傳之後。奉詔得薦舉異才，以今應天府尹樊公廷璧、福建按察僉事致仕章公懋德[2]奏，二人蓋公素所賢者，士論以為得人。又國朝有葉拙訥先生，以古行聞，請于縣令，特祀於鄉賢祠。其慕德好古之心如此。平生問學不倦，公暇輒手一冊，日求古書，多自校正，若方希直先生《遜志齋集》，歲久散匿人家，為會萃成編。他若宋元以來鄉里文詞，更輯為《赤城論諫錄》并《赤城詩集》，並板刻行世。其所自著，質實而理勝，有《定軒集》若干卷，定軒者，公之別號也。娶淑人蔡氏。生子三：俌，工部營繕主事，居官有父風；次侹、佐，皆早卒。孫五：欽紹、欽繹、欽綰、欽約、欽紒。公既卒，朝廷遣官祭葬，加卹典，而綰以例為國子生。寬幸交公，營繕君因以公平生為托，乃撰次如右，而復論之曰：《周禮》太宰之職，掌邦之六典，蓋兼六卿之事無所不掌者也。後世特以選舉為務，其屬分任於下，為部凡四，其職可謂專矣，而文選尤為要秩，使其人不賢，雖有賢太宰，不能獨治，百官由之，不得其人，此其所以為要也。昔毛玠仕魏，為東曹掾，所舉皆清正之士，能以儉率人，一時士皆以廉節自厲。今觀公之為人，蓋亦近之。後雖超遷，惜其卒以工官而去，雖有知者薦為己助，而竟不用，是可歎也。夫玠仕非其時，君子惜之。予聞正統間黄巖有李茂宏考功，靜退有守，君子人也，其名至今不衰，公嘗慕而稱之，以追其遺風。孔子曰："魯無君子者，斯焉取？"斯其是之謂歟？然則公之子孫視此，其能嗣公之清德也哉。中順大夫詹事府少詹事兼翰林院侍講學士同修國史玉牒經筵官長州吳寬撰。

校勘記：

①"濟"似"擠"字之誤。按："濟"可讀作"擠"，然義恐不可相通。復按：本卷孔昭子佾所撰《行狀》書此即作"反為其所擠"。

②"懋德"，據本卷謝鐸撰《明南京工部右侍郎黄公墓誌銘》、李東陽撰《明故通議大夫南京工部右侍郎黄公神道碑》及孔昭子佾所撰《先考定軒府君行狀》，應是"德懋"之誤。

侍郎定軒黄先生哀辭

戴 豪

南京工部右侍郎定軒先生黄公，以宏治四年六月十七日卒于官，得年六十有四。公於家君為執友，豪實事公如師。於此聞公之訃為之泣，蓋過時而哀。越明年，其子工部主事佾以公羣行示豪，則又泣曰："嗚呼！天下所以期公者何如，而竟止此也？豈直吾一鄉之不幸哉！"初，公為吏部郎中，慨然以人才為己任。今南京祭酒致仕方石謝先生誌公之墓曰："公每公退，必過予，予每見其喜則知賢者之進，見其憂則知小人之不得退，如是者十有五年。"噫！此實錄也。充公此志，須進而宰天下可也。再擢而至今官，嘗再以吏部侍郎薦，不果，得其所積者千百，其所施者未一二，嗚呼！公之所自期者何如，而竟止此也？豈直吾一鄉之不幸哉！豪嘗怪吾黄巖雖有名山秀川，終僻在南裔，不能比中原之宏深博大，故士生其間，受才多清，受氣多薄，而受福多不能大以遐，在宋如杜清獻、王方巖，最號顯融，而用皆不究，至於今又有公焉。嗚呼！豈直吾一鄉之不幸哉！乃為詞以申吾哀，以慰其子之孝思，然則豪之哀之者，豈直為吾一鄉之私也哉？公墓在羽山，蓋仙人窟宅云。詞曰：學未得兮志甚確，仕既達兮才甚綽。蘭為佩兮荷為衣，僊高翔兮寥廊[①]。世狹隘兮俗好倫，公不樂兮不我留。方山高兮江水流，明月在天兮照我愁，白鶴歸來兮委羽之丘。宏治五年九月既望，奉政大夫兵部職方郎中嶠山戴豪撰。

校勘記：

①"廊"乃"廓"字之誤。又，聯讀上下句，"寥"上似脫一字。

南京工部侍郎黃公像贊

張　悅

予觀定軒黃公遺像，想其生時狀貌，威儀髣髴似之，然此不過肖其外之所見者爾，至其中之所蘊，殆有不可得而知者焉。予與公同年，知之最深，敢述以為贊。其詞曰：學純而有要，志潔而有為。公正無私，追配乎前哲；剛直無詘，邁出乎等夷。重如山不依勢以動，介如石不逐物以移。好德者樂其同心，近之不厭；竊位者忌其偪己，遠而亦疑。卒乃位不驟進，道不大行，而未克究厥所施。雖然，天道福善之意，豈茫昧而無知，蓋不於其身，必於子孫者，殆悠久而不衰。今觀其有子克肖，而一不為少；有孫競爽，而五皆為奇。況繼今以往，緜緜瓜瓞，焉知來者又不有大於茲者乎？東吳張悅贊。

先考定軒府君行狀

黄　俌

先君諱曜，字孔昭，後以字行，更字世顯，姓黄氏，號定軒，又號洞山迂叟。始祖昭武鎮都監緒，避五季之亂，自閩徙居台黄巖之洞山。世敦儒術，為邑大家，人因稱之曰洞黄。曾大父諱與莊，鄉稱為長者。大父諱禮逷，字尚斌，號松塢，性剛介，好讀書，尤邃於史，其心術之無愧於古人者，子孫仰之終身不能及。父諱瑜，字彥俊，以正統丙辰進士擢兵部職方主事，德行政事，名動一時。先君生而端確明敏，自少讀書，輒以古人自期。年十四，母夫人金氏歿於京，扶櫬南還，既葬北上，中道而職方府君之訃至矣，復匍匐歸葬，哀毀骨立，撫其弟妹益篤，雖一茶一菓，必與之俱。服闋，執友建甯守賀公浤舉為松溪訓導，有沮之者，弗果就。因而歎曰："求人曷若求己，吾出身自有正路，奚用此。"歸葺一小樓，環列經書，以古人閉戶懸髮為則，澄神凝思，至食不知味，寢不安枕者累月。既而補邑庠生，遂移居邑之西嶽廟巷，以便肄業。雖貧乏窘促，處之晏然，而為學益力。如是不一年，遂以《詩經》領景泰丙子鄉薦，庚辰登進士第。尋以例歸，間有以賄來干者，堅卻之，一無所取。初授工部屯田主事，郎中李姓者行檢不修，政日以弛，衆謂之濁曹，先君疾之，每形慨歎，反為其所擠，賴公道得白，而聲譽亦因以起。尋署事，不數月宿弊頓革，人皆目之曰黄青天。時慈懿皇太后崩，將易攢宮，先君憤其事，亟草疏，將上，既而中寢，遂止。尋陞都水員外郎，有江南催造段疋之命，雖鄉人仕其地者，以尺帛來饋，亦悉卻之而不受。未及回，調吏部文選，歷郎中，先後十有五年，始終一節。曰："國家之用才，猶富家之積粟。粟積於豐年，乃可以濟飢；才用於平時，乃可以備患。"又曰："形端則影正，源潔則流清。銓司天下人才之根本，吾今既居此位，豈可負厥初心哉？況天下至大，人才至多，苟或矯激，以閉門不納為高，何以周知天下之人才？”每公退，客至必延坐，細詢其風俗美惡，政治煩簡，官吏得失，道路遠近，因之以察其人之賢否，與其所言之誠偽，一事之善，一政之得，必書於冊，置諸篋笥，以便檢閱，有所選舉，則量其才，隨其地，參之輿論而薦用之。嘗曰：“一人之不職，一方之害也。雖雜職小官，吾亦安敢忽哉！”所薦之人，或知而來謝者，則曰：“上有朝廷，下有冢宰，吾安能為。”間有干求要結上人欲用之者，先君抗言力諫，或致大怒，推几擲硯，亦處之自若，不為撓，後雖終不能不用，然亦往往自敗，反累上之人，衆始服先君之明，而上之人亦自悔焉。嘗為會試同考官，有勢要子弟持百金暮夜來謁，先君峻拒之，然亦終不言其人。九年滿考，始陞通政使司右通政，提督武職錄黄。又五年陞南京工部右侍郎。行間有居一所，當貿易，葺舊益新，費用浩大，比初市日氣象壯麗，值可倍十之二三，人或勸增取其償，先君怫然曰：“吾聞年尚書賣馬，不多取人價，此事吾常欲法之未能，今吾既處此地位，豈可為此昧心事哉？”後所居竟取原值，並不敢假多分文。南京興作浩繁，錢課空乏。先是，嘗假私錢為公用，所逋動萬餘計，先君百方措置，務在節儉，以償其逋。所轄有提舉等衙門空閒地場十餘處，類為豪強貪墨所侵，先君察知其弊，奏復之以充公用。部署以災毁，先君撤舊鼎新，煥然甲於諸部，而民不知擾。大臣以例得舉官，先君以樊瑩、章德懋薦，衆皆稱為得人。大抵先君居官清慎，視公事如家事，不避艱險，不畏權勢，凡可以益國利民者，見之必為，為之必盡其心。內性剛明果決，外體溫厚篤實，身修而貌古，威嚴而儀飭，存心正大，坦易忠厚，無纖芥殘忍刻薄，器量宏深，不以人觸己而怒，接己而喜，或有横逆之加，亦處之泰然，不為之較，但點頭而已。平生無矯言詐行，凡所舉動，誠有無不可對人言者。居家自幼至老，不為華飾，雖位至三品，衣服飲食恆如貧時。其待僕隸蒼頭，雖臨之以威，必撫之以恩，時有小過，宥而弗問，雖童僕亦懷恩畏威，不惟不敢欺，而亦不忍欺。教子一以孝弟忠信禮義廉恥為本，嘗曰："吾得至今日者，皆吾曾大父暨大父吾父陰隲所致，汝為子孫者當念之勉之，培此心地，以為子孫長久之計。"又曰："吾父為官，一生清苦，不受分毫無義財，惟以詩書遺我教我，故我謹守家法，自幼學壯仕，並不敢有一毫玷辱。為吾兒者，亦當以此相傳而自勉。"故俌得掇科第者，皆先君教誨之功也。其處族兄弟，情意浹洽，禮義篤至。母弟遷居新邑，舊居值百餘金，命悉予之。念女弟貧乏，其子金鍊至，亟取俸金六十餘兩遺之，以養其母。嘗欲立義塾於洞黄，擇子弟之賢者為之師，以教宗族，歲出束修為之兆。親戚故舊有患難疾苦來告者，必盡心力扶植之，曰："彼來，以吾在故也。"事事務為周旋，使得其歡心，無一毛憚煩意，人德之者萬口一辭。讀書不事章句，嘗以聖賢為法，以不及古人為恥。聞天下有名書古典，必欲得之，雖多費不吝。拙訥葉先生，鄉里前輩古道君子也，先人特為請於邑大夫，俾祀鄉賢祠。又孝孺方先生死於難，禁不許藏先生片紙隻字，先君自幼慕其為人，廣詢博訪，求其文章，得一字如寶珠玉，積累成集，且自序其後，特為致書甯海尹郭，俾刻板行世。又書致提學胡公，尋其子孫充邑庠生，且竭力為復祠堂并田，俾世奉厥祀焉。暇更輯鄉里前輩詩文為《赤城論鍊①錄》並《赤城詩集》刊行之。公退，手不釋卷，自所作詩文，有《定軒集》若干卷，藏於家。先君生於宣德戊申十二月二十二日，卒於宏治四年六月十七日，享年六十有四。配淑人蔡氏，巴東知縣思之女。子男三：長俌，即不肖孤；次促，次佐，皆夭。孫男五：欽紹、欽繹、欽綰、欽約、欽紒。不肖孤忝官比部，承差荆襄公幹，順道省視，見先君體貌豐偉，比昔有加，竊喜後福無量，不幸遘疾二日，忽爾奄世。於乎哀哉！於乎痛哉！茲奉柩南歸，預卜臘月十有八日葬於委羽山之陽，深懼盛德未闡，無以明示來世，仰天怨號，無所叩訴，然斯事至大，非託之立言君子，莫能傳遠，不肖孤無狀，既託為通家子姪，又玷子弟之列，是則不避誅責，忍痛含哀，叩誠頓顙上請，伏惟夫子哀死憫存而賜之銘，不惟不肖孤感激不忘，先君亦感德於地下不朽矣。謹狀。宏治四年七月望日，男正備泣血百拜狀。

校勘記：

①“銇”乃“誄”字之誤。

跋

湛若水

古稱“蓬麻箕裘”之語，豈不信哉！豈不信哉！余觀故南京工部右侍郎定軒黄先生良然。天台故多名節士，若先生者，要未可以名節盡也。先生雖不立道學門戶，然所行所處，自閨門以至朝廷，無一不合乎聖賢之道，誠所謂躬行實踐，求三代以下而少見。余久與其孫後軍都事綰游，其文行學術信有由，然而直趨濂洛不懈，而駸駸乎古聖賢之域矣。《詩》云：“貽厥孫謀。”先生之謂也。“無念爾祖，聿修厥德”，宗賢固有之哉！時正德七年正月望日，增城甘泉湛若水撰。

卷末 拾遺

詩

白雲深處 見《太平志》

我家大雷山，山高天與屬。夙昔試登眺，雁宕近在目。逶迤轉花塢，盤旋極深谷。雞犬寂不聞，白雲常蔽覆。別來始十星，蹊路失廻曲。緬懷素心人，好爵不可束。朝看白雲飛，暮共白雲宿。雲閒心亦閒，步趨無踖踧。林茂黯青陽，溪泉雜鳴玉。坐咏古人書，千載無自足。悠悠青雲端，此樂將誰告？

奏議

災異修省以弭天變疏 見《黃氏譜》

近者，南、北直隸，山東、山西、河南等處，各奏鳳陽等府州縣地方，五月以來，或雨水為災，渰沒田禾，漂流房屋，人民困苦不勝；或飛蝗遍野，或地震有聲，搖撼民居；或天色晦冥，紅光黑氣，人皆驚駭。而昨者都城之內，烈風驟雨，震雷吼怒，以致災及城樓，事亦甚矣。臣等切惟《洪範》咎徵，恆雨恆暘，極備極無，皆古之君臣所敬慎焉而不敢忽者。今如山東、北直隸、真定等府，五月以前，極其枯旱，人民死亡流徙，不可勝計，今復以水災繼之。南直隸、浙江等處，去年風潮特甚。被災小民尚未甦息，而復重羅[①]災患，民何以堪？兼以三邊之鋒火未甯，四郊之殍亡不少，頻年累歲，災沴迭見，惟皇上以聖德君天位，大孝聞於天下，仁恩及於萬方，以理揆之，萬萬不宜有此，是皆臣等中外任事官員不能奉宣德意，報國安民，以致天意之不能回，生民之不得其所，職此之由，然其咎尤在臣等備員大臣，蓋大臣實庶官之表故也。臣等欲乞皇上降敕各處被災四方巡撫大臣，亟為警省，為廣拯救生民長策，勘災賑恤，毋或稽違，如果事有難為，須合奏請，星馳上聞，司府州縣屬官，中有老疾悞事，足為民厲者，亦聽罷黜一二，以勵其餘，仍乞皇上特發綸音，戒飭臣等不職之臣，晝夜思咎省愆，各各躬修職務，悔過遷善，以圖自新，以緩誅夷，勉副聖心，以回天意。臣等至愚，伏望皇上念祖宗付託至重，生民屬望至深，鑒天心之仁愛已篤，生民之困苦已極，一舉動之間，惟天是畏；一思慮所及，惟民是保；一出入起居，必罔有不欽；一宴賞遊觀，必監於成憲。警戒已至矣而猶以為未至，改過已切矣而猶以為未切，如此而天意猶有不回，民生猶有失所，臣等甘受妄言顯戮。臣等累因災患，累進瞽言，不復一一陳瀆，特以受國厚恩，無能報稱犬馬之心，不勝愛君憂國惓惓之至。成化九年七月二十六日早奏。奉聖旨，該各衙門知道。

校勘記：

①“羅”字誤，當是“罹”字。

跋

金嗣獻

右《定軒存稿》明鄉先達黄文毅孔昭所撰也。文毅當成化時，立朝以剛正廉明著，大節凛然，與陳恭愍選、謝文肅鐸為道義交，吾台所偁五名臣，公其一也。其《集》初刻本有文肅序，湛甘泉跋。重刻於隆慶間，有金存菴序，吾台均無傳本，僅見於范氏天一閣書目，王子莊舍人託其後人鈔之，凡十七卷，卷一至九皆古近體詩，卷十至十五則奏稿、雜文、行狀、表誌、祭文、書啓等文，卷十六為《讀通鑑續編》，卷十七則附錄也。今將附錄重為編次，並采《明史》本傳以冠其首，復從《太平志》、《黄氏譜》采錄詩文各一首，為拾遺，合校刊之。於乎！以文毅之道義、勳業、文章，至今不過四百餘年，而其《集》即不復盛傳於世，何况道義、勳業、文章之不及文毅者乎？而顧可一得以自矜耶？時在旃蒙單閼立夏後四日，邑後學金嗣獻。

用天台齊孝懋聚珍板印

浙太平林之松鶴巢著
邑後學金韶伯樞校刊

綠天亭詩文集

目　錄

序（一）

齊召南

“有澄泉一泓，屈曲從山中瀉出，峭壁懸為瀑布數百丈，下匯巨潭，夾以玲瓏巖石，隨勢轉北①，望之窈然而深，瀏然而清，浩然而注於滄溟。”此鶴巢②林先生古文之得意者也。先生仙游已數年，余客武林，其長公麗午兄出遺《集》請序，余閱之廢書而歎者三，以文筆如是，而僅以明經老，悲矣。顧使早得宦達，志滿意得，或③未能留心古文之學，以致必傳，今讀其文，跌宕頓挫，往往以逸氣抒寫胸中蒼涼磊落之情，所謂“窮而益工”，信也。夫欲工其文，而必窮其遇，造物者亦刻矣哉。古今文士以窮遇，文字落落在天壤，代不過數人，必得賞識，然後行遠，則又以悲。深山絕谷，閉戶著書，不求聞達，其為湮沒而不彰者，蓋不知凡幾也。蘇子云：“譬之精金美玉，市有定價。”是則然矣。脫金埋泥塗，玉堆瓦礫，實價於何而定？余愛先生文，又深慮其或不傳，故不覺廢書而歎。至於文心百變，則《桂厓小傳》、《海上異聞》二首，是即先生之自狀也夫。

雍正甲寅九月，天台後學齊召南撰。

校勘記：

①“北”，抄本作“折”，是。

②“鶴巢”，抄本作“鶴曹”。按：是則鶴巢亦可書作鶴曹也。

③抄本無“或”字。

序（二）

胡作肅

《綠天亭草》者，太平鶴巢[1]林先生所著詩文，經其長公麗午先生手自最𢀖，以都為一《集》者也。余友息園齊宗伯，嘗讀而序之。夫既詳且核矣，予獨謂我台風雅一道，啓自有唐，越宋元明而稱極盛，其間詩伯文雄，頂踵相望，靡不有巨冊長編，流布海內，迨至懷宗末造，海氛告警，騷壇遺逸[2]，轉徙遷流，以致故家所藏一切圖籍，盡付兵燹之一炬，而風雅于以蕩如。我朝定鼎[3]，標時藝為的，以進退人材，於是各株守兔園冊子揣摩，思以弋科名而紆青紫，而於詩古文辭相戒不敢稍一涉手，雖有人間未見之書，偶掇拾於煨燼，亦且庋閣不覯，小子後生，畧事吟詠，諸父兄必動色詆呵，謂其將落吾事，間有一二破崖岸為者[4]，即羣指於[5]乖雲背雨、非景星慶雲之文，甚至斥為怪物，屏弗與近。而鶴巢[6]先生獨能於舉世不為時毅然為之，以振古自命，楮搜鼠穴，墨腐狸毫，聚精會神，蔚為悲壯沈欝之詩若文，以成為斯《集》，可不謂斯道中獨高眼孔，不避楚咻者耶？先生好漫游，善濟勝，雁蕩、虎邱，足跡殆遍。雖險仄必叩其扃，聞其嘗挾客游石梁，登曇花亭，俯視危橋如劍脊，泉泓然自天際來穿橋下，瀉為飛瀑[7]，砰磄作霹靂聲，橋右斷崖，立百尺古鐵，令人不可睨視，客相顧愕眙，舉灰然無人色，先生獨撫掌稱快，遽啓閣門度危橋而東，往返數四，履左右瞬，掀髯大笑，詫為奇觀，客乃歎先生之毅于游[8]為不可及。而余則以先生之毅于游，正先生之所以毅于詩若文。而余友息園宗伯之稱其為

"飛泉懸瀑，望之窈然"云云者，蓋得之山水之助為非淺鮮也。有才如此，使其得遇今天子揚扢風雅之會，與多士結袂登壇，定自獨搴高幟，顧不幸早數十[⑨]年賫志以歿，此余所[⑩]讀《綠天亭草》不能不繼我友而興廢書之歎耳。然而先生長公麗午先生，方褎然稱才子，今亦年已七十，猶日事編摩，雖雙瞳業苦失明，尚日取四庫書令門下士口誦之，以資漁獵，而於先生斯《集》，則每出入懷袖間，廣質同志，以冀必傳，即荒陋如不材者，亦欲冀得一言，以備葑菲之采，則先生之光氣不泯，後有傳人，從可知矣。然則斯《集》也，余友序之既詳且核，余何以序先生《集》哉，亦唯歎先生之毅於為詩若文，惜先生之艱于遇，而重以先生後此之必不沒汩[⑪]，為先生慰而已。是為序。乾隆辛巳正月上元日，天台晚生胡作肅拜譔。

校勘記：

①⑥"鶴巢"，抄本作"鶴曹"。

②"遺逸"，抄本作"遺老"。

③抄本"定鼎"後有"以還"二字。

④"破崖岸為者"，抄本作"破崖岸而為之者"。

⑤"於"，抄本作"為"。

⑦"飛瀑"，抄本作"瀑布"。

⑧抄本無"之毅于游"四字。

⑨抄本無"十"字。

⑩據抄本，此處應有"以"字。

⑪"沒汩"，抄本作"汩沒"。

卷一 五言古詩

古體 四首

鴻鵠恣高飛，翩然下太清。海天儘空濶，萬里雲冥冥。俯仰任所適，樊羅莫能攖。籬下燕雀羣，秋日啾啾鳴。嗟哉此微物，焉知遐舉情。

鯤魚化為鵬，翱翔北海頭[①]。大風萬里來，乘之將南游。須臾浮雲破，忽已隔九州。南海風景異，願言此中留。青蜩與紅鷃，相笑終無休。

亭亭嶺上松，閱歷千歲期。但覺蒼枝高，不見顏色移。眾芳幾華落，空谷長棲幽[②]。獨結冰雪盟，老此虬龍姿。清風吹鱗甲，可是參天時。

池荷水面開，芳氣靜中聞。灼灼明朝霞，盈盈脩夕薰。毓姿已絕俗，所生原不羣。濯淖出淤泥，昂藏上青雲。舉世愛豔色，棄擲安足云。

校勘記：

①“北海頭”，抄本作“海北頭”。

②“棲幽”，抄本作“幽棲”，是。

錦屏山

遙山列翠嶂，陟巘恆千尺。何勞陶令輿，自有謝公屐。屈曲攀①蒼藤，峻嶒歷②白石。松樹夾柴扉，中有幽人宅。秋老落葉黄，雲破孤峯碧。長眺坐忘歸，墟烟動西夕。

校勘記：

①"攀"，抄本作"拂"。

②"歷"，抄本作"披"。

贈黄萃英

錢塘有奇士，意氣出尋常。負才去故國，結客走他鄉。盛游十餘年①，足跡遍八荒。抱奇多見嫉，英雄棄路傍。以茲投筆去，慷慨事戎行。雕弓驚漢月，寶劍揮胡霜。燕市酒家壚，五陵少年場。俠氣黄金薄，狂歌白雪香。慚余邱中土②，亦得瞻英光。碧溪與青山，相與姿徜徉。交情貫雲日，出言重珪璋。丈夫苟相逢，毋為窮途傷。行哉願自愛，萬里秋風長。

校勘記：

①"十餘年"，抄本作"餘十年"。

②"土"，抄本作"士"。

登會稽山

暮宿越城下，曉上稽山頭。涼颸散襟袖，高天圓望眸。浩歌無停音，懷古動遠愁。烏①喙時已沒，溪沙渺難求。謀夫悲狗兔，戰骨齊山丘。陵谷有變移，造化多遷流。人壽能幾何，何必論王侯。

睠焉登茲山，翻為我心憂。安得功成去，一續湖中游。

校勘記：

①“烏”，抄本作“鳥”。

晚　意

孤村生夕陰，四野凄以虛。茲焉羣動息，還復出我廬。素心竟寂默，俯仰但踟躇。賦詩無常製，稍得便欲書。憂樂兩不見，何能知其餘。

桃溪道中

有山終古寒，有溪四時雨。修林蔽人烟，歌聲杳何處。茲境信寥廓，默觀散塵慮。過橋憩松根，稍稍昧去住。羣峯北面出，雁蕩略可數。還時當復留，獨與幽人語。

石梁洞

每到山深處，便欲為山僧。况此更寂默，加我幽居情。垂虹宿頂上，刻削真天成。禪房雲氣古，佛屋天光明。新篁遮磴道，隔寺來鐘聲。泠泠漱玉泉，油油談金經。層陰欺白日，薄暮有餘清。詎能復舍去，翻焉誤平生。長跪謝故交，爾其秘吾名。

無　題

世人愛豔色，而令雙眼迷。亦有附會者，任耳為游移。東村女未嫁，隨聲云西施。會逢相識人，乃得分妍媸。終然不之信，延佇意遲遲。好色雖足貴，安用耳食為？

夢先妻時寓萬恩禪院

寒夜雞一聲，孤客髮如絲。睡去逢故婦，琅琅前致辭：家中昔喪敗，俯仰多流離。中路與子別，不獲終相隨。君性本豪華，為貧今在兹。讀書誠已悮，棄此亦無為。妾心耿難說，懷君兩男兒。大男故梗劣，且勿勤鞭笞。小兒翳雙瞳，出入好扶攜。平生乏姿容，焉能回君思。敝帷及破竈，念妾悲辛時。

晨起即事

晨起撼兒醒，客車兹在路。爾煜已丈夫，爾焯孩而瞽。阿舅如阿娘，送爾從此去。草草檢破簏，惻惻念故婦。零落舊荊布，一一見辛苦。骨肉有蕩析，生死不同處。父性晚逾拙，衣食惟書史。當復營斗升，歸夢霜雪裏。斯須倏分攜，脉脉不能語。

古　意

北林有高柯，眾鳥處其下。一朝隨狂風，零落同菅蒯。在昔聖賢人，脩名及未壞。咄哉八司馬，乃為羣童賣。抱道難獨全，失路易以敗。君看來時潮，不及落潮快。下流惡所歸，君子以為戒。

詠盆蘭

萬物各有族，所貴全其天。若彼山中草，婀娜出自然。詎能迴幽貞，為人調春妍。一朝隨物色，采采懸崖巔。銀鉤絡素絲，銅瓶貯清泉。高堂絕纖翳，綺疏浮雲煙。嬌女時時顧，纖指弄輕拈。位置豈不貴，所性良難全。持此還山中，保無俗慮牽。桃李競春色，欲顧慙因緣。折傷倘見會，芬馨中道捐。澧湘舊知己，約素方長年。

和金秋屏感事作

荒村日已晏，餓犬卒然嘷。男婦各戰顧，四鄰爭遁逃。縣吏催官租，入門聲息驕。掏袖出黑索，索食姿貪饕。老婦煮新麥，作飯權充庖。吏怒批婦頰，信口横相嘲。開籠執伏雌，褫衣換香醪。袒裼拉伴侶，劇飲興頗豪。老翁前致辭，官賦本煎熬。所嗟生處苦，田土稍乾磽。去歲丁亢陽，刈穫詎能饒。且如今年春，淹浸乏完苗。養蠶不作繭，種圃不生毛。豈不惜肌肉，念之中心搖。縣吏連咄咄，吾烏知爾曹。監門今不作，畫圖或難描。孰是元使君，為進舂陵謠。催科急飛電，鞭扑震西郊。竣事上上考，爾命但秋毫。妻男儘堪賣，無為言叨叨。得錢身無累，結朿[①]及今宵。早早輸租糧，請君歸其巢。天明係累去，舉家相持號。

校勘記：

①“朿”乃“束”字之訛。案：書中“朿”、“束”常混用，不甚究辨。

擬古離別

秋氣滿閭巷，秋士意苦悲。況乃別歡好，悠悠無還期。撫琴絃寸斷，商風何凄凄。驅車越長道，征馬咽不嘶。良人方盛年，燕婉及茲時。如何復舍去，流淚如澠池。山川今已渺，何必天一涯。死當不相見，生當長相思。努力惜春華，曩言詎肯移。

野花

野花不辨色，蕭散在寒谷。數枝密蕊紅，幾條疏葉綠。時復發幽香，已似被芬郁。此地窅以深，間有何人躅。作花當為誰，毋乃媚幽獨。顏色私所欣，妝點頗盈麓。茲意良以佳，茲境稍不俗。東園有奇葩，終日悅人目。

山雞

山雞爾何物，而乃矜毛羽。毛羽世有之，鳳鳥以為侶。山家諸女兒，黨護誇如許。鳳凰翔天衢，熠燿照九土。終古鮮德輝，欲出且復伫。惜哉不得遇，乃使得爾汝。

飛蛾

飛蛾性喜炎，撲燈如有求。孰令爾為此，飽飫死膏油。前來已煅骨，後至復焦頭。終古燈不滅，死者長無休。

秋蟬

秋蟬生高樹，吸風清有餘。俄然奮兩翼，嘒嘒盈前除。發响走澗壑，聒耳嗚[1]笙竽。村童尋聲至，迫執但斯須。洵哉此物潔，毋為多囁嚅。君子重三緘，以茲保其軀。

校勘記：

①“嗚”乃“鳴”字之訛。按抄本未錄此詩。

班 鳩

班鳩羣呼春，日日較晴雨。一朝會滂沱，窠巢無定處。逐婦殊寡恩，於事竟何補。所性誠蹇拙，毋亦慣慵惰。天低野復陰，努力事牖戶。

浮 雲

浮雲西北來，更向東南馳。四天塞昏晦，不雨欲何為。是時旱太甚，引領涕漣洏。利物非所勝，空負垂天姿。情薄有變態，體輕無常期。倜悵蒼狗盡，茫茫焉所之。

青 蠅

青蠅飽臭腐，赤頭金碧嘴。飄颺厠冠裳，搖吻日哆哆。展紈試一揮，既去還復止。吾力雖已微，死爾亦易耳。且復揮之去，毋以污吾指。

蜣 螂

蜣螂抱糞壤，其甘乃如飴。居下計已左，運轉力頗衰。胡不逐羣蚊，錦衾鑽人肌。鑽肌洵云美，撲滅還以隨。弄丸輸鬼藏，功成當不虧。遡風化青蟬，鼓翼嘒高枝。誰當問故我，翻云終不移。

燕子

燕子來何遲，雙飛誰氏樓。杏梁飾玳瑁，桂柱齊山丘。如何早來者，哺兒聲啾啾。斂羽出門去，盤旋悲不休。擬為卑枝棲，榆枋將安求。勉旃復勉旃，失時是吾憂。

秋夜口占

夜堂秋氣深，一燈耿幽獨。悲鴻墮遠音，感歎乃相觸。著書每不就，所見狃粗俗。曷以開襟期，且須飽卷軸。展帙聊細觀，微言久未續。補過蝸上天，尋理室滅燭。古人不可作，終夜抱卷哭。

遊俠曲 七首

黃金百回鍊，鑄刀今在手。晶晶長虹流，燁燁怒雷吼。寶此欲何為，報仇計非偶。物色齊燕間，一朝獲雙首。提攜血模糊，沽飲官道口。門前緹騎至，且盡杯中酒。

殺氣塞天地，將軍死不還。一身負雄豪，詎能投空閒。赤手挾霜刃，獨出雁門關。斬取烏桓頭，長歌驅百蠻。歸來報天子，滿朝羞無顏。咫尺不召見，拂衣歸南山。

生長在幽薊，焉事詩與書。坐臥一長劍，生涯頗自如。大兄熊宜僚，小弟專設諸。長城有寒窟，飲馬同悲歔。誓掃漠庭空，許國忠有餘。生當為王侯，死當委溝渠。

寸心抱奇憤，不平事何多？把酒增眦裂，孰云能消磨。拔劍出門去，琅琅泣且歌。眼前所見人，誰當完頭顱！青天貯噎氣，滄海騰風波。世路苟若是，吾生復如何？

蕭條廣野間，單車行道上。車中坐荊卿，報燕事西向。傍有乳口兒，把圖色惆悵。行人皆欷歔，天地亦震盪。其事良以豪，所與奚足仗。惜哉不得俱，坐令奇功喪。

五侯方結客，高堂羅諸英。此輩多為貴，焉知遠舉情。故人近燕市，意氣相為傾。黃金換美酒，歡焉道平生。借問其人誰，狗屠與荊卿。漸離悲筑動，四座涕縱橫。

北風起中夜，壯士顏色動。晨興理裝劍，從軍向秦隴。轉戰萬里餘，功成信智勇。麒麟照容顏，貂蟬沃恩寵。平生所親人，一一但震悚。男兒志功勳，富貴曷足重。

懷阿煉

阿煉頗解事，問年垂六齡。棗栗充饑餒，書本拋縱橫。朝夕喜歌曲，厥音訏以清。嬌深或負母，性良常愛兄。時復吐好語，能令聞者傾。乃父老且賤，戚嗟坐柴荆。摩挲見頭角，暫時雙眸青。老鴉哺羣雛，下上賴均平。老牛產小犢，舐吮多餘情。我有觸礬癖，未能割斗升。別家相悔怨，翻焉念平生。老蒼意有在，弗獲常安甯。顧此杯中物，千載思淵明。

別　家

開春坐荒墟，別家亦云久。口舌代耕稼，告歸復何有。常念秋節臨，聊得營升斗。風雨秘幽意，茆齋絕良友。嬌兒衣履敝，病妻顏色朽。賦詩艱終篇，歌音羞出口。愁深破無時，孰云倚杯酒。日暮門前立，望望獨矯首。

西山看刈麥書懷寄示大男

古屋敞陰翳，正對西山西。豈不足文史，別家神不怡。攜杖出門立，顧見二麥齊。初似浪被野，漸喜雲成畦。村童競呼喚，穫刈及時歸。臨溪羨魴鯉，觀獵樂獸麛。嗟我筋力衰，弗獲把鋤犁。家音八九達，待予舉新炊。啓緘三歎息，末由驅凶飢。我聞聖賢訓，餓死事亦微。作詩與家督，爾其勤扶攜。逝將塞兩耳，勿聞羣兒啼。

七言古詩

題　畫

蓬萊山上浮紫雲，蓬萊山中多仙人。無端世人傳爾貌，遂與塵市相依親。爾貌何衰癃，爾髮如飛蓬。問爾何來爾不答，時時笑向青天中。爾莫笑我貧，爾足無襪頭無巾。爾莫笑我懶，爾衣不解[1]面不浣。吁嗟乎拍掌胡盧爾豈休，貧耶懶耶吾不憂。笑中着意須有故，會將爾笑試猜破。惟笑趨名逐利夫，不脫牢籠奈若何。

校勘記：

①“解”，抄本作“洗”。

白　菊

梁園一夜西風發，疏籬曲處紛如雪。霓裳飄拂笑迎人，西施醉負吳宮闕。一本作“虢國平明入宮闕”。輕妝淡抹搖秋霜，素影盈盈落秋月。秋月秋霜秋可憐，與君相對悲華髮。

楊妃舌

粉白層層紅一葉，相傳云是楊妃舌。楊妃舊恨在驪山，降兵十萬流紅血。釵鈿零落不成春，將身幻作土邊塵。試①向西風學歌舞，可憐齲齒笑迎人。

校勘記：

①“試”，抄本作“還”。

美人城頭觀獵歌

涼秋天氣太白高，將軍出獵擁旌旄。手揮壯士前射雕，西風蕭颯鳴烏號。美人粧罷矜顏色，獨上城西望城北。紅綃赤羽相映明，徙倚箛樓歸未得。橫波四射嬌欲流，三軍一時齊仰頭。畫角不吹鼓聲歇，寶刀委地無人收。劉項當年爭塊土，玉帳悲歌計誠左。若教虞兮望漢軍，漢軍頭落如秋雨。

大雷山龍湫出雲　楊道臺觀風題

括蒼清氣摩雲霄，蜿蜒東走勢岧嶤。路窮到海縣神皋，雷峯崒嵂雷聲驕。俯瞰眾山等鴻毛，巨靈驅之趨相朝。神龍何年據為巢，出沒空際悠夭喬。噴薄珠璣萬丈高，廣陵八月翻秋濤。羣怪鬬爭地軸搖，崩崖裂石風怒號。噓氣成雲何迢遙，翠屏失色白日消。珠光雷影①撼星杓，彌漫滅沒誰能招。蛟螭戰敗爭遁逃，須臾雲破雨如潮。橫空飛灑聲瀟瀟，田疇沾足甯崇朝。下民涕泣土山焦，千里百里皆屯膏。安得神龍澤物饒，翹首却吟龍湫謠。

校勘記：

①"雷影"，抄本作"電影"。按：似以"電影"為善。

蕩子從軍行

邯鄲少年事游冶，學罷蹴"蹴"《三台詩錄》作"擊"。毬學走馬。青春飲博娼樓間，高秋出沒長城下。傳聞塞外烽火①驚，將軍奉詔親點兵。購刀買甲隸伍籍，一時相問②盡知名。朝出關門行，暮入營門宿。餓馬啼叫風沙寒，《三台詩錄》作"餓馬嘶風沙磧寒"。悲笳斷續陰殤哭。毒烟瘴霧俱不憂，人人爭欲輕封侯。轉眼誰知受約束，一身那得復自由。去年渴飲狼河雪，今年病臥龍堆月。暴骨縱横誰人收，戰功尺寸將軍奪。可憐十去一還家，洞房顏色嬌如花。鐵衣羞對羅衣薄，霜髩驚看雲髩斜。外間傳令更足懼，殘宵聽入傷心處。雨點淚痕雙不住，明朝又上遼西去。

校勘記：

①"火"，抄本作"煙"。

②"相問"，抄本作"相向"，似誤。

劍池篇

吳王破越事三尺，手揮霜鋒試寒石。更有錚泓洗劍池，隨波變現光陸離。白虹紫電空中起，闔外長城棄如屣。一劍焉能敵萬人，但令英雄劍下死。越馬嘶風隔岸來，猶擁西施臨高臺。

過清風嶺謁王烈婦祠堂

江花初紅江草緑，江水潺潺瀉碧玉。古廟向江沒烟樹，昔是佳人沉波處。巉巖百尺高，寒水千丈深。片時激烈為節義，豈惜一躍完貞心。天地正氣歸巾幗，寒野腥羶爭辟易。世間丈夫如羊羣，空有脩髯張鐵戟。嶺上清風晚自吹，髣髴精英動崖石。舊傳嶺上巖石間有烈婦屐子痕。

烏頭蟲歌

乙酉春暮，余寓居海上，值二麥初熟，土人驚告，天降烏頭蟲，食窮家麥且盡，望之蔽壟。然“窮家”之說頗難信，實可哀也，因感而賦之。

烏頭蟲，望盈疇，饕饕麥食千萬邱。食之已飽抱莖睡，須臾復食風卷地。居人云蟲來自天，天遣但食貧者田。貧者種麥一何苦，踵決髮鬖太虛怒。咨蟲爾食毋稍留，餓死我民弗爾尤。烏頭蟲，自天來，窮民繞畦呼天哀。天既使爾食貧[1]食，誰貧誰富爾當憶。前村數家多富人，中央有麥與貧鄰，慎勿悞食干天嗔!

校勘記：

①“貧”，抄本作“天”。

過東瀛公故里

秋風吹霜霜月白，荒涼城邊將軍宅。將軍一去朱樓空，夜深往往鬼火紅。玉娥笑靨知何處，石馬莓苔臥寒雨。洗菜不問庭前池，曬網故是屋中樹。嗚呼君不見昔年此地紛如雲，時有白棒打閒人。

重九前一夕夢族兄兆丹遺余紫瑪瑙一枚覺而有記

有兄有兄別我知何方，愴然念之割我腸。夢君髣髴雲烟鄉，紫金瑪瑙一尺長。手持贈我樂未央，知我食貧泉水傍。泉水秋風雖索莫，猶勝他鄉滋味惡。敝裘黯淡安在哉，此物當從何處來？還君瑪瑙在君手，君去堂上供阿母。

當窗織

當窗織，長歎息，別人着衣我出力。綠髮千條梳未得，風吹絲斷十指直。浪言一本作“生女”。不織身受寒，豈知織得衣尚單。催成一疋復一疋，半歸里正半輸官。南鄰小姑賤綺羅，過我不識機上梭。機軋軋，梭呦呦，嬌兒無褲寒颼颼。

靈峯洞

有石奇怪稱靈峯，屹於平地摩蒼穹。巨靈剖腹一線通，丁丁鬼斧施玲瓏。神明太守闢珠宮，傍有二女明粧從。天梯石棧盤虛空，劍閣飛雲百二重。五百羅漢居當中，中央廣袤千夫容。談笑隱隱鳴[1]笙鏞，仰頭大呼生長風。老僧獨臥無垣墉，更借浮雲洞口封。四時陰寒無春冬，兀立今古青濛濛，千巖萬壑皆朝宗。

校勘記：

①“鳴”疑“鳴”字之訛。

大龍湫

翠屏屹立幾今古，上有玉龍㕰水府。噴薄飛流萬丈懸，散為輕煙聚為雨。凄如鮫人流淚南海頭，千珠萬珠凝清秋。吼如雷霆鬭戰出巖壑，猿悲虎嘯時間作。翻如廣陵八月走怒濤，青天無雲白日消。迸如黃河塞外星泛海，銀城雪峽千年在。舉頭疑與天河通，陰崖十里生悲風。但覺嚴寒颼颼侵肌骨，此中本是神仙窟。誰人振臂復大呼，瀑泉倒上風卷雪。與君箕踞留空亭，一時面面俱無聲。胸中十斛炭與冰，令人勿復知利名。

無　題

佳人夜坐蠟炬紅，佳人無睡嬌春風。誰作郎君窺房櫳，剡溪白藤光融融。銅雀和烟香霧重，一枝兔管簇春葱。輕描淡抹愁未工，寫成秦女居當中。玉簫吹聲調其雄，遂有簫史騎兩龍。鳳凰對對下青空，翡翠鴛鴦齊和同。珍惜顧盼歡情濃，斯須幽怨顰蛾峯。明朝怕有阿母怪，萬斛明珠儂不賣，手剔銀燈自燒壞。

無　題

茂陵嬌女年十六，雙臉紅潮美如玉。阿姊嫉妒阿母憐，歲久無人貯金屋。繡屏鎮日苦低垂，外間怕有東風吹。春宵一刻千金價，妾意不將一錢買。買來依舊是空房，春宵安用爾許長。含嚬含恨何時已，紅日到窗嬌不起。賣花聲過誰家樓，雲鬢半髀慵梳頭。朱顏潦倒妾不羞，轉眼好花凋清秋。

春夜曲

西園公子酣歌舞，十二紅粧閣中貯。玉卮金斝酒如乳，錦瑟檀槽翻白紵。中有雙鬟小家女，郎情顛倒今何許。翠衾生寒暮行雨，口脂依微嬌不吐。杏梁碧月窺人墮，玉光瑩瑩輕蟬䙰。遠山一抹和烟鎖，郎無太狂雛鸞語，誰何誰何郎醉矣。

四時白紵歌

曉寒宫中珠連戸，萬花初開不停鼓。春風吹我行步難，君王前殿催歌舞。歌殘舞罷風轉寒，手把花枝那忍看。纏頭錦賜官家醉，歸到長門抱冰睡。

金塘流澌潺潺下，水榭紅渠香一把。鴛鴦雙宿了無譁，纖手自抛金彈打。荷珠的皪荷風凉，君王有道酒滿觴。美人半醉欹君傍，千秋萬歲樂未央。

吳宫水冷芙蓉死，宫裏美人晏未起。起來裝束閒徵歌，嘈嘈細響調雲和。君王重色誰最好，那得紅顔終不老。主恩反覆何可言，慘淡雙蛾和淚掃。

紫貝宫闕黄金堂，孰其居者英與皇。額頭零落梅花粧，夜寒不上霞綃裳。勸君叵罷君自酌，擊鼓傳枝任歡謔。宫鴉一聲明月落，下缺。

陳生崇雲渡海溺死為擬古賦公無渡河辭因以弔之

公無渡河，渡河將奚為？日晚風高波浪惡，公乎公乎行焉之？

公行出門公妻隨，號公口乾為公危。公耳不聽心當知，心當知，公無癡，手中何物胡蘆提？被髮滿面知公誰，茫茫犇流無還時。鯨魚怒腹吞五岳，葢公不用藳與梩。曷不歸來相將妻與兒？嗚呼公無渡河，公竟渡河兮公不見，箜篌一發淚雨垂。此詩與家藏本多有異同，今從《方城遺獻》鈔錄。

南塘

石塘山下土花紫，石屏山人居在此。東園池館今如何，酒徒成烟詩人死。人言先生身作神，緋衣魚袋紫綸巾。山頭野廟千歲古，大巫歡樂小巫舞。當時富家女如金，誰人寒食澆墳土。定知詞客幻精英，未應遺却杜少陵。願將廟食盡四海，歲時鼕鼕打鼓聲。兒童走卒持豚酒，擎跪來祭浣花叟。

石倉山

四山風吼白晝暮，前有怪石遮我路。嶙傴仄行頗難，搏擊森陰勢欲怒。日影翻從地底生，乳泉倒向雲根注。野蛟天寒舞出峽，山鬼人立號上樹。我行覩此真絕奇，毛髮竦豎心膽破。自來入山山欲深，此是水窮山盡處。天生靈境在人間，忍令對面不相過。不如移向近蓬瀛，好與神仙自來去。君看太華峯頭上，太古有人挈家住。

猛虎行

吾家故是繁昌里，武陵雞犬差堪似。今來猛虎鬫且多，泰山老婦哭嗚嗚。西起連岡淨兀兀，大河東注流汩汩。高高下下居民稠，何缘得有於菟窟。市人言语声沸天，公然攫人疾如鶻。食之既飽路傍臥，更以其餘餐烏鳶。嚴城白日行人絕，芳草時時汚腥血。村莊兒女嬌如花，虎口一入無由脫。神明縣尹役虎手，蕭村間人業搏虎謂虎手。藥矢鋼叉落荒走。勒限逼迫鞭笞勤，狼籍肌肉果何有。我聞父老竊相語，昔當遷遣亦如是。國初吾邑以瀕海奉遣，燬廬舍三之一，今復久矣。是時官府悄不聞，猛虎紛紛渡河去。

古井行

萬恩禪院橋南人家有古井一區，居人都云往年夜輒發光，若赤練狀，迺方國珍兄弟所藏寶劍兵書處，掘之立斃。余與辯，莫能屈。然余寓此期歲矣，未見有所云赤練者，其說頗怪難信，為作詩以解之。

方家兄弟斗筲器，剽刼騰揉昧大計。一朝元代失綱常，窺竊大物如兒戲。江頭戕死泰不華，遂有溫台慶元地。斯須真龍起滁陽，四海同瞻日月光。阿關入質纔幾日，詔書督責催納糧。矮張已虜錢塘破，窮蹙自投金陵路。牽羊啣璧真可憐，寶劍兵書不值錢。千年古井波悠悠，那得此物在下頭？英雄興敗會所取，縱有區區不用求。

丁亥歲暮

寒梅破臘開牆角，瘦影披離窗前落。主人賒酒獨關門，日暮花間自斟酌。蕭蕭天風動悲歌，人生不醉當如何！酒酣花落忽大呌，遂有病妻來相笑。那識飯籮朝復空，大男小女啼門東。勸君莫笑還莫啼，此花自昔吾作妻。孤山家風差不惡，只少湖頭雙白鶴。

卷二　五言律詩

亭嶺望海

高嶺浮雲外，荒臺古樹邊。千山雄雉堞，萬里淨狼烟。濤怒遙吞日，潮奔遠接天。登臨時欲暮，平楚色蒼然。

曉渡逢故人客歸

波光曉如畫，斷岸下輕艟。山外虹收雨，江間豕拜風。孤帆人遠近，雙槳路西東。分手別君去，蕭條一望中。

得劉鳴九書

落日遊人去，春風旅雁遲。喜逢梅信到，恰是柳青時。黄鶴蘇郎意，江雲杜老思。吳山烟雨好，更許一題詩。

山　居

結宇依山麓，蕭然竹數家。鶯啼春不寂，酒盡夜能賒。破壁穿蘿葉，疏籬雜荳花。偶逢鄰叟至，拂石試新茶。

攬　鏡

主人應未老，愁極鬢毛蒼。俠不逢知己，貧惟客異鄉。龍魂新自惜，駿骨晚尤傷。誰念壯心盡，長悲鏡裏霜。

獨　居

山閣冷於水，終朝作臥游。風微雲影漫，門静竹聲幽。老大看匏瓠，飄零問海鷗。著書渾未就，端不為窮愁。

次黄啓潛韻與婁霞章同賦　二首

避跡依蕭寺，誰從此地親。看雲時入座，臨水為傳神。縱有詩頻寄，何當去轉填[①]。北山深夜雨，可念寂寥人。

春前勞送客，寂寂向禪關。空憶當時好，真成別後艱。水邊芳草路，雲際夕陽山。從此清宵夢，迢遙繫玉顔。

校勘記：

①“填”應“嗔”字之誤。

歸自姑蘇有懷同學諸子

歸途正暮春，花落悵離羣。野水都疑雨，晴山半是雲。鄉心潮疾上，別夢嶺中分。夙昔知交在，音書未可聞。

望江心寺

雀舫乘潮下，螺峯出水孤。煙飛青不斷，雲破淡如無。清磬疑霄漢，寒叢入畫圖。舟行看欲過，相憶上浮屠。

寒食阻雨

野館不成夢，驚風走白沙。愁心虛對酒，寒食未還家。海氣連朝雨，春陰落晚花。客程知有幾，留滯即天涯。

積　雨

積雨愁無際，窮居夢亦孤。餘寒過夏半，臥病自春初。道路違心素，交游遠腐儒。朝朝閭巷寂，未有破青蕪。

賦得風含翠篠娟娟淨

長夏江村靜，清風竹箭萋。映杯寒色並，夾水綠痕齊。篔谷開新逕，湘潭憶舊谿。因悲花絮落，過處總成泥。

賦得雨浥紅蕖冉冉香

紅藕花新發，亭亭映夕扉。一天疏雨過，何處暗香飛。出水纔盈把，移舟更觸衣。日斜津樹黑，聽唱采蓮歸。

玉華禪院 二首

絕頂秋先至，蟬聲出梵關。一僧雲裏臥，萬事此中閒。塔樹層層綠，巖花點點斑。余生多未了，難定是歸山。

虛堂倚岑寂，秋氣復悲哉。屋破便雲入，松深遲月來。遠城山色淡，淺渚雁聲哀。枕上千年①事，涼飈不為開。

校勘記：

①“千年”，抄本作“十年”，似誤。

春陰出郭

山郭千家暗，溪雲一色低。長天還漠漠，此路倍淒淒。寒意衝人薄，春聲過樹齊。蹇驢慵似我，不肯下橋西。

同春嶽宿玉華院聽雨作

淅瀝晚來雨，蕭條山寺空。中宵一相對，萬事各飄蓬。遠響分寒草，餘聲落晚蟲。閒房僧睡盡，佛火出林紅。

初夏述所見漫書寓處 二首

窮巷冷於冰，淒然百感興。水禽朝入屋，山鬼夜吹燈。世路衹如此，吾生得未曾。過西有雲霧，隨意可尋僧。

傍水簷楹曲，隨山磵道斜。風中紛蝶陣，花底鬧蜂衙。久客漸成俗，閒心半在家。此鄉風近樸，誰與記春華。

寒　夜

咫尺吾廬在，居停又一年。寒風起終夕，朔氣滿霜天。篋裏和平藥，窗中老病禪。更聞瀕海路，是處有烽烟。

寄張端菴 二首

瀕海惟君在，春風但寂寥。人從何地返，樹是隔年凋。冷雨氈應濕，寒天酒復消。離情將別夢，一一託歸潮。

去住竟難問，紅亭有酒卮。孤村春不到，長夜客先知。海色晴陰候，潮聲早晚時。知君感疇昔，寂寞一題詩。

過謝公嶺

懷古幽期在，登高晚影孤。衣冠何代盡，姓氏此山俱。日黑龍歸壑，天清雁過湖。蒼茫蕭寺宿，隨意破青蕪。

寄別諸葛雲文

此行不得意，況是春陰天。野水盡花片，亂山空暮烟。勞生辭舊侶，惜別誤芳年。為念北樓上，誰人同醉眠。

無　題

向曉忍言別，柔情欲幷牽。送予臨淺渚，無語倍相憐。黛色縈池面，蘭香度水邊。分攜終莫定，長此恨年年。

春　夜

旅館驚時候，春風獨客哀。夢隨殘月盡，寒是隔年來。虛室聞蟲響，愁心罷酒杯。此生無幾爾，能禁歲華催。

送史纂修歸漂陽①

江左知名士，淹留亦偶然。泛觴因號聖，抒藻得稱賢。愁色添雙鬢，空囊愧一錢。平陵佳勝地，歸去及今年。

去住知誰是，悲歌各惘然。自來多苦調，復此送高賢。有夢懷京國，誰人與酒錢。寂寥揚子宅，相憶自年年。

校勘記：

①“漂陽”疑“溧陽”之誤。

秋　閨

月影穿窗冷，中宵憶別君。雁來千里外，人去一江分。懶捲湘簾雨，愁牽繡幙雲。那知秋露重，閒步濕羅裙。

螺坡次韻

江山春日好，載酒問螺坡。密篠圍青嶂，寒流起白波。煙深雲有伴，花落鳥還多。暮色已前路，歸從浴鷺河。

和邵虞溪讀書旗山韻

逃名依古寺，騷雅是吾師。入世原無術，衡才定有時。霜天秋說劍，風雨夜談詩。自恨韶華去，朝朝感鬢絲。

贈莊屹菴

南郭幽人宅，柴扉竟日扃。花間堪醉酒，亭上可談經。入世心常赤，論交眼自青。慙無招隱賦，空復歎鴻冥。

望雁蕩

山水結幽勝，夢魂如相招。相思足疇昔，相望在今朝。峯起重雲破，湖深一雁遙。吾將避塵事，結宇面飛橋。

南嵩巖

孤嶺插天中，盤雲石勢雄。僧歸從鳥道，仙語自花宮。洞口龍吹雨，崖前鶴避風。偶來清僻地，高舉入鴻濛。

和王瑩璧

憶君何處寺，知在亂山中。樹色餘殘雨，鐘聲帶曉風。愁將南去馬，書斷北來鴻。不盡蕭條意，吟成若為通。

蘭

蘭氣朝初散，南風日漸長。過窗縈几案，拂石戀衣裳。公子沅湘岸，幽人薜荔房。護持兼拚飲，吾意在清狂。

自 笑

已覺懶成性，真堪笑此生。荊妻抛夜織，稚子廢春耕。歲月豈難挽[1]，文章未易名。寡交應落落，終不慣逢迎。

校勘記：

①“挽”，抄本作“晚”。

席間贈歌者

吳姬年十五，未嫁解風流。乍近惟遮面，頻呼始轉頭。遊雲迴舞袖，流水咽歌喉。暫醉還來此，真應字莫愁。

七言律詩

謁方正學先生祠

抗詔金陵謁至尊，麻衣帶雪入宮門。北軍夜渡風雷變，南國晨傾天地昏。十族可能酬故主，九原一作“重泉”。從此有忠魂。樵雲樓外丹楓落，盡是孤臣血淚痕。

弔樵夫

江南一夜盡兵戈，冀北新君已渡河。寒雨松楸悽石馬，曉風禾黍沒銅駝。祠前寂寂游人少，湖畔萋萋野草多。帝子只今何處去，千秋枯骨葬烟波。

枯　柳

搖落重陰獨閉門，長條曾否繫王孫。露侵荒徑秋將老，月到空隄①夜有痕。太液池邊張緒骨，永豐園裏小蠻魂。嬌姿久逐東風去②，寂寂③黃鸝叫遠村。

校勘記：

①“空隄”，抄本作“空山”。

②“去”，抄本作“歇”。

③“寂寂”，抄本作“寂寞”。

奉徵恭頌征西大捷

天子旌旗出帝京，高秋千里起連營。殿迴白虎軍心躍，江盡烏龍殺氣平。萬國總為風雨會，八荒不復鼓鼙聲。陣雲堠火俱零落，遙見龍輿入鳳城。

西陵懷古

胡馬紛紛入建康，王師連夜下錢塘。業從相國謀中變，功逐將軍死後亡。鐵鎖艨艟隨烈焰，玉樓歌舞送殘陽。可憐一片繁華地，曾與天驕作戰場。

山居無伴霞章體乾諸兄久不至詩以促之

幽居終日對青峯，坐破寒氈學老翁。隔岸荇芳鸚鵡綠[①]，漫山花發杜鵑紅。談經亭館遲揚子，夢草池塘憶謝公。聽說橋西新釀熟，一尊留待[②]故人同。

校勘記：

①此句抄本作“淺渚荇牽鸚武綠”。

②“待”，抄本作“與”。

春夜聞子規

夜深何事喚春歸，叫斷東風客夢稀。寒氣薄人餘四壁，月痕如水到重幃。飄零酒盞從誰笑，潦倒儒冠覺自非。不為啼鵑倍惆悵，此心原與世情違。

山行小憩見荒塚彌望因憶亡友劉鳴九

荒郊日暮獨尋幽，野塚纍纍定幾坵。自古夜臺齊貴賤，昨宵寒月照松楸。夢隨京洛空青草，淚灑高堂已白頭。華表鶴歸終寂寞，越山燕水旅魂愁。

哭　妹

無復窗前喚阿兄，鏡臺拋擲舊釵荆。十年哭母俱貧病，四載辭家隔死生。乳燕秋深終去壘，杜鵑春盡尚吞聲。浮生莫似花開落，寒食東風一悵情。

錢塘觀潮

江上層樓幾刼灰，江潮今古使人哀。雪山萬疊當空出，白馬千羣向晚來。伍相怒餘猶逐浪，錢王射處尚驚雷。胸中不盡興亡事，日落秋高暮角催。

大禹陵

寂歷秋山殿瑣開，夏王南狩幾曾回。亭餘片石傳真跡①，草沒殘碑起宿哀。落木聲中寒寺出，夕陽影裏晚潮來。秦陵漢寢年年雨，可歎黃金但作灰。

校勘記：

①抄本此句有注云："陵傍有窆石亭"。

吼　山

越江西去峽雲開，棹入曹溪水似苔。別有人間一丘壑，忽於天外又樓臺。波紋曉動日初上，石髓寒飛雨欲來。慚愧十年塵土面，卻令清夢繞蓬萊。

登華頂

萬八盤雲鳥道重，亂山翠色擁芙蓉。寒生絕巘蕭蕭寺，天壓虛窗面面峯。禪徑定多巢樹鶴，炊烟初斷飯僧鐘。行來呼吸通霄漢，擬挾飛仙一過從。

石梁観瀑

山重樹合鬱蒼蒼，路轉亭開石作梁。白日乍沉驚欲雨，清飈倏起覺生涼。鯨吹海浪搖溟渤，龍帶潭雲破混茫。百尺飛虹千尺雪，應真佳地果仙鄉。

赤城山

玉京曾說是仙家，仙路依稀四望賒。僧躡丹梯開佛屋，人過青壁趁桃花。千年藥畹流雲濕，一片樓陰映水斜。日晚山深雙洞寂，惟餘天半起晴霞。

桃　源

捫蘿何地訪真仙，寥寂東風倍可憐。澗草昔迷歸去路，巖花誰記別來年。苔間鳥跡閒春晝，雲際樵歌咽暮天。洞壑已無蹤跡在，數重山翠一溪煙。

青田道中

西去青芝一廢丘，日斜猶自憶東甌。亂山倒峽横江面，白草成蹊沒馬頭。城市半疑豺虎踞，居停多為稻粱愁。是歲括蒼災，逆旅主人輒謝客不納。征途不盡蕭條色，况復寒霜點鬢秋。

夔州阻雨

江上烟波晚自清，夢回閒聽不分明。那堪暮雨還朝雨，莫辨風聲是水聲。殘臘漸同雙鬢短，孤舟恰共一身輕。更憐鄉井逢搖落，并入愁中黯未平。

石門洞觀瀑

懸崖飛瀑發鯨音，響振雲門自古今。不斷一天山閣雨，長留終日石樓陰。煙消洞壑風蕭颯，草沒汀洲水淺深。莫是神仙來去地，捫蘿猶喜得相尋。

過卻金館和劉觀察壁間原韻

客館安棲莫認真，曉霜沾盡鬢如銀。殘碑舊勒清風古，半壁今傳白雪新。高鳥不飛緣避臘，牆梅無主自先春。郵亭過客多如許，笑擲黄金是甚人。

桃花洞

萬山迴合擁孤臺，曾有桃花洞口開。九曲路從餘嶺上，一天雲自括蒼來。憑高定下思鄉淚，倚檻應慚作賦才。仙子人間今寂寞，浪傳此地即天台。

釣臺

桐江江水綠於苔，到此塵心盡可灰。明主莫教丹詔下，故人自愛碧山來。風高殿瑣應長在，潮拜磯亭欲便回。錢塘潮至此地而盡，俗云為“拜嚴陵也”，然否。漢室功名知不薄，只今無處問雲臺。

聞族兄兆丹尚留錢塘便寄 二首

天涯兄弟久淹留，舊臘曾聞已敝裘。別去風塵知滿面，歸來星髮定盈頭。煙深浦口青楓夕，日落城邊白雁秋。莫向西湖重沉滯，慈親昨夜夢杭州。

搖盪東風急序催，雁行千里首空回。尊前花迸思親淚，江上蘆傳乞食哀。愁眼幾隨春草盡，客心爭逐夜潮來。近知駿骨還無恙，只是燕雲[1]未築臺。春間聞已入都，不果。

校勘記：

①“燕雲”，抄本作“煙雲”，似誤。

寓鳳山曉望寄懷城中讀書諸同人

野外天高上翠屏，眼中知己已晨星。樹藏白日無多黑，山雜黃花幾處青。終欲從君南北寺，其如老我短長亭。曉來頻嚏知相念，定說浮踪似水萍。

乙酉三月聞天子南巡狩命左右儒臣各賦詩一章既而親試士於西湖之行宫題皆御制句也敬賦二律

賦得野望湖邊遠碧横

瀲灩湖波玉鏡清，金塘細草駐龍旌。不分樹色烟中盡，卻任嵐光雨後平。萬頃涵虚蒸澤國，四圍佳氣擁江城。是誰天外披圖畫，點染春容待聖明。

賦得芳辰麥隴布和風

隴雨初停麥穗香，翠華巡幸正春陽。已翻曉浪盈疇碧，更卷晴雲遍野黄。披拂清塵邀帝輦，鼓吹煙景候天章。遙知聖主揮絃處，自有南薰被萬方。

横溪道中

芒鞋雙趁野烟輕，已過周遭十里城。最好雨餘芳草色，可憐風裏落花聲。柳翻碧浪侵衣濕，麥卷黄雲隔水明。乞得閒身休自誤，明朝還作踏春行。

秋夜感懷次金秋屏韻①

山館深花散夕烟，菊垂寒影對淒然。愁人不願看明月，秋色還應似去年。憒比封狼貪顧後，衰同罷馬畏登先。故山薇蕨何堪戀，已覺沉冥到眼前。

睡足滄江鬢髮催，詩狂未可向人裁。豈因明鏡知身拙，自是西風得句哀。寒鳥掠煙投渚過，霜鐘和雨出關來。獨當節序驚心候，誰共清尊盡醉回。

校勘記：

①抄本詩題作“秋夜感懷次金序壁韻二首”。

憶　家

倚盡東風柳半黄，自來踪跡已微茫。三年旅食身將老，十口依人事可傷。過嶺猿聲催落月，隔江鳥影沒斜陽。夢回莫漫思歸去，更泣牛衣一兩行。

村間宿逢友人話舊

禾畝油油夕景斜，寂寥巷陌少行車。雞鳴屋角椰楡樹，風落牆陰枳殼花。幾院春燈杯上淚，一床寒雨夢中家。敝裘同日傷流落，歎息吾徒髩各華。

靈　巖

行尋翠壁拂雲端，人似空中鬬羽翰。一徑未消餘雪滑，萬峯齊壓夕陽寒。何年疏鑿留奇跡，是處溪山盡壯觀。且為黄昏辭舊路，明朝還作幾回看。

馬鞍嶺

絕頂蒼茫爽氣氳，亂峯照眼自成羣。縱横鳥道無人識，大小龍湫此地分。白草懸崖餘宿雨，青杉破曉入寒雲。同來已過靈巖寺，尚有鐘聲隔嶺聞。

能仁寺

看山未盡又斜暉，清磬泠泠出翠微。金刹凄涼雙瑣合，石橋零落一僧歸。千年古壁紛蟲網，幾道寒泉濺客衣。借問龍湫何路去，滿林煙靄正霏霏。

元夕自雁蕩歸宿大荆驛觀燈

春風初入雁湖隈，猶帶靈峯曉雨回。十八寺中都一過，兩三年裏合重來。山城遠近歌鐘遍，水郭參差寶炬開。又是繁華當此夕，頓令身世在蓬萊。

客窗坐雨作

風燈零落敝衣單，濁酒澆來興欲闌。一夜雨聲聽不盡，十年閒事憶無端。篋中饑鼠窺人睡，屋外驚烏背客寒。應是小園花已落，明朝莫向幔亭看。

東湖詠柳絮

年來何處不天涯，柳擺花飛感歲華。萬事飄零無盡日，一春流落未還家。天寒度水隨青草，日晚和煙襯碧紗。徙倚湖東倍惆悵，半生回首是楊花。

賦得對水看山欲暮春

乍覺餘寒耐可消，酒亭詩館儘相邀。草鋪山脚修修逕，柳暗湖心短短橋。竹杖似憐烟景盡，春衫安用綺羅嬌。年光到此真堪惜，莫遣東風悵寂寥。

戊子下第歸和石亭立先生韻

敝裘蕭索旅魂消，空有歸心逐晚潮。霜氣着衣寒瑟瑟。雁聲過枕夢迢迢。豈須對鏡憐華髮，莫問乘雲上碧霄。幸是先生能伴我，綠簑青箬老漁樵。

晚秋重過南溪書院與春嶽

白石蒼山一逕開，故人別後卻重來。各言聚散都無定，共惜年光不肯回。便對黄花浮綠酒，旋驚紅葉下青苔。煩君送我過東嶺，他日還看洞口梅。

諸葛雲文招宿天際樓中次韻奉謝

日斜江郭起愁思，許借茅廬對臥時。我已還家無故業，君今餉客有新辭。尊前月色臨窗早，樹外秋聲過檻遲。何限舊遊方閉戶，五陵裘馬畏人知。

謝翼清家看花次諸葛雲文韻

晴光滿眼去如蓬，偶對名園意欲融。砌石碧分芳草綠，徑苔青見落花紅。便須臘酒邀新月，莫任春葩待晚一本作“曉”。風。珍重謝家池上句，憑君移入錦囊中。

和答邵逸吾林春嶽見贈之作

雌伏雄飛兩未回，逢時誰是掞天才。人非狗監文猶賤，地不龍門客自哀。十載終當謀石隱，諸公行且重金臺。年來物理推求盡，一任風塵惜解推。

輓節婦郭福娥

抗節捐生事已稀，蛾眉應笑世間非。七年淚逐青春盡，千里魂隨曉夢歸。落日紅殘花作陣，秋風香冷柏成圍。英靈莫是雙鴛鳥，却向泉臺一處飛。

贈莫應聘

烟村如繡野花開，咫尺居停訪俊才。筠簟夢中人未起，古槐門外客頻來。獨看落日愁千點，卻戀春風酒數杯。歸到紗窗餘興在，寂寥溪閣首重回。

己丑牛女會之夕為先妻小祥忌辰翼日會諸同人哭魯垣於喪次愴然傷懷歌以寄意

一年強半和愁過，雙淚西風此最多。天上也應行樂好，人間無奈別離何！墓門寶劍沉荒草，畫篋金釵逐逝波。幾縷黃錢同是夢，晚來岑寂為悲歌。

卷三　七言律詩

哭蔣宗人昆季和黄豈潛韻

四山岑寂野花香，昆弟重泉亦自傷。臺下紫荆開一處，樓前斑舞慟雙亡。春風詩館休回首，落月松林總斷腸。少小獨留殘碣在，墓門流水為誰長。

秋日過惠衆寺送日齋禪師歸蒙山次韻

秋聲蕭瑟近疏桐，寺晚煙深落照中。懷素有蕉都着雨，巨然無筆不生風。蓮峯月上隨飛錫，葦岸潮平待掛篷。惆悵甬江東去路，碧雲何限蓼花紅。

冷露寒霖濕晚桐，羡君歸卧萬山中。請看南海陀羅雨，好趁西江蘆荻風。秋老煙嵐經遠寺，日斜津樹送孤篷。閒雲未許尋踪跡，一任霜花照眼紅。

賦得山雨欲來風滿樓

百尺高樓向晚開，漫天烟雨欲成堆。獨看木葉當窗下，知是山風拂檻來。驚樹冥鴻飛入畫，薄寒秋事坐啣杯。故人遲我吟詩約，卻望蒼茫有幾迴。

寄邵虞溪

我亦多愁獨耐年，如君病骨更姍然。定知消瘦因敲句，豈是清癯為學僊。虞嶺秋高峯頂樹，螺溪春漲渡頭煙。自慚塵土尚吹面，恐負青山結勝緣。

秋夜感懷次金海壁韻

且學幽棲避俗氛，煙郵無伴便逢君。杯浮綠酒頻邀月，門掩黃花欲臥雲。但使乾坤容我懶，不將邱壑與人分。明朝曲水橋西畔，為待先生細論文。

春日遊明因寺

古樹蒼蒼掛夕陽，禪房午飯未曾香。清泉注水茶煙煖，粉壁題詩僧話長。春鳥有情催客坐，山花無事笑人忙。歸來飽飯黃昏後，豈傍松風浣胃腸。

和陳久園苦雨原韻

三春準擬氣陽和，積雨淹延減興多。對酒沉吟爐欲冷，落花蕩漾水成波。雲封山色疑無樹，風渡簷聲却有歌。催促遊人詩思起，欲行排悶得相過。

邵虞溪家看海棠

花枝憔悴雨兼風，無奈春光曉夢中。野鳥啄書深院寂，亂雲移石畫欄空。應憐紅淚紛紛落，曾把青絲細細籠。借問芳園誰是主，不將郫酒醉山翁。

輓李明仲和黃萃英韻

未將長劍掃龍荒，霜月淒淒照屋梁。原上寒煙埋俠骨，塚間衰草臥斜陽。空餘雄畧堪傳後，惟有悲歌可悼亡。悵憶龍城李飛將，西風夜夜古沙場。

清溪書屋酧諸同人見寄

郫南結屋傍溪灣，坐對蕭齋儘日閒。俠在何妨耕綠野，囊空更不買青山。隔窗樹色分濃淡，拂檻雲光任去還。卻喜高人來過訪，時時共醉畫圖間。

瘦石荆扉壓水湄，寒煙深鎖影離離。翠苔新露無人踏，亂竹低窗有月移。萬里霜天秋說劍，一庭風雨夜談詩。定知入世終疏拙，猶喜相逢覺未遲。

九日扶病登西山

西林山色曉蒼涼，輿病登峯自笑狂。伏枕俄驚三閱月，人生能幾十重陽。多將桑落消愁物，兼試茱萸卻病方。莫為一身成感慨，白雲隨意過滄浪。

賀鄭東江納寵

百幅吳綾換柳枝，盈盈新是破瓜時。慵拈桂蕊輕調粉，偷近菱花學畫眉。金鴨煙生風縷縷，玉蟲影動夜遲遲。錦屏繡枕春如海，欲譜當年葉上詩。

暮春苦雨次韻

風雨蕭蕭未下帷，妬春况是綠初肥。小池亂草渠流滿，曲徑新苔屐印稀。謝醉料應疎酒盞，薄寒誰得試羅衣。可憐蜂蝶難為別，長傍花枝不忍飛。

和趙邦梁寄美人韻

宮額纔勻罷曉粧，淩波頻蹙近書堂。綠紗遮語調鸚鵡，翠幕圍春鎖鳳凰。已被投琴私黛色，恐輪擲果領風光。何因消受鄰東住，却聽金釵響畫廊。

送何中尊歸南海

寂寥山縣[①]冷于秋，此日[②]星軺得暫留。定以憂時添白髮，豈因遺世傲丹邱。籃輿古驛穿雲入，雀舫寒江帶月流。宦跡不須悲往昔[③]，任教歸夢近羅浮。

六載徒傷撫字勞，拂衣歸臥冷琴曹。自來香稻侵花縣，此去華簪映敝袍。湟水遠從南斗盡，禺山遙共北風高。銅符且為尊鱸解，翹首終應起二毛。

校勘記：

①“山縣”，抄本作“山海”。

②“此日”，抄本作“夫子”。

③“往昔”，抄本作“枉直”。

漫興 十首

便欲乂篇待好風，可憐回首逐秋蓬。醉來讀史悲難按，愁裏成詩句易工。暑氣漸消亭外竹，禽聲知在井邊桐。出門何地容馳步，日寫《黃庭》對碧空。

一卷《南華》一縷香，道人睡起葛衣涼。披風抹月尋詩社，沉李浮瓜入醉鄉。水盡池塘消鴨綠，柳深亭院換鵝黃。了然物外躭幽賞，不計餘年有短長。

何年避俗結溪亭，日日柴門自在扃。池上學書臨法帖，雨前治圃按農經。護蘭漸漸成香國，種竹多多作翠屏。邱壑亦嫌緣分嗇，重令搔首問青冥。

曉窗煙景正萋萋，習靜能令百感齊。畏對菱花清似水，頻浮柏葉醉如泥。竹孫護粉經風脫，橘子流青過雨低。惆悵一身生計拙，獨教晞髮倚樓西。

十年塵土逢多難，六月炎蒸畏遠遊。身外浮沉隨夢鹿，人前冷煖任呼牛。望門且錮馮生鋏，歷國終凋季子裘。自顧為儒無別業，誰知未老有長愁。

散髮狂吟事事違，百年江上幾斜暉。文章已被浮名誤，湖海終傷舊業微。雨暗榆籬滋菜甲，雲深蕭徑護苔衣。茫茫天地吾將老，徙倚階除有是非。

無礙蘧廬共太空，懶將踪跡問王公。松間叩齒窺真籙，石上科頭[①]聽朽桐。鳩喚浪占明日雨，花飛不任昨宵風。幾時更煮靈溪石，去伴青囊賣藥翁。

誰信楊朱路已歧，幽情自許得遲遲。翻因潔己有如水，遂覺輸人豈但棋。筆硯好從塵外賞，歲華多向鬢邊移。索居儘可消長日，况屢茶清酒熟時。

長夏陰晴古木疎，壯懷消釋近忘吾。叩門剝啄新詩友，臥閣呻吟老腐儒。倦羽入林從憩息，涸鱗脫網亦江湖。明朝且有看山興，杖掛青錢問酒壚。

無懷民與踏歌還，只在城南第幾灣。不信世間多曲折，每於夢裏得清閒。荷將蓋影香浮水，松作濤聲寒到山。僻地幸無車馬迹，誰從姓字出柴關。

校勘記：

①“科頭”，抄本作“斜頭”。

初夏自敍 三首

榆柳經春已息烟，蓬門蕭索尚依然。纔晴更雨肥梅候，乍煖猶寒熟麥天。漸落箕裘傷往往，僅存皮骨耐年年。一簞憊甚聊隨分，輸與顏淵負郭田。

此身如寄眼空青，近市雙扉只合扃。差比黄楊逢閏厄，肯隨紅藥及秋零。吟成正好新茶熟，愁到多因宿酒醒。今古腐儒俱一笑，寒燈無焰坐窮經。

年華屈指總堪傷，飽歷何如傀儡場。破產已輸蝸有室，食貧先患鶴無糧。詩非得手寧藏拙，客不知心亦異鄉。讀罷楚騷山月落，真令何處叩茫茫。

五言絕句

看　雲

片雲本無心，白衣與蒼狗。因之識世情，茫茫不回首。

對　雪

昨夜朔風起，送冷到山家。山家何所有，樹樹皆梅花。

采蓮曲

疎雨過橫塘，菡萏衣未落。采花須及早，莫待西風惡。

紫陽宮

靈鶴和人去，仙房帶月開。空餘餐玉地，花影上階苔。

瀹　茗

結茅清絕處，寂寞野人家。拾得青楓葉，松間煮嫩茶。

獨　坐

斗室藏清風，趣到門常閉。不羡市朝名，但存邱壑意。

古樹次韻①

古樹高無枝，天半孤峯插。昂藏勢欲飛，清風動龍甲。

校勘記：

①抄本詩題無"次韻"二字。

無題 別本作"山居"

日影散寒烟，避人入寥廓。帶得暮雲歸，長歌下邱壑。

擬讀曲歌 二首

高岡多猛虎，深林多毒蛇。如何負薪人，日暮不還家。

無計畱歡住，春宵真可憐。柳花白勝雪，只是不成緜。

春閨曲 四首

楊柳抽新枝，斜曳鞦韆架。婀娜搖人心，春風信可罵。

阿姊掀簾來，貽我雙金釵。安用問夫壻，走馬章臺街。

撚花雙淚流，為是東風惡。妾貌可如花，眼見花開落。

曉色窺簾幙，新粧對鏡臺。恰遲梳洗罷，嬌鳥一聲來。

子夜歌 十首

與郎臨高臺，愛殺雙飛燕。回頭欲向郎，羞被小姑見。

儂愛芙蓉花，折來與郎看。郎言花貌好，何如阿儂面。

郎吹碧玉簫，妾彈綠綺琴。晚妝樓上月，照妾兩人心。
愛歡轉怪歡，依依執歡手。愛歡少年姿，怪歡少年口。
郎如青蓮花，到處有人愛。妾如綠荷葉，秋來易憔悴。
花愁多改色，水往鮮還期。郎情有顛倒，儂心自不移。
亭前學繡花，金針刺纖手。憶歡未敢言，辛苦儂自受。
所歡愛楊柳，儂却愛葵花。葵花向日開，楊柳隨風斜。
與歡不相見，亂挽烏雲髮。睡起開前窗，抬頭見新月。
鬟低鏡裏雲，髻綰枝頭春。妝罷聞猧吠，開門不見人。

七言絕句

明妃詞

不怨當年寫畫圖，貔貅十萬莫防胡。可憐漢室皆巾幗，翻使娥眉作丈夫。

胡官催促殿頭呵，強把番衣換舞羅。天子不堪惟有淚，灞橋送妾意如何？

獵火初紅映黑瀘，角聲吹斷小胡雛。單于躍馬歸來晚，笑索燈前打刺酥。

手捲雲鬟學固姑，漢家裝束久塵蕪。夷歌亦有關山月，可似昭陽笛裏無。

虎邱 四首

曲檻迴闌倚碧波，春光如錦翠華過。數重樓閣圜金粉，五色雲章映薜蘿。

繁華照眼幾曾休，日聽歌聲出畫樓。公子青驄金勒首，佳人寶髻玉盤頭。

綺羅風軟落花香，昔[1]是吳兒歌舞場。日晚山川餘涕淚，憑誰杯酒話殘陽[2]。

海湧峯高樹色曛，上方臺殿與平分。寺南寺北旃檀舍，半紅妝半雲。

校勘記：

①“昔”，抄本作“知”。

②“殘陽”，抄本作“斜陽”。

蘇臺覽古[1]　二首

寒水蒼茫霸氣消，千年事業付漁樵。東南半壁江山好，都與君王換舞腰。

紺殿珠宮破寂寥，游人終日蘭橈。錦帆歌舞當年事，回首銅駝恨未消。

校勘記：

①“覽古”，抄本作“懷古”。

和答徐應侯　二首

花發春林漸滿城，誰從花底擲金聲。高吟勝似酯醪醉，却罷擕尊獨聽鶯。

曉促星軺度嶺回，獨傳文賦走雲雷。神交我亦頻相問，誰見南州孺子來。

劍峯　二首

千年孤劍倚長空，誰信龍魂出匣中。寂寞一春山上雨，請君磨洗認雌雄。

不須想像見靈光，帝鑄洪爐出劍鋩。一自延津人去後，此身無用老秋霜。

老僧巖

獨立空山老歲華，白雲終日擁袈裟。禪心久逐春芳歇，寂寞溪西玉女家。西北有玉女峯。

聽詩叟

鬢毛瑟瑟意遲遲，瘦島寒郊聽儘知。路上行人憑寄語，此山雖好莫吟詩。

龍鼻水

乳水休教說惠山，千年雲竇本潺潺。品泉瀹茗清如許，陸羽當年失此間。

飛來羅漢 相傳自漳州至，一云漳州羅漢。

誰識飛來事有無，青山長共此身孤。漳南千里江波濶，不踏西風十幅蒲。

無題 三首

鸚鵡南來雪色新，傳聞異種出西秦。金籠嬌鎖池亭北，只向東風學駡人。

一飯千金本自當，况教紅紛勸飛觴。玉盤細切銀鱗鱠，不飲之時惱殺郎。

雨重春寒此地過，美人留客意如何？夜床繡枕今猶在，沾惹餘香有幾多？

庚寅七夕憶先妻 五首

天上雙星會不多，迢迢銀漢待如何。自從零落荆釵後，可似年年得渡河？

年年七夕總無休，為問人生幾白頭？便是返魂香未滅，也應無可笑牽牛。

銀河漾漾月朦朦，天上人間迥不同。亦有別離無限淚，五更和雨到簾櫳。

雲窗霧閣路迢遙，悵望應知負此宵。夜靜影寒多少恨，人間那有鵲填橋。

重泉杳杳見無期，此夕沉吟意却悲。檢點殘針開畫篋，無人將乞夜深時！

秋風 十首

秋風起處夜無烟，猶自閒齋老一氈。卻憶平生真似夢，可堪憔悴耐年年。

日落風悲可忍聽，輕寒悄悄透圍屏。南天水盡無由見，一夕波聲起洞庭。

高秋蕭颯綠窗開，日暮西風渭水來。天宇四垂看不盡，滿山寒葉使人哀。

夕響梳風寒到山，馬行蹀蹀波潺潺。村童報道莫驚怪，聲在水西深樹間。

秋氣稜稜晚不禁，秋風更與送寒砧。無情有恨知何似，一夕悲歌淚滿襟。

煙裊蘆花水國秋，西風吹雁下汀洲。衡陽峯頂南來久，猶帶邊聲入夜樓。

葉底寒蟬耐苦吟，日斜山郭氣沉沉。狂飈不為將愁去，斷梗浮煙此夜心。

角聲嗚咽曉風清，昨夜微霜已滿城。檻外秋容須共惜，鏡中華髮卻頻驚。

鉤簾風蕩錦紋重，百八聲來岳寺鐘。一片閒心無住着，曉樓烟雨夢巫峯。

木蓮花發映雕闌，黃菊丹楓取次看。羅幙深秋閒未寢，夜來風露不勝寒。

詩　餘

減字木蘭花　賦得恁時相見已關心

背人無語，冷笑閒顰勤看取。恰是雙星，咫尺銀河渡不成。
影寒夜悄，脉脉愁人何日了。如此相逢，搥碎巫山第幾峯。

長相思　賦得單情何時雙

不相思，莫相思，任是相思不自持，問他知未知？　早春時，暮春時，遍倚欄杆欲待誰？鶯啼花滿枝。

浪淘沙　賦得翩何姍姍其來遲

獨立晚庭空，離恨千重，茶烟裊裊月朦朦。莫是彩雲來駐也，約畧相同。　許久不相逢，隔著簾櫳，短牆已過落花風。使欲前來終未得，歸去巫峯。

滿江紅　九里松懷古

九里山前，松深處，儘是宋朝宮闕。繁華盡，百年一日，問天難說。剝落荒陵金盌出，迷離野黍銅駝沒。可如何，回首又斜陽，應愁絕。　古今事，如飛雪，歌舞地，空殘月。問東南半壁，幾多腥血。剩水殘山誰是主，臥狐驅馬多時節。但西風，送盡浙江潮，無休歇。

念奴嬌　重遊西郊有感

西郊閒步，曉漫漫，滿眼春山煙霧。雨餘溪畔蒼苔滑，都被沙鷗踏破。柳帶青顰，桃含紅淚，可有流年住。碧莎芳草，曾怨王孫幾度。　記得去歲尋春，墓田寒食，愁絕應無數。子規啼處山花落，寂寞朝朝暮暮。脩竹閒廊，夕陽蕭寺，腸斷村前路。章臺楊柳，隨了東風亂舞。

卷四　雜文

廣《日喻》

蘇子《日喻》："南方多沒人，日與水居，得水之道；北人生不識水，見大舟羣然而恐，苟以南之言試之河，未有不溺者。曰：凡夫求道而不矜學者，皆北方之學沒者也。"余往歲課徒霓山，其年河水涸，霓山人爭沒水，而漁及門，吳、夏二生與焉。或羣而逝，或旅而浮，持巨鯉以出，意殊自得。余問之曰："夫沒亦有道乎?"對曰："有善沒者，必善游，請從游始。""可得聞與?"曰："手若摺之，足若踔之、趨之、趙之，毋或趨之，如是者能游。其摺也舒舒，其踔也與與，與波攸宜，斯以至乎。蛟鼉之潴，如是者能沒。"又明年夏，與倪公晉、黃萃英、葉蘭洲、諸葛桂涯飲南郊，歸憩小新橋上，溪水清甚，倪與黃故善游者，因下浴焉。招予曰："來，若能否?"余憶二生所云，度是處水淺，脫不效，得倪、黃諸君俱，必不得死，欣然解衣下，手足未及舉，而身遽已顛矣。急起，顧岸上三四童子，謂曰："若其試之。"童子曰："如何?"予述二生語示之，且謂之曰："第下，吾屬在，勿怖也。"童子下，如其言，若却，而後若躍，而先飄飄乎與波相盪，若素習者之為，樂不知其然而然也。余乃悟曰："嗟乎！夫學之不可不早也如是哉！而所聞於蘇子者，謂學之不可以已也。若二生之語予，固學之方也。"今以予與童子之事觀之，學豈不以時乎哉？夫少時學焉者南人也，老而學焉者北人也，其為道也奚有焉！賡《日喻》以示幼子煉。

《李清苑枝談集》序

古碩儒巨公，類皆有傳世大文，垂之不朽，間或發其緒餘，寄諸笑謔，雖筆墨零落，而其所為不朽者自在也。余友丹崖李清苑，著書之暇輒成《枝談集》，其間論古究今，憤時覺世，喜怒憂悲，談嘲戲弄，罔不備具，得腐遷不傳之秘，皆絕調也。己丑仲夏，余過其案頭，見而愛之，攜歸。每讀數行，輒浮一大白，短檠熒熒，更闌無寐，中心怦如，涕笑並作，不知其體之積乎而倦也。因念：是編出而稗喜卮言可無絕響，譬游名山福地，纔入其境，培塿坳室，便爾奇特，一草一木，都非人間，又況於窮崑崙，窺星海，而穿大小□之空明者耶！抑余聞華山有回心坪，游至此輒震慄不復上，上者須腰纏緣附而行，茲《集》則世之所視為回心坪者非耶？然余終欲操長繩巨綆以俟。

《雨山師印譜》序

雕文鐫石，小數也。然苟析其毫芒，窮其源委，而精微之理寓焉，以故岐陽之鼓，與夫嶧山、會稽之刻石，人見之未有不與湯盤、禹鼎而並重者，惟其技之要於至也。新安人程耐菴，工圖章，往歲客余家，持數枚遺余以別，余既以為至矣。今年春，晤雨山師於讀書之別舍，雨山故名手也，因盡出示之，雨山笑曰："得之矣，然吾弗能為也。"翼日則袖一帙以來，語余曰："是余所為者。"余乃得縱觀其撫摹之精工，與其意態之閒放，乍似烟雨離迷，又如天日開朗，為孤僧，為野鶴，為麗女嬌花，為轟雷瘴焰，尺幅中之幻怪百出，以視耐菴所作，腐鼠饑鷹，厭厭不振矣。蓋至與不至之别也。雨山善病而學於佛，又好游。善病則其思幽，好游則其意遠，學於佛則心通而能化。至哉技乎！想其躊躇滿志，善刀而藏之，候諸佛、魔君，山崖、墟莽一一變現於手腕之間，芥子須彌，雖雨山亦有不知其然而然者，此其所以為至也歟？余寶是編，欲留焉，雨山不可，遂命盡易程而還之。時己丑十月二十四日。

《金清陳氏族譜》序

陳為古有嬀氏裔，由作賓備恪庸元女，移齊祚[①]，離披於戰國兵爭之餘，為後世得姓所由始，故陳於他族為盛。邑金清陳氏，初為仙居人。自其祖仁玉府君始居郡城，宋德祐間謝太后詔天下州郡降元，公勸權知州事王珏募義民死守，城陷，遁入海，隱黃巖之石塘[②]，傳三世至處士壽山公，守義不仕元。會至順時日本不通貢，遣阿剌罕[③]統舟師征之，遇颶風舟壞，棄師平壺島，大掠海上，邊民震慹，處士公由是遷金清居焉。今之蕃然而熾者，皆托始於此。又五世而得間，先生用名進士起家，歷官蜀藩叅議，明孝宗朝內侍李興嘗欲薦之，先生不可，卒以無內援罷歸。其他為學博，為叅軍、簿、尉者猶復數人。而魁儒隱德雄偉絕特之士，多至不可勝數，陳之先固亦有人矣[④]哉！夫古今之論人者，必首推節義。節義者，行己之大者也。雖有小夫賤人及嘗身為無恥不肖之行者，聞人言忠義事，必羣聚而竦聽之，其所好者在此也。若其他雖有好者，必不能若此之愛而慕，慕而傳也。管子曰："四維不張，國乃滅亡。"由此言之，國之興衰，關於節義之修與否，而況於家乎？今陳氏之先多以節義顯，斯亦奇矣。當宋之末造，天下順風而靡，仁玉公挾斗大之空城以拒，違母后之命而抗強元數十萬之師，事其有可為者哉！卒乃決然為之，義不返顧，延及其子孫，尚有老死於海濱，矢田橫之憤，而蹈魯連之行，可不謂難焉者歟？叅議公固嘗貴於時矣，使其得稍委蛇，固亦不止於是也。而內失貂璫之援，外觸繡衣之忌，幅巾扁舟，歸其故里，視相如之於狗監為何如者耶！故家右族，其先世必有一一[5]仗節守義，與耿耿不可磨滅之事，非徒侈殷盛矜名位而已。陳固東南著姓，而其先之炳炳者，復已若是，邑之人多未之知，而其於叅議公亦止道其勳業之著，文章之美，雖其子若孫，猶或有不盡知其行者，余甚惑焉。今年為陳氏司譜事，得縱覽其上世行事之實，與有明諸先輩之所撰論，疑其於此等不一為之表暴，是猶作史者徒循編年之例，襲誇世之詞，而於所謂仗節死義、耿耿不可磨滅之事，反遺棄而掩敝之也，奚可哉？故於其譜之成，為備述以告焉。或後之人知所振起，且以明余之所推於陳氏者，不在彼而在此也。

校勘記：

①“齊祚”，抄本作“周祚”。

②“隱黃巖之石塘”，抄本作“隱居黃之石塘”。

③“阿剌罕”，抄本作“阿利罕”。

④抄本無“矣”字。

⑤“一一”，抄本作“一二”，是。

《重脩瞿氏族譜》序

撮山瞿氏者，望族也。自五季以來，代有顯人，載諸譜乘者，釐然可數。然而子姓益繁，記注失據，蓋不能無歲久就湮之感焉。丙申之春，余讀書於其祖祠之東偏。余，瞿甥也，舅氏漢九公命余曰：“爾其為我修之。”余曰：“家譜之作，鉅典也，與國史等，且邑有薦紳先生，網羅典故，非其人莫任也。余小子，敢辭。”舅氏曰：“惟然，故惟汝宜，且吾甥也，其任無辭。”不獲已，則再拜受譜而觀之，悄乎以思，慨乎以歎，卒乃掩卷欷歔，悲而不能以自勝也。蓋天下之物，罔弗愛其所生，而惡戕於其類，若天使之然也。草樹之微，禽蟲之蠢，猶將庇其根柯，萃其羣醜，而況於人乎？況於人之同祖宗，聯形氣，而水源木本之愛，根於天性之自然，發於人心之所不容自已者乎？今瞿氏之先，一人也，嗣是而什伯而千萬，今且蔓延滋熾，雜然而不可以紀極，然而愈遠則逾疎，愈繁則愈渙，可不悲耶！舅氏毅然欲修此譜，冀以聯其疎而萃其渙，仁人孝子之用心不當如是耶！抑余聞之秦康公渭陽之詩云："我送舅氏，悠悠我思。"蓋送舅而念母之不見也。余生期年餘，先慈即見背，歲時月吉之際，未嘗不涕泣也。茲為按其譜系，溯其淵源，以吾之生於瞿，而凡今之上而祖禰，下而子孫，縱橫交錯於版之上者，皆吾母之一氣也，則以余小子之生於吾母，而凡今之殊其族氏，別其里居，紛紜擾攘，而以登於版之上者，亦猶之予小子之一氣也。夫以予之廢禮亡狀，不為世齒，而猶惓惓不忘吾母以不忘瞿之人，若是則夫瞿之子若孫，異形同氣之親，一本無窮之愛，其所當為感慨嗚咽，悲而不能以自勝者，當復奚似耶？嗟夫！觀此者，仁孝之思其亦可以油然而興也已。若夫昭穆箕裘之傳，創垂懿顯之烈，有明諸先生言之詳矣，予小子不欲贅也。是為序。

《蔡氏族譜》序

吾邑山西蔡氏，其先河南人，宋嘉祐間有宦游於浙者，子孫遂家邑之南鑑。世易一傳，年逾百祀，而似續寖微，箕裘靡振，遯翁府君起於孑如之躬，去之披雲山之西居焉，山西蔡氏所為始也。嗣是之餘，代著顯懿，柯榮葉稠，莫之殫紀。其又盛者，抑或散處楚之江夏與吾台之樂邑、丹崖，歲時祀事，併有間關遠道，持牢禮，具衣冠，拜於廡下者。胡昔衰而今盛也？意山川之靈別有鍾歟？抑天之所興固必遲之又久，愈遠則愈熾歟？稽蔡氏之譜，作於前朝之初，後一再修於成、弘、隆、萬[①]之世。粤在國朝，桃溪謝先生基甫嘗大修之，意其極備，逮按其編年，攷其紀行，率皆前賢剩藻，磨滅晦冥，迺謝所葺，闕焉靡覩，揆厥所由，緗帙未就，喆工告隕，爰及存者，颬風迅濤，復從而漂沕漫漶之也。今年春，假館於其宗祠之東偏，蔡之諸君子僉謀纂輯，俾余典司。余惟家之有譜，與國之史、郡邑之志乘等。顧史之為體，法嚴事覈，非其元績大憝，不登是列。郡邑之籍，視史綦詳，猶必辨薰蕕於誕播，察好惡所曹歸，而後志之。而譜不然，耆碩之彥，髫齔之英，擔爵崇卑之殊，植品良慝之別，咸得悉書，以成一家之典，然而昭明直道，暴揚風烈，一時垂褒刺之文，百代繹勸威[②]之旨，其義一也。故譜之失，侈攀附則源溷而流漸淆，工阿諛則實亡而名焉附？因陋簡，蹈缺遺，則是非之通義斁，昭穆之定分乖。今取其譜閱之，原始肇於式微，序族殺而寖盛，其源清矣。潛德發其將湮，憸邪誅於已朽，其實著矣。獨事越兩朝，人更六代，耉老之所凋逝，風濤之所震盪，殘闕之咎曷歸，漏略之失滋甚，私竊憾焉。爰是網羅寸牘，蒐討舊編，間與諸君子摭拾於蠹腐之餘，薈萃於濡爁之末，而復與其宗人之比櫛而居，布棊而處者，人勤周爰之諏，戶騰剝啄之響，衆互散佚，商榷見聞，為之理緒以析其支，媲類以合其派，而後二者之失稍稍去矣。統觀譜系，傳世之永十六，歷年之悠四百，先哲闢既衰之運，後賢符極盛之數，羣萃彌徵其繁滋，自他或卜其有耀，在昔為然，於今尤烈已。矧夫羣公載酒，夙擅競爽之稱；眾髦從游，聿致能文之譽。譬奇葩初茁於洛陽之園，朝曦始明於扶桑之野，僕尚得以二三十年後耄老之軀，操管而備書之，用廣今茲之未逮也。

校勘記：

①“隆、萬”，抄本作“正嘉”。按：隆萬謂隆慶與萬曆，正嘉則指正德與嘉靖也。

②“威”似“戒”字之誤。

《鳳山黄氏族譜》序

蓋聞國則有史，遺文永著丹書；家自為編，世牒相繩綠字。式觀水木，用志本源；亦越河山，爰垂苗裔。在昔圖譜掌於太史，固將備載百家；厥後姓氏定於貞觀，抑且聿分九等。京兆韓家之志，眉山蘇氏之編，罔不情以義生，愛由親始。分左分右，序昭穆於千年；大宗小宗，聯本支乎百世。凡皆一家之紀載，實為兆姓之楷模。自譜學不明，宗祧罔念，相煎何急！昔時盡是連根，肯顧伊誰；此際孰憐同父，一姓而秦越分焉。覥面若河山間之，乃茲澆漓，真當歎悼。吾邑鳳山黄氏，裔出平田，派宗河洛。姓凡三易，久乃彌昌；居則五遷，終當益盛。演姬圖八百祀，推自出之祖，維曰周文；迄昭代三千年，遡本生之宗，僉云蔡叔。數傳瓜瓞，漢庭金紫之榮；奕葉螽麟，魏國銀青之寵。迨晉室播遷召亂，值典午之偏安；維侍中明哲保身，厭華戎之雜處。循陳留而下，布帆浙水，五湖煙雨誰爭；望台雁而來，茅屋丹崖，三島樓臺宛在。白山繼徙，家傳簪笏之香；小嶼再遷，世沐詩書之澤。人文鵠立，曷可勝書；科第蟬聯，莫能殫紀。夫何天道當百六之會；人事遭陽九之窮。西北之王氣不行，東南之殺氣已兆。真龍尚潛於草昧，妖星初煽於海濱。元代君臣，祚移紫極；方家兄弟，亂起紅巾。燕辭王謝之堂，駝臥荆榛之里。高門插漢，盡赤千鋒；喬木連雲，旋灰一炬。然而逢時之難，李勣子竟覆其宗；邀天之靈，趙朔兒卒延其祀。撫遺孤之尚在，爰從母以均逃。全身出萬死一生之奇，避地得依山濱海之勝。蒼黄槐蔭，知王裔之將興；寂寞荻灰，卜歐宗之必大。蔡終黄始，紹往即以開來；父沒子存，光前因而裕後。初兆熊羆之瑞，自昔多人；重開閥閱之芳，於今十世。鄭蘭燕桂，代著清風；徐鳳荀龍，人俱白璧。悉宜輯錄，用示貽謀；不揣菲材，猥當重任。陳編委翳，蒐羅及腐鼠之腸；殘牘飄零，檢點出蠹魚之口。支疏派析，燦若列眉；源合流分，瞭如指掌。在考言徵事，往多傳信之文；或守缺抱殘，間附闕疑之典。第其甲乙，藏諸後昆，重以縹緗，昭茲來禩。嗟乎！京寘有後，何用冒託君謨；青自宜榮，不宜遙追仁傑！莪莪望族，厥德之聿修；奕奕名宗，惟善以為寶。先民有作，遺後戒在。積金率祖攸行，持身擬於執玉。由家及國，必忠孝貽厥孫謀；自春徂秋，乃蒸嘗衎其祖考。藟葛思本根之庇，行葦重踐履之傷。家盡和風，載歌蘿蔦；俗皆仁里，何論乾餱。行見維耦十千，皆將以似而以續；斯年億萬，胡不寖熾而寖昌。聊述采菲之庸辭，敬告元宗之來哲。

《許氏族譜》序

歲丁酉，援句讀於龍山之僧舍，從余游者，蓋十有一人，而許子某某尤嗜學。夏大暑，憩松陰下，詢其家世里居，知為閭山許氏云。夫許，大岳之裔也。在春秋時為微國，為楚鄭必爭之地，後益凌遲，以至於亡。當是時，豈念其後之為何如哉！乃其子孫，或散在列國，歷漢魏六朝，以及五季，代有顯人，而吾邑閭山，亦巋然有許氏焉。盛衰之理，詎有常耶？明年，許子偕其叔某某君持家譜示余，余竊怪許氏之先始祖存適府君，由閩之赤岸始遷吾邑，為樂清大尹，逮後世為刺史、為都諫者一，為邑宰者二，學博者五，固已稱盛，與邑之巨族峙。而近代以來，勢稍不振，以是人咸謂許氏之衰，而不知其有衰而復盛之日也。蓋吾邑土隘而濱於海，當勝朝之季，冠艨出沒者無虛日，率登岸剽割，厥苦居民，援剿之軍第於近郊，張旗幟，鳴鉦鼓，遙以示賊，令不得深入，坐是而賊愈熾。國初下遷遣之令，棄地勿居，比戶灰於一炬，編氓離析，罔有孑遺，許族之衰也亦固其所。今天子御極之初年，即弛海禁，俾民得以次復業，於今五十有餘歲矣。而其間氛祲不作，烽燧無驚，流亡者日以歸，而生聚亦日以眾，秀者敦詩書禮讓之風，朴者墾土樹木，以為子孫長養之計，其始也以盛而漸衰，繼也因衰以寖盛，天道變而人事應焉。吾知許氏之族當必有勃然其興者已。考舊譜，輯自同邑百歲翁謝先生，惜其耄而未就，余故重為編次，且述自許叔以來盛衰往復之故，以弁其端。某某君能文章，某某君重本而知向義，由是推之，夫許氏殆必興者也，遂樂而書之。

書明四川叅議得閒陳公傳後

余鄉先生得閒陳公綺，初為工曹郎，奉命巡視通州及濟甯一帶河道，比至，而河已決。漲秋，孝宗遣內監李興、平江伯陳鋭、副都御史劉大夏，並往脩治。事既竣，李興察知公能，欲與山東叅政張縉並薦。公聞大駭，力辭，興不可，乃以誠告都憲劉公，為白得釋。興疏入，張縉擢①通政使。天台龐先生泮為刑科給事中，語公曰："李內官薦章至，深懼執事與列，今不在，眾論韙之。"公曰："吾受命視河，河決不能獨理，重煩主上睿慮，委任重臣，獲有成績，予免於譴責幸矣，敢萌意外之望哉？"蓋公不顯言而自引咎如此。後出為四川松潘糧儲叅議。松潘在萬山中，番苗雜處，極邊難治，公廉明有威，遠人懾服，有五年之儲，巡撫嘉禾鍾公列疏於朝，薦公可大任，而同事寖不悦。會鍾公遷去，同事者嗾巡按論公，落職歸。當公治河時，興居內用事，孝廟方眷之，諸齷齪凡猥之士爭欲出其門者，不可勝道，而興獨欲薦公，此豈以私哉？此時得稍委蛇，或佯示遜避，公為天上人固久矣，尚何間關梯棧之區，淹恤於毒烟瘴霧蠻陬夷徼無人之域，洶洶然而以側睪奸之目哉！昔齊伐魯，獲臧堅，使夙沙衛唁之，且命勿死，堅謝曰："拜命之辱，抑君賜不終，姑以其刑臣禮於士。”抉傷而死。蓋古之君子，有不惜其身之困，至流離顛踣，以死安焉而不悔者，誠見夫其身之可愛，而以出於奴僕薰腐之門為可羞也。公少孤而貧，嘗僦泮宮舍以居，讀書其中，以聖賢為己責，既登甲科，連任中外，卓然有所樹立，卒以觸忤權璫，不竟所用。嘗自言曰：“吾生平無他才能，惟務誠實，上不欺朝廷官長，下不欺僚屬百姓，非義不苟取，非禮不妄動，如是而已。”公既歸，敝廬蕭然，茹糲衣孋，士大夫多賦詩相贈，謝文肅公尤推重，與之深交。思昔吾鄉多君子，豈其時為之耶？抑所以致是者，固有道也？讀公《傳》，心竊慕之，復不禁世變之感，為書此以跋。悲夫！後之覽者，將毋嗤公為迂，而並以予之說為不識務者也。何可勝道哉！

校勘記：

①抄本“擢”後有“為”字。

海上異聞記

往歲客霓山書舍，霓山人吳君奉，為余言其地有業入海採紫菜者，所見甚怪。明年再過其處，君奉死，故忘其名姓焉。霓山瀕海，海中有山巖，罅間產紫菜、鴻毛、鹿角、雞爪之屬，採者候潮落循南岸下，則水涸而成塗，便可抵山旁，三面皆大洋也。其人往，常業此。忽一日，行塗上水無潮自溢，旁有小山，趨避之，水漫其足，再上，沒其腰，既升，滅其頂。頂上有樹，緣之而登，自午及旰，疲甚，解腰間所攜囊自縛枝巔，忽天色黑，彌望皆黲雲霿霧，風颼颼刺肌骨。風定漸霽，五色之彩自波間起，水際浮麗女子一，豔冶不可舉，似妝束，大率類楮間所繪宮嬪舞女狀，容與將翔，與波上下，忽大浪十餘條，從洋面分屯來，遠者或數百里，近者百餘里，皆如連岡疊峽，滾滾而匯，若將齧麗女子。麗女子因其勢伏突怒殺，矯如翩如，了不為意。忽沉不見，大浪散解無踪。天復暗，霧復四塞，已復明，麗女子復出，大浪復滾滾至，麗女子復不見。如是者三。其人始而恐，繼而駭，卒乃大喜過望，忘其體之饑且疲也。候朝曦昇，早潮退，取路以歸，歸而恍惚失神者彌月。君奉曰："必珠妖也。大浪，龍也。龍欲爭珠而為戲也。"余未之信，然余嘗聞海上漁人言："大洋中往往東京城。"見詢其狀，竊意為蜃樓海市之屬，漁者不曉而妄云然耳。君奉之說未云誕也。吾邑人數出沒海上，而大海固多幻怪，余思一從捕魚者往，倘得觀所謂東京城者。曰："是未可必得也。"

於氏書院記

古之世，自王宮國都以及黨塾閭巷，莫不有學，束髮受書之眾，皆有其地以處之，故人材得所成就。降而後世，鄉學、國學而外無聞焉。於是乎書院之教興，要其興賢育才，長養造就之法，猶夫古也。吾邑與黃接壤，而路橋實界居其中，為兩縣擊柝相聞之地，地廣而人眾，奇尤異敏之英，後先輩出，咸裹糧負笈、間關遠道求良師友而托處焉，蓋是時書院之制闕如也。於君德先，有道君子也，復雄於貲，往歲遊京師，謁太學，歸稍倣其規制，購善地剏為書院數楹，以處其宗人與其鄉之士大夫來學者。當夫諸峯環峙，曲水互映，嬌花茁於前楹，好鳥鳴於後苑，於斯時也，展帙操觚，意有所得，皆足以窮視聽之觀，而極俯仰不齊之事，信可美也。且夫昔之有教也，權操於上之人，而徧及於天下之大，故其制久而不敝。今則不然，道行自下而散在一方，其卑者既不足與詩書之澤，而奇傑有造之徒，又或蹈常就陋漠焉，不思創制之心，而求以副其興道覺民之意，聚散無時，而成毀有數，則夫今之煥然者安在？其能久存也？余故為文記之，以遺其諸君子，并以告教後之人，俾得以時葺新，意必有樂善慕義、負大力若於君其人者，而其道大行，其傳寖廣，於君之德愈遠而愈不朽矣。余老且賤，無能為役，尚且買舟叩廬，與其諸君子遊以歌吟，於君之德其不遠矣夫！

偃竹記①

淇園結綠，嘗傳衛武之詩；衡浦森寒，曾寄湘娥之淚。南山之雲一渦，渭水之風千畝。濃陰積翠，傍秋壑以依迷；薄藹流青，入清波而淡蕩。固宜拂長烟於碧落，胡乃委薄植於窮簷？夕陽流水去，難沾雨露之恩；落月小亭空，不作龍蛇之舞。戰颸何力，等砌草之芊芊；拂檻無聲，共階苔而寂寂。飛鳥過兮罷棲；游人來兮絕賞。公主不以為簫，遂使秦樓鳳去；婕妤難將作扇，致令長信風微。員邱帝子之舟，不勝其任；青城仙人之榻，無所取材。上苑甘蕉，寃遭其刻；西湖梅樹，羞與為朋。特其勁節猶存，虛心有素。埋頭牖下，不為顧影之憐；高臥窗前，願以守貞自老。笑春日濃桃豔李，屈而不伸，是謂君子固窮；伴歲寒翠柏蒼松，老當益壯，始信故人無恙。亭亭淺綠，王子猷一日不可無；落落孤青，陶淵明三徑之尚在。雖不得學士為樓，挹黃岡十年烟雨；猶堪入太守之畫，掃篔簹萬尺寒梢。嗟乎！碧玉蒙塵，青琅埋土。珠簾不捲，歎棲鳳其何年；繡幙長垂，悲化龍之無日！臨風多恨，能無籜落之悲；對景贈言，用代竹枝之怨。

校勘記：

①抄本《偃竹記》題下有云："丙子春，余讀書龍山僧舍，見廊廡下偃竹數株，不勝楊柳江潭之思，偶筆以志感"數語。

諸葛桂涯小傳

桂涯名恭綱，字敘三，諸葛氏，補國子博士，更名涯，桂涯其別號也。佚蕩不自斂飭，喜音而善，每燕必拍案歌，飲可斗許，或坐有貴公耇長，執禮不得出聲，視之已鼾鼾睡熟矣。與余交甚厚，忘形骸。有召桂涯飲者，強與俱赴，不可則拉之以行，冀得和其歌也。或召余飲，桂涯尾而一本無“尾而”二字。偕至其處，淋漓酣飲，旁若無人。冬夜飲莊氏林亭，漏三下，寒甚，開戶雪厚一尺餘，四鄰無聲，犬上階而臥，桂涯取布囊畫為虎頭形蒙其首，解所衣裘反著之，令毛向外，手足踞地，作猛虎跳而噬犬，犬駭，羣沸且嘷，逐之皆亂奔，眾為大笑絕倒。每酒酣離席，且歌且舞，效梨園弟子演劇狀，然極類。又嘗從優人乞衫巾，挾其少而姣者，與習范少伯泛湖故事，而一目瞽，睛突出色白，眾皆譁曰：“佳西子安用此盲大夫也?”復大笑。居常工摹形追聲，自方言鄙語以至甌閩楚粵象寄譯鞮之音，罔不通；為腐儒、醜奴、憨僕、暴隸、怯卒、村氓、市儈、醉漢、病僧、餓丐之狀，罔不肖。然喜呰詈人以為笑樂，諸宗族交知耄稚男女靡不罵者，雖以余之交且厚，卒亦莫能免也。然一出口便不省記，人亦不甚怪之。客有厭其歌者，攜壺與榼，就西郊外溪上飲，余亦與，忽聞柳陰外人行聲，或曰：“桂涯至矣。”或曰：“吾輩第自飲，勿與爵。”至則罵曰：“咄！胡避之深也，然而求之巧也。”顧席上缺盃及箸，因掏袖中出杯一箸二，顧曰：“公等其奈何?”因復大笑與飲，飲復歌。余嘗教以作詩，詩成，正於余，曰“得”則大喜，持稿遍索城內外諸能詩者使和，或能而有劣名者請和，勿許，曰：“吾詩非若輩所可彷彿也。”曰“不得”則裂而棄之。家世精醫，桂涯尤通神，奴視諸醫。或呼與飲，雖有富人豪家持銀幣而請者，拒不納，家用是益困。所狎鄰婦陶，陶夫亡遂歸焉。然畏內，別僦屋以居，陶尤悍難制，陰遣人偵桂涯處家中作何狀，食飲器服必均，稍不稱，從而揶揄之。桂涯嘗祀神於家，陶欲效之，因市物為祀，指桂涯曰：“拜。”拜竟恚曰：“爾家拜以八，而我以四，卑我也。”因復拜。嘗頓足曰：“陶娘可殺也。”壬辰，衆軍韓公奉上檄以催徵至，桂涯與余嘗與博，五月某夕，桂涯約余往，余適以他事辭，桂涯亦不去，是夕暴卒，年四十八。嫂楊有子曰懿娶，後桂涯三歲死，嫂嫁；陶娘不嫁，有一子懿襄延其祀。論曰：余與桂涯友善，桂涯狂歌叫呼，嘲笑諧謔，未嘗一日而不樂也。向令不樂，桂涯殆必死也。余幸不死，而為樂非復桂涯時矣。向之樂，樂桂涯樂也。

蔡東木先生行狀

先生余同年友也，諱夢兆，字汝棟，一字東木，出山西蔡氏。生而凝重，鮮華偽，少時讀書塾間，羣兒競為戲弄，先生獨執經危坐，兒或侮之，弗顧也。比長，為文章厭制舉剽竊之習，務尋根柢，究心性，理儒先諸書，若有所得，故其文湛深渾樸，不事雕繪，一歸於明聖賢之正旨，窮物理之大原而止。然屢試皆弗售。或勸以從業，不應。歲己巳，學使蓉湖公行部至台，始奇其文而首選焉。與余同受知，時先生年六十一歲矣，太安人尚存。語余曰："我六旬老子，博一幅頭巾藍衫，誠可笑也。然以吾母苦節數十年，視吾厄童子試者屢矣，今得藉此區區者，返而上堂，效老萊子脩戲彩故事，吾母將無開顏動色耶！"蓋先生純孝敦篤，須臾不忘其親類如此。處家嚴而有法，事無細大，必以道義為防檢，不妄言笑，不苟取與，訓子授徒，必循規矩，不徒以辭華帖括為務。令嗣炳南君，獲成醕儒，而諸門從游之士，經其講解指授者，咸蔚然有聲膠庠間，或勸以應舉，笑而不答，語余曰："科舉一道，不可以語真人品，昔陸子講學白鹿洞，至《君子喻於義》一章，痛陳近世制舉之失，聞者流涕，吾豈能以白頭老婦忽復施朱塗粉，沿門求少年以嫁哉？吾終吾事而已。"年六十八以疾卒。先生貌古而學邃，為時俗所不喜，然後進儇淺之夫，猶或憚而尊之，為文多可傳，藏於家。今年余假館山西書院，晤炳南，述先生所嘗語余者，悵然悲懷，炳南書之載諸譜。雍正元年八月朔。

與陳國載書

八月十日，有事於先師，弟自館往襄事，以思兄甚，訂此際必得一會，已不獲，於稠人中呼維張叩焉，知尊體猶未可。是日復於鐵場道上面長公詢疾狀，始得具悉。色然而驚，驚定而繼之以大恐也。吾兄之疾，當由勞力，寔則以熱中基之，思尊軀雖素清臞，然曩與弟輩共苦均勞，儘能支持一本加"消受"二字。何遽致疾不可救療，第兄才大而遇蹇，方寸間有不能廓然者耳，殆致疾之本也。兄試想入闈時肯不作必售之念否？揭曉報錄時肯不張目側耳、心搖搖如不得甯否？落卷至時不扼腕否？凡此，情之必有者也，必有而疾根作矣，况復甚之以勞且苦耶！今年春，兄去就試，弟初未得知，張端菴回，道兄憊疲委頓狀，且羨弟以為能知幾。夫此非可以知幾云也，安於命耳。弟齒雖始衰，氣猶壯，所以不往者，非畏疾也，家有十五人，非婦女則眾稺之不堪事者，弟一不在，便無所得食，計莫及此，疇昔之心盡矣，其奚以往？蘇長公論董傳得官與有妻，生人之常理，自傳得之則為非常之福，恐不能勝，方靈皋先生云："世間一切刀兵水火、盜賊疾病、貧窮夭折、不祥之事畢集於文人之身，弟雖不得為文人，然而"貧窮"二字，老蒼所註定，確乎不移，所幸者獨少病未及死耳，尚安有意外之獲哉？萬一有之，彼又豈不能以他事顛倒磨滅之，若坡翁所云也。是用絕意場屋，有來勸者，概以膜外置之，由信命者深，匪直知難已也。吾兄比年來頗不謂貧，只此已為冥冥者所忌，而更焦心疲力，為揣摩科舉之學，是其忌益甚，所謂疾者，獨何為而不作也。大抵吾輩偶一動止，即有鬼物從旁伺之，故同一勞苦也，在弟為中其所喜，兄為犯其所怒，何者？弟所苦者饑寒踣頓，朝夕補苴經營之，務彼深欲其如是者而已。如是便釋然無辭，謂吾於此子亦足矣。兄之所苦不然，揣摩之習，科舉之為，此於意當云何，是殆欲求遇合也。脫或合焉，是世俗所謂富貴人者也，即烏得而不怒，而於是魔君隨之，豎子攻之，幽憂之疾，躁決之患，雜然而並至矣，兄以為善乎否也？且此事非可急疾期也，《詩》曰："告爾諄諄，聽我藐藐。"我自欲急，彼奚急之有，又况闈中萬餘人者，孰是其不急者哉！即謂高才者必遇，自古及今不遇者何限，且以吾浙稱才藪，其間瑰奇能文之士，兄知有幾人也？又近而吾台記夙昔所推為能文者，心目中類亦不少，更近而吾邑雖僻陋，如某某者，亦名士也，若此輩者，能一一必遇哉？將不能也，而能者又或不在是列，今科吾浙魁墨，兄曾見否？元作極冠冕，然間有未切當處，魁文數以摹古勝場，乃摹古而不句從字順，鄙意竊所未安，《庸》、《孟》題尤不稱。至吾郡棠木先生號為宿學，只首藝差新勁峻潔；宗卿亦負盛名，其墨卷要止到得平熟境際。以此獲儁，未始不可脫，以此襍置棠木、宗卿《集》中，謂惟此獨高絕，固羣然而莫之信也。微論眾人不信，令二公思之亦或未必自信也。聞棠木發解後甚不喜己文，求觀者謝勿與，果爾則真不信矣。由此言之，或遇或不遇，有數存焉於其間也。故願吾兄滌蕩煩胸，破除錮習，一惟義命是安，令行坐之際，泊焉若無營，睡夢之間，浩乎而自得，意必有𣺌然汗出，霍然病已者，惟吾兄少聽納焉。弟受困已深，而信命尤篤，非但今次不往而已。容日遇兄面談，珍重不悉。

戲擬嫦娥遺邱郎書

邱郎足下：自一氣初分，兩儀以奠。朝遊東荒之野，色映瑤臺；暮橫西極之濱，光浮銀海。揚彩軒宮而共照，增華台室以同輝。天柱峯頭，正類班姬紈扇；瀟湘波上，恰如西子菱花。方謂桂影扶疎，未免吴君之伐；豈料冰輪漂渺，遂來邱子之求。妾廣寒少婦，玉宇仙姿，雖孤枕寒燈，嘗破愁中滋味；而翔鸞舞鶴，占盡天上風流。西風飄桂子之香，瓊樓十二；夜雨奏霓裳之曲，粉黛三千。列宿如珠，孰韜清質；長河似帶，不掩澄輝。李白當年，空薹三生於魚腹；明皇秋夜，徒勞雙履於虹橋。不意忽發狂言，時驚幽夢。談欺流水，幾同宋玉之狂；筆引崩雲，欲買素娥之笑。念妾何如巫女，敢薦雲雨於襄王；豈是湘妃，胡贈珮瑲於交甫。發高吟於席上，愛竟虚投；領逸韻於花間，人非其偶。伏願上士，自持以禮，勿誇逐日之能；不及於邪，漫學捕風之技。機頭織女，剪成綠羅之花；月下老人，檢就紅絲之譜。凌風直上，行看鵬翼掃長空；奪錦先登，試聽馬蹄驕上苑。若無張騫犯斗之槎，漫效庾亮登樓之技[①]。

校勘記：

①“技”，抄本作“愛”。

代徵會文啓

伏以盛世重掄才，翹望觀摩於麗澤；高門推拔萃，久懷攻錯於他山。鉛槧歡騰，丹黄念切，恭惟學山峯秀，筆海瀾清。傾白堕以談文，字字珠圓玉潤；闢絳紗而就傅，人人虎變龍蒸。擅探書石室之奇，早已聲馳藝圃；藴射策金門之氣，行看名動皇衢。凡此英華，均堪矜式。某等技遜雕蟲，才慚窺豹，思問奇而未遇，徒賦停雲；幸擊柝之相聞，欣懷立雪。况三春花柳，實乃天假文章；且四座賓朋，自合人尋樂事。煎園葵以待旦，開山閣以延英。預訂文期，願賁臨於十五；敢攀大駕，看禮樂之三千。據棐几而操觚，分冰甌而滌硯。三條蠟炬，愧我輩撚斷髭須；十幅蠻箋，羡諸君吞來山嶽。伏望文旆早臨，星軿夙駕。揮成珠玉，慰就正於雷門；掃盡風雲，快取裁於匠石。勉效塵羹土飯，且爾抛磚；聊借繡口錦心，用酬學步。敬邀同志，均冀來思。

上吳學臺請旌林節母呈

竊新進儒童林雨綠母張氏，乃已故生員鎮之妻也。昔歲從夫，夙嫺弋雁鳴雞之訓；逾年喪偶，旋抱離鸞別鵠之悲。撫黃口之遺孤，一身如寄；矢白頭之信誓，九死不移。乃荼苦之堪憐，惟冰清而交勵。辟纑達旦，空房夜夜有啼烏；斷臂銘心，深巷朝朝無吠犬。雖女子而存丈夫之氣，且嚴師實出慈母之門。畫荻三冬，滿地飛灰乍冷；丸熊午夜，一庭篝火初紅。凡此風徽，均堪矜式，恭遇文章宗匠，風教主持。念孤幼之煢煢，幸預參苓之選；懷幽貞而耿耿，冀揚冰玉之輝。伏願錫之標額，重以品題。隻字挾華袞以俱榮，片言等金石之不朽。匪惟草茆賤士，欣瞻日華雲爛之光；抑亦泉壤幽魂，永圖結草啣環之報。

邑後學陳樹鈞重編林陽覆校

跋

裴粲英

家藏鶴曹林前輩詩文集，尚未抄全，近因林灼人伯瑗借鈔，畧為翻閱，又得伯瑗家所藏駢散文數首，齊、胡二序，因一併抄之，合成一本，後生淺學，雖未能窺先生涯涘，然中心所好，當不以淺見易也。蠹蝕塵蒙，收藏匪易，由所望於謙兒他日什襲珍藏，俾先生故迹不淪於烏有，此則由吾所厚幸也。訂畢，率跋數語于簡末，以誌其事，時光緒癸巳春三月也，詩藏裴燦英燈下筆。

校勘記：

此篇底本無，據抄本補。按：此篇抄本原置於齊序之後胡序之前，今移置於此。復按：文中之“由”，似為裴燦英名耳。

跋

金　韶

右《綠天亭詩文集》四卷，同邑林鶴巢先生所著也。先生名之松，字葱木。天姿敏異，讀書好古，在郡庠七試連居首而不得一第，士林惜之。吾邑入國朝以來，詩學頽廢，先生與二三知己，力為振起，齊息園先生序其文謂："跌宕頓挫，往往以逸氣舒寫其胸中蒼涼磊落之情。"戚鶴泉先生偁其詩："在長慶、大歷諸公間。"可謂傾倒至矣。其《集》向無刻本。今特為校讐一過，付之手民，以傳不朽云爾。宣統元年歲在己酉仲春月吉旦，邑後學金韶伯樞謹識。

書《綠天亭詩文集》後

金嗣獻

吾邑文教之興，肇於南宋。繇元及明，人才輩出，炳炳琅琅，俱足不朽。洎乎國朝，人文稍替，雖文壇樹幟不乏其人，而遺箸不多，無以攷見其大，求有專集留傳，足自名家者，惟林鶴巢先生之《綠天亭集》。天台齊侍郎召南、同邑戚大令學標，皆亟稱之。顧其詩若文，如雲蒸霞蔚，昭耀耳目，力追盛唐，不屑效六朝之殘瀋，宗秋屏先生謂其"詩中之杜"，"文中之韓"，洵不虛矣。嗟乎！天既俾先生以鴻才碩學，而又僅僅以明經終，何也？將成之而先阨之，使之老而益辣，窮而後工者非歟？若是則蒼蒼者，位置文人固別有在也，於先生亦何憾焉。余伯父伯樞先生，讀其《集》而心慕之，特為刊行，庶先生之文得以播諸天壤，俾千百世下考求文獻者，尚知東海一隅亦有斯人在也。宣統元年歲次己酉仲春二月，邑後學金嗣獻謹識。

用天台齊孝戆聚珍板印

太平林漢佳椒苑著
邑後學金韶伯樞删定

葵圃存草

目　錄

序

龐鳴昂

先生蓋平泉之半嶺適胤也。半嶺之宗，與諸林並埒，獨其文學之統，與諸林為盛，緜緜延延，鍾尤毓異，騷壇韻府，代有聞人。余客游平，久辱青睞於先生深，今歲開春，僑寓新河陳氏林亭，雨雪天寒甚，先生墊屐剝喙叩小齊[①]，足音跫然，余倒履迎入，坐問無恙畢，先生探袖中出一帙曰："吾先人血脉在此，足下其奚惜一言，不為吾子孫示。"余展閱之，則即向所讀《葵圃存草》，近得吾鄉齊苴圃先生為之序者也。先生曰："吾家自宋半嶺祖昉以《半山集》為世所重，洎德升公徙泉溪，再傳而得若水公與華山九老唱和，聲稱籍甚。又越數傳而某泰階公、曾祖載素公、祖竹苑公相繼以斯文顯，若先君子手澤尚新，尤足下所稔知也。而後乃及于某。"語至此，遂哽咽不復成聲，淚潸潸如簷溜下，先生之心其有大創焉者哉！夫為人子孫，負荷先業，完好無缺，本非甚高難行事，吾見閥閱名家，簪纓右族，高談濶論，飾智驚愚，及一訪其先代秘藏，則或索之腐鼠之腸，蠹蟫之口，至求片言隻字之能仰企前徽，慰在天魂，而瞑泉下目，更萬不可得之數，而村甿里婦，拾其青緗舊牘，以覆瓿盎，補窗壁也，又無論矣。今先生以困窮之身，歷承數百年之大統，自傷廢疾，力不遂心，吟稿在胸，口無停諷，道及往蹟，輒泣於邑，可不謂仁人孝子之用心乎？《詩》曰："自古在昔，先民有作。"又曰："昭茲來許，繩其祖武。"聲韻雖小道，苟非其人，不可強也。是故父不得之子，祖不得之孫。乃林氏一門，後先輝映，光燄不衰，至困窮如先生，固荳圃公所稱“天之酷厄殆甚”者，獨不能奪其家物，斯亦奇矣！先生為詩，必縋幽鑿渺，造意錬神，戛戛獨出，嘗語余曰：“吾詩雖本家傳，實未嘗剽竊一字。”是又所謂善繼善述，以視父書徒讀者，相去奚止上下牀耶？晚年始病目，家益窘，自泉溪三遷至横橋，横橋故瀕海地，斷落荒塘，魚腥蟹汚，為文人遊跡不到之鄉，其一二邨夫子即為宗工鉅匠。先生每有所得，假書於人，必口講指畫，再三不已，然且魯魚亥豕，訛舛滿篇，故生平著作多無存錄，所見豹班，左邱方之國語，梁蕭選文，更有倍蓰其難者。今其年七十有奇矣，見獵心喜，興復不淺，時閙一題，撚髭叉手，枯腸索絕。自言：“吾兩髩垂霜，豈好自苦，惟此身一日存，當為先人延一日之脉。”然則是編也，人以為嘲花謔月之辭，先生實為春露秋霜之泣，後之覽者，仁孝之思，當亦油然興矣。余既愛先生之詩之工，哀先生之志之苦，並為先生計久遠，自半山肇其基，若水纘其緒，鶴曹公大其業，而先生則守先待後之人，而所遭尤備其極，是不得不為覼縷者也。嗟夫！明德之後，必有達人，天不負先生，其必有力任薪傳者起，而大吹休明，致身通顯，則是編行且為九重物色，寧非林氏血脉之永乎？先生其什襲以俟。歲在甲申仲秋之月二十有七日，天台年家眷晚生龎鳴昂浴手謹識。

校勘記：

①“小齊”，應是“小齋”之誤。

葵圃存草

過王靜學先生故里

天馬山下禾黍場，曾作彈琴講學鄉。靜學先生居在此，庭前槐蔭色焦黃。丹詔初徵繼司戶，旋逐清班躋廟堂。燕子高飛起沙漠，宣室密詔出勤王。馳驛獨上廣德道，羽書飛報出東昌。賊臣金川啓筦鑰，龍潛御溝走大荒。鴛鷺千官迎新主，貔貅將士衛象房。先生作歌身縊死，節義文章垂青史。後人憑弔問故居，淡淡黃花谷口裏。斷碣殘碑野草屯，烈女井水冽且芬。綠蘿不蔓里社廟，紅樹莫遮朱陳邨。三生石上尋故主，五老峯前歸忠魂。吁嗟乎！君不見當年喬木上連雲，一夜干戈天地昏。

過緱城謁方正學先生祠堂 二首

昔年應詔入宮門，壯士奇稱動至尊。玉葉戎興飛燕子，金川鑰啓遜龍孫。孤臣廟冷丹心在，諸父墳荒碧血存。今日我從祠宇過，新詩一紙泣忠魂。

千官衣錦覲文皇，獨着麻衣似雪霜。有筆能書真篡賊，無言可誘輔成王。九重遺詔孝陵哭，十族殉君懿廟傷。生氣凜然留檜柏，趨庭儼對舊冠裳。

輔文侯墓

金牌疊下棄偏方，翁仲遺墟宋首陽。晉秩文侯垂史冊，□□□穆享蒸嘗。全孤義膽春雷壯，報主忠肝秋月光。南渡□□□□土，一坏封鬣障錢塘。

東海夫人 即淡菜

封誥何年下海東，似邀寵錫老珠宮。雖無日月波濤外，別有乾坤島嶼中。翡翠衾寒今夜雨，鴛鴦帳冷昨宵風。相思隔斷巫山夢，萬種離愁潮不通。

龍山夫人石 二首

朱樓鎖閫住村莊，寂寞蕭溪荇藻芳。一片輕雲遮翟茀，數重積翠點霓裳。月明秋水夜流影，烟靄青山曉斂粧。獨立崖巔天際望，幾番花信淚千行。

不施膏沐卸霞裳，定為良人作遯郎。滄海龍潛遺七鯉，丹山鳳隱老孤凰。衣間翠蘚春雲綠，髻上飛蓬蔓草黄。化石成形應有意，年年瘦影落寒塘。

春日久雨偶感

方春日苦雨，蕭索閉門時。天意固難曉，人心豈易知。消愁惟飲酒，漫興且歌詩。誰念丘中老，梅花寄半枝。

聞鄭秀三卜居村莊有寄

紅梨紫荳繞柴門，東郭騷人寄此村。幾畝葑田依月渚，數椽茅屋傍雲根。鳥啣好句投詩席，花放清香襲酒樽。籐枕一方閒午夢，烟蘿晚翠又黃昏。

寄李秋水

掃却煩囂日杜門，素心誰與訴晨昏。夜亭月白琴三拍，秋圃花黃酒一樽。伏櫪休嗟淹驥足，藏鋒自喜老龍魂。相期未寄相思句，君住南村我北村。

白鳳仙

素翰流輝傍玉臺，冰姿不共水仙開。花神何處新收得，應自揚家夢吐來。

紅鳳仙

丹穴新雛幻影稠，紫簫吹引下秦樓。斜陽欲沒魂何處，春在蟬娟玉指頭。

灑淚鳳仙

秦女辭家方外遊，紅粧淚滿鳳凰樓。何年迸作桃花雨，滴碎相思弱草愁。

紅雞冠

司晨絳幘冷霜天，卻出宮門伴野禪。自是雄心銷不得，昂頭猶賭上場先。

老少年

秋草無花晚景妍，臨風作態舞蹁躚。若教新月回光照，信是蛾眉愛少年。

水中雁字

賓鴻染翰孰傳方，鶴渚鴛湖作墨莊。隱見龍蛇依沼沚，參差蝌蚪滿池塘。蘆花灘上摹飛白，楓葉江邊寫貼黃。錯向沙泥尋鳥跡，空明水際一行行。

水上秋聲

寒潭薄晚響蕭蕭，併作霜威吸暮潮。露下蒹葭桓子笛，月邊蘆荻伍公簫。潯陽索冷哀猶在，易水歌殘恨未消。聽到秋江楓落處，飂來天籟入詩瓢。

題李迂江西園別業 二首

何用平泉數畝宮，可觴可詠此亭中。鄴侯架上牙籤滿，供奉牀頭玉碗空。萬片緋桃霞作瓣，千竿紫竹翠為叢。當年拾句奚囊在，任採飛黃與落紅。

結社幽棲近海東，靜如少室巨山中。小池雨細蘋生綠，深巷春明杏放紅。好月南樓觴庾子，清風北牖臥陶公。蝶蜂未許窺園圃，自有佳禽止碧桐。

題桃源圖 十首 彭學憲試古學題

同來採藥飯胡麻，洞口桃濃點絳紗。瑤草路迷雲竇塞，是誰染翠譜山花。

仙去千春閉洞天，長流積翠鎖青烟。芳踪未許遊人訪，萬片飛桃寄蜀箋。

抹雲和露拭鉛華，春翠爭流洞壑葩。高士久從仙子逝，剩將青壁麗丹霞。

春融檻草曉浮烟，玉洞濃桃映水妍。臨渚為憐花瓣沒，借風吹上剡溪箋。

丹青豈識舊仙家，露滴松烟散作花。芝老玉砂春寂寂，白雲無盡石門遮。

水上浮杯似葉輕，雙娥幻化畫難明。花開瓣染霞標色，記認仙源近赤城。

何須想像見真仙，爛熳桃花放眼前。霜雪不凋春不老，畫屏人立肖當年。

描出遠山粉黛輕，仙姬豈是世釵荊。燒丹朮火桃增豔，獨楮紛紛落管城。

誰點臙脂水面紅，繽紛不是逐東風。錢塘道士弄斑管，寫在紅綾尺幅中。

絳帳空懸仙亦孤，綠蘿洞蔓境荒蕪。蒼涼何處問前路，仗有桃花長不枯。

詠素蘭

植根同幽崖，作花若異族。具有霜雪姿，以此標絕俗。莖比鶴翎鮮，葉似翠羽綠。心涵辟塵珠，肌露無瑕玉。芳氣滿瑤林，如入沉檀屋。本是王者香，白衣老空谷。

春　意

韶光天外轉，淑氣望中開。對景憑詩筆，臨風寄酒杯。溪烟欲動柳，山雪更欺梅。後夜生青草，池塘好夢來。

春日偶成

野色青連郭，幽居臥草堂。藝蘭滋舊葉，栽竹長新篁。性癖詩千卷，身慵月半床。清高未易許，任意在疎狂。

春　風

聽鶯過柳浪，擺蕩遊人衣。拂面寒猶薄，侵肌冷亦微。

夏　風

深林無暑氣，高樹有清陰。北牖臥陶枕，南薰譜舜琴。

秋　風

簷前嘶鐵馬，原上泣銅駝。不盡蕭條意，關山落葉多。

冬　風

栗烈過蓬戶，鋒尖透繡幃。長江名利客，莫犯石尤威。

悔恨詩

坐失奇機懶着鞭，一戈夜枕總徒然。傳宗有子宜捐頂，主器何人可息肩。不用田横人五百，豈須句踐士三千。蹉跎歲月向誰數，已是悠悠十八年。

寄鄭兆科

窮巷春深長綠苔，素無車馬駐江隈。十年結社春風笑，幾載離羣夜雨哀。杜老腸牽渭北樹，陸郎思寄嶺南梅。停雲回首頻相望，誰見故人谷口來。

宿青林寺

石城郊外訪僧家，萬竹為關夜宿鴉。奔走十年衝雨雪，棲遲一夕臥烟霞。閒焚柏子銷塵慮，穩坐蒲團老歲華。我囿樊籠猶未脫，幾時問偈伴袈裟。

剡溪晚舟

帆飛浦口日初低，岸上人家唱晚雞。今夜旅愁生剡水，昨宵鄉夢入清溪。星臨絕巘哀猿嘯，月到幽崖怨鳥啼。觸我衷腸山海恨，幾番空渡浙江西。

寄綠蘿紅樹山房隱居者

逃名先避俗，衡宇卜山中。掛壁籐蘿月，敲窗竹樹風。閒吟芳草徑，薄醉野花叢。谷口何人到，樵夫與牧童。

還童草 二首

別有英姿葉上妍，風光何待雁來傳。月明秋圃增新豔，髣髴丹成不老仙。

裁雲織錦舊宮娃，老去顏嬌似好花。豈是餐松毛女伴，秋山寂歷始回家。

晚秋江村索居

高梧墜葉覆階臺，蕭瑟衡門晝未開。只我披荊當海澨，更誰停轄到江隈。黃花舊向東籬隱，白雁新從北地來。獨臥胡床琴作枕，晚窗無事且啣杯。

答廣文李迂江書

槐市森陰借一枝，道尊官冷古為期。傳經閣上青藜照，治事齋前絳帳垂。黃鶴歌將臨別緒，江雲賦寄遠離思。蓴鱸莫向秋風動，紫誥旋頒樂介眉。

擬古自嘲

齊桓會北杏，仗義期踐言。刼盟寶寸土，詎肯還侵田。又有魯遺賢，柳下隱居士。一言岑鼎輕，然諾重如此。咄哉若尾生，拘學咫尺子。相期在河梁，期者未舉趾。大水滔滔來，猶抱橋石死。

病中寄邵止亭 二首

偶過妍齋一晤君，別來何異死生分。病餘倦眼迷春樹，愁裏煩心暗暮雲。紅荳風微悲索處，碧梧雨急念離羣。西塘夢草饒新句，我在江干遠不聞。

坐擁寒氈有所思，秋風不促雁書遲。遺君嶺上雲千片，寄我隴頭春一枝。寂寞柴關花放後，荒涼竹院鳥啼時。蹣跚病足之何地，待到天涯雨雪期。

荷包牡丹

絳囊如蹙做蓮房，應是東皇別樣粧。斜繫紅絲花次第，非誇國色傲羣芳。

天孫織手不縫裳，巧翦紅紗作繫囊。紫陌春烟收欲盡，剩將此珮天香。

玉蘭

匪從空谷馥清樽，春苑琪花蕙草魂。香國不須滋九畹，瓊瑤一樹月千痕。

玉簪

月姊搔頭墜九天，枝枝幻作野花妍。玉工縱有玲瓏手，那得心香引鬢蟬。

村居四時雜詠 十首錄二

夕景猶留綠蔭中，碧天新月照梧桐。芒鞋濕踏蒼苔露，葵扇涼搖翠篠風。巷陌更深無吠犬，村墟夜靜有鳴蟲。羲皇可晤應高枕，夢破晨鐘海曙紅。

衡門晝掩客來稀，穩臥迂江少是非。不問年華寒暑易，莫知禾稼雨暘違。荷池曉露香全冷，楓嶺殘陽葉亂飛。乞得餘閒清入夢，一氈坐破幾秋暉。

聞高貞謙臥疾有寄

新園落木日蕭蕭，病坐寒氈更寂寥。爐上朝煙薰藥碗，床頭夜雨滴詩瓢。崔郎灑落題黃鶴，季子逡巡敝黑貂。如我龍殘知己遠，空思相約醉春椒。

聞葉乾宅主席環溪書院便寄 三首

結社環溪人境幽，青氈坐處是丹邱。春風謝草芽初茁，時雨江花蕊正稠。筆擱珊瑚盈几上，書裝翡翠滿齋頭。焚香點讀《南華》句，濠濮閒情憶子休。

捲起湘簾景物收，高低積翠總迎眸。竹涵黛色煙飛徑，梧逗銀光月入樓。廿載肝腸傾北海，諸生瘖寐契南州。故人知在新詩社，折寄梅枝出隴頭。

別開門徑隔滄洲，白水青巖景致幽。出岫雲邊蹲嘯虎，溶川月下宿閒鷗。梅花社近詩應和，桑落村連酒任求。為報同人相訪約，好乘春漲駕輕舟。

遷居横橋別諸同人

廢郭村煙接，人家隔翠微。白蘋涵落月，紅樹掛斜暉。潦倒尤心蹇，飄零歎志違。憑將流寓淚，還寄故園揮

遷居横橋述懷 二首

迂浦長橋斷，烟花亦覺非。乘風幾叟在，暑夜老人坐風橋上。敲月一僧歸。橋南僧院猶存。獨酌消春晝，孤松送晚暉。故交搖落盡，離索淚沾衣。

乾坤盡漭蕩，牢落獨無居。窮海形骸寄，故山魂夢依。種花香作國，栽竹翠成圍。儘也堪容膝，終傷托業非。

寄鄭秀三

豈因盤錯欲離羣，丘壑襟懷厭俗氛。長笛靜吹芜嶺月，小舟閒釣渭川雲。情怡白墮秋收术，性愛青緗夏採芸。撲面飛塵知不到，眼前清淨孰如君。

送楊杜軒歸天台

誰速星軺向曉回，闕西絳帳待重開。幾番別緒存詩筆，一曲離歌落酒杯。徧地黄花人採去，滿林紅葉雁啣來。清溪絡繹南旋客，驛使遥臨寄隴梅。

壬申除夕

星髮盈頭黑髮稀，歲逾花甲悟前非。幸無媚骨諧時俗，誤有雄心失事機。今夕銅龍占臘盡，來宵玉漏驗春歸。元旦亥時立春。燃柴列坐妻兒在，堪笑儒冠與世違。

別城中諸同人

津亭春樹雨漓漓，增我新愁去較遲。兩載重來畱笑語，幾番別去換鬢眉。長堤綠柳離人淚，古驛黄榆旅客思。行李半肩前日路，不堪追憶淚盈卮。

哭林元陶

掬月齋中醉日曛，死生誰識此宵分。蒼葭澤畔故人夢，紅豆莊前素友墳。送到猿聲哀索處，飛來雁陣泣離羣。酸風帶雨摧池草，寂寞西堂亂暮雲。

再寄李秋水

雁蕩風清荻影秋，思君待放浦南舟。晚霞江上醉供奉，曉雨山中臥鄴侯。客少歌魚勸一臂，人多指鹿炫雙眸。息交且自棲盤谷，閒步溪頭鶴伴游近豢一鶴。

醉楊妃 二首

沉香亭畔百花開，妃子承恩夜宴回。燈下酡顏嬌不語，低垂猶想上皇來。

太真望幸獨啣杯，爭道玉山筵上頹。欲起猶眠嬌百態，三郎若曉輦飛來。

懷方正學先生五言古體得毅字 李學院月課題

川岳鍾異人，品卓薄王魏。節義與文章，契懷見風味。燕子飛來，北軍紛如蝟。鑰啓遜龍孫，玉步改還未。麻衣入宮門，文星曲相慰。哭聲震殿廷，聞者亦欷歔。草詔抗莫回，秉性夙剛毅。擲硯藐至尊，十族曾何畏。鐵石作肝腸，河山壯正氣，捐軀存綱常，致命棄富貴。烈烈大丈夫，當時誰髣髴。南國孤鳳凰，斯言豈無謂。

送四弟入北洋 二首

弟兄雙瘦影，南北眼前分。遠島清浮霧，遙天黑起雲。荆花連歲暗，蕙草幾時薰。方寸耿難語，應知雁有羣。

片帆揚海上，掛我一人心。別夢縈孤枕，離思寄破琴。潮洶横鱷尾，浪湧戛鯨音。破膽深涯側，寧知鵠在林。

四弟行販逗留章安便中有寄

孤篷東去望迢迢，知泊城闉第幾橋。萬壑亭前煙似黛，章安古蹟有萬壑風煙亭。半江樓外月如瓢。惟應放犢登山隴，何事求魚涉海潮。倦雨不還隨鷙鳥，舊巢風雨日飄搖。

病中感懷 五首

臥病經年壯氣消，徒將心事語兒曹。未能雪恥背囊矢，詎望復雠腰佩刀。去臘曾嘗新朮酒，屆寒又着舊蘆袍。韶華荏苒愁中過，已覺霜花上鬢毛。

雁行分拆夜嗷嗷，月冷巢空照墜毛。事業凋零雙屐敝，生涯苦楚一篙勞。煙花看去疑成雨，霜葉聽來都是濤。莫向風波深處走，迅歸與我誓同袍。

沉疴始起正鳴蜩，轉眼秋光又可招。黄菊傲霜花後發，碧梧應節葉先飄。擲瓜曹女江河震，磨刃龎娥山岳搖。愧我鬚眉如鐵戟，靦顔偷息過昏朝。

歷盡風霜恨未消，半生心跡愧漁樵。眼前苦海波千傾，身後中山酒一瓢。豈厭窮愁垂白髮，徒矜氣節薄青霄。殘碑沒草無人識，禾黍芊芊野望遙。

江村落木日蕭蕭，誰共寒氈訴寂寥。一夜狂風花壓徑，幾朝積雨水平橋。髫年有志觀黄鵠，皓首無成敝黑貂。按劍悲歌北隕涕，烏臺無復舊皋陶。

僑居致慨 二首

衡茅秋雨日霏霏，滿目蕭條志已違。北雁南來哀索食，西風東送冷催衣。半生偃蹇妻兒在，萬事飄零兄弟稀。薇蕨故山猶可採，嗟予破產不成歸。

湖海茫茫去路岐，生涯何計可支持。一盂麥飯延殘喘，百結鶉衣蔽瘦肌。軒輊人情花亦覺，牴牾世態劍猶知。年來奔走為形役，病臥迂江悔始遲。

歲暮漫成

釀得春醪已可嘗，隴梅欲放尚含香。愁來有意尋詩社，老去無心入醉鄉。駒影花磚嫌晷短，雞聲草枕恨更長。年光到此休追憶，臘鼓鼕鼕歲事忙。

見意詩

酸風苦雨已三年，鍔斂鋒藏困一氈。不識盈虧應看月，能知往復可窺天。及秋紅藥霜前萎，逢閏黄楊歲後鮮。物理於人惟靜悟，且將斯意作參禪。

久客思歸

驅車走遠道，別家自春初。鄉井雖索寞，坐臥得自如。旅食時候易，香稻滿新畬。蟹肥堪下箸，甕頭已浮蛆。凄風冷絺綌，促織響庭除。蝴蝶有心夢，鴻雁無字書。觸緒奚惆悵，行矣膏吾車。到家何所事，且釣前溪魚。

白菊 二首

丹桃蓮甲各芬芳皆白菊瓣，冰瓣層層澹逸粧。只有梅花堪作友，孤山氣味是柴桑。

梁園昨夜雪初匀，銀索晶毬一色新。皆白菊名。送酒人來花欲笑，前身應是此花神。

粉西施 二首

宿醒西子倦臨風，猶帶葡萄酒暈紅。不賽若耶溪上月，添妝寵奪館娃宮。

泛湖人去莫尋蹤，花幻吳宮笑臉容。想是芳心猶未滅，淡妝還欲傲芙蓉。

林湯金嗣獻參校

跋

金　韶

右林椒苑先生《葵圃詩草》一卷，先通議公手錄庋藏，欲刊未果。今年春余自粵西歸里，謀刊先生尊人《綠天亭詩文集》，特為刪定刊附於後，以見先生家學淵源，後先濟美，而余亦得稍成先人未竟之志耳。按先生名漢佳，號葵圃，因父塚在雅嶼，為勢家所發，屢訟不直，負骨上控，以致訟纏產蕩，兩目俱瞽，故其詩恆多感慨之辭也。校印已畢，因書數語於後。宣統元年夏四月金韶伯樞識。

臨海洪枰雪疆著
太平後學金韶伯樞校刊

地理枝言

目　錄

自 序[1]

地理一道，楊、曾以後蕪亂極矣。間有闢人，未有傳書。依草附木者，捕風掠影，偽造汗牛；蘖叉鬼母，交戰塵天，鵬子梟奴，紛拏廣野，張牙舞爪，儘是乞食遊魂。萬古長夜，何時能醒？雲間蔣氏大鴻，以幾社之奇才，為勝朝之逸士，著作等身，諸堪不朽，乃出緒餘，別具手眼，述楊、曾不傳之學，惠人子事親之道，作《地理辨正》一書，梲一布氣，藏萬植言，造物之鍵已啓，猶恐邪說不息，正道難明，於是張以太陰之弓，射以枉矢，首攻玉尺，殲厥巨魁[2]，偽幟既拔，羣妖震懾，遂使黃茅白葦之中，忽闢為康莊大道，紅日當空，復覩山川面目，厥功偉矣。按宋學士灊溪《葬書新注序》稱，楊筠松在唐與僕都監俱以能陰陽隸司天監，黃巢之亂，竊書中禁，奔至贛州，以其術傳廖三傳，三傳傳其子禹，禹傳其婿謝世南，世南傳其子永錫，遂秘而不授，似其術已為絕傳矣。然《青囊》、《敘奧語》、《天玉寶照》等經，其書俱在，豈天不欲絕斯道，其後復出歟？又王尚書禕《青巖雜錄》稱堪輿之說，分為二至[3]：一曰宗廟之法，始於閩人之宗王伋，純取五星八卦以定生尅；一曰江西之法，肇於贛人楊筠松，曾文辿及謝子逸、賴大有輩，其學專取龍穴砂水之相配，而他忌諱在所不論，與此書述楊、曾源流，元空五行之理大相懸殊，其殆考之未詳歟？第此書天律有禁，不敢明言，江湖術士目不識丁者，讀之茫無畔岸，固已。即有通儒究心河洛，非不能知其妙，而決非師傳徒憑，臆測毫釐千里之間，恐貽悞必多也。予自癸丑歸里，閉置一室，十指懸槌，無所安頓，因竊取所聞於人者，作《地理枝言》[4]一編，畧陳龍穴砂水根源，八卦五行之梗概，以衍蔣氏之説，非敢謂此中有得也，聊效蠡海之測，蛙井之窺云爾。臨海洪枰雪疆識[5]。

校勘記：

①抄本題作《辨正支言自敍》。

②“巨魁”，抄本作“魁巨”。

③“二至”，抄本作“二宗”。

④“地理枝言”，抄本作“辨正枝言”。

⑤“臨海洪枰雪疆識”，抄本作“章安雪薑氏洪枰撰”。

地理枝言

相地貴先識龍，龍曰金龍，有乾道焉。乾為金，金主氣，八音首金，宣氣也。

“乾：元亨，利貞。”惟元故亨，而又利于貞，固貞者正也，中也。“初九，潛龍勿用”，不及時也。“上九，亢龍有悔”，過于時也。三四雖及時，而不得其正，故不言龍，以其未成龍也，惟二與五或見或飛，動乘天運，又得正中，體用合撰，故為利見。

龍不動，則不變，變則化，“用九，見羣龍無首，吉”，陰陽交也。

龍看動靜，動非起伏之謂，于束壓之中，奮迅橫泆[①]而出，蟠天際地，不可端倪；靜非直頓之謂，于閃爍之間，坦夷環結，而住左宜右，有不可移易。一動一靜，互為其根。

校勘記：

①“横泆”，抄本作“横決”。

龍看順逆，順者逆之，逆固是逆；逆者順之，順即是逆。夫《易》，逆數也。

龍分兩片。水龍分兩片，實一片；山龍即一片，分兩片。一則神，兩則化。

龍察性情。龍性靜，觸不得，疑戰則其血必元黄矣；龍情喜，鬱不得，困石則所據皆蒺藜矣。

龍辨向背。向非朝向之向，一家眷屬，情意自向，天風所以為姤也；背非違背之背，非我族類，舉動皆背，火澤所以為睽也。

龍有氣象。天無氣，以地之氣為氣，所以騰于地者，還降於地；地無象，以天之象為象，所以成于地者，即形於天。

龍無全身之現，鱗爪不必求，但知其頷處，則珠可得；龍非可勒而住，攔抱不必拘，但知其胎處，則神自棲。龍起則雲擁，龍行于夏，夏雲成峯，故真龍必無孤露癡頑之態，龍蟠必水深；龍潛于秋，秋水如鏡，故真龍不向淺涸混濁而居。龍火閃于潭底，而光在天，若執天以求龍，龍無有焉，故龍不可覓于山椒。龍氣噓于壑中，而澤滿地，若執地以求龍，龍無有焉，故龍不可覓于山足[①]。

校勘記：

①此條抄本作二條，至“則神自棲”為前一條，而自“龍起則雲擁”為另一條也。

龍飛在骨，百節玲瓏，一[①]氣貫注，餘曜雖或反張，而真機自是特結。龍息在耳，半鈎暈影，雙竅空明，捉摸雖似元渺，靈綷俱被全收。

校勘記：

①“一”，抄本作“以”。

龍無方，而有其方。東北陽方也，三生木而八成，一生水而六成，皆右旋而屬陰，是陽以陰受也；西南陰方也，四生金而九成，二生火而七成，皆左旋而屬陽，是陰以陽受也。《易》曰：“天地絪緼，萬物化醕，男女媾精，萬物化生。”

龍曰地理，理氣之謂也。理氣之法，本於圖書，有對待而以為體者，有流行而以為用者，有一卦而自為生旺者，有兼卦而更為生旺者，理氣必視元運，如一白流輝，知元冥之司水德也；九紫騰焰，知祝融之司火令也。又有曲直，萌芽于從革炎上，光流于潤下，艮男育胎于坤輿，乾父鍾秀于巽女，或直來而直受，或形此而氣彼，神而明之，存乎其人。

龍曰形家，巒頭之謂也。巒頭之法，上應星辰，有攢簇共成一垣者，有勾聯自成一躔者，有獨結而可以一行名者，有變體而不可以一行名者。巒頭必視方位，如土角流金，必大市①之于貫索也。木星葖節，必角宿之于平道也。他如亢氐之後有折威，虛危之後有天壘，嘴參之後有玉井，井鬼之後有南河。或取物之維肖，或類聚而因方，元乎又元②，不可方物。

校勘記：

①“大市”，抄本作“天市”。

②“元乎又元”，實為“玄乎又玄”，乃避康熙玄燁諱改。

天地一氣，機之鼓籥。龍撰德于天地，理氣豈容抹卻，不知宇宙一庶類之馮生，龍肖形于宇宙，巒頭豈得概置不論。然理氣不可鑿空而談，譬如明①人五官四肢未備，雖有呼吸之氣，豈得成個人。巒頭不可死板而言，譬如人五官四肢雖具，而無呼吸之氣，又豈得成個人。故人鑿空而談理氣，死板而言巒頭者，亦不得成個人也。可不懼乎？

校勘記：

①抄本無“明”字。按：聯繫下文，“明”字似衍。

識龍難，識穴尤難。

上古葬取大過，大過一大坎也。陰主質在外，陽主氣在內，所謂外氣橫形，內氣止生是也。卦體上爻，缺入口也，下爻，缺出口也，亦即所謂城門也。

穴字象形，一點起頂也，寶蓋開睜也，撇捺分鉗也。

穴有穴形，以本山為證，虛梁之右，墳墓似之。穴有穴情，以眾山為證，大陵之中，天讒似之。

宿，止也，又訓息。土宿，即穴起息肉也。羅為絲羅之羅，羅紋即山掛流神也。

穴相感而氣入澤山，咸艮陽下象突，兌陰上象凹，是中有凹也。穴相與則氣從雷風，恆巽陰下象凹，震陽上象是凹中有突也。

穴忌銜，孤虛之說不可廢。穴貴倚，分金之法妙乎乘。穴無醜怪，而人以為醜怪，是以形求之也。苟求諸理而合焉，即為端好。蓋形有醜形怪形，而理斷無醜理怪理。

天下無無龍之穴，天下無無穴之龍。穴以龍為憑，龍以穴為的。穴上裝清，龍身得正，相厥二神，衷諸一是，截然不同，總為一氣，至神至妙者也。

穴，主星也。眾星環繞皆動，而極星不動。王氏《周易畧例》曰："夫眾不能眾治，治眾者，至寡者也。夫動不能制動，制天下之動者，貞夫一者也。"故穴以特為奇，以靜為用[①]。

校勘記：

①"以特為奇，以靜為用"，抄本作"一特為奇，一靜為用"。

金星貴開口，兌西方之卦也，兌口缺。木星貴鍬皮，震東方之卦也，震脚横。

穴法趨吉避凶，全在剪裁之巧。移步換形，咫尺之間，判若天淵。

穴貴水，蔭不必拘，如木杓之有柄，割甌轉角，送鬧結岐，皆是，此以水龍言也。若山龍亦然，弼水星，隱曜也。天然穴，乾坤艮巽也。獨立四隅，別無名相，只取卦氣相通者為用，故與甲庚壬丙兩兩相對，此決為天驚，不可明言，《易》所謂"書不盡言，言不盡意"者此也。[①]

校勘記：

①此條抄本分作二條，自“穴貴水”至“隱曜也”為一條，其下又自為一條。

相地之法，不甚重砂，蓋龍真穴的，未有砂不合法者，然龍經砂水，緯龍元氣，內主富貴，外主砂法，亦不可不講。

需于沙為衍，在外則局內，不可見擁腫支離。艮其限為厲，熏心則局外，何須有嵯峨攔截。

聚則星羅台斗為貴，器府亦上格也。散則碁布點角宜明，繡錯亦呈秀也。

雙橋落虹，眠弓砂也，宜在前而端整，稍見翩反則飛；滿床堆笏，牛角砂也，宜在側而彎環，稍見斜牵則背。每喜蛟騰鳳舞，切忌鴨頸鵝頭。

坤，巨門也，足下有砂則走。艮，左輔也，脅旁有砂則穿。明堂不宜聚礫，左右最愛團雲。

雲從龍，左砂宜敞，壓則雲擁而塞。風從虎，右砂宜蔽，漏則風射而寒。

龍喜處，砂宜現。龍惡處，砂宜伏。《易》曰：“方以類聚，物以羣分，吉凶生矣。”

水為山血脈，富貴貧賤係焉。惟知水方能得水，其法為最精明①。

校勘記：

①抄本無“明”字。

水法有山龍水龍之分，其用殊，其理一。《易》曰：“分陰分陽，迭用柔剛。”①

校勘記：

①抄本此條與下條之“水法不一……以御天也”合為一條，是。

水法不一，其要貴乎乘時。《易》曰：“時乘六龍，以御天也。”黄河之水動也，曲折之處即為靜。滄海之水靜也，潮汐之來即為動。銀河水横亙不動也，隨天旋轉，則不能靜。星宿海分馳不靜也，依地鎮立則不可動。動中有靜，靜中有動，惟水最變幻莫測。

水在天上，與天違行，其體對待，其氣反至。水行地中，與地為比，其體附麗，其氣順受。

水者引也，引龍而行，水住知龍住。水者影也，影龍于中，水明斯龍明[①]。

校勘記：

①抄本與下條合為一條，又“洊”字前有“水”字。

洊至，重疊為佳。衹既平，凹腦為忌。

一道單纏，罡刼也，而形如滿月，知太陽為之光，便為保合太和。羣流會聚，破軍也，而局應紫微，知帝座運乎中，便[①]各正性命。

校勘記：

①抄本“便”後有“為”字。

水有經緯，一三生而六八成，一三居正，而六八位隅，是正為經，而隅為緯。二四生而七九成，二四居隅，而七九位正，又隅為經，而正為緯。一經一緯，互相為用，是為活水，是為神龍。

水有正變，玉水方流，瓂源圓折，珠灣六六，璧彩雙雙，皆水之正體而美者也。有正必有變，惟變正所以證正，北斗打刼，合以離宮，變不離正也。

山下出泉為蒙，蒙養也。水在山上為蹇，蹇塞也。

水涸于冬，亦旺于冬，其涸在質，其旺在氣，故乾流而有氣機，可用也。水能滋物，亦能腐物，其滋在注，其腐在汩，故巨浸而無注受，不可用也。

水能界龍，亦能斷龍；水能衛龍，亦能冲龍。

吉凶悔吝生乎動，伏流非水也。進退存亡得其正，斜流惡水也。

日與月點角交處，經緯同度則食，若稍移則光自盈焉，以是知水火之不相射也。

氣為水母，水為氣子，子在母，隨氣相感也。氣有所由入，井口所以貴乎不揜。

龍得水，能變化，其變在龍，其所以變在水。水成，龍方神，靈其神在水，而所以神在龍。

水曰水口，非指其出處也。觀四大水口，方知口字之妙，衍以三合聯珠，尤妙之妙者也。

四句若囫圇讀過，漫無分曉，便失作法之精妙。①

校勘記：

①此條之後，抄本尚有八條，刻本全脫，而刻本之“四句若囫圇讀過，漫無分曉，便失作法之精妙”，則為第八條之結句也。今錄補於下：

經四位而起父母，隔八相生元竅，相通也。而乾、坤、艮、巽獨不然，以不可以干支名之，則各從其類而已。

相地之法，龍向水，盡之矣。作法之要，龍合向，向合水，水合三吉位，盡之矣。

嗚呼！相法之重也，災福是柄，貧富攸關，夢梦者何未之察也。五吉既昧，十字皆非，南轅北轍，指東話西，比比皆是，可慨也已。

龍，天工也。向，人事也。水，半由天工，半由人事，禹之治水是也。

龍合向，順龍性也。向合水，同水德也。水合三吉位，亦猶是也。

向水尤挨星而後定。常無欲以觀其妙，常有欲以其竅，乾、艮、巽、坤、壬，即挨星之起例也。坤、壬、乙，即挨星之條例也。本於《洛書》、《奇遁》而來。

一經一緯，一逆一順，絲毫不爽，天然莫易，至奇至幻者也。

向中分，向或左或右，蒂一支駢。分向定向，不偏不倚，杓正衡平，天元陰也。陰為偶，地元陽也。陽為奇，人元介乎陰陽之間，故可奇亦可偶。

前兼龍神，前兼向，為聯珠。後兼龍神，後兼向，須排定卦位，算清陰陽，方得零正之用。前非面前之前，後非背後之後，四句若囫圇讀過，漫無分曉，便失作法之精妙。

申、子、辰本為三合，第非如俗所謂會成水局云云也。六爻之動，三極之道也。三極，三合也。

穴貴水蔭，非謂横攔腦後，水必蓋穴，非謂直冲面前，知人地兩元之取貪狼，斯直達補救，兩臻其美。

穴在土膚之際，不可誤認壁下巖邊。水以之玄為佳，不可錯指蚓殭繩絞。

龍必審定何局，而后①向水，無不絲絲入扣，譬如作八股者，有題斯有文，若無題則一篇文字從何處做起，是四十八局之宜審也。

校勘記：

①"后"，應作"後"。按："后"之與"後"，古籍中形、義俱截然不同，此本以"后"作"後"，是或俗字之濫觴乎？

五德之運，當王者貴，成功者退。古來帝王皆應運而興，何獨疑于堪輿哉？堪天輿地也。

人言乾坤既立，長子用事，而不知中子用事。何言之？長子震也，震下一畫，得乾之偏，庶長子也。中子坎也，坎中一畫，得乾之正，適中子也。故乾坤之后[①]，即次以屯坎居震上也。自此自“蒙”而“需”而“訟”而“師”而“比”，共六卦，皆有“坎”。六卦者，六十年也。一白功成，四綠繼旺，故次以“小畜”、“巽”居“乾”上。長女用事矣，然陰不能以為主，須藉乾德以運之，故自此自“履”而“泰”而“否”而“同人”而“大有”，共六卦，皆有“乾”。六卦者，亦六十年也。四綠功成，七赤當繼，旺而受之，以“謙”獨言“艮”而不言“兌”者，以“坎”為陽，“巽”為陰，“艮”為陽，隱然說出“一陰一陽之謂道”，元運自秩然而不紊[②]，蓋“謙”本自“兌”來，天卦[③]不純，“兌”變例也。

校勘記：

①“后”，抄本同，當作“後”，亦俗字也。

②“紊”，抄本作“爽”。

③“天卦”，抄本作“六卦”。

九宮本于《洛書》，人皆知之，惟《乾鑿度》言最為精切，其言曰：“太乙取其數以行，九宮四，正月維，皆合于十五。”鄭康成注：“太乙下行八卦之宮，每四乃還于中央，故謂之九宮。”天數天分[①]，以陽出，以陰入，陽起于子，陰起于午，是以太乙下九宮，從“坎”宮始，“坎”中男始，亦言無適也。自此而從于“坤”，從“震”從“巽”，所行者過半矣。還息于中央之宮，既又自此而從于“乾”，從“兌”、從“艮”、從“離”，行則周矣。上遊息而反于紫宮，施此數，合十五言，有法也。觀此則經四位而起，父母逢五則還息，八卦只有二卦，俱可知矣。大鴻氏胸羅萬卷，豈肯作鑿空之談以欺人哉？奈何大儒如黄梨洲，猶以三元為野狐禪，噫！信而好古之難也，宜我孔子獨致慨于老彭。

校勘記：

①"天分"，抄本作"大分"。

大撓始作，甲子未知係何年，今以元運考之，當在黄帝五十三年。蓋始作甲子定為上元，扣至元泰定元年甲子上元，共六十七甲子，三元之數恰合。五帝世系不可考，甲子可溯而得也。宋邱濬以燧人氏元年為始甲子，黄梨洲以黄帝元年為始甲子，恐非。

蘇源明傳元包，氣由虛而造形，未有一之卦也。形隨氣而返虛，已有一之卦也。此元空之說也。元空非空，須知空處即是實處，陳希夷注："正易水氣孕于乾金，離氣孕于巽木，震氣孕于艮水，兑氣孕于坤土"，此顛倒之說也。顛倒非倒，須知倒處即是順處。

《天元歌》，杜陵自謂糟粕也。推之《歸厚錄》，亦糟粕也。然糟粕酒醴所自出，即糟粕而味酒醴，則糟粕化為神奇矣。甘糟粕而味酒醴，則滿腔皆糠粃矣。謂予不信，試觀五歌，結云"一句一聯包數義"，今之讀者于一句一聯，得其一義，輒𩬊然自喜知之矣，何知有他義，更何知有數義，惟其不知有數義，是謂糟粕也已。

《天元餘義》之作，大鴻氏不得已之苦心也。蓋雲間嘗作《爰書》以定玉尺矣，因欲以我法而覺人，然一法立而一弊生，解縛反以增縛，世有皋陶，吾恐將移玉尺之《爰書》以定三元矣。巴豆，毒物也，服之無不殺人。人參，神物也，為玉液，為靈芝，其壽人豈巴豆所可同語，有時亦能殺人，以用之不得其法也。于是天元成而雲間懼，又與及門抉滯辨疑，反覆數千言，以暢厥旨，可謂詳且盡矣，至其奥義，終不明言，非秘也，懼洩天機也。

中國三大龍，吾鄉王太僕先生于《廣志繹》中說得極清切，蓋嘗身履其地也。按中龍發最早，盛而且久；北龍次之；惟南龍寂無聞焉。不知天地生材不一，金錫、絲枲、羽毛、骨角，皆物之精英，而適于用者，南方有焉，且人文之盛，亦東南為最，是南龍未嘗不發。

兩界謂北黃河，南長江，夾出中龍，豐鎬為首，洛邑為腹，青徐為尾。王侯大地，聖賢道場，盡出其間，此第據中條形勢作好看語耳。其實豐鎬惟視涇、渭，洛邑惟視澗、瀍，青徐惟視淮、沂，各支水交絡其中，以為建立之準，水龍一決，萝萝皆是，俗書萬卷，盡付祖龍，誠不為過。

紫陽夫子言："冀州好箇風水。"紫陽未嘗至其地，其言之不爽如此。

華亭陳彝仲《禹貢合注》："泗陵圖極好元運之應"，其神如是。彝仲與杜陵同為幾社人。

天啓間，開駱馬湖泗州，祖陵旺氣盡洩，潘宮保季馴早已慮及，有先見之明。

王太僕恆叔云："秦始皇墓適當渭水反弓處，以堪輿論亦當二世而亡。"

王漁洋《香祖筆記》謂："蔡京葬其父于杭之臨平，以錢塘江為水，越之秦望山為案，尤據江山之勝，然京與其子攸、絛皆不得其死，堪輿之說其足恃乎？亦存乎其人也。"予以擇地必種德，原是正理，第臨平之山，龍身儇薄，本無大結，況錢塘[①]江水大，秦望案遠，不足以收之，故一發即敗。

校勘記：

①抄本無"塘"字。

徐文長云："廣成子有言，葬骨而獲，乘夫生氣，蓋適得其天孕之故也。""天孕"二字妙。

張儲大學士，位之弟，多才藝，精堪輿，間遊遼東，歸語人曰："吾觀王氣盡在遼左。"可謂絕大學問。遼左，八白位也。

同郡後學項元勳金嗣獻覆校

跋

林　湯

極天下至繁至賾至變至幻之事，一言以蔽之曰：陰陽而已。夫陰陽之理，莫備於《易》。人不學《易》，即於日用事物之幾且不可知，而況能相彼陰陽，觀其流泉哉？顧堪輿者，動輒稱《易》，其書汗牛充棟，大都強率牽合，而於《易》所言陰陽之理尠得真詮，惟雪薑洪先生所著《地理枝言》一書，以羲經之蘊，闡地學之藏，合《易》理、地理而一之，足以補《葬經》所未及，發《奧語》所未言，其自題曰“枝言”，蓋謙辭也。刺史金伯樞丈固三折肱於此道者，讀是書而善之，付諸手民，以餉後學，余為之深喜。因念洪氏為吾台望族，先生名枰，字世木，雪薑其號也，以拔萃科登乾隆庚子舉人，官嘉善教諭。子坤煊、頤煊、震煊皆掇巍科，代有聞人，至今書香不墜，殆有如《詩》所謂“卜云其吉，終焉允臧”者矣。乙卯仲夏太平後學林湯跋。

用天台齊孝慜聚珍板印

太平金壽祺芾齋著
男潤堂雨梧敬校
孫嗣獻諤軒謹輯

小有天園雜著

目　錄

清故榮祿大夫芾齋金君墓表

王舟瑤

同郡金嗣獻謌軒，劬書慕古，好表章鄉邦文獻，余既銘其考中憲君之墓，一日，又貽書求表其大父教諭君之墓，余久未報，謌軒請益堅，余念謌軒之孝思，又以其表章鄉喆之舉，實肇始於教諭君，故未忍終拒。按狀：君諱壽祺，字祉受，芾齋其別號也。太平水洋金氏，其先本氏劉，為唐節度使沔之後，至五代時避吳越王鏐嫌名改氏金。曾祖諱德友。祖諱珣，例貢生。父諱雅奏，絣貢生，歸安學訓導；母趙，繼母張，趙三世皆贈榮祿大夫，妣皆贈一品夫人。君幼穎異能文，為諸生，同輩咸治舉子業，君獨憙子史家言，斐然有纂述志。既而補廪膳，七赴秋闈，六獲薦，卒不售。咸豐辛酉，值選拔期，君名列第一，而竟為第二者所得，人咸為君惜，而君處之夷然，曰："科名者，衣服。學問者，身體。身不修而華其服，奚裨為！"繇是一志於學，榜所居齋曰"師果"以自勵，且虛心取友，所交多知名士，入貲得教職，署浦江教諭。時值洪、楊亂後，繼以凶荒，人文賈落，弦誦闃然，君鋭意振厲，凡書院之頹廢者為延師以課之，生徒之無力讀書應試者捐俸以給之，文教為之一振。大吏聞其賢，調署昌化，其教亦如浦江。既而改捐同知，歸部銓，並晉三品，陞銜加三級，得榮祿封典歸。君性好義，又饒於資，家居纂修族譜，建立宗祠，力任其難。邑有大舉，如建縣廨、校士館等，亦惟君是賴。且愛儲書，而於鄉喆遺箸尤拳拳，收藏甚富。君歿十年，家不戒於火，悉委灰燼，故嗣獻亟以搜羅故籍為事，繼君志也。卒在光緒庚辰二月，年四十有六。所箸有《兩論題解集證》四卷，《鴻遠書屋詩鈔》四卷，《吮筆餘吟》二卷，《師果齋文鈔》六卷，《小有天園雜著》二卷。配王夫人，後君十四年卒。合葬於縣西鄉之琛山。子三人：長燾，同知職銜；次鑣，鹽提舉職銜；次潤棠，松江府經歷保陞知縣。女二人：均適士族。孫五人：長即嗣獻，湖北候補州同知；次學任、學仕、學傑、學伊，幼。女孫四人。吾台在宋明時魁儒碩彥飈舉雲興，學業勛名照耀史乘，然不數傳輒歸零替，如杜清獻、車玉峯之後，不第繼起無聞，即讀書識字者今亦無一人焉。昔戴參政豪謂："吾鄉雖有名山秀川，終僻在南裔，不能比中原之宏深博大，士生其間，受才多清，受氣多薄，而受福多不能大以遐。"吁！其信然邪。若太平金氏，雖歷世未聞有顯達卓著之彥，然讀書尚義，富而好禮，在元明時即有聞於世，如千戶用嘉，太學如璧，琴趣處士鏞，松嶼處士鈃，屏山處士洼，六合訓導鳳魁，敬齋處士枝，尚齋文學炮，一山文學聽，其行誼志節見於黄定軒、謝桃谿、夏赤城、黄久庵、葉海峯諸《集》者班班可攷，至今代歷數十，年踰數百，而故業依然，流風不替，讀書稽古，急公好義之士接蹤繼軌，猶有如君者，蓋累仁積德，未振襮於世，故蓄之而彌長歟？抑貽謀獨遠，實遠勝於他人，故子孫足以世守歟？余於是歎金氏之多賢，而無媿吾台之舊族也。故特表之，以為世之守富者勸。甲寅春月，二品頂戴廣東候補道黄巖王舟瑤謹譔。

《宗譜》序

粵稽綺交脈注，在天麗宗正之星；孤竹空桑，太古衍神明之胄。以及箴僖儇姞，開寶籙於皇條；任宿句須，溯瓊圖於帝系。莫不華標胤祚，貴列宗潢。第以高陽氏所遺，屈景徒傳其苗裔，陳胡公而上，夏商未著，其源流有耀，自佗無徵不信。降自後世，漸變古風，司商廢協姓之官，故府失立宗之法，姓與氏混，何知褒有德而旌有功；宗由事分，誰省別以生而綴以食！自世本詳於《漢史》，族志載在《唐書》。推敘昭敘穆之倫，姓畧著於《高》、《路》；本率祖率親之義，系錄啓自歐、蘇。譜學斯興，宗人允賴。然而齊梁慕勢，漫託簪纓，魏晉崇華，競高閥閱。道或分南北，眷亦別東西。蟬冕美王氏鈒鏤，烏衣開謝家棨戟。八龍兩驥，耀後來之秀令；五馬三狐，誇累世之方雅。是皆鋪張鼎族，攀附甲門，雖自炫其宗盟，終無關於譜系，固未有濡毫紀實，序牒練真，開圖籙於兩朝，聯本支於百世，如吾宗金氏者。夫金提為伏羲之佐，金天實少昊之傳。張掖秺侯，珥貂七葉；仁山吉父，俎豆千秋。如彼豪華，自應翘矚，然無故實未敢攀援，蓋吾宗固胎息於河中，亦本原於劉氏。其肇基也，開藩坐鎮，建節鉞於三唐；其繩武也，破虜酬庸，擁旌旄於八閩。而乃潢池煽亂，幕府籌防。欲奮鼓鼙，則受命惟聞招撫；第堅壁壘，則縱冦易致披猖。當羣飛之刺天，難一木以支廈。於是還朝告急，航海言歸；胡期貝錦興讒，詔書責譴。謫越州之司戶，憂憤捐生；開虎阜之佳城，悲涼會葬。天乎不，弔公也何尤？洎夫四世踵興，二難繼美。恢張材畧，傾動公卿。跂伯仲之聲華，下指揮之徵辟。時則河山割據，戎馬倉皇；志在歸田，身難許國。休居大都會，父命為尊；恥事小朝廷，亂邦不入。挈家去越，來尋隱士薜蘿；易姓從金，好謝霸王纁帛。固賢者之避地，亦哲人之知幾。厥後仲則花種河陽，攜兩髦以歸邦族；伯則籍占台嶠，衍一枝而創門楣。本流寓之寄公，作開基之始祖。武陽世閥，未即墮於何綏；萬石家風，已稍衰於阿慶。緣室家之播越，致世系之陵夷。祚薄門衰，如李密之式微者幾易世；族單地僻，若劉卞之寒悴者百餘年。求其代不曠僚，世能繩祖；於今為烈，自古其難。而況歷宋元之朝，時丁末造；稽金劉之緒姓，繫互更當。夫泥馬行空，石人挑動，一則偷安吳會，噤口北廷；一則竊據慶元，爭雄東浙。懼干隱諱，與完顏之部落混同；恐嫉清門，鑒陳氏之剪屠慘酷。爰銷聲而匿迹，屢遷地以易宗。其間刼換紅羊，符飛赤爵。洵是山河不改，閱兩代以興亡；匪惟閭井無常，感一家之榮悴。已也載稽家乘，參閱藝文，喜世次之甚明，如家珍之可數，八世而刱垂圖籙，九世而再造門庭，十三世而雲浦受廛，十九世而水洋著姓。居銅川者六代，至文中子始發祥；衍杜派者五家，惟趙郡中獨稱最。由是分之為七巨族，合之成三大宗。篤桑梓之敬恭，蔚其簿閥；望水雲之搏擊，欝為鼎門。地望無雙，子孫不億，名節風教，世為衣冠。顧矚資科名文章，人皆臺閣清華選。雖宗無顯宦，競等華儕；幸代有聞人，善明支系。韋宗七卷譜，房畧輯自韋絢；褚氏一家言，行傳修於褚結。先世或間資名宿，後來要無愧前修。誠以鼎鼎百年，瓜緜舊蔓；繩繩一綫，桐擢新枝。戶各丁添，食何啻一千指；系由庚續，世已閱三八傳。宜溯源而尋流，亦垂潁而顧本。堂基肇造，推祖繼禰之賢；芬響聿追，將緦小功之察。蓋所以篤鳩宗之志，而收貂續之功者，誠亟亟也。至於從一遷再遷之際，推改姓復姓之由，似可摭所見聞，藉以明其義例。如"棗據"之"棗"轉為"棘"，"束皙"之"束"[1]出於"疎"。漢安帝興，"慶"易為

“賀”；王審知亂，“沈”改為“尤”。范宣子之系為唐，從杜從韋，歷四朝而始繫以范；文潞公之宗本敬，偏文偏苟，閱百歲而終定為文。顧此屢復而屢更，猶為異宗而異氏。若夫白水村内，世祖潛宗；天目山前，真人建號。亦復隱姓使卯刀並去，審音與畱住同更。卯金本謫星，天以為吾宗之姓；炎劉皆世裔，人不忘故舊之門。斯則聯二氏為同宗，歷千秋無異軌，正不等盧、雷襲誤，虢、郭沿譌。隴西啓騙李之嫌，京兆示犢韋之別。甚至高平舊族喧呶，沈約彈章；河内沈碑膠結，安生訟牘。等橘槐強合，如桑柳寄生。無益宗祊，徒資笑柄。則凡魚冠鄭，狐帶令，趙附巫而稱姑，方冒相而呼伯者，况而愈下，等諸無譏。茲譜上述靈源，下尋的派。彙雲礽於羣從，緜似續於各房。不骫靡以旁連，無縷覼以濫入；序疏屬而非繁，列存疑而弗畧。他若兆域必詳，稟諸官禮；詩文並附，比乎楹書。幸祖武之繩其昭，孫謀而貽厥所。願横湖淼淼，占流澤兮孔長；方嶽峩峩，與宗祧以終古。至如董修之勞勩，襄事之勤劬，端牘另詳，摻觚不贅。

校勘記：

①“朿晢”之“朿”應作“束”。按：書中凡“束”皆混作“朿”。下俱改而不一一作校注。

《林母蔣太孺人穆行》序

夫椒銘鞠頌，汗簡扇其清風；竹葆松幢，貞瑉鐫其苦節。苟非闡崇規於篆素，踵美前徽；何以揚芳矩於佩彤，延光累葉。而況荒莊伏處，誰操壺史之觚；淨土皈依，已滅瞿曇之相。如我林母蔣太孺人，尤當得而亟述焉。孺人者，蓋錫旦贈公之繼配，而紫庭上舍之尊慈也。幼循內則之儀，長肄女師之誡。佳耦曰配，續昔榦於鸞膠；靜女其姝，締新盟於雁瑟。人皆稱為邦媛，家亦愛其閨婉。固已嗃嗃不占，媞媞自好。內盡蘋砧之助，婦式無愆；上承瀡瀡之歡，姑恩有曲。況復良人遘厲，健婦持門。荼苣雖甘，蓼蒎自苦。綜覽夫男錢女布，焦勞在旰食宵衣。以故料理米鹽，常操量鼓；儲收薑蒜，不挂屏風。惟家政之克脩，斯閫儀之益諒。既而心齊一袜，懷墮雙鈴。白首盟長，紅顏命薄。勤斯鬻子，方銷蜾蠃之憂；哀矣望夫，遽兆龍蛇之夢。偏絃自奏，大厦獨支，斯誠恨欲摩笄，身難化石者矣。繇是未明警旦，辛苦長齋。袖倚竹以忘寒，髻飛蓬而卻沐。洎乎佳兒既冠，鳳卜雙諧；快壻連鑣，雀屏疊中。金昆玉友，都蜚黌舍之聲；姒婦嬰姑，共效彩衣之舞。始覺靈花香勝，諫果味回，固禔祉之有徵，因報施之不爽。孺人乃益脩善果，廣種福田，義重嵩衡，財輕簞籜，庇暍人於夏樾，延壺士於春桑。布金脩佛子之因，椓斛受夫人之號。而且千盤鳥道，盡闢康莊；一粟黿梁，咸歌利涉。以敦鄉里則千石之券燔，以散親交則百緡之錢盡。陰德誠符乎三傳，義聲爰播於六媚。無如磨蝎臨宮，梟鴟毀室，薪燃曲突，焰捲長空。值火德之司時，遭祝融之煽虐，維時園林瓦礫，廬井邱墟，萬般惟賸刧灰，一炬可憐焦土。孺人於是荼心耐苦，棘手操勞，收灰燼之遺，殫經營之力。思一椽之可庇，容膝自安；慮百堵之皆興，燃眉誰解？孰意工師削墨，潛祟輪奐之規；衲子呈材，巧挾侵漁之計。出諸意外，墮其術中；囊槖既傾，釵鈿復質。迨室家之再造，已門祚之中衰。遂乃貨膏腴，償逋負，權出入，籍贏餘，招舊雨之賓，析旁風之產。雖治生無計，漸嗟北道之貧；而娛老有貲，獨就東家之宿。加以羣孫繞膝，頭角崢嶸；季子承顔，色容愉婉。即使菀枯異遇，今昔殊情，固可種萱草以忘憂，履縞綦而獨樂。今者貞柯憔悴，寶婺迷離；壽域初登，化臺已築。證妙因於般若，享純嘏於古稀。元壤一抔，妥幻相優曇之魄；豐碑八尺，銘含章漆室之貞。固不徒采入輶軒，彤徽振美；且定卜榮邀綽楔，紫誥褒封也。謹攄巴里之言，藉表桓嫠之行。是為序。

樓旗小宗祠記

祠堂之名，始見於宋文潞公家廟碑。當時有建於墓所者，有立於居室正寢東者，要之歲時崇祀，法制相沿，即古所謂“士庶無廟，祭於路寢”之遺意也。小宗者，由大宗等而下之，所以分支別派，與《禮經》繼禰之義名同而實異。吾族自雲浦發祥，子姓蕃衍，既刱建大宗祠，祀南坡公為宗主，而腰嶼、孝母祠、東洋各立小宗，後分為七族，以故東、西、南、蔣、四、洋各祖其祖，祖各有祠，而樓旗鼎峙其中，並號蕃昌，非茅牆比，族叔祖慨峯公深以祠宇缺畧為憾，慨然就墓側廢菴倡議改建，先廣文韙其志，力贊成之，並挽先叔通奉公各貸巨金，而囑族人玉成等為臂助，始得集事。堂廡落成，慨峯公謝世，其東西兩楹與門闥五架則族舜廷叔勉承先志，節次踵成，而諸舊董與有力焉，然非得先廣文暨先叔之義，始終資助，以成其美，則所費不貲，慮難為繼，即成亦未必若是之廊廡嶄新，規模具備也。祠與古刹鄰，四圍環以修竹，幽篁翠篠，蔚然與琳宮紺宇交輝映於山深林密間。其東則嶺嶠崔巍，其西則峯巒高矗，其南則遙岑列障，其北則空谷流聲。又有野花着樹，山鳥啼春，潭心印月，松頂奔濤，境則幽而深，堂則奥而靜，用以妥先靈，修時祭，明神庶無恫焉。祠改建於道光十八年戊戌，其兩廊則廿四年癸卯告竣，至咸豐六年八月三門始成，迤邐十數年，而祠宇完美，未始非陟降之靈所默于呵護也。今歲因增修宗譜，謹追摭其始末，而付之梓。光緒二年歲丙子十一月朔裔孫壽祺謹譔。

茂才孫君子翼傳

夫士之懷才不遇，終老巖阿，卒至賫恨以終者，何可勝道哉？然或以志節顯，以文章傳，動忍增益，老而愈竦，窮而後工，一時負盛名，享大耋，其遺風高躅，流留於人間，亙百世而不可泯沒者，由蒼蒼之別，有位置阨之而寔成之，此獨不幸中之厚幸焉。若夫豐其才，嗇其遇，而又靳其年，懷抱利器，名不出鄉邑間，淹忽十餘年，遽爾溘逝，命之窮遇之阨，固未有如我友孫君子翼之甚者也！君諱繩武，少失怙，母鄭太孺人苦節撫育，賴以成立。幼聰慧絕倫，讀書目數行下，弱冠與余同筆硯。先君閱其文，謂余曰："此不羈材，爾曹朝夕與居，當視為畏友，不當暱為好友。"同塾四五年，遇試輒列前茅，年二十四補博士弟子員，逾年即食餼，聲噪一黌，人咸以翰苑期之。君亦厚自許。每當酒闌燈灺，泣然謂余曰："寒門不幸，先君棄養時甫離繈褓，母氏劬勞逾二十載，大丈夫不能顯親揚名，區區奉養服勞，何足為孝？"聞者韙之。平居自奉儉約，縕袍敝屣，寒素自如，性和而介，處鄉黨朋友間，爾雅溫文，無疾言遽色，亦未嘗為青白眼，然不妄交一損友，不妄取一文錢，雅量高致，朋輩中咸自謂不及。自遊庠後，遠近耳其名，爭執贄為門下士，設講帳近十年，束修歲積，家漸裕，無尸饔內顧憂，遂慨然有乘風破浪志。每自言："為村學究如跼促轅下駒，何時得揚眉吐氣？徒以萱堂衰邁，家無次丁，且膝下荒涼，竊竊顧慮，不能如願耳。"歲庚午秋闈被黜，鬱鬱不得志，閱數月遂病，日漸尪羸，獨力疾赴鯨山鄉塾，長至捲帳歸，病已劇，百方醫治，訖無少效，遂於歲除前四日謝世，時年三十有六。嗚呼！君竟死矣！君生長窮鄉僻壤，間遭逢盛世，既無名公鉅卿推挽於前，又無高節畸行振蕩於後，惟圖以科目進身，習帖括業，其所為文半揣摩時尚，冀合於宗工之繩尺，年未強仕，不暇顧身後名，求所謂以志節顯，以文章傳，皆不可得。君子疾沒世而名不稱，死者有知，當含恨於九原也。今歲春，族人舉修宗譜，請余序其遺行，以為家乘光。余不敏，雖不足以傳孫君，然與君交最深，又同鄉同學，晨夕過從，熟知其性情言行，因書其畧蹟以為後之傳孫君者告。

上某夫子書

迭荷慈培，未申清覲，緬想輝蔭，渺隔山河。去冬接讀鄉同門郎仁圃孝廉一函，道及驅車省會，立雪師門，延訪庸愚，寵加宏獎，識焦桐於既爨，衲頑礦於在鎔。是則玉尺頻衡，聲價業長夫結緣；金針欲度，命提特出於垂青。故而銜命騰書，約期修贄，俾承陶鑄，勉竭駑駘。意者，陳文舉之疏章，雖虛薦鶚；傍李膺之几席，即是登龍。嗟乎！何夫子之愛才若此，而賤子之辜恩如彼。靜言思之，且感且愧。入春以來，擬修蕪啓，藉表葵傾，祇以村舍幽遐，驛程間隔，故雖感知慕德，位並虵珠，終致積日累時，音沈雁杳。區區此意，負負徒呼，月之初旬，晉謁新任邑侯孫栩盟司馬，欵接殷勤，寵光優渥，道與夫子以珂鄉故舊作墨綬，寅僚常日盤桓，近鄰洽比。省公門之桃李，兼下體之菲葑。雖白未識韓，而楊嘗說項，以故藩轅聽鼓，久飲香名①，海嶠分符，先探芳躅，凡茲寵貺，寔出慈噓，既赭汗之交顏，益丹忱之如結，雲龍欲逐，風馬徒睽，未審何時得申良晤也？夫子以玉筍之清班，試銅符之□秩。偶權緡算，心倍凜夫四知；迭主文衡，目不迷於五色。因而上游羣欽才望，同官交挹德輝。雖懷刺三年，未試種花之手；而披雲一宴，終歡捧檄之顔。罣誤何嫌，升遷在即。所望雙鳧飛到，隸仁宇之帡幪；行看五馬驅先，接康侯之晉謁。風前引首，露祝傾心。祺才陋雕蟲，命臨磨蝎，久荒學殖，有愧士林。尋禿筆之生涯，十分自誤；耐寒氈之况味，一樣可憐。磟碌一身，蹉跎廿載；敢陳梗概，少達悃忱。憶自弱冠遊庠，逾年食餼。繼慘室家之灰燼，兼造庭廬；隨傷怙恃之凋零，兼持門戶。嗣復寇深鄉里，憂烽燧之連天；續因官冷廣文，泊琴書於異地。是故十年未讀，恨抱韋編；五薦不售，羞操毷氉。所幸名心漸淡，悟鹿夢之原虛；却教恩睞難忘，報雀環其奚覓。伏冀時頒桀訓，少牖樗庸，斯忝列門牆，非徒守大節在三之誠；抑且永依杖履，定當結沒蜀不二之懷。感在筆先，淚隨聲下。倘逢暇日重度省門，另容摳謁崇階，追隨函丈，謹薰寸牘，肅具餅金，聊代執贄之雉，敢充束修之羊，幸賜哂存，曷勝拜禱，江天在望，延跂維勞，此請升安，希惟斗照。

校勘記：

①“名”字似為“茗”字之訛。

與陳某書

人生既無絕大勳業照耀千古，復無數百卷書流傳不朽，亦太寂寞。吾太得二人焉。如鶴泉、壺舟二丈，或可庶幾也，足下勉之哉！盱衡當世，固是我輩應命之時，然自顧一身，不足以夷難而靖患，何如擇處山深林密中，與塵世隔絕之處，聚古今《墳》、《典》數萬卷，朝稽夕考，求其指要，然後會歸于五經，折衷于四子，暢達于六藝，藏器于身，待時而動，即至老死空山，將平生所得之故，作為文章，藏之名山，傳之其人，真是吾輩中絕大事業，以視掇巍科，取高第，其身既死，其名不彰者，相去幾何哉！吾子天資明敏，與二君實堪伯仲，工夫向上一著，則俯視而眾山皆小矣。故人相隔百餘里，經年僅達一函，又不作尋常寒暄語，此以我二人相契之深，而相期之遠也。使世之大人先生者見之，不歎為愚，定斥為狂矣，非足下其誰語哉？近作幾何，可錄一二賜教否？聞浣兄有甌江之遊，新詩定滿行篋，足下何不同行也？今歸來乎，為我訊遊興若何？高堂二人，定獲遐祉，足下攻苦之餘，亦當以攝生為要，老氏五千言，雖與聖道乖謬，然以處乾初履二之時讀之，實非無益。足下暇日希一寓目，節取焉可也。語無斟酌，乞賜鈞誨為幸，餘不贅。

與臨海某君書

客冬話別，蟾影重圓，新歲忽來。鴻賓尚滯，猥蒙惠問，未答寸牋，臨楮墨而依依，對梅花而悵悵，恭維新祺安燕，侍祉吉羊，屬在心知，定符額頌。弟材原樗櫟，敢希豹變之奇；才謝圭璋，安望龍頭之屬。撫形向鏡，慙愧交幷，鎩羽之傷，固亦其分。今雖卷跼闤闠，伏息山林，祇圖藏拙之謀，敢作問天之語。足下學深蛾術，技括龍雕，照人則肝膽常懸，覿面則襟期可挹。以玆鶴立，自合鵬翔，勿憂刖足之頻經，自卜揚眉之有日。所願祇求自反，勿遽尤人，保身同圭璧之珍，力學戒嬉游之習，秋風在即，左券堪操矣。伏維衡鑒不宣。

跋

於戲！此先大父芾齋先生之遺文也。先大父著有《兩論題解集證》四卷，《鴻遠書屋詩鈔》四卷，《吮筆餘吟》二卷，《師果齋文鈔》六卷，《小有天園雜著》二卷，光緒庚寅，家不戒于火，悉付灰燼。當火起時，先父中憲公與叔父雨梧先生往救，而勢已燎原，不可向邇，僅以身免。自後先父與叔父竭力蒐訪，僅得序傳等四篇，經藝十餘篇，故先父易簀時諄諄以收復遺書為訓。近數年來，復得書牘三篇，都為一書，經藝則另錄之，仍其舊名，曰《小有天園雜著》。嗟乎！小子無似，未獲訪其全璧，致使楹稿零落，中夜捫心，抱疚無已，然吉光片羽，手澤可珍，謹為編刊，非敢問世，藉以示諸後人云爾。乙卯夏五孫嗣獻謹志。

太平陳琛秋航著
邑後學金嗣獻校刊
胞侄廷諤重編

棣香館詩鈔

目　錄

序

傅 潛

傅潛不談詩，不作詩，而不欲不讀詩。其不談詩何？談者動舉《三百篇》，漢魏十九首，唐李、杜，板板若鑄鐵，細若理繭絲，語多腐，故不談。其不作詩何？自《三百篇》以來，詩無慮數百兆言，古今人同此血氣心知，同此所處世界，同此所見山川景物，一矢口搖筆，保毋襲？故不作。然而古今人血氣心知同，所處世界同，所見景物同，則吾即不作詩，取古人詩涵泳之，玩味之，大聲而高唱之，凡吾之喜笑悲憂，愉快憤歎，一切繁博傑僢，棼然於心，欲矢口搖筆以出之者，悉已為古人有焉，故不欲不讀詩。太平陳君策三，出其伯父秋航先生所箸《棣香館詩》若干首，使傅潛讀，傅潛曰："吾讀《棣香館詩》，舉不啻吾之所欲有言也。且嘗論本朝制度茵沿明舊，至於文章作述，亦往往而然。康、雍間講學者必辨陸、王，文必歸茅，詩必何、李，書必文、董，蓋源流有漸也。洎乾、嘉後風會始一變，學者輒能自成壁壘，吾浙人之傳若簡齋、樊榭諸公，幽秀鬱怒，皆前無古人，後無來者，嗟乎！豪傑之士當如是哉。策三錄存《棣香館詩》什之一，其佳者優入浙派，其必傳於後也無疑。然則後之人讀是詩，其必如傅潛今日涵泳之，玩味之，大聲而高唱之也亦無疑。策三曰："是宜有序，以累吾子矣。"傅潛不獲辭。意者，將以是詩傳吾文乎？光緒壬寅九月，年姪山陰傅潛拜撰。

題棣香館詩鈔

金嗣獻

余幼輒耳先生名，及長，讀先生《花山九老歌》、《夷齊石像歌》與《題鍾貞女》諸什，空谷聞音，知非凡響，然終以未窺全豹為憾。今春將刊《赤城遺書》，先生猶子則山孝廉來告曰："先伯秋航先生，生平最好詩，初稿零落，今選得若干首，皆晚年所作，盍併刊之?"余聞而心喜，遂諾之。越數日，孝廉持《棣香館詩》來，展讀數過，覺寒瘦中時露清新，雖未能比肩李、杜，固已出今人之上矣。嗟乎！吾邑詩學之興，當推宋徐竹隱、戴石屏為先河，降及元明，潘伯脩宏深博大，如莫邪大劍，陶南村為虞、楊、范、揭後勁，許介石號稱小杜，謝逸老閒雅挺秀，又若謝方石、黃定軒，亦皆浩如淵海，俱足名家，彬彬稱盛矣。洎乎清初鼎革之後，人文貫落，詩學為之不振，雍、乾以後，林鶴巢、金秋屏、戚鶴泉、黃壺舟、黃今樵諸先生，力任薪傳，為後進宗，先生繼起其間，守先待後，其有功于詩教不淺矣。校刊既畢，爰題于前，以志景仰云爾。乙卯立夏后①一日後學金嗣獻。

校勘記：

①“后”，“後”之俗字，詳洪枰《地理枝言》校語。

棣香館詩鈔

龍　潭

雲雨興大壑，巖潭澈萬尋。水光清且碧，靈氣黝然深。苔石難留屐，松風亂散襟。老龍今尚在，睡抱一珠沉。

望江下

東甌山突兀，爭欲過江來。樹影平拖霧，濤聲怒吼雷。遠帆歸估舶，雄鎮峙烽臺。莽莽溫台界，波瀾亦壯哉！

擬謝靈運齋中讀書

昔余游上京，曾不忘誦讀。况今歸田園，坐守三間屋。階草綠隨意，林鳥忙相逐。扣門泯俗賓，積架非案牘。頗覺心迹清，養病恣娛目。開編證懷抱，晤對古人熟。耦耕力苦疲，投閣身嫌辱。萬事付達觀，達生差可卜。

題林竹坪茂才鉢韻樓

一樓集詩儔，一鉢嚴詩令。定道樓中人，箇箇詩中聖。

盧鬚絕亦慣，賈手推幾曾。百尺高樓上，聞聲不敢登。
碧檻月如窺，瓊窗花欲笑。尋詩上一層，寓目皆吟料。
心花鉢蓮吐，詩律鉢音圓。清韻天然落，高樓溪水邊。

宮　怨

春色鎖長門，春風飲酒樽。忽看廻輦路，芳草綠王孫。
青絲髮似雲，紅葉寫殷勤。流出宮溝水，人間易夕曛。

客　懷 疊前韻

帆影渡津門，三盃客邸樽。夕陽天半落，歸樹擁鴉孫。
青山多白雲，翹首戀慈勤。一棹頻年寄，天涯倚暮曛。

邊　意 三疊前韻

一出玉關門，難邀故友樽。生還安有日，公主溷烏孫。
邊徼擁黄雲，刁斗夜辛勤。殺氣無時已，沙場薄日曛。

閨　思 四疊前韻

生少在閨門，消愁莫舉樽。竹窗斜日落，閣閣語雞孫。
關山一片雲，寄衣妾自勤。拚將身化石，夫婿望朝曛。

花山九老歌

商山自昔傳四皓，花山至今推九老。我聞九老皆詩人，結社詠賞梅花春。高年碩德世爭重，屢徵弗起謝蒲輪。蒲輪謝絕高自許，梅花零落萎春雨。嗟嗟九老不復回，姓氏青山同今古。

鶴渚門觀水

石井之坑龍作窠，興雲降雨勢滂沱。一道飛瀑出巖壑，宏濤倒卷翻銀河。蜿蜒東走至鶴渚，石激沙飛悍莫禦。城隅屢葺屢被摧，一橋横亙作砥柱。橋下水光清且漣，樹陰滃瀯碧涓涓。三日以後不復見，豈盡歸海會百川。吁嗟此水無定着，天雨斯盈晴斯涸，聖門不尚無本學。

題家藕邨洞房

人間多少婚姻事，主持中有氤氳使。有緣不隔路迢遙，千里紅絲能繫至。弱弟年少蜚英采，不肯續絃兩三載。豈知玉杵换雲英，藍橋自有良緣在。有女避兵來浙右，眉痕淡鎖纖纖柳。系出金陵名宦家，國香付與君消受。綵箋新寫合歡詩，碧玉盈盈酒滿卮。銀燭光搖明鏡裏，梅花妝點小春時。碧梧今夕棲金鳳，芙蓉帳暖鴛鴦夢。歸寧他日慶昇平，一棹江南風遠送。

重題林竹坪茂才鉢韻樓

一擊一聲催不住，高樓綽有吟朋駐。筆花豔共鉢花開，錦箋爭寫才人句。衣鉢家傳最上乘，金石輕圓聲未停。蕭江去今千百載，惟有君樓遺韻在。

靈峯洞題壁

其一

屹立千尋壁，天然一綫開。巖泉飛作雨，人語響如雷。碑版留奇蹟，曇雲擁法臺。古今此洞府，選勝客頻來。

其二

枯坐禪心定，僧樓夜欲闌。天光隨縫裂，石氣逼人寒。佛火當龕峭，齋鐘出鎛難。上方留一宿，蔬筍具盤餐。

天台籐杖歌

生不到九真伐靈壽木，又不戾身毒購大夏竹。高巔萬八來天台，天生枯籐誠奇哉。延蔓離披瓔珞掛，古姿夭矯虬龍胎。寄生松柏一萬歲，春風三月紫花開。山人量材截作杖，一杖立地高過顙。青藜燃照難比倫，綠玉倒騎堪想像。仍向天台山上行，芒鞋桐帽一身輕。華頂看雲，瓊臺玩月；桃洞尋春，石梁觀瀑。策我前行無不得，七尺玲瓏色如血。作歌寫向剡溪籐，一杖一紙聲價天下增。

夷齊石像歌

我欲訪西山之片石，白雲悠悠沒陳跡。我欲溯北海之清風，烟波渺渺空無踪。百世師模山可仰，桐柏觀中謁公像。瘦撑鐵骨自崚嶒，天造地設人成兩。憶昔商周易姓年，二公扣馬王之前。此心耿耿不可轉，化為崖石神形全。上有染霜之華巔，下有濯足之巖泉。九天僕射仙而聖，香火蕭條公且聽。明月空山歌采薇，瑤草琪花滿芳徑。

避亂感懷

蠢茲小醜竟跳梁，妄自稱天建五王。衝突萬山戎馬疾，鈎連千里陣雲涼。衣裳異様飄紅綠，旗旆妖氛捲白黄。可恨東南沿海郡，半為羣賊作封疆。

乘時建僞據南京，赫赫王章任變更。降下侯封居末等，改遲旬日作新正。留鬚蓄髮人非故，毁像焚祠鬼亦驚。二百餘年天一刼，故教羣醜日横行。

朝廷名器弁髦輕，壁上勳名紙上兵。親貴弄權終誤國，刀矛壓境託安氓。憫時意似杜工部，壤①冠忠懷顏杲卿。幾輩英雄湮草莽，雷霆何日震瑤京。

校勘記：

①“壤”疑“攘”字之誤。

失機謬自獻降書，人命真如涸轍魚。既納貢輸三四萬，復來鎮守一千餘。城狐内設樊籬固，篋鼠中傷積貯虚。為問從前謀事者，果操何術可能除！

海山天外矗嶙峋，為訪桃源好避秦。治久方知離亂苦，愁來那覺歲華新。飄零琴索悲荒三，三登衣冠認故人。况值連天風雪緊，出門怎不感荆榛。□□□旦偕友人□□沙門覩雪。

海氣蒼蒼鬱怒潮，浪花爭逐雪花飄。王師若得如濤湧，小醜何難見晛消。孤客萍踪欣有託，新春柏酒問誰招。此心可似梅花淡，策蹇頻教探野橋。

李愬平淮夜氣寒，蘇卿嚙雪節毛殘。請纓自愧無長策，投閣何顏俸大官。堪笑攀龍成揖盜，終嫌畫虎妄探丸。銅琶鐵板江東唱，一任扁舟放碧湍。

奮衣直上最高坡，麗日元辰喜氣多。雲物誰書新景象，烽烟凝望舊山河。放懷一嘯魚龍泣，轉瞬層樓蜃蛤過。此後蕩平應可卜，待清暫且寄鷗波。

題　畫

樹下娉婷點黛螺，人間天上兩姮娥。妾身豈是班姬扇，獨立涼宵秋思多。

示女弟子屈雲珊逸珊

閨香詞曲成雙妙，點鐵工夫甫半年。聞得病中仍握管，莫教憔悴早秋天。

重　陽

把虆聯翩出郭門，碧山招我啓萸罇。晚禾秋至愁無雨，又見雲黄熟稻孫。

訊遞鐘聲霜氣含，菊花開到徑三三。登高重續龍山會，不復吟詩紀阿男。續龍山會屈雲珊、逸珊二女弟子曾各賦詩。

未聽連朝風雨聲，天教遊賞豁秋晴。長空一帶飛來雁，轉過泉溪字不成。

極目遙山好景紛，白雲紅樹恰平分。秋高無限登臨興，緩步歸來近暮曛。

仲冬朔日口占

瓶中無酒意仍適，院落有花情更親。贏得年來無箇事，皇天福我作閒人。

和家藕邨南園韻

園才半畝綠交加，開傍城垣一角斜。隙地留栽紫荊樹，春風綻徧碧桃花。趣緣日涉成陶令，詩有神來夢謝家。我忤世情甘學隱，借君此地繫匏瓜。

問津臺

車停下蔡問迷津，落日高臺尚水濱。一路豈無行客者，千秋竟有耦耕人。聖衷耿耿徒誰與，世路滔滔迹已陳。歷騁半生旋返旆，豈真為此解征塵。

黃金臺

西闕孤臺峙萬尋，招賢豔說舊黃金。秋風已盡雙南品，落日猶懸一片心。市駿人誰同位置，攀龍客共喜登臨。請從隗始非無繼，大慰燕丹渴想深。

歌風臺

漢火煌煌轉瞬過，登臺猶想大風歌。扶鑾父老攀留切，擊筑君王感慨多。運際斬蛇興社稷，心期功狗守山河。淮陰鍾室黔彭醢，落日憑欄意若何？

銅雀臺

片瓦千秋重硯材，當年銅雀有高臺。坐看漢火從西滅，仰見漳雲自北來。作賦兒曹留鉅製，分香姬妾動餘哀。鄴城半角觚棱在，誰復憑欄酒一杯。

文選樓

翰墨遠留香，高樓溯大梁。千秋操選政，六代萃文章。太子窮書藪，君王誤道場。頽垣留一角，憑弔倚斜陽。

岳陽樓

樓下水漫漫，樓頭縱大觀。神仙三醉幻，憂樂一心難。輻湊稱都會，風流付浪湍。古今詩賦備，慷慨一憑欄。

甯戚飲牛

處世何堪牛後居，商歌一曲志終舒。撫躬生不逢唐帝，掛角人非讀漢書。長夜悲君聲激楚，短衣老我鬢蕭疏。羊裘百里甯干主，一様遭逢載後車。

蘇武牧羊

絕域羈棲十九年，節旄落盡理歸鞭。雲間鴻雁初無訊，塞外羝羊夙有緣。賤役難辭蓑與笠，餘生拚寄雪和氈。麒麟閣上功臣畫，記否穹廬白草邊。

黃石授書

一卷兵書一老翁，圯橋事蹟豈空空。除非孺子傳心法，誰佐興王建首功。韜畧甯隨秦火滅，干戈漫逞楚風雄。穀城山下期他日，見地高明迥不同。

臨邛沽酒

鷫鸘裘脫臨邛市，一桁帘叉聚酒徒。名士黃金遲賣賦，美人紅粉暫當鑪。蛾眉畫就春方熟，犢鼻穿時病乍蘇。莫為高才傷落魄，昇仙題柱語終符。

和馮蕊淵前輩五十自述原韻

曰艾如公鬢尚青，旋風筆掃腕難停。論才久仰詩無敵，濟世爭傳藥有靈。桂樹天香饒結子，菊花仙醸好延齡。敝廬幸與騷壇接，翹首芳徽日幾經。

落落鬚眉不染塵，塵緣應隔幾由旬。盟留車笠思先誼，迷指津梁逮後人。遣興自拈紅豆曲，參禪長現白蓮身。一花世界游應到，五百年為一度春。

和林蟠溪上舍五十自述原韻

南郭先生鬢漸星，百齡上壽半曾經。優游杖履春常在，紓寫襟懷筆有靈。入畫好山門外見，枕溪流水屋邊聽。差欣晚節黃花似，傲骨崚嶒任露零。

蒲田累葉萃文儒，瀟灑惟君樂自如。逐逐不參塵世事，醰醰祇味古人書。落梅指下琴聲逸，起草樓中鉢韻疏。雅愛半村半郭地，栽花種竹拓新居。

瓊枝璧月易沉淪，杜牧風流舊日身。春釀盈樽頻讌客，夜棋剪燭慣留人。喜談文字渾忘老，曷計錢神可療貧。得得韻香齋畔過，每懷葭誼最相親。

九老梅花望對山，清風猶想在人間。林泉寫性真堪適，孫子程功不放閒。入座塵談傾亹亹，隔花鶯語聽關關。和平正養天真處，詎藉丹砂為駐顏。

和裴桂人前輩六十自述韻

乃翁豪興本詩顛，六十欣逢攬揆年。釁序由來優行著，醉鄉到處盛名傳。品如璞玉溫無玷，質比秋花晚更妍。逾卻重陽剛二日，錦堂樺燭燦金蓮。

共羨文章萬選錢，躭吟不改舊青氈。陔蘭養志盤盂潔，泮藻流馨世代緜。式仰鳩儀桑梓地，歡騰燕飲菊花天。木公金母瑤池會，取次瑯璈奏眾仙。

和沈雲涵明經六十自述韻

雅欲躋堂祝誕辰，六旬爛漫本天真。文章燕許雄無敵，字法鍾王妙有神。賸與連襟花甲日，愧隨平步玉堂身。只爭三歲差推長，清絕梅花豈厭貧。

濁世柯亭閟笛材，龍山居處勝蓬萊。三年秋試策頻射，一座春風朋盡來。子舍頗能承舊業，客窗慣與倒深杯。良辰較早花生日，二月韶華壽宇開。

魯望詩瓢積漸盈，著書閉戶歲旋更。不趨世利渾忘利，素篤交情孰負情。雲狗眼前爭變幻，冰鷗局外任輸贏。黨庠管領多辛苦，留得榆枌公直聲。

會當瑤島宴桃觴，身世誰非傀儡場。老大課孫隱愚谷，少年作壻記滎陽。遷流歲月時難再，嘯傲煙霞興最狂。辱和佳章貂莫續，本來杜老是詩王。

歲暮感懷

爆竹聲中歲已徂，故吾仍即是今吾。未能力學憂兒輩，可與言詩有女徒。觀海遊山成往迹，知幾守分實良圖。春來想亦無餘事，詠賞花前酒一壺。

流光難挽隙駒徂，斤守蕭齋實負吾。秀士不思天下任，文章終愧聖人徒。明堂彝鼎虛前席，夕照桑榆冀後圖。雅願一雙新獲儁，仙風直引到蓬壺。林君素士、金生竹友禮闈應試，時方起程。

寒柝聲停客歲徂，待逢燈節放金吾。沿街音雜追逋語，徹夜盧呼無賴徒。燒柏迎春先半月，畫梅消臘未全圖。身非烈士心猶壯，拔劍狂歌碎唾壺。

身世真同雲影徂，年來事喜少支吾。閒評妝閣新詩句，慣學高陽舊酒徒。歲月蹉跎縻廩粟，陽春浩蕩慶皇圖。忽聞好鳥花間喚，且剖雙柑倒一壺。

強仕方逾歲覺徂，泥塗簷涸孰憐吾。論交管鮑今非侶，抗志詩書古與徒。文字黜華崇布帛，縹緗守舊重球圖。杖頭滿百青趺足，好覓壺中跳入壺。

富貴浮雲轉瞬徂，儻來勢利不關吾。豪家偏有貪錢癖，陋巷原多窮餓徒。縱使一寒難卒歲，望誰七級造浮圖。人心世俗澆漓甚，莫解愁城酒百壺。

楚香社開會和季蓉栽明經次王次回韻

鬢絲愁比杜司勳，無復英姿妙軼羣。卌載流光過草草，兩年家務擾紛紛。債多人豈同詩索，名淡心常息火焚。昨日高軒承過訪，縱談雅自重斯文。

横湖又喜卸輕裝，早命奚奴負錦囊。舊社梅花追九老，新編香草號三湘。君多逸興招吟侶，我少閒情誤酒觴。同病相憐能爾爾，向平瀟灑戀他鄉。

宿明因寺贈僧峴山

五獅山勢鬱崔巍，金碧輝煌梵宇開。皎月上方明若鏡，怒濤江下吼鬪雷。數聲清磬沉凡響，萬朵香雲護法臺。寶懺一僧宣一部，合成功德化成灰。

古木陰陰山徑深，筍輿衝雨到叢林。三乘不落塵中刧，五戒常懸座右箴。暮鼓晨鐘驚客夢，清泉白石證禪心。未知衣鉢傳人後，可有祇園佈地金。

和葛逸仙駕部新春即景原韻

茜紗窗格樣玲瓏，戶外新桃映日紅。炙硯融冰爐撥火，尋梅踏雪帽兜風。病魔隨臘消除盡，家慶懸圖點染工。昨日辱臨兩雛鳳，清聲應徹九霄中。

題鍾貞女

其　一

湘江水清潔，毓出閨中傑。亭亭年甫笄，一片心冰雪。婦道從一終，夫死誓同穴。女子未廟見，良難執此說。卓哉鍾家女，含貞樹奇節。聞耗深悲慟，環瑱一齊撤。素車驅入門，戚黨紛在列。借吉既成禮，觀者心慘絕。哭憑七尺棺，淚盡繼以血。重慈年耄耋，舅翁遠宦轍。有姑病在床，悼子衷腸裂。慨然營壟祭，卜壟埋白石。婦職更能完，養親盡曲折。朝夕奉盤匜，借面承歡悅。翁聞婦純孝，立嗣慰岑寂。六尺麻褓孤，撫育易成立。能全白首貞，彤管揚馨烈。

其　二

仙姝不耐笙簫熱，來向瑤池掬古雪。偶然小謫到紅塵，一副肝腸冷於鐵。鍾家禮法冠湘南，巽女風吹列在三。白雪是膚花是貌，掌珠憐愛勝生男。侍奉椿庭隨宦躅，朱唇飲得西湖淥。引鳳吹簫未築臺，蕭郎誰是偕弄玉。廣陵公子態翩翩，父篆黃堂石二千。蹇脩來訂鴛鴦譜，一縷紅絲幔外牽。片帆倏忽廻湘水，蔦蘿松柏本同里。盈盈碧玉破瓜年，棠聘臨門盤堆綺。嫁衣打疊儘歡然，屈指星期隔五天。奠雁方將迎彩轂，離鸞詎料動冰絃。耗音一接腸寸裂，羅紈謝絕瑱環撤。飛燕肯教去別家，貞松正要天寒冽。素車露紟入門來，里鄰聚觀心含哀。靈筵酒滿同牢乍，繐帳風飄卻扇纔。血淚斑斑對匵主，同本接禾緜宗緒。一線猶延麻褓孤，桐棺七尺埋黄土。婦職思兼子職難，養親晨夕潔陔蘭。扶鳩堂上高年在，忍涕能承膝下歡。如此純孝貞且節，矢志百年如一日。旌閭有詔待他時，綽楔千秋揚芳烈。

白菡萏

其　一

豔說紅芙蓉，不如白菡萏。栽之庭後池，淺水澄可攬。亭亭翠蓋張，半角石欄揜。葉大知有花，花遲未出坎。束縛淤泥中，一朝夏氣感。陡起兩三枝，素蕊波間撼。過雨香逾清，映月神彌淡。洵有君子名，不染緇塵黮。飲酒製碧筒，坐石莎如毯。亭沼足風涼，客來恣游覽。

其　二

生不覩太液池，紅渠萬柄搖清姿。又不住鏡湖曲，芰荷十里香風足。藐茲一沼有幾何，凌波亦透枝枝玉。波淡淡兮澄鮮，花飄飄兮欲仙。湘靈平步洞庭水，太真出浴華清泉。翠裾搖曳微風發，香雪為膚冰為骨。欲語不語故娉婷，盈盈姑煞天邊月。招涼恍入藕花州，靜坐闌干氣欲秋。擬擕畫舫穿花去，偪窄難容一葉舟。

踏　青

江南三月春如繡，綠滿天涯新換舊。紅羅鞋子告成功，西鄰小妹亦粗就。細雨連天不放晴，紗窗忽霽曦光逗。鶯聲燕語迭相催，催儂踏青此其候。遂扃繡戶步芳郊，東風無力腰肢瘦。八幅湘裙窄地拖，湖唇倒映波紋縐。青絲油膩巧盤雲，濃沐煙嵐光欲溜。雙飛蝴蝶引前行，忽忽悠悠日將晝。歸來獨坐碧闌干，芳草今朝共誰鬬。

殺青

春風騎馬出郊坰，主人邀我來殺青。青螄隨潮散沿海，非同海月拾揚舲。和泥螺子盈籃捉，鈿蓋纖微頭盡縮。洗净方歸翠釜炊，和盤托出肉帶殼。尾尖小把刀砧敲，濃澆醬醋雜蔥椒。一吮廻旋全身出，空廬地上亂紛拋。大嚼一番誇罕有，香溢清罇壓以酒。人吃一螄在清明，我客他鄉嘗之久。

東坡赤壁後遊

江流有聲岸千尺，月小山高浸寒碧。攜魚載酒意歡然，仍復挐舟來赤壁。回頭歲月曾幾何，江山非復舊時過。登岸振衣遂直上，高踞虎石攀虬柯。二客力窮不能到，劃然陡起蘇門嘯。山鳴谷應凜難留，回身任放中流棹。横江孤鶴影悠悠，從東掠過天西頭。更闌客去心欲睡，遂與羽士相勾留。赤壁之游樂也未，一時問答話言絮。忽焉覺悟知其人，夢醒開門不知處。

壽林信芳前輩 限溪西雞齊啼韻

潑墨青籐映剡溪，新詩獻頌就鄰西。仙風拂檻迎笙鶴，故舊言歡具黍雞。六十年欣聞桂馥，八千歲願與椿齊。後生竊附伸華祝，也是天真發笑啼。

和梁簪朋明經韻

其　一

老去仍耽文字緣，白駒窗隙度年年。解愁祇許人磨墨，求富何勞士執鞭。雅喜心知邀夜燕，卻同耳病噪秋蟬。昨宵偶遇王摩詰，出示先生詩一箋。

其　二

同居門館亦前緣，較少光陰十數年。炳燭光難培薄植，簫雲勢莫奮長鞭。但收方寸奔馳馬，不計文章亂噪蟬。記得唱酬多雅句，碧紗籠內讀瑤箋。

頌朱家灝贊府德政兼送其行

贊理鳴絃著政聲，橫湖百里洽輿情。輝騰鳥革官衙葺，哀拯鴻嗷宦橐傾。江斅風流原不墜，仇香德化有誰京。試看迂浦潆洄水，可似冰心一片清。

威資采棒一官閒，簪笏相承堂構間。百世宗風傳鹿洞，廿年芟舍憩龍山。青雲有志頭難舉，黃綬無心髩漸斑。憶自紅羊遭刼後，下車惠澤逮人寰。

樸厚和平絕毀譽，麈談羣樂接公餘。換羊帖好臨池慣，射鴨堂開得句初。蓮漵淒風沉雁影，松江歸夢引鱸魚。差欣冰署春暉永，甘旨晨昏奉板輿。

慈雲倏忽散無痕，聞訃難攀贊府轅。蔀屋依依呼父母，華亭渺渺望家園。淒涼道路兼三楫，祖餞都門有一罇。彌勒同龕公即佛，千年香火報深恩。

和家藕村病居原韻

千杯壓市飲黃塵，共道君為豪放人。濁世之交誰白首，芳容憔悴豈青春。事多掣肘辰逢角，案效齊眉敬似賓。讀罷佳章添一笑，病餘得句總陳因。

禪到圓通倍刼塵，不如蒙昧學愚人。功夫只有詩兼酒，時序何分夏與春。身世周旋渾若夢，弟昆讌飲迭為賓。纔蘇風雨相如病，瘦損黃花卻有因。

和家藕村病起原韻

炭息爐頭藥餌除，坐樓鎮日氣安舒。瘦撐骨似廻坡馬，恬養心如止水魚。遣興慣將詩草寄，擡床新喜病根鋤。多時未與塵囂事，蠻觸蝸憑鬬殼廬。

遣 懷 借前韻

年來寒暑迭乘除，壯志輪囷未展舒。落紙不翔鳴鳳筆，登門難效化龍魚。寫來詩草成千句，塞盡心茅欠一鋤。坐擁陳編資嘯傲，茫茫天地一蘧廬。

和霞城宗楚卿六旬自述原韻

願買輕舟快比梭，捧觴來為祝三多。萬年子姓家原共，六秩仙翁貌若何。自是山鍾雙幘秀，也曾墨費半生磨。佳章屬和剛春仲，挑起青燈次第哦。

歲晚祥麟降下塵，天增福算豈無因。喜今孫子羅三代，長我年華僅二春。卞璞莫償平日願，魯芹幸擷後來人。曾聞綺歲襄戎幕，多仗毛椎救萬民。

早起蕭齋逗曙氛，青囊秘笈啓前聞。先生原是華元化，古巷猶鄰鄭廣文。四壁雲山摹勝蹟，滿階花草襲清芬。平時雅好畱佳客，鬬罷殘棋鬬酒軍。

龍顧山邊紅葉鄉，山彎曲曲繞羊腸。盡收風月歸吟管，小劚參苓入藥囊。百里尚非迂道路，一身直欲傲羲皇。笛聲遙奏南飛鶴，難令東坡生日忘。

消寒

紅爐蘊火起來擎，自笑冬烘太有情。削面怯風扃北牖，當簷愛日就南榮。雪團祇怪忙童子，酒暖還期共友生。莫說湯婆不中用，床冰衾鐵夜三更。

何須挾妓恣奢華，錦帳羔羊陋黨家。冷徑拋三忘竹蔭，芳圖點九見梅花。趨炎豈屑儒生效，獻曝還從野老誇。歲序不常裘葛換，回頭日暖草萌芽。

答余衡卿前輩步原韻

其一

幾竿卻暑綠當門，卓午陰清鳥不喧。若得先生三四友，畫圖雅集寫西園。

其二

花影離披晝掩門，門前車馬未曾喧。年來種徧新佳果，嘗得甘酸日涉園。

題秋海棠蛺蝶圖

漫說秋花不及春，幽芳鮮豔最憐人。當年若箇相思淚，試向階前問舊因。

一幅西風澹宕圖，采香戀戀玉腰奴。想因悟到前生事，緊抱花心瘦影孤。

賞　雪

一上高樓望，江村景最多。枯枝花競放，野渡水無波。飛鳥寥天絕，騎驢隔岸過。詩情渺何許，凍筆可同呵。

遠近竹籬根，梅花微有痕。門深未盈尺，天冷不知昏。築玉樓都白，圍爐火尚溫。平淮兵夜入，神武付空論。

憩明因寺口占

梅嶺高而險，梅溪曲且深。故親遺古墓，勝地傍叢林。松吹半空落，竹陰三界沉。能教方外客，自是洗塵心。

見掘井

掘取舊時井，荒榛瓦礫邊。久填牆角石，重見水中天。氣燄消斯盡，邱墟儘可憐。願同鄰里說，莫飲此貪泉。

閒　居

遊興與年減，安居病可醫。花亭開酌酒，苔石掃題詩。倚檻神應適，移床夢便隨。無思亦無慮，轉瞬到厖眉。

寫　懷

碧月出海角，園林生光明。獨坐破寂寞，新詩軒然賡。蟋蟀答逸響，蝦蟆傳殘更。一詠且再詠，東方彤雲呈。

輓林紫東前輩

少微耿精光，熊熊溢蒼昊。氣作星與辰，泉溪遺一老。況復備休徵，富貴而壽考。庠序景芳型，騷壇臬遺稿。朝茹商山芝，夕剝安期棗。驀然厭塵世，跨鶴歸蓬島。

棣萼靄芳輝，太華三峯峙。詩追李杜神，尊達鄉黨齒。閒曹鄭廣文，蒲輪徵不起。翼翼新泮宫，千載芳名馳。家居敦樸素，繞膝弄孫子。玉樓詔修文，相偕伯仲氏。

末誼忝葭莩，生小憐吾父。奚啻王茂宏，充也侍揮麈。又如黄直卿，會食得酣舞。杏塢宴春風，菊籬賞秋雨。曾晉紫霞觴，隨父祝壽祜。父先翁凋謝，抱恨自終古。

記余擷芹香，欣喜語數四。謂能先志承，不負昔所器。騎鯨去不回，誦言良如醉。階下森桂蘭，閒中盡騏駟。身後復奚虞，光前自克嗣。登堂拜遺像，噓欷横泗涕。

壽梁瑟堂明經

公壽六十一，七旬方起秩。於我酒人中，蕃祉信傑出。且欣嶽降辰，開先上九日。滿城沸笙歌，賀歲聲未畢。大開鳴和堂，祝嘏轟然入。公長我二齡，論福難與匹。膝下僅一夔，闤闠承先業。向平無多累，卸肩意早適。况今家豐隆，康強而逢吉。和平能葆真，節儉斯養德。他日會香山，此老不可失。

重九前三日送季蓉栽明經旋里

先生返文旆，竟屆菊花黄。前贈有"願駐文旌到菊觴"之句。揮灑留椽筆，知交感雁行。余兄弟俱蒙青盼。樹雲湖水白，風雨括山蒼。他日能相見，無為離別傷。

和楊雪門協戎留别韻

十萬貔貅盼下車，浙西防守重軍書。令嚴斥堠三台聳，風靜鈴轅九載居。挾纊蒙恩羣感激，臨歧賦別倍踟躇。從今名將推儒將，詩句吟成錦不如。

顯秩榮陞捧檄新，遮留難舍此邦人。勳名麟閣他年事，圖畫靈江舊日新。前攝處州，台人繪《靈江送別圖》以贈。祖帳儘多餞寮友，題裙不獨感鄉紳。佳章辱和貂難續，善頌還應讓小民。

壽家弟敬生

算逾大衍有三齡，嶺畔梅開嶽降靈。記事分明無老態，得男重疊羡甯馨。寬閒興寄杯中蟻，緩急情關隰上鴒。聽徹聲聲晉華祝，曉來啓戶客盈庭。

雁行聚首樂無涯，細視頭顱髩亦華。福祿悠悠添老鶴，春秋滾滾走長蛇。膝前梓子先登榜，階下蘭孫早發芽。七八九旬筵疊啓，年年余為作東家。

衰柳

秋來錦繡換山川，極目蕭條夕照邊。一路行人魂欲斷，千條踠地蔭難圓。飄飄別浦縈殘夢，落落荒村帶淡煙。回首青春好顏色，淒風冷雨不周全。

三疊陽關惹舊思，曾經攀折一枝枝。煙花歲月過遊客，金碧樓臺憶畫師。遠道淒涼飛燕去，前林黯淡語烏知。曉霜一夜濃難受，同我蕭蕭髩上絲。

才過重陽幾日晴，菊花霜信滿江城。豐山迢遞鐘初動，坂渚霏微霧又生。水面難窺濃黛影，枝頭久歇好鶯聲。阿儂拚與樹俱老，盼斷長安無限程。

望徧前隄與後隄，條條黃落被風西。從知人倦敧金馬，不復天炎辟水犀。張緒丰神流水減，王恭姿態冷煙迷。樓頭客去瓊簫歇，一帶章臺日色低。

感懷

不覺今年歲已闌，梅花瘦甚雪花寒。新詩豈欲成千首，老境從知另一般。除卻詞章制勝少，莫愁孫子起家難。自然水到渠成日，萬事還須付達觀。

眼前角逐儘紛囂，調笑春風禿管操。處世憎人雙白髮，讀書誤我一青袍。三生福慧由天授，萬事情文莫浪叨。雅倣清超王摩詰，筆端蕉雪任相嘲。

金臺懷古

其　一

百尺黄金舊築臺，招賢當日始從隗。秦人六國終兼併，嫫母千秋祇自媒。薄日西斜誰弔古，公車北上共銜杯。至今駿骨騰聲價，不顧人間駑鈍材。

其　二

書生挾策上京游，胸次由來隘九州。鵰鶚騰霄徒薦孔，文章憎命儘慚劉。長途絡繹冠和蓋，新貴輕肥馬與裘。況是當年延士地，燕雲遙望起人愁。

其　三

四角雲荒草滿叢，龍媒已去鳥呼風。邯鄲競醉葡萄酒，趙武猶遺禾黍宫。錦瑟女兒遮道左，緑衣進士盼樓東。觚棱望望今猶在，願上京華踏軟紅。

其　四

老來時運際亨衢，應許觀光戾上都。落落風雲逢盛世，熙熙人士萃皇圖。木天何日翔高步，薇省憑誰棄舊繻。千里文龍名未遂，北來且去慰家駒。堂姪古冶不第旋里，欲去慰之。

次四明王定祥茂才自感韻

醉中題句氣蒼蒼，聲調高超直盛唐。命不為官空感喟，才多作客獨奔忙。世間判案陋餘子，夜半談詩豔女郎。拔劍狂歌原爾爾，令人眉鎖忽開張。

答柯蘭舟明經見贈原韻

其　一

日日酣談共飲仙，一回相見一歡然。詞章璀燦花團錦，文筆高超思湧泉。圭璧東躬芳譽著，琳琅贈句墨痕鮮。不須月旦來宗匠，自判盧王後與前。

其　二

服闋登場第便高，蟬鳴餘子盡啁嘈。棘圍自合冰開鑑，蓬島深期風送篙。不盡英姿稱若輩，無能老拙笑吾曹。東塗西抹知何益，愧煞頻年禿管操。

其　三

階前無地許揚眉，填滿皮囊不合宜。開拓軒窗聊寄傲，安排筆硯好哦詩。梅花仙子春風逗，芳草王孫歸路歧。世事茫茫何足問，論文深與故人期。

其　四

扶疏林木繞吾廬，可似當初水竹居。時好不拘清聖酒，功夫難盡古人書。苦無謀畧漢三傑，愧乏才名唐六如。昨夜蠻箋疊擕示，盥薇莊誦倍躊躇。

贈林鶴友茂才

沉靜多思致，家風梅鶴遺。酒仙唐白也，墨寶晉羲之。鐵筆鎸花乳，旗山啓絳帷。會逢告假日，相見樂談詩。

角黍謠

三閭大夫去不回，菰米投向汨羅隈。後人倣此為角黍，餽節端陽挈榼來。我無續命湯，報君益智粽。為道當年射覆聲，食此先生能高中。先生聞言不即嘗，解衣磅礴氣激昂。少年誤事洵足惜，洎至今日復何望。中秋餅，上元糕，循例登盤佐老饕。但看頭角森然列，讀書勵志望兒曹。

搗衣曲

搗衣復搗衣，落葉滿前渚。望郎郎不歸，低頭復誰語。
郎自去邊塞，妾獨住長安。秋風颯然起，吹入妾心肝。
去歲書應到，今年郎未回。寒衣先檢點，砧上拭莓苔。
搗衣復搗衣，仍此砧和杵。砧杵不相離，離郎真自苦。

詠　菊

二喬麗色冠江東，千載零脂豔尚紅。弱質誰扶花姊妹，於今祇好借西風。二喬容

霜葩濃淡影婆娑，佳種還疑出苧蘿。莫說妝臺香散盡，籬邊猶賸粉痕多。粉西施

小亭可否是沉香，一種幽姿異眾芳。曉露枝頭濃似酒，西風無力倚新妝。醉楊妃

答王嘯林明經步原韻

讀君大集氣蒼蒼，視我蟲吟等楚狂。辱惠四詩尤俊逸，低徊莊誦口留香。

容與成均隔四年，後塵踵武亦前緣。老來炳燭明無幾，猶願同參文字禪。

古巷梅梨玉萬枝，著書閉戶髩成絲。志修委羽多餘暇，點竄吾鄉漆室詩。

詩卷珍盈魯望瓢，休言興致太無聊。他時若買横湖棹，明月書齋住五橋。

贈李蕉雲女史

杜甫江天詩見汝，王維雪裏畫逢君。閒來披閱忘憂草，令我牢愁解十分。

女士年華髩就斑，胡今視我作倉山。雲藍想染雙枝管，欲列同根姊妹間。

九日登高

太華峯頭始見高，龍山之後罕吟豪。黄花莫負重陽節，勝會千秋屬我曹。

抵　郡 寓三台講院

自別巾山已十年，重來喜見翠依然。帆停廻浦潮初落，霧鎖靈江雨尚緜。攜屐忙尋林外路，落泉奔向郭邊田。三台講院桃花豔，旅客何妨借一廛。

寫　懷　時移住東湖講院

鎮日耽吟皮日休，漫言于道不相謀。元龍許我臥樓下，黄鶴饒人題上頭。台嶽蔚成靈秀氣，江潮洶盡古今愁。會凌絕頂舒長嘯，浩蕩天風不可留。

湖　上

鱗鱗湖水淡煙描，曲折朱闌接小橋。淺不須波抄燕子，清偏藉吐引魚苗。人皆傍柳垂芳餌，我獨披荆弔古樵。來日東風才一剪，而今花落絮旋飄。

即　事

半年寄跡在湖濱，鎮日優游閒散身。魚鳥縱觀如夙契，友朋相得總前因。非惟詩句結知己，羣樂名山作替人。千古能容郭有道，當年東閣啓延賓。

口　號

東湖原不敵西湖，水面荷花卅里鋪。明聖由來比西子，效颦能得一毫無。

東湖亦不讓西湖，湖上靈祠長綠蕪。于岳諸公皆祿死，千秋忠逸一樵夫。

巾子山

仄徑瀉濤松，來登雙幘峯。樓高吞日月，樹老矯虬龍。濱海潮聲壯，浮梁塔影重。留題精舍在，朱子訪遺踪。

湖心亭

湖心亭一座，登覽俗塵消。祠宇樵夫接，棠陰太守遥。亂山環雉堞，淺水鎖虹橋。直到三層上，窗櫺啓碧霄。

八仙巖

海上宴神仙，蟠桃不計年。黄粱圓舊夢，丹竈冷餘烟。立石陡千尺，藥人功百篇。西風吹劍影，孤鶴透遥天。

忠逸祠

靈祠肅一臨，喬木碧陰森。大義半肩荷，貞忠萬古欽。汗青無姓氏，湖渌有塵音。試問樵歌石，雲荒不可尋。

過錬金庵

乾淨秋波開白蓮，桃花燕子本來禪。維摩説法天葩散，著在袈裟那箇邊。

覷空色障革題囊，可有伊蒲饌與嘗。我本家風儒素慣，久耽滋味菜根香。

金錸庵賞牡丹[①] 上巳蒙朱德山王柳溪陸子祥余雪樵諸君招飲偕姪策三同赴

白社人將九老猜，竹林遊挾小咸來。鼠姑風裏香成海，龍顧山中酒滿杯。談笑渾忘紅日墜，清閒更喜碧雲陪。碧雲庵遭燬，尼有留於此者。花光爛熳洛陽勝，卻是何年妙手栽。

校勘記：

①題之“金錸庵”疑“錸金庵”之誤。按：聯繫前後諸詩，此詩亦作於臨海，此詩中之“龍顧山中酒滿杯”一句可證，而臨海城內無金錸庵，錸金庵在北固山（即龍顧山）北麓，前篇已見。

和葛逸仙駕部詠雪韻兼示屈雲珊女史

飄忽簾前碎玉聲，魚鱗萬瓦漸鋪平。江山色映冰壺淨，戶牖光生貝闕清。一片絮飛傳妙詠，三分梅遜服公評。詩心皎潔差堪證，照耀今宵更月明。

早知見晛易銷沈，屋角牆陰分外侵。鏡裏白增命婦貌，案頭清想宰官心。重遮繡幕寒堪避，細啜香茶句共斟。世界如銀真箇好，不應曉夢戀重衾。

贈林素士孝廉

綺歲科名拾芥然，文章蓬勃氣如煙。元暉高唱驚人句，蘇晉長齋墮地年。世故慈悲鸞音佛，性情閒放鶴飛仙。亦瀟亦灑板橋筆，更見精神畫裏天。

答林素士孝廉和章 疊前韻

其一

五色雲中目眩然，揮毫宛見走雲煙。黃花瘦病同三載，白雁寒驚又一年。縛繭抽來絲有緒，抛磚引出句如仙。行間不是誇州宅，迥異微之與樂天。

其二

往來銀鹿兩歡然，快驛如催一騎烟。寫性但憑箋數葉，療人奚啻艾三年。不須方藥諮岐伯，會見精神振畫仙。他日願過聆緒論，悠悠擴我管中天。

其三

月旦頻邀汗泚然，麋丸香溢數行烟。吟詩君獨參三昧，作賦吾還欠十年。期不能來真舊雨。高難與並是癯仙。過門奚敢同鄉愿，看碧成朱霧裏天。來詩咎過門不入。

其四

藥餌無須病霍然，新愁舊恨掃如煙。更無窮餓翳桑慮，仍樂寬閒曰艾年。覓醉舊鄉聯酒友，報章繡閣盼詩仙。昨即唱和詩示女弟子，屬其踵和未報。謝君鍊得媧皇石，妙手空空為補天。

感懷 仍疊前韻

其一

一雨涼生意快然，遠山明淨淡拖煙。陰晴不定若春暮，詩酒能蒙非壯年。入世覺來都似夢，好樓居處豈為仙。曉窗四啓渾無事，坐到黄昏飯熟天。

其　二

菊觴自昔樂陶然，今日荒園一角煙。蟬曳尾聲餘苦調，雪催髩影逼愁年。案前青玉歌平子，枕上黄粱夢吕仙。轉瞬風波興不測，杞人自笑獨憂天。

其　三

縱觀萬事總茫然，聚若浮萍散若烟。世上同居安樂地，人間遑計死生年。奚須心似驚弓鳥，爭得身如委蜕仙。一卷黄庭真訣在，三華翕聚重先天。

其　四

我病難痊始信然，如風吹水水生烟。工夫涵養終無日，思慮紛歧卻有年。獨立膽難侔鐵漢，交流淚欲盡銅仙。朅來又作非非想，那得非非想處天。

砧　聲

時維九月授衣臨，短杵聲傳處處砧。卻憶去年書到早，不辭深巷月敲沉。驚醒紫塞三更夢，寫出紅閨一片心。白帝城頭餘響在，應催木葉下森森。

柝　聲

獨夜淒涼走小官，長更遞報柝聲寒。村無尨吠門俱闔，時到雞鳴響未殘。擊異唾壺音橐橐，和將漏點夜漫漫。從今銀鑰魚同守，暴客重門不敢看。

天台禮佛謠

人往普陀山，我入天台道。天台自昔多應真，五百西來住此島。曾聞羅漢戲觀音，聚米漏沙鍋尚好。侵晨繫住清溪船，女伴行行雙澗邊。共指國清寺在即，浮屠七座列門前。松筠清翳引人入，大殿莊嚴高百尺。蓮臺趺坐默無言，丈八金身光奕奕。山僧欵客煮新茶，雀舌香清泉白沙。一飲胸中煩惱息，奚須仙子餉煙霞。下方廣、中方廣、上方廣，與萬年寺遙相望。人說上有拜經臺，絕頂天風吹浩蕩。我聞欲往足力微，佇立仄徑思依依。風濤百丈奔霆響，石梁瀑布去如飛。下山坐船心不定，耳邊隱隱鳴鐘磬。結茅中有幾千僧，谷汲巖栖人莫問。一帆風順到家便，三月光陰正插田。若非禮佛皈依切，安得身經萬八巔。

題天台齊次山明經漢書下酒圖

世謂引盃莫如劍，拂拭芙蓉光灩灩。又云下酒莫如姬，觸撥銀箏響遲遲。先生豪飲豈爾爾，千秋寓目一青史。稗官卑鄙不足言，真本連篇著班氏。博浪椎不中，咸陽火來燒。登壇有韓信，投筆又班超。目下數行未及竟，信手便把酒來澆。汩汩入喉無停阻，直通臆膈入臟腑。聖賢清濁兩不分，一醉陶然無今古。我用我法非我功，得之前蘇子美翁。幾載鶯花住甥館，銜杯獨飲興斯窮。乃取葫史來披覽，開豁襟懷壯酒膽。胸中塊疊霎時消，仰見長空雲淡淡。我亦效之杯莫停，濁膠轉眼倒空瓶。目觀一書手一斝，形影直入於丹青。玉潤春溫顏畢肖，松間兀坐神光耀。先生面目本來真，滄浪亭上重寫照。題詞一一皆名流，璀燦琳琅盡上頭。屬我續之豈漢史，大家鉅筆良難侔。枯腸況不能思索，口吟數語未斟酌。先生有知如曰然，更覩我詩傾一勺。

再題雙澗觀瀾圖

國清寺前有二水，東西流合波陡起。八景名高雙澗瀾，先生繪入畫圖裏。回首流光十載前，題名曾教女弟子。逝者如斯不可留，至今圖在先生死。哲嗣繼起襲清芬，錄出佳章諸名士。寄來乞詩辱及余，珠玉盈前筆難使。余觀天地儘悠悠，一往一來無停止。尼山至聖有會心，川上之在亦爾爾。先生於道久昭融，身住天台名遠駛。雖未跋浪起龍門，虞粟連年逮及矣。可憐早赴玉樓召，靈不在彼端在此。雪花兩道長飛流，卅載前曾戾芒履。諦觀描寫情逼真，悵觸老懷烏能已。橋邊玩賞有高人，品藻清華劇相似。俚言並非事表揚，先生有知可色喜。

西湖雜詠

記向鴛窗繡稿披，生憎八百路多歧。何緣今日逢西子，一棹湖中泛總宜。

保叔心頭一點汙，雷峯事迹總糢糊。梅花三百神仙眷，人道孤山不算孤。

油壁車過夾路馨，一坏芳草倚西泠。美人自壯湖山色，難向邊旁覔小青。

陌上花開緩緩歸，表忠觀裏盛宮妃。錢王若短英雄氣，那見濤頭萬鏃飛。

塵夢難醒半杵鐘，化身欲度卻無從。早知縛虎窗前句，僧在東南第一峯。

鄭旦原同出苧蘿，西施晨夕共描螺。也能濃淡相宜否，覽及湖光抱愧多。

和裴詩藏茂才自西湖入闈有感

此才應不老横湖，末誼葭莩深契吾。處世弗憂窮入骨，出門惟樂景盈途。東方詼謔風千古，李白豪狂志萬夫。每訪幽棲來郭外，杏花莊上月糢糊。

鯉庭伴讀溯從頭，霜雪新添兩䰄愁。我就衰頹辜歲月，君優才學富春秋。料知龍虎將開榜，何慮鰲魚不上鈎。有志功名天不負，雞窗定解十年憂。

疊前韻

豪氣休稱海與湖，閉門鎮日意吾吾。喜君談論羅全史，老我居諸廢半途。詩句之中難煆鍊，酒杯以外少功夫。紙窗竹屋饒佳趣，奚待冬來面面糊。

夜半朱衣暗點頭，冬烘莫為主司愁。罷燒矮屋三條燭，飽看宏濤八月秋。歸夢芳鄰依玉局，還家殘月掛瑚鈎。新詩攜示多餘快，消我胸中百結憂。

姪策三之汴

天涯春雪尚皚皚，一紙官封上道催。賓主叨深師友誼，文章兼重簿書才。寄身燕幕紓長策，試目龍門奮後來。名利兩全歸有日，竹林遊正賴追陪。

征車轣轆越關河，識路還應問老騾。目想從前歡聚久，心懷今日别離多。汴梁夕照遺宫殿，浙水人才入網羅。但願客程無阻滯，鏡清寰海息兵戈。

上海龍華寺

達摩來西域，佛法中華得。海上靈氣鍾，乃現空明國。山寺啓華龍，松筠饒秀色。展拜白蓮臺，蕭然衆念息。光明無上乘，廣大無邊力。鑒我遠方人，趨來作功德。

佛頂紫竹林

叢林如麻粟，大衆等龍蛇。我來普陀山，洵是佛之家。南海一白無涯涘，山嶽浮青水中峙。中皆梵剎無人煙，與人去遙與佛邇。香客紛紛來畫船，拈香入寺直到佛頂前。佛轉茫茫不之見，但見紫竹林中開白蓮。

詠雪和王雅旃明經韻

其　一

難怪同雲散不開，連朝釀出絮堆堆。江山粉飾太平象，文字高華本地才。下界有花兼有月，上天無樹亦無臺。偏能片片風飄漾，竹屋支窗聽幾回。

其　二

謝氏詩成勝撒鹽，散花仙女戾華嚴。妝成玉樹春偏早，氣凍崑岡火不炎。名士寫蕉雙管下，佳人烹茗一甌添。飄飄鱗甲龍三萬，孰箇能攀天上髯。

其　三

蓑笠寒江獨釣天，羔羊美酒黨家筵。梅花冷淡無孤調，玉戲消閒有散仙。紀瑞竟逢三次白，成冰也見十分堅。皚皚願比布隆吉，積到山巔十萬年。

莘橋觀雪用東坡聚星堂韻

昨夜夢鹿覆蕉葉，可倩王維畫和雪。綠天併作飛白圖，此筆千秋已高絕。詩中有畫畫中詩，摹倣後人毫幾折。我園有蕉三兩株，未到雪時先枯滅。君子竹與羅漢松，蒼翠如旗風前掣。版籍全歸白帝封，天女空中散花纈。文章大塊本天成，塗堊江山幾萬屑。扶笻帶笠出城來，遠近樓臺恣一瞥。地卑得氣旋消融，見晛無待詩人說。西山萬疊浪排銀，東山千堆崖映鐵。

岳少保墓　疊前韻

宋室衰微在中葉，二聖蒙塵窖居雪。撼山轟動背嵬軍，怒髮衝冠恨欲絕。誓將痛飲到黃龍，血戰沙場沉戟折。奸佞忘仇起和議，羅織岳家父子滅。燕雲唾手功垂成，趁此未成先肘掣。金牌十二促班師，淚灑征袍濕花纈。歸來輒下風波亭，百戰勳勞飄玉屑。至今黃土隆然高，來往遊人得一瞥。南朝已無片土存，三字沉冤人猶說。分尸檜劈知不知，階前端跪四頑鐵。

巢居閣　疊前韻

有池不隔荷花葉，有鶴不凍梅花雪。孤山終古屬林家，一閣巢居清爽絕。洞門遙對紫雲開，映帶湖隄環曲折。夜來星火滿燈船，楊柳依依照明滅。昂然獨處千丈高，何物網羅能搴掣。此地幽曠滌塵心，波光倒映空生纈。平生不作封禪書，惟有詩篇留玉屑。先生仙去不復回，古往今來同一瞥。邇來典史殉宗祊，亮節清風互相說。松風謖謖作濤聲，下視千盤柯屈鐵。

口占

其一

兩間矮屋似牢籠，三伏初過天雨風。髩影蕭蕭夫婦老，稻香馥馥歲年豐。田園非舊家中落，楹稿雖多句欠工。自笑筆端頻借潤，床頭還賸幾青銅。

其二

荷花久未插盈瓶，雨打窗櫺響不停。藻井水添三尺白，楊枝風劈半株青。古今盛勢難完局，天地生人盡寓形。蕞爾軒中時獨坐，那堪零落紙圍屏。

初疊前韻

其一

也可童頭紗帽籠，粥饘但守舊家風。雞林集不售長慶，燕柳坊徒萃永豐。辟穀神仙無妙術，笵金女士豈良工。況當玉露新秋夜，淚點流來十二銅。

其二

小智奚須效挈瓶，化工消息幾曾停。初開菡萏千葩白，又墜梧桐一葉青。世態炎涼休到眼，藝林游獵自忘形。矧今灰盡功名志，姓氏無勞記御屏。

再疊前韻

其　一

撒網銀花可滿籠，打頭怕遇石尤風。座無佳客情奚適，硯是良田歲屢豐。不慣村書誨小子，願聞匠石課羣工。小窗紙破涼颼入，飄散殘篇界壓銅。

其　二

金魚蓄養水晶瓶，瓶水無多起便停。過隙爭如駒影白，看山怎比佛頭青。幾莖華髮難遮頂，一縷吟魂不離形。雅抱瑤琴攤飯去，床頭九疊石成屏。

園中即景

疊石栽花傍鏡池，當風楊柳褭絲絲。闌干曲折清陰覆，巖壑玲瓏碧草滋。小朵餘紅春去後，遙山潑翠雨晴時。差欣出水荷方盛，蓋影高擎有數枝。

新　燕

芳村社日鼓聲敲，瞥見當空翠翦拋。雲水夢回新歲月，杏花心戀舊衡茅。風前歡舞初留影，梁上呢喃未定巢。為問主人相識否，捲簾留待向堂坳。

早　韭

翦韭話夜雨，良朋悵隔年。辛盤晉豐本，又在早春前。

並頭蓮

美哉君子花，饒有富貴氣。亦不害風流，愛煞並頭睡。

自　述

癸巳值生朝，年華六一饒。園林恣嘯傲，廛市厭塵囂。病骨同詩瘦，衰顏借酒嬌。明朝開壽景，觀劇共垂髫。

跋

陳廷諤

諤年十三，即偕堂兄廷枚從先伯父學，伯父之愛諤，視爱其子實過之。經書課讀之暇，于駢散各體文知無不言，言無不盡，而其生平所好尤在詩，邑中屈雲珊、逸珊二女史，自幼皆受業于門，點鐵之功，前後經二十餘年，著有《同根草》詩行于世，而伯父反一無所傳，誠憾事也。庚子春，諤以饑驅幕遊宏農，臨別贈詩有“歸時未必共親存”之句，不料語竟成讖，伯父即於是年閏八月卒於家。痛哉！聞其垂危時猶迭次呼諤名，遺囑以詩稿付諤。諤不才，豈足膺斯任，第遺命所在，責奚從謝。早欲編輯成帙，梓而行之，無奈十數年來，諤以功名兩字常奔走於外，自中州而冀北，而滇南，心為形役，苦無餘暇以及此。今春三月，金君諤軒彙刊《赤城遺書》，函求先伯父詩，噫！此蓋諤久有志焉而未逮者也，謹就近時所選錄者若干首以與之。從此吉光片羽，長在人間，先伯父有靈，九原中或可少慰耳。如曰諤以是告無罪也豈敢。乙卯秋七月，胞姪廷諤識。

邑後學李炳慧覆校

圖書在版編目（CIP）數據

赤城遺書彙刊 /［清］金嗣獻輯刊；徐三見點校．—成都：巴蜀書社，2011.7

ISBN 978-7-80752-817-3

Ⅰ.①赤… Ⅱ.①金…②徐… Ⅲ.①古籍－彙編－中國
Ⅳ.①Z422

中國版本圖書館 CIP 數據核字（2011）第 115883 號

赤城遺書彙刊　［清］金嗣獻　輯刊　徐三見　點校

責任編輯　陳亞玲
封面題簽　徐三見
封面設計　張　科
出　　版　四川出版集團巴蜀書社
　　　　　成都市槐樹街 2 號　郵編 610031
　　　　　總編室電話：(028)86259397
網　　址　www.bsbook.com
發　　行　巴蜀書社
　　　　　發行科電話：(028)86259422　86259423
經　　銷　新華書店
印　　刷　成都蜀通印務有限責任公司
　　　　　電話：(028)84122206
版　　次　2011 年 7 月第 1 版
印　　次　2011 年 7 月第 1 次印刷
成品尺寸　210mm×148mm
印　　張　25.125
字　　數　700 千
書　　號　ISBN 978-7-80752-817-3
定　　價　65.00 圓